# 存在辩证法

张珂 著

中国社会科学出版社

## 图书在版编目（CIP）数据

存在辩证法 / 张珂著. -- 北京：中国社会科学出版社，2025.1（2025.6 重印）. -- ISBN 978-7-5227-4226-7

Ⅰ. B015

中国国家版本馆 CIP 数据核字第 2024G87Q62 号

| 出 版 人 | 赵剑英 |
|---|---|
| 责任编辑 | 朱华彬 |
| 责任校对 | 谢　静 |
| 责任印制 | 李寡寡 |

| 出　　版 | 中国社会科学出版社 |
|---|---|
| 社　　址 | 北京鼓楼西大街甲 158 号 |
| 邮　　编 | 100720 |
| 网　　址 | http://www.csspw.cn |
| 发 行 部 | 010-84083685 |
| 门 市 部 | 010-84029450 |
| 经　　销 | 新华书店及其他书店 |

| 印刷装订 | 北京君升印刷有限公司 |
|---|---|
| 版　　次 | 2025 年 1 月第 1 版 |
| 印　　次 | 2025 年 6 月第 2 次印刷 |
| 开　　本 | 710×1000　1/16 |
| 印　　张 | 28.5 |
| 字　　数 | 456 千字 |
| 定　　价 | 139.00 元 |

凡购买中国社会科学出版社图书，如有质量问题请与本社营销中心联系调换
电话：010-84083683
版权所有　侵权必究

# 自　序

本书旨在提出一种新的辩证法理论，即存在辩证法。

马克思在《资本论》（第一卷）中说道："辩证法对每一种既成的形式都是从不断的运动中，因而也是从它的暂时性方面去理解；辩证法不崇拜任何东西，按其本质来说，它是批判的和革命的。"① 从此可以看出马克思主义的唯物辩证法的精髓。唯物辩证法认为，客观事物是运动和变化的，人类思维是客观事物的反映，是随着客观事物的变化而变化的；任何理论和哲学都不是僵化和静止的，都是要与时俱进的；运动和变化是唯物辩证法的精髓，强调运动和变化的唯物辩证法不仅是与强调静止和机械的形而上学的根本区别之一，而且辩证法本身就是"批判的"和"革命的"。马克思主义认为唯物辩证法是运动和变化的，是具有开放性的理论和逻辑，而不是封闭的理论，更不是对真理的终结。这表明，马克思主义认为唯物辩证法仍然有发展和进步的可能性；马克思主义认为唯物辩证法是与时俱进的，随着时代的变化会有新的内容融入其中，使唯物辩证法始终与时代相关联和互动。马克思关于辩证法本质的论述正是本书关于大胆思考的哲学基础和思想动力。

那么从马克思和恩格斯去世之后，人类社会发生了变化吗？最大的变化是什么呢？事实是人类社会在马克思和恩格斯去世之后发生了翻天覆地的变化，就人类整体而言，核时代的诞生是最大的变化。为什么说核时代的诞生是人类社会发生的最大的变化呢？因为核时代使人类整体的存在受到了现实的威胁，或者说核武器使人的类的存在受到了毁灭的现实威胁，人类在核时代处于整体毁灭的危机之中。人类面临整体毁灭

---

① ［德］马克思：《资本论》第1卷，人民出版社2004年版，第22页。

的危机在人类历史上这是第一次。这种危机把人类的存在提到了哲学的日程上。哲学和辩证法面临着新的哲学命题。而这些哲学命题必须得到极度的重视和充分的思考。这种哲学思考或许是人类的终极思考。

本书便是源于对核时代人类面临的存在危机而进行的系统哲学思考。在人类根本性的存在危机感的压迫下，人类在哲学上如何理解核时代？核时代的存在危机感给人类的哲学认知带来什么样的启示和变化？马克思主义的唯物辩证法在核时代应该怎样发展才能为人类解决核时代的存在危机通过可行的方案？本书尝试对这些问题进行回答，提出了一种新的辩证法理论——存在辩证法。

存在辩证法是以存在体的存在为核心概念和主题的，专注于探讨存在体的生成、状态、演变和灭亡规律的辩证法。存在辩证法以存在力与反存在力这对力的范畴为主要范畴，通过阐释这对主要范畴的博弈过程和结果来展示存在体存在的基本规律。由于迄今为止的古今中外的辩证法理论都没有类似的辩证法理论，因此从哲学观念史和内涵来看，存在辩证法是一种独立的辩证法理论。

存在辩证法是核时代的辩证法。核时代是人类存在和历史进程的分水岭，是人类的整体存在发生了根本性危机的历史时期。是核时代的人类存在危机促生了存在辩证法概念体系、内在逻辑、目的和功能的孕育、发展和定型。同时，存在辩证法也是为了核时代人类所面临的深刻的异化危机而通过方法论的辩证法。

能否存在和以何种发生存在关乎存在体能否向现实的成功转化和能否在现实中持续性地存在，是任何存在体最根本的命题，其至关重要性要超过之前辩证法所探讨过的所有其他范畴。同时，存在对任何事物来说都是最为重要的前提和条件，存在体的任何行为和关于它们的认知和哲学都是在存在这个前提和基础之上进行的，任何有关事物内在的运行及其规律的探讨都必须和只能在这个前提和基础之上进行。存在的至关重要性赋予了关于存在的本质和规律的哲学探讨以不言自明的必要性。而在世界哲学史范围内尚无对存在的本质和规律进行严格、系统和专门的总结和思辨的理论和哲学，这就为存在辩证法的探讨留下了空间。

与历史上每一次关于辩证法深化了人类的认知能力一样，存在辩证法也会起到同样的作用，将人类对自然尤其是人和人类社会自身的认知变得更加明晰起来，使对人类行为的判断和把握更具准确性，使人类对于自身存在状态的改进和维护提到一个新的层面。存在辩证法对于人类行为的认知可以提供深刻的见解，对于理解自己的本质和行为的规律能够起到启示性的作用。

存在辩证法与传统辩证法，尤其是黑格尔辩证法并不存在正面的冲突，并不是否定与替代的关系，而是对中西辩证法理论的有机补充，是在核时代的合理延伸和对唯物辩证法的发展。这是因为虽然存在辩证法与传统辩证法在概念和范畴的使用上有所重合，但它们的核心范畴、对主要概念和范畴的规定性以及所研究的命题是不同的。存在辩证法以存在为核心命题，所探讨存在体整个存在周期的存在规律，所关注的是存在体存在的根据、形态和衰亡，即存在体的整个存在周期和存在性；而传统辩证法则将重心放在了由事物内部的主要矛盾之间的相互运动变化所引起的存在状态的转化。存在辩证法以存在为核心命题，其主要目的之一在于为消解人类在核时代所处的深重的异化危机提供一个哲学方法论层面的理论工具，也就是说存在辩证法是辩证法理论在核时代的延伸，是对人类在核时代所面临的全面危机和整体异化的一种辩证法的思辨、反省和回应。

本书首先梳理了中西哲学史中对辩证法的发展进程中作出过重要贡献的主要人物，对他们的主要观念以及相互之间的影响和传承进行了唯实解析。之所以如此是因为存在辩证法的方法论基础之一是唯实主义。

要将存在辩证法的构建建立在唯实主义的基础之上，就要首先充分理解哲学史中已经存在的辩证法观念事实，尤其是其主要的命题及其对这些命题的处理方法。对哲学观念事实有个清晰的把握是观念唯实主义的原则，而这个原则对于辩证法显得十分重要，因为辩证法的观念史不仅十分庞杂而且十分杂乱，这是因为辩证法在不同文明的哲学史中都有数千年的历史，而在各自不同的历史时期辩证法具有不同的概念和范畴，有着不同的演绎方法，也被赋予了不同的功能，不同的哲学家对于辩证法的理解和运用也各不相同。中国古代的阴阳辩证法与古希腊的辩证法在范畴、理念和方法上存在着巨大的差异。即使是在同一时期的哲学家之间对于辩证法的理解和运用也完全不同。古希腊哲学的赫拉克利特和巴门尼德之间，德国古典哲学的康德和黑格尔之间都对辩证法有着截然不同的甚至对立的理解。同时，存在辩证法特别要回避的是哲学思辨中脱离唯实主义的空论方法和玄学倾向。而要避免空论方法和玄学倾向，避免概念和理念上的重复和误用，在这些前提之下，存在辩证法才能够脚踏实地根据观念事实、历史事实和行为事实来确立和展开自己的立论。对于唯实主义的恪守是存在辩证法与其他辩证法理论的重要区别之一。

作为解析核时代的有机组成部分，本书点出了核时代的本质，即在核时代人的类的存在是历史上第一次也是最后一次处于核逆力悖反之下的自我毁灭危机。由于对核时代的生成、本质以及各种体系性和结构性危机的溯源和解析十分复杂，在理论上需要更多的理论框架、理念和张力，因此对核时代的全面的系统解析需在另书中完成。

本书旨在抛砖引玉，希望有识之士能够在新的时代背景下对辩证法的本质和发展发出智慧之言，更希望方家能够对本书不吝指教，进行批评指正。

**2017 年初秋**
**于珂雪草堂**

# 目 录

## 第一部 辩证法的观念史

### 第一章 作为哲学方法论的辩证法 (3)
- 第一节 辩证法的构成和定位 (3)
- 第二节 辩证法的必要性 (9)
- 第三节 辩证法的功能 (10)
- 第四节 对观念唯实主义的基本原则和方法的应用 (11)

### 第二章 中国古代哲学的辩证法思想 (13)
- 第一节 易辩证法 (13)
- 第二节 董学辩证法 (26)
- 第三节 五行观中的辩证法思想 (45)
- 第四节 太极辩证法 (58)
- 第五节 老子辩证法 (75)
- 第六节 中国古代辩证法的小结 (82)

### 第三章 西方哲学史中的辩证法 (88)
- 第一节 古希腊哲学中的辩证法思想 (88)
- 第二节 莱布尼茨哲学的辩证法因素 (127)
- 第三节 康德哲学的辩证法 (131)
- 第四节 黑格尔哲学的辩证法 (149)
- 第五节 西方辩证法的不足 (162)

## 第四章　中西方辩证法的差异性和共性 …………………… (164)
　　第一节　两者的差异性 ………………………………… (164)
　　第二节　两者的共性 …………………………………… (167)
　　第三节　中西辩证法共同的不足与属性 ……………… (171)

# 第二部　存在辩证法

## 第五章　存在辩证法 ………………………………………… (175)
　　第一节　存在和存在辩证法 …………………………… (175)
　　第二节　唯实主义与存在辩证法 ……………………… (181)
　　第三节　存在辩证法与人类行为 ……………………… (190)
　　第四节　存在辩证法与唯科学主义 …………………… (191)
　　第五节　存在辩证法的价值和意义 …………………… (193)
　　第六节　关于存在的规定性 …………………………… (202)
　　第七节　存在与存在体 ………………………………… (223)
　　第八节　存在体与反存在体 …………………………… (232)
　　第九节　人的存在和作为存在体的人 ………………… (236)
　　第十节　存在体的存在周期 …………………………… (241)
　　第十一节　存在体的内向维度和外向维度 …………… (250)
　　第十二节　存在体的外部条件 ………………………… (253)
　　第十三节　存在体的主观性 …………………………… (259)

## 第六章　存在辩证法关于力的理念和力的方程式 ………… (260)
　　第一节　作为哲学概念的力 …………………………… (260)
　　第二节　人的存在力的形而上学根据 ………………… (301)
　　第三节　存在枢机 ……………………………………… (303)
　　第四节　反存在枢机 …………………………………… (313)
　　第五节　实力差 ………………………………………… (315)
　　第六节　存在性 ………………………………………… (334)

## 第七章　存在辩证法的存在规律和原则 …………………… (346)
　　第一节　存在的危机性原则 …………………………… (346)

第二节 存在的反作用性原则 …………………………………… (347)
第三节 存在的对抗性原则 ……………………………………… (347)
第四节 存在的决定性原则 ……………………………………… (349)
第五节 存在的限度原则 ………………………………………… (351)
第六节 存在的崩溃原则 ………………………………………… (352)
第七节 存在的相对性原则 ……………………………………… (353)
第八节 存在的异化和逆力悖反原则 …………………………… (354)
第九节 存在的行为管控原则 …………………………………… (354)
第十节 存在的革命原则 ………………………………………… (355)

## 第八章 存在辩证法对一些传统哲学范畴的解读 ………………… (356)
第一节 对应范畴 ………………………………………………… (356)
第二节 运动和变化 ……………………………………………… (361)
第三节 黑格尔辩证法三个规律的适用范围 …………………… (363)
第四节 必然性和偶然性的本质 ………………………………… (368)
第五节 绝对性与相对性的本质 ………………………………… (371)
第六节 存在辩证法与阴阳观 …………………………………… (372)
第七节 内因与外因 ……………………………………………… (374)

## 第九章 存在辩证法与其他学科 …………………………………… (382)
第一节 存在辩证法的新思维 …………………………………… (382)
第二节 存在辩证法与国际关系学 ……………………………… (382)

# 第三部 存在辩证法与核时代

## 第十章 存在辩证法的异化哲学 …………………………………… (391)
第一节 异化的观念史 …………………………………………… (392)
第二节 异化的本质 ……………………………………………… (397)

## 第十一章 存在辩证法的逆力悖反理论 …………………………… (401)
第一节 关于自反性的哲学观念史 ……………………………… (401)
第二节 存在辩证法的逆力悖反理论 …………………………… (403)

第三节　逆力悖反的类型 …………………………………… (408)
第四节　存在枢机与后发性逆力悖反的结构性 …………… (411)
第五节　作为特殊存在状态的逆力悖反 …………………… (414)
第六节　对逆力悖反的克服 ………………………………… (415)

**第十二章　核时代与核逆力悖反危机** ………………………… (427)
第一节　人类进入核时代的方式 …………………………… (427)
第二节　核时代人类毁灭的机理 …………………………… (431)

**主要参考书目** ………………………………………………… (438)

# 第一部

## 辩证法的观念史

# 第一篇

## 辩证法的观念史

# 第一章

# 作为哲学方法论的辩证法

辩证法（Dialectics）是对于人类思维或/和客观事物的运行规律的归纳和总结，是一种具有高度思辨性的认知方法和哲学方法论。同时，除了方法论的本性之外，辩证法本身也是哲学的一种形态。因此，辩证法是思维的逻辑规则和纪律以及哲学理念的结合体。

由于是对人类思维和客观事物的运行规律的高度总结，辩证法具有方法论上的普适性，具有跨越时空和文明形态的历史性。辩证法的观念史是十分长久和庞杂的。由于其高度的思辨性，辩证法的观念事实也变得复杂甚至混乱，其功能也几经变化。[①] 要提出新的辩证法理论就不得不直面这些纷繁复杂和混乱的辩证法观念事实及其历史沿革，也就是说，要对辩证法进行发展就必须对辩证法的观念史和历史上主要的观念事实进行厘清和定位。

## 第一节　辩证法的构成和定位

辩证法在中国古代哲学、古希腊和西方哲学史中都具有重要的地位，其发展连绵不绝，始终是贯穿其中的一条不可或缺的逻辑和理念线索。这些历史事实证明了辩证法具有合理性和必要性以及超越时空的顽强的生命力。然而，虽然经历了长期的历史沉淀和发展，辩证法理论仍然具

---

[①] 古希腊哲学家柏拉图在其所著的《理想国》中曾对辩证法的功能进行过总结。他认为辩证法最初是指辩论的艺术，后来成为以问答方式获取知识的艺术。经过柏拉图的改造，辩证法成了一种"科学的"哲学方法论，成为认识事物的实在的严谨手段。在中国哲学历史上，以易辩证法为核心的易学也曾承担过占卜等功能。

有进一步发展的空间和可能性。辩证法理论的进一步的发展不仅体现在形态和内在逻辑之上，人类所面临的新的时代问题和困境对辩证法理论提出了新的要求。

在提出存在辩证法之前，一些基本问题，尤其是辩证法和形式逻辑以及与形而上学之间的关系要首先加以厘清。

### 一　辩证法是一种独特的哲学方法论

在诸多的哲学方法中，辩证法是一种独特的思维方式，也是最能穿透现象挖掘出事物的本质和真相的认知方法。正因为能够带来特别的穿透力和洞察力，辩证法才在诸多哲学方法论中脱颖而出，成为始终备受瞩目和倚重的方法论。在其诸多的特征中，辩证法有几种基本的特征成为辩证法的基础性的特征和方法。

能够代表辩证法的独特之处的基础性的思维特征和方法包括以下三方面。

首先是动态性。辩证法是从动态中而不是静态地看待事物，认为事物始终处于运动和变化之中。

其次是相对性。辩证法是从对应范畴的对应性中相对地看待事物的存在和运动的。

最后是曲折性。辩证法是从曲线而不是直线的过程中来看待事物的运动和发展轨迹的。

辩证法的这些基础性的规律赋予了辩证法以成熟性，成为人们拨开现象的迷雾认清事物的本质的利器。

这些基本性的思维特征和方法对于中国和西方的传统辩证法来说是具有普遍性的存在，而在新的辩证法即存在辩证法中同样存在，虽然后者的载体与传统辩证法不再相同。

### 二　辩证法与形式逻辑

辩证法与逻辑都是对思维规律的归纳和总结，存在着内在的联系，辩证法离不开逻辑，逻辑也具有普遍的适用性。辩证法是系统的哲学方法论，以逻辑性为其本质特征，这个特征使辩证法与其他哲学领域区别开来。逻辑是对思维规律的总结，是思维的规则。逻辑所关注的是思维的纯粹过程，着重于思维过程的纯技术层面的规范，它可以完全脱离所表述的命题而独立存在，并且能够被引入任何思维和学科中去。"形式逻辑主要是从真假值的角度来研究思维的形式及其规律的。"[①] 相比之下，辩证法则不仅关注思维的纯技术层面，同时也兼顾哲学理念层面，它本身就是哲学理念的代表和体现。在辩证法中，思维的形式和内容是并存的，并且两者也具有冲突性的特征。辩证法的这个特征与形式逻辑单纯思维的规则是不同的，内容上的互动往往会否定形式上的规则，正如形式上的规则也会否定内容上的互动一样。

除了上述的两者在功能和技术层面上的区别，形式逻辑和辩证法还有一个重要的区别就是在对待矛盾的立场上。对待矛盾的不同立场典型地体现了形式逻辑与辩证法在思维方式上的差异性。形式逻辑是不允许矛盾的存在的，排斥矛盾或者不矛盾律是形式逻辑的最基本的规律之一，形式逻辑的三个主要规律即同一律、矛盾律和排中律都是出于一个目的——避免矛盾的出现。与此相反，辩证法不但容忍矛盾的存在，并且是以矛盾为重要范畴的，发现矛盾、分析矛盾和解决矛盾是传统辩证法的核心功能之一。两者之间的这些差异决定了为什么逻辑属于逻辑学范畴，而辩证法属于方法论和哲学范畴。

辩证法所关注的哲学观念主要集中在对一系列对立范畴的解读之上，这些对立范畴包括个别与一般，偶然性与必然性，运动与变化的本质，量变与质变，内因与外因，绝对性与相对性，等等。辩证法必须符合逻辑，但有逻辑性的推理和论断却并不一定就是辩证法。

## 三 辩证法与形而上学

虽然各自的内涵、功能和定位等并不相同，然而作为哲学方法论的辩证法与作为系统的哲学理念的形而上学之间却存在着不可或缺的和盘根错节的复杂关系。

（一）不可分离性

在中西哲学史中，辩证法总是与形而上学无法分离，而且你中有我，我中有你，两者之间的关系相互渗透，有时难以加以明确的区分。

---

[①] 金岳霖主编：《形式逻辑》（重版），人民出版社 2006 年版，第 142 页。

实际上，辩证法是哲学方法论和哲学观念的结合，两者缺一不可。不仅如此，辩证法的理念和规律是在阐述哲学理念的过程中提出和展开的，与形而上学等纯哲学理论相融合，两者相互促进和发展。辩证法与形而上学在理念上有所重合，但两者的核心范畴并不相同。辩证法所要解决的是事物运动和变化的规律，侧重于对一系列对立范畴的解读，这就是辩证法是方法论的原因所在；形而上学所要解答的是关于世界本原的各种命题，侧重于本体论和认识论等领域。同时，辩证法具有动态性，可以使用方法论对相关命题进行解读和分析；形而上学则具有静态性和体系性，试图对一系列根本性的命题进行研析和解答，不会随着命题的变化而改变自己的观点。同时要看到，辩证法与形而上学是相辅相成的，形而上学对许多命题的回答离不开辩证法的辅助，作为方法论的辩证法能够深化形而上学，辩证法的突破往往会引发形而上学的突破，有些形而上学命题在辩证法中可以得到更为灵活的解读；同时必须看到，作为全面而深刻的本体论哲学体系的形而上学始终是哲学的主脉，对于哲学命题能够做出系统性的深入解答。辩证法与形而上学的不同特点使两者相互促进、相互包容，也只有在两者之间进行有机的交叉和融合的体现下，对于哲学命题的解读才会全面而深刻，才能够取得动态性与静态性之间的体系和结构的平衡。

在有些哲学体系中辩证法与形而上学的融合更加深入而全面，这在亚里士多德的哲学体系中表现得尤其明显。同样地，辩证法与形而上学之间的交叉和融合在中国古代的易辩证法和阴阳辩证法，近代的康德哲学和黑格尔哲学中也有典型的体现。有学者认为黑格尔辩证法是逻辑学、认识论和本体论的统一，这甚至成了老生常谈[1]。其实这种说法是不准确的。在西方哲学中黑格尔哲学的确是哲学理念与方法联系最为紧密的哲学体系，人们对其辩证法的关注甚至超出了对其哲学理念的关注[2]。在黑格尔的哲学体系中辩证法的地位和所起的作用确实非常大，超出了辩证法作为方法论的地位，但它仍然等同认识论，无法替代本体论。而逻辑

---

[1] 参见邓晓芒《思辨的张力：黑格尔辩证法新探》，商务印书馆2008年版，第5页。

[2] 参见 [德] Engels, F, *Ludwig Feuerbach and the End of Classical German Philosophy*, Foreign Languages Publishing House Moscow, 1950, p. 23。

学作为思维的技术规则虽和辩证法有紧密的逻辑关系，但逻辑学不是辩证法。即使在黑格尔哲学中，我们也要基于其本质和属性的不同，区分开形而上学和辩证法的不同定位和功能。

因此，辩证法的发展具有相对的独立性，但又无法脱离哲学的整体性的变化和进步，辩证法的突破会为形而上学的发展带来动力和契机，形而上学与辩证法的良性互动也体现在对各个命题的研析之中。也就是说，辩证法的深度、广度和特征会影响甚至决定形而上学的深度、广度和特征。

从哲学史的层面来看也是如此，研究辩证法的历史既要抓住它作为方法论和哲学理念体现者的双重定位，也要在哲学史的整体发展中加以把握。

（二）辩证法与形而上学的互动发展

在古希腊和西方哲学史中，许多形而上学是从对辩证法的对应范畴的论证开始的。巴门尼德哲学是在对赫拉克利特辩证法的否定基础之上形成的；亚里士多德的形而上学体系是建立在其以范畴论为基础的辩证法之上的；莱布尼茨的单子论是从调和一般与个别的鸿沟开始的。一些西方哲学体系则将辩证法作为其核心方法论和重要理念的基础，如黑格尔哲学和马克思主义哲学。这种哲学观念事实证明了形而上学与辩证法是不可分离的，一方的突破会引发另一方的突破。

虽然作为哲学方法论的辩证法相对于哲学理念具有一定的独立性，但这种独立性是相对的。之所以说辩证法是哲学方法论是因为辩证法可以透过哲学理念而存在，有些哲学理念是错误的，但这并不意味着其哲学方法没有可取之处甚至可能是正确的。例如，阴阳辩证法将阴阳互动作为世界的本原并不能够覆盖世界上的所有事物，也无法解释大千世界中的所有现象，然而阴阳辩证法中对应范畴的运动变化观、相互转化和物极必反的方法却是正确的，同样古希腊赫拉克利特哲学以火为世界始基的一元本体论理念虽然是幼稚和错误的，但是赫拉克利特在其中所贯穿的事物的运动变化观却是正确的。许多辩证法思想和理论正是在对某些哲学命题的归纳和总结中而被挖掘出来的，许多哲学上的突破正是由方法论的突破所引发的。之所以说辩证法是哲学本身是因为方法是离不开内容而完全独立存在的，方法是为理念服务的，哲学理念是错误的，方法自然也难免会有问题。"任何哲学都是世界观和方法论的统一体"①，这种观点是符合哲学发展的观念事实及其对哲学功能的规定性的，它同样适合辩证法的构成和功能。由此可见，方法论本身也是哲学的组成部分。

基于此，对辩证法的哲学观念史的研究必须将作为哲学方法论的辩证法与它所服务的哲学命题相互结合地进行，缺少一方都难免是片面和偏颇的。

从中西辩证法的历史中可以看出，辩证法在哲学体系中的定位却具有不确定性，然而这种不确定性折射的恰恰是辩证法多重的必要性和不可或缺性。有的哲学家将辩证法定位于宇宙观和本体论本身，如董学的阴阳辩证法和北宋初期的太极辩证法等；有的将其定位于形而上学的组成部分和方法论，如黑格尔辩证法等；有的将其更多地定位于认识论的组成部分，如康德哲学等。

辩证法思想和理论是跨时空而存在的。它的历史十分久远并且在中国古代和古希腊都自发性地萌芽和发展。在中国古代哲学和西方哲学，包括古希腊哲学，德国古典哲学和现代哲学中都有辩证法思想和理论，其历史延续两千多年而未中断，并且在不同的时代都有所发展。毛泽东曾说："辩证法的宇宙观，不论在中国，在欧洲，在古代就产生了。"② 中国古代哲学充满了辩证法理论，然而却与中国古代哲学中的理论和范畴一样只有其实而不具其名，即中国古代哲学具有辩证法理论和实体，而并没有将其冠以辩证法这样的名称。但这显然无法否定和抹杀中国古代辩证法中充足的观念事实和它们所取得的理论成就。

辩证法在中西方哲学史中共存的事实说明人类的认知和思考对于辩证法这样具有思辨性的和抽象的思维形式有着自觉的需求，而人类这种自觉的对于事物/存在体运行规律加以把握的需求正是辩证法的生命力所在，也正是辩证法有着内在的延续和发展的必要性。在哲学史上辩证法思想也曾面临各种质疑，但这并不能否定辩证法的价值和必要性，反而

---

① 李达主编：《唯物辩证法大纲》，武汉大学出版社2007年版，第51页。这个论断体现了正统的马克思主义关于哲学和辩证法的观点，是具有深刻的合理性的。

② 毛泽东：《矛盾论》，载于《毛泽东的五篇哲学著作》，人民出版社2008年版，第26页。

成为它不断发展的动力所在。

（三）对辩证法与形而上学之间关系的误读

在过去几十年的中国哲学界，对于形而上学一直持批判立场，认为形而上学是静止的、僵化的和机械的，是强调运动的、变化的和科学的辩证法的对立面。这种观点最早出自黑格尔，他认为古希腊和中世纪的经院哲学的形而上学需要进行重构，而重构的方法就是黑格尔辩证法。黑格尔对于古代形而上学的批判自有其合理之处，然而也不尽全部合理。亚里士多德的形而上学和辩证法始终是相互交织在一起的，两者互为前提，共用概念，采用相同的逻辑，批判亚里士多德的形而上学也就等同于批判亚里士多德的辩证法，这本身就是不合逻辑的。另外，黑格尔所批判的形而上学是经院哲学的形而上学，而并不是形而上学本身。并不是说要用辩证法来代替形而上学，从而取消形而上学。包括康德批判哲学和黑格尔哲学在内的德国古典哲学对于传统形而上学的批判只是要从另一个角度，即康德的认识论，和使用新的方法，即黑格尔的辩证法，来重新理解和构建形而上学。将辩证法与形而上学从根本上人为地加以对立是不求甚解的做法。

## 第二节　辩证法的必要性

根据唯实主义，辩证法是否具有必要性要经过归零法的重新评估。这种评估要看辩证法在人类哲学史中的地位，要看辩证法本身的功能，也要看辩证法对于我们所处的时代是否仍然具有价值。

在中西方哲学史中，辩证法始终保有一席之地，这充分证明了辩证法是具有恒久的哲学价值的。中国古代哲学史的进程始终伴随着阴阳辩证法的进步，两者不但具有相同的轨迹，实际上是在相互影响和融合中共同存在和发展的。

辩证法是人类哲学思辨的最高级形式，是对所探讨的事物和主题的内在运动规律的深刻揭示，是哲学方法论的重要组成部分。可以说，有哲学思辨就会有辩证法。辩证法在古代中国和古希腊等地能够自发性地产生和发展这个事实说明辩证法的产生并不是偶然的，是人类的认知能力进化到一定程度的必然产物。这证明了人类的思维是需要辩证法来加以指导的。随着人类对于客观事物及人类社会了解和理解得越来越广博和深刻，人类认知的事实性基础在不断扩大和深化。进化了的事实性要求包括辩证法在内的哲学思想和理论要与之相适应，否则哲学就会落后了。

作为具有高度哲学思辨性的方法论，辩证法具有时代性，总是与各个时代所面临的困局互为因果，也就是说辩证法是"经世致用"的哲学和方法论。辩证法与时代性发生最紧密联系的时期之一是在19世纪中后期，当时唯物辩证法成为在西欧资本主义各国风起云涌的工人运动的指导性方法论，马克思主义的唯物辩证法和历史辩证法成为工人阶级争取自身权益的有力思想武器。处于核时代的人类处于全面异化之中，面临着极其深刻的各种危机，也就是说核时代危机的严峻性需要新的哲学理论指点迷津，呼唤新的辩证法来帮助解决化解和摆脱危机的新的方法论。

辩证法的时代性决定了它是运动变化的，而不是静止的和停滞不前的，也就是说，辩证法具有与时俱进的内在要求而时代性的改变则给予了它不断变化的必要性和土壤。另外，认为某种辩证法或者其原则和规律是终极真理的观点本身就是对辩证法的违背和否定。这些要素都决定了辩证法仍然具有不断发展的空间。

因此，根据唯实主义的归零法，在核时代仍然需要辩证法，其仍然具有不可替代的意义，对于人类纠正已经变得十分深刻的异化仍会发挥极其重要的作用。

## 第三节 辩证法的功能

有人认为辩证法的功能在于预测历史。之所以如此是因为辩证法意味着进步史观的必然性，根据这种必然性，"辩证法便成为预测历史的必要工具，这是它的根本作用"[①]。

认为辩证法的功能在于预测历史的观点是建立在两种判断的基础之上的：其一是辩证法把握住了历史进程的必然性，其二是将辩证法与进步主义的历史观画上了等号。

---

① 李欣、钟锦：《康德辩证法新释》，同济大学出版社2009年版，第291页。

但是，这两种判断的任何一种都是对辩证法功能的误解，都是历史决定论的断言，是值得推敲的。黑格尔辩证法的一个重要的特点就是认为辩证法抓住了历史的必然性，即认为人类历史是绝对精神的展开过程，人类历史不可避免地要迈向绝对精神。而存在辩证法则认为，黑格尔的绝对精神是一个虚拟的概念，并不是一个具有事实性的存在体；要判断人类历史是否具有必然性首先要认清决定人类历史进程的存在枢机是什么，因为偶然性或者必然性只是存在枢机的表现形态，脱离了存在枢机去谈论历史的必然性是"形而上学"的方法论，在逻辑上是站不住脚的。存在辩证法关于必然性的进一步探讨可见本书后面的相关部分。近代以来西方出现了进步主义的历史观，认为人类历史始终处于线性发展的过程中，只有在线性的进步观之下，人类历史才是可以预知的。存在辩证法关于进步主义的进一步探讨可见本书后面的相关部分。

存在辩证法认为，辩证法是融合着哲学观念的哲学方法论，其重点是对一系列对立范畴的解读。辩证法能够使哲学思辨变得更有纪律性，使哲学观点变得更加准确，尤其是唯实主义对事实性的引入，辩证法和哲学思辨有了真正的基础，也发现了真正的发现，向科学性迈出了坚定的脚步。但是这并不等于辩证法具有预测未来的能力和功能，人类历史的继承是存在体与反存在体之间复杂多元的对抗和博弈过程，并不是依靠对某些对应范畴的线性推断不可以把握其玄机的。正是由于人类行为的复杂性和多变性，辩证法才更有存在的必要性，存在辩证法才有可能在核时代应运而生。

## 第四节 对观念唯实主义的基本原则和方法的应用

为了准确地使用辩证法范畴并且避免在理念上造成重复和混乱，本书在梳理中国古代、古希腊和西方哲学的辩证法观念史的过程中严格遵守观念唯实主义的原则和方法。首先是归零法的应用。为了保证唯实主义的客观性、公正性和科学性，本书在考察辩证法观念史时，唯一的唯实史料是辩证法家的原著，一切间接的转述和后人的评价都不被视为唯实史料，虽然它们在理解观念事实的过程中会起到启发性的作用。归零法的目的在于恢复观念事实的本来面目，因此辩证法观念史中的事实性被置于最重要的地位。同时，辩证法的逻辑进程是另一个重要的方法，这也是对观念唯实主义的原则和方法的贯彻。

面对头绪混乱、纷繁复杂的辩证法范畴和理念，本书仍然按照概念、理念和理论的唯实主义方法展开，按照辩证法内在的逻辑线索和步骤来加以梳理和进行唯实分析和唯实比较。当然，本书并不是叙述辩证法的哲学史专著，对于辩证法观念史的回顾是为存在辩证法的提出所做的逻辑和理念上的铺垫。因此，受篇幅和宗旨所限，本书对于辩证法观念史的梳理只能集中在最重要的范畴和核心理念来提纲挈领地进行。

第 二 章

# 中国古代哲学的辩证法思想

中国古代哲学中具有丰富的辩证法思想，这些辩证法思想都是自发性生成和发展起来的，都是具有原创性的思想，是中国古代哲学史宝库中的瑰宝。

中国古代哲学的辩证法思想可分为几种，即易辩证法、董学辩证法、阴阳辩证法、太极辩证法和老子辩证法等。以阴阳观为核心的阴阳辩证法是中国古代辩证法思想的主线，也是中国古代辩证法最具中国文化特色的辩证法理论，以阴阳辩证法为主体的董学辩证法是中国古代辩证法思想的最高成就。阴阳观最早在《易传》中有了系统的表现和演绎，董仲舒将先秦阴阳观发展成系统的阴阳辩证法，结合五行观，形成了成熟的董学辩证法。董学辩证法是董学的重要方法论之一，它不但支撑着博大精深的董学体系，也将中国古代的阴阳辩证法推向了成熟和完善的顶点。北宋的周敦颐继承了董学的阴阳辩证法，提出了太极图和《太极图说》，但太极图和《太极图说》只是在表现形式上有所创新，在理念上并没有超越董学的阴阳辩证法。

## 第一节 易辩证法

《易》是中国古代哲学中最为古老的一本经典之一，是中国哲学的瑰宝。如同世界上其他一些流传久远的古老典籍一样，关于《易》的起源如今已然不再有明确的考据学根据，但是这并不会影响它在中国哲学史中的地位。《易》甚至躲过了秦始皇的焚书令，使其流传延续几千年而从未中断过。近现代的考古学发掘出的历朝历代的竹简和帛文进一步证明，

《易》作为先秦典籍的内容始终保持着一贯的形态。而《易》的独一无二的表达方式本身是其创造性和独特性的最好证明。

历来关于《易》的讨论可谓是百花齐放、多彩纷呈，讨论的角度主要集中于占卜，各个卦的象和象征意义、考据、易学的历史演变，等等，形成了所谓的象数派、占卜派、政治派和历史派，等等，历来所著的研究著作可谓是汗牛充栋。但是关于《易》的哲学义理的深入挖掘，尤其是用现代哲学的方法和理念对其进行系统的理解和阐释，却被很少涉及，堪称是热门中的冷门。实际上，《易》的哲学本质恰恰是易学的核心，缺少了对于《易》的哲学本质的定位可以说易学便失去了脊梁骨。而对《易》所体现的辩证法进行现代哲学的理解和阐释则是准确和科学地理解和评价该书的不可或缺的重要任务之一。

## 一 易的本质

易的历史源远流长，围绕着它的各种问题纷繁复杂，并且许多仍然没有解决。但是这并不妨碍易辩证法是易的本质的事实。

### （一）《周易》和《易》

现今的普遍做法是以《周易》代替《易》，《易》与《周易》不分。但是，在历史上《易》并不只是《周易》，后者只是一种《易》。因此，本书使用更全面的《易》，而不是《周易》来指称易和易辩证法。

1. 易的语义学含义

易是个复杂的占卜系统，后来又演变成系统的象数和思辨方式，然而这些都是用一个"易"字来概括的。"易"是个古老的多义字。在东汉许慎编著的《说文解字》中，认为"易"有三种含义，即"易为蜥蜴"、"日月为易"和"易字从勿"。后人根据这三种解释试图来解释《易》，然而皆有附会之嫌。

直到19世纪末期甲骨文的发现为真正解释《易》的含义打开了大门。在甲骨文中，"易"是个经常出现的字，常以"易日"和"不易日"等词组出现，也常与"雨"和"雾"等表示气候的字一起使用。孙怡让认为甲骨文的"易"当取"更"，即更替之意。高鸿缙认为甲骨文的易字的形象为"倚日画云掩之象",甚为贴切。①

2. 《周易》是易的一种表现形式

根据古籍记载,如《周礼》和《山海经》等,和不同时期的简帛发掘,我们知道历史上尤其是先秦时期的《易》也有多种版本,包括《连山》和《归藏》等。这三种代表着远古时期以八卦为基础不同的占卜方法,也有各自独立的传承历史。三者虽有关联,却存在着差异。《连山》和《归藏》很大概率是已经失传了,然而或许简帛的进一步发掘会给我们带来新的惊喜。故而,将今本流传的《周易》视为《易》的一种表现形式应更为妥当。

(二)《易》的历史传承

《易》的流传历史源远流长,繁复歧义充盈。本书对《易》的流传情况仅点到为止,不做深究和考证。

1. 《易》传承的三个历史阶段

在《易》的源远流长和充斥着各种复杂的谜团的过程中,关于其流传历史有一种传统的说法,即伏羲、周文王和孔子代表着《易》发展和传承的三个历史阶段。伏羲是八卦的创立者,周文王将八卦扩展为六十四卦,而孔子则"掀起了易学革命",将易纳入儒家②。

这个说法并没有坚实的事实基础,属于古代传说属性。由于缺乏唯实史料的支撑,传说中创立了八卦的伏羲的身份显得扑朔迷离,无法明确辨析伏羲是一个历史人物,还是一个上古部族的代称,还只是个想象出来的虚构人物。周文王则是个明确的历史人物,是西周的开创者,其在受囚期间演绎八卦成六十四卦也被《史记》等史籍记载,有一定的事实性基础。

2. 孔子与《易》的真实关系

问题最大的是孔子与《易》的关系。说孔子代表着易学研究的第三阶段,并且"掀起了易学革命"是缺乏事实基础的。事实上,孔子不曾"作易",而只在晚年曾"学易"。说孔子作易和掀起了易学的革命是泛儒学化的结果。最早认为孔子作易的观点来自西汉末期出现的纬书。《易

---

① 参见高怀民《先秦易学史》,广西师范大学出版社2007年版,第2—6页。
② 参见高怀民《先秦易学史》,广西师范大学出版社2007年版,第193页。

纬·乾凿度》中载："垂皇策者牺，卦道演者文，成名者孔也。"这种缺乏历史事实和观念事实的根据和支撑的汗漫之言不应当进入主流的学术研究之中。

关于孔子与《易》的关系在《董学与孔学的正本清源》一书中进行过系统而详尽的考释，可参阅。①

(三) 易的灵魂是易辩证法

《易》具有多面性，这个特征是《易》在先秦典籍中绝无仅有的。易可以作为术即占卜方法，作为哲学思想即道/易道，可以作为象即意义符号，可以作为数即算数/数术，可以作为文字即《系辞》等面目出现。然而，从哲学的层面来看，《易》代表着先秦哲学方法论和哲学理念的系统的表述，也代表着先秦哲学在思辨哲学上的最高成就，同时先秦哲学的辩证法思想集中体现在《易》之中。《易》中所体现的辩证法思想和表达出的规律可以称为易辩证法。

无论是对《易》的功能、本质、渊源，还是对《易》一书的成书过程、作者和传承等方面的认识来说，历来众说纷纭，歧义丛生。而对于研究《易》的方法根据不同的侧面也是丰富而多元化的，分为义理派、象数派、占卜派等。然而，在纷繁复杂的多面性之后，《易》的最基本的理念始终是关于两种具有不同性质和特征的要素的相互对立又相互渗透和转化的运动规律的，这两种要素可以被称作阴阳。在不同时代和地区，阴阳也可以被称作其他名称，如无极和太极，或者莱布尼茨的二进制，但这都改变不了《易》是以二元制的变化和运动的规律的性质，整个《易》就是两种对立事物的二元演绎为核心内涵的，对易的理解和演绎都是围绕着这个核心即易道而进行的。也就是说，易的象、数和术等都是以易道为前提和基础的，都是易道以不同方式、在不同领域和所具有的功能的表现。如果说易道即易辩证法是"形而上"的话，那么象、数和术都是其"形而下"的表现。因此，对于易来说，易辩证法是易的灵魂和主线。

有学者认为："伏羲氏所发现的理路法则，便是易之'易'；所以

---

① 参见张珂《董学与孔学的正本清源》（下册），人民出版社2021年版，第489—508页。

'易'的被发现，便是易学的起源。"① 这种观点是符合实际的。

（四）易辩证法的独特性体现在象

易辩证法的表达方式是依靠象即阴阳的图形而展开的。八卦就是八个象。《系辞传》载："八卦以象告。"又载："象也者，像也。"也就是说，八卦是模仿八个具体的自然事物，即"初象"，而形成的。最初的易是没有文字表达的，对其文字的表达，包括对爻和卦的注释以及在各个层面上的宏观哲学解释，如十翼等，是在后来逐渐形成、完善和确定的，而文字的表达方式并不能完全替代易辩证法的图形表达方式，在很多情况下前者只能是后者的补充。

易辩证法具有不依赖文字而依靠象而独立存在的特性，这赋予了易辩证法以超越时代性、抽象性和神秘性，也正是这些特征使易与其他的所有哲学思想都具有不同的表现方式。易通过象来表现的独特方式促使了易辩证法在各个时代都吸引了大量的学者进行研究和解读，都试图将象与文字相结合，并且再将这种结合用于对各自时代所遇到的事物的解读。可以说，象赋予和体现了易和易辩证法顽强的生命力。

## 二 卦的构成方式

易有三个阶段：第一阶段是爻，第二阶段是八卦，第三阶段是六十四卦。易的基本单元是爻，卦都是由爻构成的，也就是说，无论八卦还是六十四卦都是对爻演绎的结果。由三爻一体组成的卦有着极其独特的构成方式，以爻构成辩证法的基本单元和符合性的表达方式在世界辩证法史中是绝无仅有的。

（一）三爻一体模式

易的最基本的构件是阴和阳。阴和阳就是阴爻和阳爻。在易的卦画中，代表阴爻和阴爻的符号就成为最基本的符号。

阳爻和阴爻的前后/上下排列的不同代表着事情的构成和发展的方式、路径和规律的不同。最初的八卦是由三个爻构成的，即三爻一体模式。最初的八卦即乾、坤、震、巽、坎、离、艮、兑等，分别代表天、地、雷、风、水、火、山和泽等八种自然现象。这种现象说明，易产生

---

① 高怀民：《先秦易学史》，广西师范大学出版社2007年版，第8页。

于人对大自然的直接观察，是经验性认知的结果。在盛行图腾主义、万物有灵等原始宗教的上古时期，易能够采取自然哲学的视角并形成系统的具有思辨性的辩证思想和体系是超越时代的。

在复卦产生之后，八卦仍然是最基本的几个卦，是六十四卦的核心和基础。据说八卦是由上古时期的伏羲所创立的。

（二）复卦

八卦之发展成六十四卦的方法是将两个由三爻组成的卦上下累积在一起，每卦由三爻变成了六爻，演绎成了复卦，易卦于是固定在了六十四卦。据说六十四卦是由周朝的创立者周文王根据八卦推演出来的。

最初的八卦体现的是八种自然现象，即天、地、雷、风、水、火、山和泽等，这折射了当时的人类与大自然的接触和互动为主要的生活和行为内容。而后来出现的诸卦则皆以人类社会的内部关系为内容，如需、讼、师、比等为人事关系，谦、豫等为个人修养，剥、复等为对事物的观察，咸、姤等为男女关系，家人、归妹等为家庭婚姻，革、鼎等为国家兴衰等。这种转变折射了人类社会的复杂性以及社会和行为的重心已转到人类社会的内部的事实。在六十四卦时期，即商朝末年，华夏已经进入了文明时代，人们在国家的框架之内活动，人类的思维方向和行为内容较原始社会时期已经发生了重要的变化，从将全部精力用于在大自然中谋食转向调整各种社会关系。而六十四卦适应了这个变化趋势，正因如此，与时俱进的易才能得以持续地受到重视。

（三）数的推衍

易的结构与数结成了密切的关系。[①] 但从卦的构成来看，三爻一体模式涉及 1、2 和 3，复卦涉及 4、5 和 6，八个卦自然涉及 8，复卦由八卦变成六十四卦，这将易对数的运用从单位数扩展到了复位数。从八卦之初，便出现了对数的推衍，如太极、两仪、四象和八卦已经在对数进行有意识的运用。然而，先秦时的数还是随象而来的自然之数，还没有出现"数术"的功能。数被提高到术是通过筮术而发展起来的。在筮术的推衍中，数成了求得卦象的关键和决定因素。在汉朝时筮术与天文、历法、

---

① 对数的关注是中西古代哲学的共同特征。古希腊的哲学家毕达哥拉斯同样特别重视数，甚至认为数是世界的起源。

五行、占卜等进行了广泛的结合，形成了数术。到了宋朝，数术之学得到发扬光大。宋朝的数术家对数的演变可谓是登峰造极，例如北宋象数易学家邵雍说："《易》之生数，一十二万九千六百，总为四千三百二十。"①

但是，数术主要由筮术和占卜而来，并不是辩证法，也不是易辩证法的内容。因此，数术并不在本书的深入讨论范围之内。

关于邵雍的以象数为基础的太极象数辩证法可见后文的进一步介绍和解析。

### 三　易的方法论

从其构成和排列中可以看出，易是按照明确的规则构成的，这种明确的规则体现了易具有固定的方法论。易的方法论就是模块对位法。模块对位法也相当于比附法，形式逻辑的三段论是其技术性方法。

#### （一）模块对位法

先人根据经验，观察和总结出了一些事情发展的因果关系和规律性，通过阴阳之间的互动关系加以抽象地代表，这就是一个爻。在此基础上，一些包含在爻之内的更为复杂的事情和情境的发展规律通过三个爻表现出来，这就形成一个卦。最初，古人总结出了八卦。在原始社会后期，八卦能够对应当时人类所面对的社会实践，它们相对应的事情和情境的发展能够通过八卦中的因果关系和规律得以展示，八卦成为当时的人们观察自然以及处理和解决社会问题的认知的参照物和判断的帮手。

然而，随着人类实践经验的丰富，原来的爻和八卦不足以反映人类在文明阶段应对新的社会关系和情境所带来的丰富性了，于是形成了复卦，由八卦进展到了六十四卦。六十四卦在人类进入文明的初期阶段应该在一定程度上是能够应付社会问题的，进步了的易赶上了时代的步伐，仍然能够被当时的社会所接受。当时的人们在遇到新的社会问题和情境时，便通过它们所体现的某些特征来与爻和卦进行对比，当确认与每个爻和卦具有相似性之后，便按照既定的爻和卦所展示出来的因果关系和规律来预测所遇到的社会问题和情境在未来的因果关系和结果。

---

① （宋）邵雍：《皇极经世书·观物外篇上》，中州古籍出版社2007年版，第514页。

（二）粗糙的比附法

从以上的分析中可以看出，易使用的这种方法实际上是将人类的行为实践与过去从实践经验中总结出的规律进行强行的比对。然而，这种比对并不是严格意义上的比较，而只是一种粗糙的比附。易的预测功能是建立在将新事物纳入六十四种情境所进行的，六十四卦成功的逻辑前提是人类的行为实践与卦中体现的因果关系和规律要完全符合，只有这样这种在固定的模型基础之上进行的按图索骥式的逻辑演绎才能具有一定的有效性。

虽然易已经最大限度地演绎了阴阳之间的演绎，但是人类行为实践的丰富性和复杂性要远远超过易中的六十四卦总结出的情境。这就使易永远落后于人类的行为实践，无法再成为人类认知的参照物和判断的帮手。于是易的模块对位法便降低和失去了实用性和有效性。模块对位法的失效就成了易辩证法的痼疾。

（三）三段论

从易的应用中可以看出，易的方法即模块对位法是一种典型的三段论推理方法。[①] 不仅如此，易辩证法的三段论具有比一般的三段论更为复杂而独特的结构。

从形式逻辑上看，模块对位法包含三段论的方法。将世间各种情境分为六十四卦使用的是归纳法，形成了三段论的大前提，也就是说，模块对位法的大前提是指易辩证法根据阴阳的不同组合而将事物的展开和规律划分为六十四种情境的归纳和总结，它们各自代表着一种事物运动和演化的规律。而对所遇到的事情和情境的一些特征的总结形成了小前提。将小前提纳入大前提的规律进行演绎以得出所遇到的事情和情境的因果关系和结果就是三段论的具体的逻辑演绎。

易辩证法所要解决的问题被视为小前提，将其特征与六十四卦中的大前提进行类比。也就是说，一个事物根据其阴阳特征被与六十四卦进行比附，实际上是在与小前提进行对接，而这种对接只有在六十四卦的大前提下才能完成。在类比完成之后，便根据模块对位法将某个大前提的展开方式和规律平移到小前提即待解决的事情之上，于是事物便有了

---

① 三段论（syllogism）是由古希腊哲学家亚里士多德最先提出的，见其所著之《工具论》。

解决的方案。因此,易的三段论就是与六十四卦的大小前提进行比附,一个具体的事物需要符合大小前提才能够根据易辩证法进行演绎,也是模块对位法的具体应用。

围绕着六十四卦而进行的模块对位法是按照固定的思维定式进行演绎的过程以期得到预期中的结论。因此,易的这种模块对位法就是按照既定的过程来处理和解决新事物的运动方式和方向的固定的思维模型。

中国古代哲学的逻辑相对较"弱",但唯实主义认为这种所谓的弱只是一种假象,是一种在名称上的"弱",即缺少直截了当的逻辑学概念体系和理论,也不如古希腊的亚里士多德般将逻辑学分离为一门独立的学科,但这并不是说中国古代哲学和辩证法中对于复杂的逻辑理念的实际应用,易辩证法对三段论的复杂应用便是最典型的例子之一。

通过以上对易辩证法的解析,我们可以看到,在文字尚未产生的上古时期中国人不但已经能够系统地使用归纳法、演绎法和三段论,而且已经形成了更多的方法论即模块对位法。而要改变认为中国古代哲学中缺乏逻辑的传统观念和偏见,挖掘出中国古代哲学史中所采用的充满早熟的逻辑和思辨的方法论是唯实主义在重构中国古代哲学史过程的一个重要命题和任务。

### 四 《易》所体现的规律

易辩证法体现了两种认知方法:一是二元互动法,二是二进制方法。也就是说,易辩证法是以二元观为核心的,是由二元互动法和二进制方法组成的。

(一) 循环论下的常变论

易辩证法认为事物是由阴阳两种要素构成的,而阴阳之间的相互比例的每个微小的变化都意味着事物的变化,都意味着事物内部的性质的改变,都意味着不同的卦。虽然爻只有阴阳两个要素,然而由这两个要素组成的卦却是十分丰富的。卦的这种组合方式能够体现出事物无处不在的运动和变化。也就是说,阴阳是常变的,由阴阳两个要素所组成的万物也是常变的,这种理念就是易辩证法所体现的常变论的规律,即常变论。因此,易道即易辩证法的首要的规律便是常变论。

然而,这个常变论却是有限的变化,其有限性来自循环性。阴阳之间的运动和变化并不是直线性的，而是循环性的。也就是说，阴阳变化在转变到一定程度之后便会向原来的方向回转，如此循环往复。

易辩证法的常变论虽然是循环性的，然而毕竟是变化的，而这种常态的变化性是与中西辩证法的普遍规律相一致的。

虽然认定物质和世界是常变的，但是易辩证法还不能对运动发生的根本动因进行事实性的即物理学和科学的解释，而只能通过阴阳互动来进行附会式的推测和类比。

（二）易的二进制

阴阳观与二进制的基本要素是相同的，都是关于两者变化和运动的规律的总结，这是两者之间的共性，但是两者又选择了不同的演绎路线，阴阳观是一种阴阳之间的循环论，两者斗而不破，分而又和，对立而又统一；而二进制则在方法上提供了打破循环论的可能性，即二进制可以以直线的方式一直向前演绎下去。

二进制（binary system）是由 0 和 1 两个数码组成的数，它的基数是 2，进位规则是"逢二进一"，错位规则是"借一当二"。计算机系统所采用的就是二进制系统，是整个计算机系统的数学基础。二进制是 18 世纪德国数学家莱布尼茨"发明"的，但是莱布尼茨自己也承认他的二进制直接来源于伏羲八卦图。[①]

虽然易的阴阳辩证法并没有选择直线性的演绎方式，但它与数字化的二进制的基本要素和演绎方式是相同的。因此，说易的阴阳辩证法是二进制的基础和来源是有道理的，它当之无愧是近现代数学的重要来源之一。如今计算机对于现代人类社会生活的各个方面和各个层次无不折射出易的辩证法对于人类科学和生活的重要意义。本书主要探讨辩证法思想，属于数学领域的二进制并不在本书讨论范围之内。

（三）易的二元互动法

易的二元互动法与形式逻辑密切相关，二元之间的互动和变化体现了世间万物变化的内容和运动规律。

---

[①] 关于莱布尼茨与伏羲八卦图之间的关系，学者已经进行了详细的考证，认为莱布尼茨的二进制只是对伏羲八卦图的"一种演绎作品"，莱布尼茨本人也承认这点。参见《莱布尼茨二进制与伏羲八卦图考》，胡阳、李长铎著，上海人民出版社 2006 年版，第 124—126 页。

1. 二元互动法的内容

二元观是易的灵魂和逻辑基础，易是二元观的具体演绎方式的总汇，是一种二元互动法。《易传》将二元观定义为阴阳，这准确地体现了易中的二元观，但同时我们又不能因为《易传》中的阴阳演绎而完全忘记和忽略了易中的二元观。也就是说，阴阳是易的二元观的一种表达方式，而并不是唯一的表达方式。无极和太极，有和无等对应范畴都可以用来表达易的二元观。历来的易学观将《易》与《易传》绑定，将两者都视为经典，这使《易传》对于《易》的解释固定化，从理念上来说实际上是将阴阳观与《易》的结合固定化。这种做法实际上是被后来人强加的一种教条。

但这并不就是要推翻《易传》的阴阳观对于《易》的解释。如果要否定八卦与阴阳观之间的关系，就必须找到另外一对范畴能够代替阴阳之间所具有的内在规定性，使八卦在能够被另外一种二元论得到认同阴阳观一样或者起码是类似的解释和演绎。北宋初期出现了用太极和无极来解释易的学说，这是一种创见，但这种创见可以说仅限于形式上，在理念上并没有突破，并且从其演绎的深度和广度上来看，并没有超出阴阳观。因此，可以说阴阳观仍然是对易的二元观的辩证法的最复杂和最具合理性的形式。迄今为止，除了阴阳观之外还没有任何其他的一对范畴能够如阴阳观般对八卦进行合理的解释和演绎。因此，本书也并不排斥采用阴阳观来解读易的二元观的方法。

如前所述，易的基本要素是象，即阴和阳这两个图形。乾是阳的极端，坤是阴的极端，在这两个极端阴和阳的比重各有不同，而各种不同的比例便代表着阴阳组合，分为不同的卦。易开始时有八个卦，即乾、坤、震、巽、坎、离、艮、兑等，每卦只有三个爻。后来又被进一步演化为复卦，即每卦有六个爻，经过相应的组合使八卦变成了六十四个。据说八卦是由伏羲所制，周文王则引入了复卦，将八卦演变为六十四卦，形成了《周易》即今本的《易》。

为什么要分为不同的卦？每个卦代表着什么？实际上，每个卦是由不同比例的阴阳所"调配"出来的情境，每种情境就是一种状态，而每个状态都有着内在的逻辑，都有着不同的运动规律。之所以会如此就是因为它们是由不同的阴阳比例所组成的，而阴阳被认为是构成世间万物的物质和内容，也是世间万物的运动方式。

八卦过少，不能覆盖不断进步之中的人类实践的步伐，而六十四卦则体现了八卦的内在演绎方法更为复杂，能够应对更多的状况。也就是说，六十四卦代表着当时的人类所遇到的世间的六十四种情境和状态，代表着它们六十四种运动和演绎的方式，也意味着不同的行为结果和事态发展的结局。因此，六十四卦有着先验的和固定的运动程序和结局。无论是对于算卦、占卜还是哲学思维来说，这些都是通过《易》来预测未来的方法和逻辑根据，而这种方法论就是模块对位法。

2. 二与多[①]

阴与阳是易辩证法的基本的和仅有的两个要素，两者构成了二进制，易辩证法就是在这个二进制之间进行演绎的辩证法，形成了二元互动法。在二元互动法的演绎中，阴和阳这个"二"通过演变而形成了"多"，即诸多的状态和情境。

在二元互动法中，二是恒定的要素，是变化的根源和载体，而多是动态的、常变性和多元的状态和情境。在二与多的永恒变化中，由二而成多，而多万变不离其二。这种一动一静的组合代表了阴与阳二元互动法的辩证演绎的基本构成，同时二与多体现了易辩证法的常变论的框架。也就是说，阴阳辩证法的常变论是在二与多的框架内进行的。二与多一方面通过常变论得以表现，另一方面二与多又限定了运动和变化的内容和本质，使得阴阳之间的二与多的演绎始终是循环论的有限的运动和变化。

3. 二元互动法的辩证特征

在易辩证法的二元互动法的演绎中形成了由二而推演出多的辩证关系。而二与多出现的原因在于程度即度与量和秩序即次与序的变化和组合。阴和阳的度与量和次与序的变化和组合体现在六十四卦的构成中，或者说，六十四卦就是为了描述和体现阴和阳的度与量和次与序的变化、调整和组合而形成的。

（1）度与量

从理论上看，阴和阳的程度的两个极端在于零和满，而阴和阳在零

---

[①] 二与多的辩证关系是易辩证法和中国古代哲学中独有的理念。古希腊哲学中存在着"一与多"的理念。关于一与多，可参见后文"柏拉图的辩证法的贡献"部分。

和满之间的任何变化都表现为度与量的变化，而度与量的每个渺小的变化和调整都意味着不同的情境，都要求采取不同的相应措施加以应对。

（2）次与序

不仅度与量的变化意味着不同的情境和行为，在相同的度与量之下阴阳之间的不同排列组合即次与序也同样意味着不同的情境和相应的行为措施。

虽然《易传》并没有对易辩证法的二元互动法进行描述和解释，然而爻和卦的形成和变化本身无不体现着二元互动法的这些内在的规律和特征。阴和阳这两个简单的辩证法要素能够进行千变万化的演绎的奥秘正在于度与量和次与序的变化和组合，它们也体现在作为辩证法一般特征的量变和质变规律以及尚未完全进入辩证法分析视野中的次序论。

（3）零和性

阴阳之间的二元互动是你增我减的负相关的关系，即零和关系。虽然在先秦的阴阳观和董学辩证法中都没有明确说明，然而从阴阳互动的方式中可以看出阴阳之间似乎有一个总量，在总量之下阳的增量意味着阴的减量，反之亦然。然而，这个总量虽然是阴阳之间的零和性互动的逻辑前提，然而却始终是个假定而隐秘的存在，在先秦阴阳观和董学辩证法中一直没有被提及，直到在北宋周敦颐的太极图中这个隐秘的总量才通过圆圈形象地表现了出来。

4.《易传》的功能

《易传》是在文字出现之后在人类进入文明阶段以后出现的，用来解释《易》的系列文章，但它本身自成体系，是一篇具有相对独立性的文章。在西汉初中期，在汉武帝和董仲舒建立五经博士制度时，《易传》作为《易》的组成部分一同被列为五经之一，成为经学的组成部分。

如果用中国古代哲学的经传关系来审视两者之间的关系，那么《易》就是经，《易传》就是传；经是传的来源和基础，而传却不一定忠实于经，它会有自己的理念。我们发现，《易传》所表达的思想十分复杂，在一些方面自成体系。因此，《易》是《易传》的来源和基础，《易传》却不一定是《易》可靠的解读，更不是唯一的解读。同样地，《易传》中包含有一定的辩证法思想，与易辩证法密切相关。

### （四）易辩证法的哲学观念史意义

西方哲学一直认为是古希腊哲学家们发现了数学和演绎推理①，并为西方哲学所继承和发展。易辩证法对于数学的应用，尤其是其完善的二进制数理和三段论的推演方式充分地证明了易辩证法在数学和逻辑学上的发展不仅要比古希腊哲学更早，而且要比它复杂先进得多。易辩证法不仅有完善的演绎推演法，其归纳逻辑同样完善，并且能够系统地应用到对《易》的总体布局和构建之中。另外，作为近代欧洲科学先驱的莱布尼茨，通过《易》的二进制数理而不是古希腊哲学发展了二进制，更从侧面有力地证实了《易》对于数学和逻辑学所作的伟大贡献是具有跨时代的世界意义的。

## 第二节 董学辩证法

董学中是否有辩证法？这个问题在中国哲学史上长期无人问津，即使有极个别人注意到了董仲舒关于常变的论述，也认为董仲舒是在强调"不变"，否认董仲舒具有辩证法思想。② 我们要尊重董学的观念事实，根据董仲舒思想的本来面目即其事实性来得出结论。只有这样，所得出的结论才是站得住脚的。

### 一 董学与董学辩证法

事实上，在董仲舒的蔚为大观、逻辑严密、环环相扣的董学体系中，无处不存在辩证法，无处不是辩证法的具体运用。离开了辩证法这个基本的方法论支撑，董学便无法成为环环相扣的系统和哲学体系，董仲舒也无法完成对董学的哲学体系的创建。事实上，董仲舒独创的严密而丰

---

① 参见［英］Russell, Bertrand, *The History of Western Philosophy*, Simon & Schuster, 1972, 第39页。罗素认为科学分析的基本方法是建立在对客观事物观察之上的归纳法，古希腊哲学缺乏归纳法，其演绎法所依靠的是哲学家们主观的假设，因此这样的演绎法是不科学的。按照这个标准，易辩证法同样是不尽科学的，但它对归纳法和演绎法的综合使用却要比古希腊哲学更加合理。

② 周桂钿对此也颇有微词，参见其《董学探微》，北京师范大学出版社2008年版，第275页。

富的辩证法思想是董学能够统御中国哲学史达两千多年之久的重要原因之一。辩证法思想在中国的历史源远流长，《易》和《道德经》中都存在着成熟的辩证法思想，然而能够用明确的语言和逻辑对辩证法的规律进行系统而深入的总结和进行广泛而精微的应用的，正是董学辩证法。董仲舒成功地整合了先秦的各派子学，而在这种系统的整合中就包括对于先秦辩证法思想的系统梳理、扬弃和发展。后来的宋学用太极图对阴阳关系这个重要的辩证法要素进行了新的阐释，在形式上丰富了中国古代的辩证法思想。但是其哲学观念事实告诉我们，在哲学理念和逻辑上它们仍然没有超出董学辩证法的范畴。

需要加以强调的是，董仲舒的辩证法思想不仅十分丰富，而且具有独创性，形成了具有董学鲜明特征的董学辩证法。董学辩证法包括阴阳辩证法和五行观，其主干是阴阳辩证法，董学的其他方法都是在此基础之上演绎出来的。董学辩证法不仅极大地丰富了中国传统哲学的辩证法思想宝库，并且代表着中国辩证法思想的最高点，一直无法被后人所超越。董仲舒对于中国古代哲学辩证法思想的卓越贡献必须得以正视和承认，这也是建立科学而公正的中国哲学史的不可或缺的内容。

从董仲舒对于辩证法的阐述和应用来看，虽然并没有进行专门和通透的语言表述，然而董学辩证法包括了黑格尔辩证法的几乎所有的范畴和规律，如对立统一规律，量变质变规律和否定之否定规律等，而在另一方面，董学的中和论等辩证法思想又超出了西方辩证法的范畴，形成了独特的董学和中国古代辩证法的命题，提出和总结出了董学所特有的辩证法规律。董学辩证法与西方辩证法的一个重要不同在于董学辩证法是董学的体系性存在，其董学辩证法中的方法论规律与董学的形而上学和整个体系下的各个子系统具有同一性，形成了辩证法和哲学理念的通融和共同的体系性存在。这使得董学的辩证法既是独立的方法论，又是通融于董学之中的哲学方法，相互之间形成了深刻而系统的良性互动。

相比之下，西方的辩证法则并不具备体系性存在的特性。虽然黑格尔的辩证法也具有体系性存在的特征，但是在马克思和恩格斯将其辩证法从黑格尔的哲学中分离出来之后，黑格尔辩证法便成为一种泛指性的辩证法，也就是说，虽然承载这些辩证法规律的载体是不确定的，然而世间的任何事物都具有辩证法的每个具体的规律。同时，西方辩证法的性质从此也已经超越了方法论的范畴，变成了一种被赋予普遍性的"真理"，即方法与真理等同了。在人们使用辩证法分析事物的运行规律之前，这些方法和特征便已经先验性地成为真理，变成事物的内在本质。这种拔高是对辩证法的高度肯定，然而这并不应该改变辩证法是实践性的方法论而不是先验性的真理的哲学定位。

董学是对先秦哲学的了结和扬弃，这种了结和扬弃不仅体现在形而上学和政治哲学上，同样也体现在方法论和辩证法上。董学开创了中国哲学的全新时代，全新时代不仅体现在形而上学和政治哲学上，同样也体现在方法论和辩证法上。董仲舒将先秦哲学的阴阳观和五行观进行了深刻的改造和提升，并将其有机地融合在了一起，形成了适应新时代的逻辑严密的董学辩证法。

由于董学和董学辩证法长期以来一直受到忽略和忽视，本书对其进行了较为系统的介绍，希望能有助于推动对中国哲学和董学的辩证法思想的观念事实的基础研究的重视。

## 二 董学的阴阳五行哲学中的辩证法

阴阳五行哲学是以五行为基础的关于客观事物和人类的总的规律和原则的哲学。虽然阴阳观和五行观在先秦时期早已存在，但将它们融合在一起并形成系统的哲学则是由董仲舒完成的。阴阳五行哲学不仅是哲学理念，而且是董学辩证法的有机组成部分。董仲舒对于阴阳五行哲学的演绎过程就是董学辩证法展示的过程。

董学的辩证法思想贯穿于其天人合一的形而上学之中，而集中体现在其阴阳五行哲学之中。董仲舒在整合了先秦的阴阳观和五行观之后，形成了系统的阴阳五行哲学，而在这一过程中，董学辩证法也得以完成。董学辩证法的体系性存在的特性也正是在这个过程中形成的。

在董学辩证法中，阴和阳是两种具有不同的内在规定性的要素，它们具有迥异的、甚至是对立性的特征、属性和本质。阴阳代表着不同种类的事物，也是同一事物的不同发展阶段的表现以及事物所处的不同状态。但是，阴和阳并不是相互拒绝、否定和排斥的关系，而是相互转化的关系，也就是说，阴和阳代表着事物和事物属性的两个极端，这两个极端的存在并没有使事物走向解体和崩溃，而是在一定的条件下它们走向对方，向对方进行转化和过渡，这就使阴和阳形成了一个整体，它们是相互依存的。

在《春秋繁露·基义》①中，董仲舒对阴与阳之间的辩证关系进行了概括：

> 凡物必有合：合必有上，必有下，必有左，必有右，必有前，必有后，必有表，必有里，有美必有恶，有顺必有逆，有喜必有怒，有寒必有暑，有昼必有夜，此皆其合也。

> 物莫无合，而合各有阴阳。阳兼于阴，阴兼于阳。

> 君臣父子夫妇之义，皆取诸阴阳之道。

在《春秋繁露·阳尊阴卑》中，董仲舒再次用合来阐述天地之间的辩证关系：

> 地，天之合也，物无合会之义。

合也可做动词来用。同样在上文中，董仲舒说道：

> 人亦十月而生，合于天数也。是故天道十月而成，人亦十月而生，合于天道也。

由此可见，董学辩证法中的阴阳存在着相互依存性，董仲舒将其命名为"合"。合类似于黑格尔辩证法中的对立统一规律，只是合明确地指明是阴阳之间的相互依存性，其规定性更加明确。

阴和阳向对方的转化和过渡并不是一蹴而就、瞬间完成的，而是经历了一个渐进的积累过程，这在董学辩证法中被称为"转化论"。转化论类似于作为黑格尔辩证法规律之一的量变质变规律。

在董仲舒看来，阴阳哲学贯穿于自然界、天道和人类社会的运动和

---

① 本书所引用的董仲舒的《春秋繁露》的内容来自《春秋繁露校释（校补本）（上下）》，钟肇鹏主编，河北人民出版社2005年版。

变化的所有层次和侧面，是能够用以指导人类认知活动的具有普遍意义的方法论。阴阳之间的互动性促生了一系列下游的方法，包括五行哲学和中和论等。五行代表着自然界的五种要素、特征和状态，五行的呈现和生克演化都是阴阳互动的结果，阴阳互动发力于五行才形成了五行运动的各种规律，也就是说，阴阳互动是世界运动的内在机制，是五行转化的内在动力，而五行则是阴阳互动的表现形式。董仲舒抓住了阴阳和五行运动和转化的由内到外的"里子"和"面子"，将其有机地整合为阴阳五行哲学。

在董仲舒看来，从事物的生命周期来看，阴阳互动主导着五行的运动，涵盖了事物从生成到衰亡的整个过程；从自然界的季节轮回来看，五行的相互变化导致了四季/四时的产生；从相互关系来看，五行可以相生，也可以相克，由此决定了世间物质的运动和变化规律。而五行的这些变化和运动之后的决定机制就是阴阳之间的有序互动。

### 三　常变论

辩证法的基本理念是认为世界上的事物都是运动和变化着的，这在前述的易辩证法中有所体现。常变论虽然在董学辩证法中也是一个基本的理念，只是董仲舒更注重在特定的领域强调常变论。

董仲舒在分析常与变这两个范畴之时，阐述了运动与静止，变与不变之间的关系，而其主要所指并不在于说明客观世界的运动规律，客观世界的运动规律在董学的阴阳五行哲学中得到了集中的阐述，董仲舒的常变论主要是用来论述国家行为的更化原则的，是一个政治哲学的方法论。

在《春秋繁露·竹林》中，董仲舒说道：

> 《春秋》之道，固有常有变。变用于变，常用于常，各止其科，非相妨也。

这表明，变化与静止是万物的固有规律，两者各自按照自己的规律存在，并不相互妨碍，也就是说，事物并不因为存在静止的状态和倾向而否定运动和变化的状态和倾向，而是动与静、变化与静止的共存共处的状态。

从理论上看，常变论在政治哲学领域中表现为原则性与灵活性的统一。在现实政治层面上，董仲舒据此提出了"更化论"，为说服汉武帝按照董学的原则和理念改变王朝的礼仪制度和改变国家行为方式提供了理论依据。周桂钿认为，"董仲舒虽然把常变关系说成是'春秋之道'，实际上还是他自己总结出的很有价值的辩证法思想"①。

一些学者否认董仲舒常变论的辩证法思想，认为董仲舒只强调常而没有变。他们的根据是董仲舒曾在《天人三策》中说过"天不变，道也不变"这句话。这显然是对董仲舒的思想存在着误解，是不符合董学的观念事实的。董仲舒的这句话的真正用意是要强调天人合一的原则。天人合一是董学形而上学的最根本的原则和逻辑基础，是贯穿于董学各个子系统中的理念、方法论和逻辑线索。董仲舒在此是要向汉武帝强调他的哲学即"道"，完全是建立在天的形而上学之上的，未来根据董学而建立起来的任何王朝和国家政治制度，同样是"道"，都来源于天，是"颠扑不破的、放之四海而皆准的真理"。也就是说，在董仲舒看来，只要天存在，那么董学就存在，只要天是正确的，那么董学就是正确的。可见，此处的道与"春秋之道"完全是两个层次上的，后者只是前者的具体体现和应用，然而两者在同一原则之下是共行不悖的。

### 四 转化论

董学的阴阳哲学和五行哲学体现了董学辩证法的转化论。转化论表现为事物的性质、强弱和优劣的相互转化的运动规律。阴阳相互转化，五行中的要素也可以相互转化，形成了客观事物、人类社会和历史的运动、进步和进化的运动规律。因此，董学辩证法是关于不同的辩证法要素相互之间进行转化的辩证法。

董学的转化论被董仲舒主要应用于对历史进程的解释，体现为历史转化论。历史转化论否定了前儒学（被董学整合之前的儒学）的以上古为理想社会的楷模，试图将当代社会复原到古代的"历史逆向论"。历史转化论与西方近现代的机械进化论也不同。机械进化论认为自然界和人类社会是一种单维度的直线性的向前不断进化的轨迹。这是一种简单的

---

① 周桂钿：《董学探微》，北京师范大学出版社2008年版，第279页。

归纳，是与人类社会的发展规律不相符合的。董仲舒的历史转化论在宏观上是一种历史循环论，在微观上是一种进步论，但是在本质上它是一种历史运动论和变化论。很难说公羊学的转化论的历史观就是符合人类社会发展的完美理论，但是它较前儒学的历史逆向论和西方的机械进化论要更为合理，更加接近人类历史发展的规律。

### 五 经权论

在中国古代哲学的术语中，经是原则和常理，权是对经的应用。在中国古代哲学中，权作为一个单独的范畴被提出来，是因为它在表面上与经并不完全吻合，甚至违背了经，然而在许多情况下，离开了权的这个特性，经却是无法实现的，因此，权是否在实质上真的违背了经，却是值得深入探讨的。经和权之间的关系因此引发了争议。这就是中国古代哲学会出现经权论这样的方法论的原因。

事实上，虽然在先秦哲学中经与权的相关性已经引起了哲学家们的注意，却并没有出现完整的经权论。只是在董学之中，经权论才作为系统的方法论被整理和整合出来，成为中国古代哲学中的一对对应范畴。

在董学中，经权论是一个特定的政治哲学范畴，经权论变成了目的与手段、原则性与灵活性之间的辩证方法。在《公羊传》中，董仲舒通过几个具体的案例来分析经权论。在《公羊传·桓公十一年》中，董仲舒为经权论划定了底线：

> 权者何？权者反于经，然后有善者也。权之所设，舍死亡无所设。行权有道：自贬损以行权，不害人以行权。杀人以自生，亡人以自存，君子不为也。

也就是说，作为手段的权可以在一定程度上不符合经的常理，在某些情况下，行权甚至要违反经才能够最终达到善（治）的目的。但是权的限度在于不能伤害他者的生命和利益，而只能牺牲自己的生命和损害自身的利益。如果一个行为的目的是自保而伤害他者的生命和利益，那么这种行为就不再是行权了，其性质已经发生了变化，是应该受到谴责的。

在《春秋繁露·阳尊阴卑》中，董仲舒又从阴阳哲学的角度阐释了经权论。他说道：

> 刑反德而顺于德，亦权之类也。虽曰权，皆在权成。
> 是故天以阴为权，以阳为经。
> 经用于盛，权用于末。以此见天之显经隐权，前德而后刑也。
> 先经而后权，贵阳而贱阴也。

这些经权论的原则不仅厘清了经与权的辩证关系，更为重要的是，通过经权论，董仲舒明确地说明了皇权主义的仁德之政与刑罚之间的关系。仁德之政是皇权主义的经，刑罚之政是皇权主义的权，要实行仁德之经就必须施以刑罚之权，即"刑反德而顺于德"，两者之间是目的与手段，原则性与灵活性的辩证关系。而从国家行为结构来看，仁德之政与刑罚之政之间要建立起一种结构性的平衡，这种平衡是以仁德之政为主，以刑罚之政为辅，两者之间是一种"不对等的平衡"关系。

## 六 中和论

中和论是董仲舒独创的方法，其中充满着复杂的辩证法思想。在董学中，中和论就是关于度的理论，是把握度的方法。董仲舒多次强调"度"和"节"的重要性，当他将阴阳哲学用于解决这个问题时，便形成了关于度和节的系统理论和方法，这就是中和论。

作为一种辩证方法，中和论是董学的天人合一体系中的体系性存在，而其直接的方法论源头是董学的阴阳哲学。中和论代表着董学的阴阳哲学的一个高端，在董学的政治哲学中起到了重要的指导作用，具有至关重要的实践意义。具体来说，董仲舒将中和论应用到了董学关于国家行为模式的平衡理念及其政治经济学中。

黑格尔辩证法虽然同样存在对立统一规律和量变质变规律，但是并没有关于如何把握人类行为的度的理论，因此董学辩证法中的中和论便超出了黑格尔辩证法，是其独特的范畴和辩证法规律。

（一）中和论的本质

在《春秋繁露·循天之道》中，董仲舒对中和论进行了明确的阐述。

董仲舒首先规定了"中"与"和"的内涵。董仲舒用南北阴阳和季节的变化来说明两者的本质。他说道：

> 天有两和，以成二中，岁立其中，用之无穷。是故北方之中用合阴，而物始动于下；南方之中用合阳，而养始美于上。……两和之处，二中之所来归，而遂其为也。

由此可见，天一共有两个中，即北方之中和南方之中，前者代表着阴的极端，后者代表着阳的极端，用四季来解释就是冬至和夏至。在此需注意到的是，董仲舒的中并不是常识语汇中的中间的意思，而恰恰相反，中代表着阴阳的两极，是最偏的位置。董仲舒为何要如此重新定义中呢？这是因为，中的本义是"正"，即本质，而最能代表事物的本质的状态是它处于极端之时，处于极端的正没有其他因素的干扰，是最纯粹的状态，能够体现出事物的本质。但是，中只是事物的"生"，生只是事物的初始状态，并不是事物的固定状态，也不是其理想状态；同时，生也不总是事物唯一的存在方式，事物还要"成"，中生之后就开始向成的方向运动着和变化着。二中运动和变化并不是无序的和没有方向和规律的，它们从两极的极点向着对方运动，而平衡点就在和。由此，董仲舒引出了中与和之间的辩证关系，两者是相互渗透、互为彼此的。在同一篇中，董仲舒进而论道：

> 起之，不至于和之所，不能生；长之，不至于和之所，不能成。成于和，生必和也；始于中，止必中也。

在完成了对中与和的定义之后，董仲舒将两者并提，形成了中和论。在中和论中，体现事物的纯粹本质的中是道，而作为二中的平衡点的和则是一种理想状态，是德的最高境界，是天道的节度，是圣人所要遵守和保持的法则。因此：

> 中者天地之所始终也，而和者天地之所生成也，夫德莫大于和，而道莫正于中。中和者，天下之美达理也，圣人之所保守也。

由此可见，中和论来源于阴阳哲学，是阴阳关系的辩证演绎，中和论的本质在于阴阳之间的平衡。中体现的是事物的纯粹的本质，却并不一定是事物应该具有的理想状态，而代表着天地运行规律的和才是中的归宿。因此：

> 中之所为，而必就于和，故曰和其要也。和者，天地之正也，阴阳之平也。

（二）中和论的应用

董仲舒将中和论主要应用于三个领域之中，即政治哲学、养生之道和国家行为的结构平衡之中。

董仲舒论道：

> 是故能以中和理天下者，其德大盛；能以中和养其身者，其寿极命。

德的最高境界是以中和论来治理天下，也就是说，在董仲舒看来，一个皇帝只有贯彻了中和论才能够把握国家的政治行为的力度，才能够保持政治与经济之间的互动，才能够把持国家行为模式的结构平衡，避免在立功的亚模式和立德的亚模式之间出现顾此失彼的失衡状态。这种洞见在汉武帝发动讨伐匈奴战争的第二阶段开始之前便体现在了他给汉武帝的《限民名田议》之中。

中和论在董学的政治哲学中所具有的意义关系到皇权主义治国的平衡性和稳定性，是其天人合一的政治哲学的最高境界和理想状态。虽然汉武帝崇信董仲舒的哲学，将其推举为国家意识形态，并依此而打造出了全新的公羊模式，但是董学理论的最高层次体现在中和论，中和论在哲学上的高深性和对于国家行为实践的重大指导作用，汉武帝在相当长的执政时期中并没有完全和充分地领悟到，只是在他执政的晚期，在因为他的穷兵黩武几乎将国家推向动乱之时，才幡然醒悟，再次按照董学来改弦更张，重塑国家行为，而此时董仲舒已经驾鹤西去，汉武帝悔之晚矣。

根据中和论，董仲舒提出了"循天之道以养其身"的养生理论，这是在中国历史上第一次将阴阳五行哲学完全用于养生和医学，对于中国中医学在西汉的发展和成熟起到了关键的引领作用。

### 七 见微知著论

董学中的另一个被经常使用的辩证法方法是见微知著论。所谓的见微知著，按照董仲舒的话说是"贵微重始、慎终推效者哉"（《春秋繁露·二端》），也就是强调要通过事物初期和早期的生成而看到事物的未来的发展趋势和本质，提前判断出事物的后果，并及时采取防范和改正措施，防止小错酿成大祸，从而起到防微杜渐的作用。因此，见微知著论实际上是一种由具体性上升到一般性，由个别性上升到普遍性的演绎法，而其演绎的内在线索和逻辑正是董学辩证法。

在《春秋繁露·二端》中，董仲舒集中阐述了这个方法：

> 夫览求微细于无端之处，诚知小之将为大也，微之将为著也。
> 是小者不待大，微者不待著。

见微知著论在一些方面相当于黑格尔辩证法中的量变质变规律，也与亚里士多德的三段论法相关联，只是董仲舒赋予了见微知著论以明确的政治哲学意义。董仲舒通过正反两个方面来指明见微知著对于皇权主义的重要性。

在董仲舒看来，正的方面就是从一开始便要"立正"，确立正确的开端：

> 故王者受命，改正朔，不顺数而往，必迎来而受之者，授受之义也。
> 是故《春秋》之道，以元之深，正天之端；以天之端，正王之政；以王之政，正诸侯之即位；以诸侯之即位，正竟（境）内之治。五者俱正，而化大行。

就是说，在皇权亮相伊始便要有个好的开始，按照天人合一的原则来正式接受上天的授命，改正朔，建立新的历法，并将这种好的开端层层传递下去，避免从一开始便出现"上梁不正下梁歪"的情况。

相应地，反的方面就是对于灾异现象的警觉。由此，董仲舒引出了灾异论对于王朝的极端重要性，顺其自然地建立起了对于皇权的警戒和约束机制。如此一来，见微知著论就从正反两方面建立起了对于皇权的警戒和约束机制。

### 八 董学的阴阳辩证法

以《易》为载体的阴阳观在先秦时期便已存在。然而，是董仲舒将阴阳观整合和发展为阴阳辩证法，使其成为董学辩证法的重要组成部分，成为董学的体系性存在。

（一）阴阳观与阴阳辩证法

有学者认为用阴阳观来解释《易》是"后来的事"，即发生在春秋或者战国时期。这个观点忽略了《易》的内容是由阳爻和阴爻构成的基本事实，是个十分明显的错误。但是同时，我们也要避免另一种倾向，即将后来的阴阳哲学直接归于《易》。《易》中虽然体现了中国早期古老的阴阳观，然而它最初完全是以符号（此处的符号是指文字之外的图形）的形式来展示和流传的，卦辞和易传等文字解释是在文字产生和成熟之后的春秋战国时期直到西汉初中期逐渐形成、完善和确定的。作为表达人类本能、思想、意愿等的外在中介的符号虽然具有开放性和赋予想象性的特征，然而由于缺乏明确性和严格的规定性，却并不是体现人类哲学思想的最有效的方式，尤其是对于如阴阳观这样需要表达高度抽象的、系统而深刻的哲学思想来说。

自古以来，对《易》中的阴阳符号的解读可谓是众说纷纭，歧义丛生，很容易被别有用心的巫师、术士和各种江湖人士所利用。因此，相比于符号，文字在哲学表达方面的优势是明显的，其作用是不可替代的。[1] 战国后期开始出现的十翼虽然是用文字来解释卦象的，但常常脱

---

[1] 西方19世纪后期的逻辑实证主义试图全盘推翻语言在哲学表达方面的作用，20世纪中后期的德里达的解构主义试图证明语言在哲学表达的模糊性、相对性和无效性，但是这些质疑和否定都无法改变语言作为哲学表达在最佳载体的地位和作用。如果说语言表达并不具有原来设想的绝对性的话，那么失去了语言，人类的抽象思维便不会存在，哲学也将消失。

离阴阳观的主体，变得游离题外、支离破碎和缺乏系统性，仍然可以被各色人等所利用，对各种江湖人士的大门并无法关闭。因此，虽然《易》中的确包含着古老的阴阳观念以及对阴阳之间的互动关系所进行的各种复杂的演绎，但是在先秦时期《易》中的阴阳观还没有进入系统的阴阳哲学，它也并不等于后来中国哲学史上的阴阳哲学。中国哲学史上的阴阳哲学的成型和成熟是由董仲舒完成的，是作为董学辩证法的有机组成部分的系统性存在。这点是要加以明确的。

(二) 阴阳的本质

董仲舒认为阴阳是气。虽然认为阴阳是气的说法在先秦哲学中古已有之，但并非主流观点。在先秦思想中阴阳具有多重身份，既是物质，又是物质的特征，也是事物运动的规律，也就是说先秦对于阴阳本质的看法是十分模糊和不明确的。董仲舒认为阴阳是气的观点赋予了阴阳以物质性的属性，这样便规定了阴阳的性质。

由此，董仲舒将其阴阳观融入了他的形而上学体系之内，成为董学辩证法的一部分。于是，阴阳辩证法便成为董学体系中承上启下的一个关键的逻辑环节，成为各个子系统之间相互联系的逻辑纽带。在董学的形而上学体系内，作为天道的物质载体的气，是一的体现，阴阳是一的第一次分解，作为气的分解的阴阳便成为承上启下的一个关键环节。由此，董仲舒也能够将先秦哲学中的阴阳哲学与气的哲学有机地融为一体，将这两个曾经各自发展、毫不相关的哲学举重若轻般地纳入了他的公羊学形而上学体系。董仲舒也通过对阴阳观的梳理和提升而顺利地完成了对先秦的各种形而上学思想的逻辑整合。

(三) 阴阳与"一"

《易》的本质就是阴阳两种最基本的辩证法要素之间的演绎。阴阳之间的互动所代表的是一种二元论。阴阳之间的二元论就是两者的内在规定性。恰如董仲舒在《春秋繁露·天道无二》中所说：

> 天之道，有一出一入，一休一伏，其度一也，然而不同意。阳之出，常系于前而任岁事；阴之出，常系于后而守空虚。……故开一塞一，起一废一，至毕时而止。终有复始于一。一者，一也。……故常一而不二，天之道。

一是阴阳共同的依据，一规定着两者的性质，两者无法脱离一而独立地存在。阴阳虽然具有一体性和同一性，但是两者代表着不同的特征，其运作的方式也是相反的。

（四）阴阳之间的辩证关系

具体来分析，我们发现董学对阴阳的这种内在规定的表现是多元的，同时也是统一的。

第一，两者体现为存在的相互依存性。阴阳相互依托，共同存在，相互转化，缺一不可。

第二，两者具有排斥性。阴阳具有不同的属性，代表着不同的运行方式和发展规律，具有内在的排斥性。

第三，两者具有面向彼此的回归性。阴阳虽然具有不同的属性，相互间存在着排斥性，然而两者不但"斗而不破"，反而会在一定的条件下向对方进行转化。

第四，八卦是对阴阳之间关系的二元演绎。如前所述，八卦的基本构成是阴和阳两个要素，除此之外并无其他要素，六十四卦和三百八十四爻都是阴阳之间的不同排列组合，除了阴阳之间的二元演绎之外，《易》并没有其他的内容，离开了阴阳之间的演绎就不存在八卦和《易》本身了。

（五）阴阳与"合"

阴阳之间的关系是辩证性的，这种辩证性典型地体现在"合"之上。如在前文的中和论中所述，合是董学特有的哲学概念，是董学辩证法的重要内涵。

在《春秋繁露·基义》中，董仲舒对阴与阳之间的合的辩证关系进行了概括：

> 凡物必有合：合必有上，必有下，必有左，必有右，必有前，必有后，必有表，必有里，有美必有恶，有顺必有逆，有喜必有怒，有寒必有暑，有昼必有夜，此皆其合也。

也就是说，合体现为阴阳之间对等的一对范畴，两者缺一不可。合有两个层次的内涵。首先，合体现了阴阳共同存在和相互依存的状态，阴阳之间在地位上是对等的，是具有平等性的，缺其一不成其二。其次，阴阳之间在功能上却是存在着差异性的，阳为主，阴为辅，阳居于主导地位，对阴有统领的功能，阴则处于附属地位，对阳表现出忠诚和服从，配合阳发挥总体性的功能。

在《春秋繁露·阴阳位》中，董仲舒说道：

> 阳出实入实，阴出空入空，天之任阳不任阴，好德不好刑，如是也。

这表明，阴阳的性质是不同的，有实空之分，它们在伦理上代表着不同的道德品质，在政治上代表着不同的皇帝治术和国家行为。除此之外，阴阳之间也是有主从之分的，阳为主，阴为从。

（六）董学的阴阳辩证法对易辩证法的超越

之所以说董学的阴阳辩证法是中国古代辩证法的最高点是因为董学的阴阳辩证法在理念上超越了易辩证法。这种超越表现在以下方面。

1. 对于阴阳本质的澄清

见上文"阴阳的本质"部分。

2. 阴阳辩证法与形而上学进行了逻辑连接

在易辩证法中，阴和阳是独立存在的，虽然《易传》中有天地的概念，但是它们并没有与阴阳建立起逻辑上的关联，阴阳缺乏形而上学的支撑。在董学中，阴阳辩证法与天人合一哲学能够完成逻辑连接，阴阳辩证法成为天人合一哲学的方法论和逻辑线索，而天人合一哲学由于得到了阴阳辩证法的逻辑支撑而更具思辨力，更加令人信服，成为那个时代最具逻辑精密性的哲学理念。

3. 阴阳辩证法被有效地应用于董学的哲学体系之中

董仲舒将天人合一哲学和阴阳辩证法共同渗透于董学的各个子系统之中，将董学构建成了一个严密的逻辑系统，使董学的各个子系统与总系统之间相辅相成，体现了概念、理念和逻辑的一致性和同一性，而这些特征赋予了董学体系在古代哲学中无人能及的成熟度和完整性。

（七）董仲舒对于阴阳辩证法的应用

董学的阴阳辩证法之所以是有效的方法论是因为它与董学的整个哲

学体系有机地融为一体，有效地推动了董学的体系展开和逻辑演绎。这主要体现在董仲舒对于阴阳辩证法在董学中的全面而系统的应用之上。

1. 阴阳与四季

董仲舒是用阴阳观来解释四时的。由于与其生产、行为和生计密切相关，古人从上古时期便开始试图对四季更替现象进行解释。虽然开始制定历法，然而对于四季更替的解释仍然无法自圆其说。董仲舒对四时的解释可谓是中国古代对四季现象最趋于完善性的哲学阐释。

四季的确立是中国上古天学的主要内容，它与方位的确立共同构成了上古的宇宙观。在西汉初期，除了拥有了系统的天学体系之外，中国的历法也已经较为成熟。董仲舒的形而上学并没有过多地涉及宇宙观和历法学，他把重点放在了对于四时/四季的哲学解释之上。对于天学进行哲学的阐释是董仲舒的公羊学形而上学的特征。通过对天学的哲学阐释，董仲舒与中国古代的天学发生了联系。[①]

2. 董学的阴阳辩证法的形而上学功能

阴阳哲学规定了天的形而上学的内在属性，这是阴阳哲学最重要的哲学功能。阴阳的物质属性决定了天的自然属性，使天与神学划清了界限。

如果说天的范畴是董学的头的话，阴阳哲学就是董学的经脉，通过它天的理念被应用到董学的各个领域之中，将诸多子系统连接成一个统一的总系统。在董学的庞大体系中，形而上学和方法论始终相辅相成地结为一体。

3. 阴阳辩证法在人性理论中的应用

作为董学的形而上学方法论的阴阳论在董学的人性理论得到了运用，这在中国古代哲学中不仅是首次，而且阴阳论在董学的人性理论中具有重要的意义。这是因为，阴阳论不仅透彻地揭示了董仲舒的人性理论，同时也在逻辑上和结构上与董学的整个哲学体系有机地联系了起来，为两者形成了无缝连接。

董仲舒的阴阳论在人性理论中的应用表现在对贪与仁和性与情这两

---

[①] 参见张珂著《董学的天的形而上学》，载《董学与孔学的正本清源》（上册），人民出版社2021年版。

对范畴的定性之中。董仲舒认为：

> 人之诚，有贪有仁。仁、贪之气，两在于身。身之名，取诸天，天两，有阴阳之施；身亦两，有贪、仁之性。天有阴阳禁，身有情欲桎，与天道一也。（《春秋繁露·深察名号》）

而基于阴阳论的性情论在董学的人性理论中是具有承上启下意义的重要组成部分和逻辑环节。

4. 重新定义了仁

后人将董学与孔学混为一谈的根据是董仲舒经常会提到仁这个哲学范畴，于是断定董学继承了孔学的仁的观念或者仁道，遂将董学纳入了儒学之中。这是望文生义的结论，没有看到这两个仁之间存在着巨大的体系性壁垒，违背了观念唯实主义的基本原则，是不符合董学的观念事实的。

董学的仁绝非孔学的仁，而是董仲舒根据阴阳哲学重新定义了的仁。董学的仁与孔学的仁无论是在内涵上，或是在外延上，还是在价值观上都具有本质的不同。辨别清楚这个要点对于深刻理解董学具有十分重要的意义，它不但表明阴阳哲学是最能够体现董学形而上学本质的理念和逻辑之一，而且对于在哲学上辨明董学与孔学的不同本质具有重要意义。[①]

董仲舒对于孔学的仁的处理也是十分耐人寻味的。如果董仲舒是要继承孔子的衣钵，真的要去传播孔学，那么对于作为孔学核心范畴的仁一定是要极力维护甚至辩解，并且要刻意强调他的仁与孔学的仁的相同性。但是董仲舒在《春秋繁露》中相关文章的行文中却刻意强调自己的仁的内在规定性，强调董学的仁是根据阴阳辩证法而具有新的内涵，这无异于是在告诉世人：董学之仁绝非孔子之仁，而这也就是在说：董学非孔学。

因此，认清董学的仁绝非是孔学之仁具有十分重要的意义，它是后

---

[①] 参见张珂著《董学的伦理学》，《董学与孔学的正本清源》（上册），人民出版社2021年版。

人能够清楚辨明董学与孔学本质区别的重要坐标。

5. 董学的阴阳辩证法的伦理学功能

阴阳哲学是董学的伦理学的方法论和理念基础，其三纲理论正是建立在阴阳哲学基础之上的。也就是说，董学的伦理学基础是阴阳哲学，而不是孔学的孝道，绝不能用孝道尤其是孔孝来理解董学的三纲五常伦理学。

在君为臣纲、父为子纲和夫为妻纲这三纲中，居于核心地位的是君为臣纲，君臣之间的本质体现的背后理念和逻辑不再是孝道，而是阴阳哲学，也就是说，基于阴阳哲学的忠诚观是三纲的核心，而不是如孔学般将父子关系和家庭伦理学作为核心和原点来引出价值和看待政治及社会。这是在理解董学时要特别加以注意的要点。

董学的伦理学具体演绎了阴阳之间的合的辩证性。合是阴阳之间对等的一对范畴，两者缺一不可，合体现了阴阳共同存在和相互依存的状态，然而阴阳之间在功能上却是存在着差异性的，阳为主，阴为辅，阳居于主导地位，对阴有统领的功能，阴则处于附属地位，对阳表现出忠诚和服从，配合阳发挥总体性的功能。三纲中的三对伦理范畴完整地表达出了董仲舒关于合的辩证内涵。①

6. 董学的阴阳辩证法对于国家行为模式的功能

阴阳哲学同样深入地渗透于董仲舒的政治理念之中。与先秦百家各执一词的单维性思维不同，董仲舒一直采取阴阳哲学的辩证法来分析和看待事物，这种阴阳辩证法在政治哲学中的一个重要的表现就是对于国家行为模式的平衡性的把握。

董仲舒否定了商学的极端功利性，孔学和儒家的政治乌托邦主义，老子的小国寡民的国家观，墨家的兼爱非攻的反国家倾向等所有这些先秦关于国家和国家行为模式的政治思想，建立起了一种皇权主义的国家观和具有内在的结构性平衡的国家行为模式，这是中国古代哲学史上的

---

① 董仲舒的阴阳哲学的合的辩证思想却并不为所有人所理解。蔡尚思认为董仲舒的阴阳观和三纲说是混乱的，其原因就在于合的概念上。他认为合既然表达了阴阳之间的平等性，那阴阳之间就不应该再存在主次和从属关系。对于了解古文一词多义和辩证法的人来说，这个说法是无法站得住脚的。参见蔡尚之《中国礼教思想史》，上海古籍出版社2006年版，第54页。

一个划时代的哲学革命。而在这个哲学革命中无处不显示着董学辩证法的身影。

(八) 董仲舒阴阳辩证法的意义

如果说邹衍对于阴阳观和五行观的贡献在于将两者进行结合，并且将其应用于历史哲学领域之内的话，那么董仲舒的阴阳五行哲学则完成了阴阳观和五行观的有机的逻辑整合，阴阳观和五行观从此成为一个系统化了的逻辑体系，形成了董学辩证法，董学辩证法/阴阳五行哲学成为董学的天的形而上学的核心组成部分，也从此作为中国古代哲学中的重要理念贯彻于中国哲学史之中。从哲学观念史的角度来看，这个哲学成就无疑是具有里程碑意义的。

(九) 董仲舒的阴阳辩证法的不足

虽然董仲舒的以阴阳五行哲学为核心的辩证法代表着中国古代哲学在辩证法思想和方法论上的最高成就，但这并不等于说其思想是完美无缺的了。随着时代的进步，随着科学的发展，人类对于客观世界的认知发生了质的变化，如此一来，董学的阴阳辩证法的不足也日益显现出来了。

1. 对于阴阳的本质的定义

董仲舒将阴阳定义为气，这打破了先秦阴阳观关于阴阳为多元论观点，明确了阴阳的本质，显然是个逻辑进步。董仲舒关于阴阳为气的定位被后世的易学家所继承，成为定论。后人虽然在阴阳上下又添加了其他层次，如周敦颐的无极和太极，张载的太虚和太和等，都接受阴阳为气的认定。

但是，气在现代科学中却并不是个能够站得住脚的概念，并不是个客观物质范畴，更不是客观世界的本原。也就是说，现代科学的进步推翻了古代哲学关于世界本原的哲学思辨，部分地改变了董学阴阳辩证法的逻辑前提。如此一来，董学的阴阳辩证法便脱离了唯实主义的支撑，其哲学思辨和逻辑演绎便失去了事实性的基础。

2. 董学的阴阳辩证法重复了易传辩证法的局限性

董仲舒认为阴阳是气，是实在的物质，这是对先秦混乱的阴阳本质的一次澄清，是阴阳观念史上的一个里程碑事件，被后世几乎所有的学者所继承。但是"阴阳是气"的判断违背了事物的客观事实，是不科学的。对阴阳本质的更为接近实际的定位应该是，阴阳是某些事物的属性和特征。但是即使如此，阴阳观仍然是有局限性的。

阴阳是世界上一些事物的属性和特征，作为一对对应范畴阴阳观对其进行概括和演绎是有其合理性的，董学将阴阳观进行了创造性的演绎，形成了更加严密的阴阳辩证法。然而阴阳属性和特征只能覆盖一部分事物，而远非所有事物的共性，阴阳辩证法只能适用于阴阳观能够覆盖的一部分事物，而无法对世界上所有事物都通过阴阳辩证法来进行演绎和推理，如果硬要这样做便会犯下削足适履、以偏概全的逻辑错误。在这一点上董学的阴阳辩证法和易传辩证法具有同样的局限性。

由此可以看出，董学的阴阳辩证法与易传辩证法同样不是建立在充分的事实性基础之上的，主观测定部分地替代了事实性，虽然这种主观测定之中也含有一定的事实性的成分，但却只是部分的事实性，并不符合唯实主义关于事实性的标准。与易辩证法一样，阴阳辩证法同样违背了唯实主义的原则。

## 第三节　五行观中的辩证法思想

五行观起源于上古，与阴阳观并列成为先秦哲学的两个方法论，两者也同样具有辩证法思想。虽然五行观不如阴阳观发展成为系统的辩证法理论，但它是中国哲学思想不可分割的组成部分，已经成为中国文化的一个具有代表性的符号。如同对阴阳观一样，董仲舒对先秦的五行观进行了重新整合和梳理，将其纳入了董学系统之中，将其打造为董学辩证法的重要组成部分。

### 一　先秦的五行观

五行观虽然起源古老，但却难觅确切的起源线索。在经历了先秦漫长的演化和发展之后，到西汉初中期时由董仲舒进行了总结，形成了五行哲学，成为其阴阳五行辩证法的组成部分，成为董学体系中的重要的方法论构件。

现对先秦的五行观做一个简略的回顾。

## （一）五行观的起源

关于五行的起源，可谓是众说纷纭，归纳起来至少有六种观点。每种观点都有一定的依据和先秦文献学基础，但是每种说法却又难以自圆其说，力排众议。

第一种观点认为五行早在黄帝时期便已经产生了，这种说法的文献学依据是《史记》和《管子》。这是关于五行起源的最早的观点。

第二种观点认为五行产生于夏朝初期，其文献学基础是《尚书·甘誓》。该文有"威侮五行"的提法。

第三种观点认为五行产生于商朝时期，其理由是五行来自"五方"。

第四种观点认为五行产生于商周之际，其文献学基础是《尚书·洪范》。

第五种观点认为五行产生于春秋时期，其文献学基础是《左传》。五行来源于"五材"。

第六种观点认为五行产生于战国时期，其文献学基础是《荀子》中荀子在批评子思思想时提到了五行。

实际上，除了第一种观点之外，其他的观点都着重于关于五行的最早文献记载，而并不是在推断五行观的起源本身。最早的文献记载虽然不能揭示五行观起源的准确时间，但是五行观的出现一定要比最早的文献记载要早，这是确定无疑的。

## （二）五行相克说

先秦的五行观认为五行之间是有着内在联系的，是一个相互联系的整体。先秦的五行联系是五行相克说。五行相克也称五行相胜，在春秋时期便已经出现。《左传》中有零星的五行相胜的表述，如昭公三十一年云"火胜金"，哀公九年云"水胜火"。在成于春秋后期的《孙子》和成于战国时期的《墨子》中有"五行无常胜"说。《孙子·虚实》："故五行无常胜。"《墨子·经下》："五行毋常胜，说在多。"

《白虎通义·五行》对于五行相克的原因进行了最明确的解释：

> 众胜寡，故水胜火也。
>
> 精胜坚，故火胜金。
>
> 刚胜柔，故金胜木。

专胜散，故木胜土。

实胜虚，故土胜水也。

这种解释具有代表性，是中国古代哲学对于五行相克观的正统解释，被后来历代官方与学者所继承。

**二　董学的五行哲学**

在董学的形而上学体系中，气、阴阳和五行是一个有机的整体。虽然这些概念和范畴在先秦哲学中已经存在，但是只有在董学中它们才被成功地体系化，形成了一个具有严密的逻辑关系的不同环节。关于它们之间的逻辑关系，董仲舒在《春秋繁露·五行相生》中给予了明确的概括：

天地之气，合而为一，分为阴阳，判为四时，列为五行。

虽然董仲舒对于气的概念并没有过多地展开，但它是董学的天的形而上学和阴阳五行哲学之间的一个过渡性的范畴，是其中的一个逻辑链条。

（一）董仲舒对先秦五行观的整合

董仲舒的五行哲学是建立在对先秦五行观的整合基础之上的，董学的五行哲学是中国传统的五行观发展过程中的一次具有里程碑意义的突破性发展。在董学的五行哲学之后，中国古代哲学史再也没有重要的新观点出现，因此，可以说董学的五行哲学代表着中国古代哲学史中的五行哲学的顶点。

在《春秋繁露》中，专门论述五行观的文章有九篇之多，如《五行之义》《五行对》《五行相生》《五行相胜》等，而在其他文章中也有多处涉及五行哲学。对于先秦的五行观，董仲舒有"破"有"立"。无论是在破还是在立的方面，董仲舒都实现了对于先秦阴阳学的超越。

在形而上学上，董仲舒将先秦的五行观融入了他的天的形而上学体系，使之成为其中的一个环节，这是立的方面；在历史哲学上，董仲舒则进行了全面的破，用其三统三正说来代替阴阳学的五德终始说。

与对天和阴阳等既有概念和范畴进行创造性的梳理和再创造一样，董仲舒也系统地梳理先秦的五行观，创造性地提出了公羊学的五行观。

在《春秋繁露·五行之义》中，董仲舒专门阐述了他的五行理论：

> 天有五行：一曰木，二曰火，三曰土，四曰金，五曰水。木，五行之始也；水，五行之终也；土，五行之中也，此其天次之序也。木生火，火生土，土生金，金生水，水生木，此其父子也。木居左，金居右，火居前，水居后，土居中央，此其父子之序，相受而布。是故木受水而火受木，土受火，金受土，水受金也。诸授之者，皆其父也；受之者，皆其子也。常因其父以使其子，天之道也。是故木已生而火养之，金已死而水藏之。火乐木而养以阳，水克金而丧以阴，土之事天竭其忠。故五行者，乃孝子忠臣之行也。

在此段董仲舒阐明了以下内涵：

1. 五行哲学是董学的逻辑体系中的一环

在董学中，五行上接其天的形而上学，下连其伦理学，并且与方位联系起来，五行哲学成为董学哲学体系中的一个子系统和董学逻辑链条上的一环。五行在形而上学上是"天次之序"，是"天之道"，在伦理学上是"孝子忠臣之行"。这样，五行哲学就被纳入了董学的天人合一的体系之中。

2. 重新排定了五行的次序

董仲舒在《春秋繁露·五行之义》中对五行的排列，即木、火、土、金和水。这与《洪范》中的顺序不同。《洪范》中的顺序是水、火、木、金和土，但是并未对其相互关系进行说明，也没有相克和相生之说。对于《洪范》为何如此排列五行我们不得而知。对此郑玄说"此数本诸阴阳所生之次也"。然而这种解释未必可靠，因为如果《洪范》真的出现于商末的话，那么当时还没有出现用阴阳观来解释五行的学说，这种学说直到战国末期才由邹衍提出。但是，对于董仲舒为何要重新排列五行之序，我们却可以窥得其意。

董仲舒重新排定五行的次序是出于要确立五行之间的形而上学的逻辑关系的需要。五行之间的生成关系是父子关系，前一位的五行要素生成后一位要素,而新的要素对于前一位要素要进行养育。这与天和皇帝之间的父子关系是相同的,是天人合一理论的又一个表现形式。另外,《洪范》中的五行并没有建立起相互之间的等级和秩序,而根据天人合一的理论,天是有秩序的,人间因此也要建立起等级和秩序,这是皇权主义的政治要求。同时,五行相生说是为了阐明董学的五常伦理学。在董仲舒看来,五行与五常相对应,每个五行要素代表着特定的品格。因此,无论是从皇权主义的等级秩序的必要性来看,还是从董学的伦理学对于道德的规定性来看,《洪范》中的五行说都是无法满足董仲舒的要求的,这是董仲舒重新排列五行之序的原因所在。

3. 五行相生说

在《春秋繁露·五行相生》中,董仲舒说道:

五行者,五官也。……东方者木,农之本。司农尚仁……故曰木生火。南方者火,本次也。司马尚智……故曰火生土。中央者土,君官也。司营尚信……故曰土生金。西方者金,大理司徒也,司徒尚义……故曰金生水。北方者水,执法司寇也。司寇尚礼……故曰水生木。

五行之间的秩序被明确地建立起来了。相比于《洪范》、邹衍的学说和《吕氏春秋》,五行相生说取得了理论上的突破。

4. 五行与方位

五行相生说的重新排定是要确定方位观,董学的方位观并不是纯粹的地理学上的方位观,而是政治哲学意义上的方位观,它代表着皇权主义和皇帝制度新的尊卑等级和社会秩序。由于古代帝王是坐北朝南,董仲舒的五行观便将五行与固定的方位联系了起来。"木居左"是说木在东方,"金居右"是说金在西方,"火居前"是说火在南方,"水居后"是说水在北方,而"土居中央"。

5. 五行与四季

除了将五行进行空间上的对应排列之外,董仲舒还将五行与代表时间的四季进行了联系。董仲舒在《春秋繁露·五行对》中说道:

水为冬，金为秋，土为季夏，火为夏，木为春。春主生，夏主长，季夏主养，秋主收，冬主藏。

### 6. 土行为尊

在董仲舒的五行理论中，土占据最重要的地位：

土居中央，为之天润。土者，天之股肱也。其德茂美，不可名以一时之事，故五行而四时者，土兼之也。

土者，五行之主也。

圣人之行，莫贵于忠，土德之谓也。（以上《春秋繁露·五行之义》）

土者，火之子也，五行莫贵于土。

土者，五行最贵者也，其义不可以加矣。（以上《春秋繁露·五行对》）

土就是"地"。《白虎通义·五行》曰："地，土之别名也。"地上接天，下载人，人类生活都是在土地上进行的，五行中的其他四行没有一个能够离开土地而存在，人类的生活要素都是生产于大地之上，四季和方位的变化都只是大地生成万物的表现形式的变化和周期运行的过程而已。因此，董仲舒将土立为尊是有道理的，体现了他对于五行观的透彻理解和深刻的洞察力。

董仲舒还从土地关系的角度来阐述他对于地的理解，认为地"至有义"，具有"大忠"的品德。《春秋繁露·五行对》载：

地出云为雨，起气为风。风雨者，地之所为。地不敢有其功名，必上之于天命。若从天气者，故曰天风天雨也，莫曰地风地雨也。勤劳在地，名一归于天，非至有义，其孰能行此。故下事上，如地事天也，可谓大忠矣。

忠臣之义，孝子之行，取之土。

董仲舒对于地的品德的褒奖为他的国家伦理学进行了形而上学上的

铺垫，为其价值观的展开奠定了哲学基础。在此，我们又看到了董仲舒公羊学体系在不同的子系统之间的合理而自然的逻辑过渡和无缝衔接，再次看到了董学在体系构建上的体系性和完整性，再次领略了董仲舒哲学思维的成熟性。

7. 五行相生与五行相生的兼容

董仲舒用"比相生而间相胜"来说明五行相胜的关系，在《春秋繁露·五行相胜》中，董仲舒论述了五行相胜的次序，即木胜土，火胜金，土胜水，金胜木，水胜火。

董仲舒虽然确立了新的五行相生说，但他并不因此而否定五行相胜说，而是主张两者的兼容，因此在《春秋繁露》中不仅有《五行相生》，也有《五行相胜》，"比相生而间相胜"表明了五行相生与相胜之间的和谐关系。

（二）五行哲学的功能

董学的五行哲学是与其阴阳哲学密切相关的。阴阳哲学与五行哲学共同构成了董学辩证法的核心内容。董仲舒塑造五行哲学的目的是要它作为方法论和哲学理念在董学的庞大体系中发挥系统性的功能。依据五行哲学董仲舒在政治哲学、历史哲学、伦理学和官职设计等方面发挥了重要的作用。

现将五行哲学在董学中的功能做一个简略扫描。

1. 政治哲学功能

董仲舒认为要治理好国家必须按照五行的规律来行事，认为

> 故为治，逆之则乱，顺之则治。（《春秋繁露·五行相生》）

这句话是董仲舒以五行哲学来规定皇帝的政治行为的总原则。由此，皇帝的个人行为不再仅仅代表他个人，而变成了国家行为，其节奏、力度、分寸、表现形式等都要与五行相适应和相对应。

2. 三统三正的历史哲学

董仲舒将五行哲学也用来比附人事，如"五行之为言"、"五行之随"和"五行之官"等，而在历史哲学层面，董仲舒则独创了三统三正说来代替五德终始说。

### 3. 三纲的伦理学

除了用阴阳关系来规定父子关系之外，董仲舒还用五行哲学来阐释父子关系。这表现在以下两方面。

第一，董仲舒用五行哲学来重新解释孝。

《春秋繁露·五行对》载：

> 水为冬，金为秋，土为季夏，火为夏，木为春。春主生，夏主长，季夏主养，秋主收，冬主藏。……是故父之所生，其子长之；父之所长，其子养之；父之所养，其子成之。父之所为，其子皆奉承续行之……由是观之，父授之，子受之，乃天之道也。

再有：

> 故五行者，乃孝子忠臣之行也。（《春秋繁露·五行之义》）
> 忠臣之义，孝子之行，取之土。（《春秋繁露·五行对》）

这表明，父子关系完全是五行相生的关系，父子关系被置于五行关系的逻辑推演之中，也就是说，父子关系是由天人关系的外在逻辑性所规定的，父子之间的孝是服从于五行关系的，这与孔学所认定的父子关系只是孝的关系的理念是完全不同的。

第二，五常的伦理学。

在《天人三策》中，董仲舒提出了仁义礼智信的"五常之道"，这是中国历史上的首创。董仲舒的五常虽然针对性十分广泛，但是必须看到的是，五常首先是国家主义的伦理学范畴，而不是个人伦理学范畴。

董学强调天的道德属性，这个道德属性落实到人间的具体内容就是五常。五常首先是帝王的品德，皇帝只有具备了这样的品德才能够有效地治理天下；五常也是大臣应具备的品格，大臣只有按照五常的标准来为皇帝和国家服务，才能够做一个好的臣子；五常也被推广到广义的社会层面，是皇权为社会所设立的道德标准。

### 4. 五行与官制

五行与官制相辅相成，实际上，董仲舒是按照五行来划分五官，重新规定各自的职能范围的。在《春秋繁露·五行相生》中，董仲舒说道：

> 五行者，五官也。……东方者木，农之本。司农尚仁……南方者火，本次也。司马尚智……中央者土，君官也。司营尚信……西方者金，大理司徒也，司徒尚义……北方者水，执法司寇也。司寇尚礼……

这样，方位、五官和五常都与五行相对应，紧密地结合了起来。

### 三 五行观辩证思想的意义

同易辩证法和阴阳辩证法一样，董学的五行观也并不完善，具有内在的缺憾。其最主要的不足在于对事实性的违背，随着近现代科学的迅猛发展，人类对于事物的事实性的认知发生了翻天覆地般的进步，五行观对于事实性的违背变得更加突出。

（一）五行观辩证思想的不足

五行观将客观世界的物质归纳为金、木、水、火、土五种基本要素，认为这五种物质的相互转化和演变构成了整个世界运动和变化的基本内容。五行观产生于上古时期，体现那个时期的中国古人对于世界构成的观点，它要比古希腊将世界本原归纳为单一的物质的一元论，如泰勒斯（Thales）的水、赫拉克利特（Heraclitus）的火等要更加复杂和先进，然而它们仍然远远不能覆盖大千世界的所有要素，即五行观只有部分的事实性而距事物运动变化的全部的事实性差距巨大。

（二）五行观涉及了存在体转化的规律

虽然五行观在事实性上具有明显的有限性，它所归纳出的由五行转化所构成的事物运动变化规律已经被近现代科学的发展所淘汰，然而五行观是中国古代哲学中唯一一个系统地阐述了不同的存在体和同一存在体的不同形态之间进行相互转化的规律。这样一来，五行观便较在两个要素之间进行二元性循环的阴阳观前进了一步，这在中国和西方古代哲学中都是独树一帜的辩证法观念。

### 四 董学辩证法的哲学史和哲学意义

董仲舒创造性地整合了先秦散乱的阴阳观和五行观，形成了董学辩证法。董学辩证法不但在理念和逻辑上对其进行了理顺和再创造，将其上升为一个逻辑严密的方法论。董学辩证法是董学的重要的方法论，更将其纳入了董学的天的形而上学，使其成为董学的体系存在。通过董学辩证法，董仲舒构建成了庞大的哲学体系。可以说，董学辩证法成为董学的天的形而上学的核心方法论，是董学体系的逻辑经脉。董学辩证法也成为中国古代哲学史中的主导性的方法论。

在哲学理念上，董学辩证法完成了阴阳观和五行观的有机的逻辑整合，阴阳五行哲学也从此作为中国古代哲学中的重要理念贯彻于中国哲学史之中。董学在辩证法和哲学理论上的这些成就无疑是具有里程碑意义的。

在此将董学辩证法的哲学意义进行一个全面而概论的简述。

（一）对先秦哲学史的整合

如前所述，董仲舒对于先秦的阴阳观和五行观进行了革命性的整合，使其由零散而众说纷纭的朴素观念上升为充满了逻辑性和系统性的辩证法理论。说董仲舒终结了先秦子学时代，其中包括董仲舒对于代表着先秦形而上学思想的阴阳观和五行观的理论整合和董学辩证法的创立。没有这种对于纯粹哲学思辨性的形而上学的整合，没有系统的董学辩证法，董仲舒也不会很好地完成对于先秦政治哲学的整合，不会建立起皇权主义的政治哲学和董学的体系。

（二）形而上学意义

天是董学形而上学体系的最高范畴，天的本质是由阴阳五行哲学决定的，阴阳五行哲学规定了天的内在性质，并且对其运行规律进行了辩证的演绎。董学的十端论列举了构成天的十种要素，这十种要素包括天地、阴阳五行和人，都是物质性的，也就是说，这种物质性的规定性说明了天的自然本质，将神学因素居于天的自然本质之下，体现着天的自然本质的延伸。而这个理论的展开过程就是董仲舒对董学辩证法的演绎过程。

董学的阴阳五行哲学在机理和逻辑上梳理清楚了阴阳观和五行观的

相互关系，明确了"内阴阳外五行"的原则，形成了董学辩证法的内核。根据董学辩证法，客观世界中五行的呈现和相互的生克演化是阴阳互动的结果，是阴阳的互动于五种五行要素才形成了五行运动的种种规律，也就是说，阴阳互动是世界运动的内在机制，五行则是阴阳互动的表现形式。从事物的生命周期来看，阴阳互动主导着五行，涵盖了事物从生成到衰亡的整个过程；从自然界的季节轮回来看，五行的变化形成了四季/四时；从相互关系来看，五行可以相生，也可以相克，由此决定了世间物质的运动和变化规律。而五行的这些变化和运动之后的决定机制就是阴阳之间的有序互动。董仲舒的五行理论是中国古代五行哲学的最完整的阐述，在董仲舒之后，中国哲学史上再没有一个哲学家提出过比他的五行理论更为深刻、全面和系统的五行理论了。

在董学的体系中，天、地、人和阴阳五行等这十种要素即十端，达到了和谐统一，实现了中和状态，体现了互动有序的规律性和完整性，是一个动态的和谐的平衡系统。在董仲舒看来，这种系统的平衡性不仅体现在自然世界之中，也同样应该体现在人类社会，这就是董仲舒的天人合一哲学和皇权主义的政治哲学的最终落脚点和目的性之所在，这种观点通过董学辩证法而形成了环环相扣的逻辑体系。

建立在对先秦的阴阳哲学系统的扬弃基础之上的董学辩证法，在相当长的时期内不仅其哲学理念成为中国阴阳哲学的最高成就，其以董学辩证法为代表的方法论同样代表着中国古代哲学的最高成就，直到北宋初期太极哲学的出现进一步丰富和发展了董学的阴阳辩证法。

（三）政治哲学意义

在董学的哲学体系中，阴阳五行哲学是天的形而上学的基干，以其为核心的董学辩证法是连接形而上学与政治哲学和伦理学的逻辑线索和方法论。在阴阳五行哲学及董学辩证法的主导下，董仲舒提出了一系列的关于皇帝和国家行为的具体限定和规范，成为皇权主义的重要组成部分。

阴阳五行哲学和董学辩证法也为董仲舒重新阐释国家和社会秩序的合理性提供了理论依据，也就是说，国家和社会秩序及等级体系是阴阳五行规律在人间的反映，是天人合一的组成部分，是具有合理性的，人间的秩序来自阴阳和五行的规定性。皇权主义是强调等级秩序的，董仲舒通过阴阳五行哲学的政治哲学化，是董学辩证法在政治哲学领域中的应用和演绎，无疑是在进一步夯实皇权主义的合理性。

董仲舒说道：

（阴阳）并行而不相乱，浇滑而各持分。（《春秋繁露·阴阳出入》）

天有五行，一曰木，二曰火，三曰土，四曰金，五曰水。木，五行之始也；水，五行之终也；土，五行之中也。此天次之序也。（《春秋繁露·五行之义》）

根据阴阳五行哲学和董学辩证法，董仲舒为皇权设计了一整套行为方式，要求皇帝按照阴阳五行的规律来行事，以便在政治上贯彻天人合一的规律。阴阳互补，把握节奏，讲求秩序，因时而动，循节而行，这些天的行为特点同样要体现在皇帝的行为之上，也就是说，董仲舒按照阴阳五行的规律来规范着皇帝的行为方式。由于皇权与国家的一体性，这也是国家决策的具体的理论根据。皇帝的衣食住行都被赋予了政治意义，皇帝不再是个人，其一举一动都是在代表国家，皇帝的天子身份赋予了他特殊的人格，这个特殊的人格同样也具有特殊的行为规范，这就是阴阳五行规律。

董学理想的政治状态是善治，而所谓的善治就是要在政治行为中体现天道，落实阴阳五行的运行规律，这显然是董学辩证法的演绎过程。

（四）历史哲学意义

根据阴阳五行哲学和董学辩证法，董仲舒提出了三统三正说，其目的不但要为历史的运行规律进行总结，重要的是要为汉朝政权的合法性和正统性提供历史证据，这对于重建西汉的意识形态具有重要的现实和理论意义。

（五）伦理学意义

董学的伦理学是国家伦理学，其根据是天道，其理念来自阴阳五行哲学和董学辩证法，这与孔学以孝道为一切道德品质的来源的观点是完全不同的。

在《春秋繁露·基义》中，董仲舒说道：

王道之三纲，可求于天。

可见，董学的三纲伦理学的哲学基础是天的形而上学，三纲是天的形而上学在伦理学中的逻辑延伸，三纲伦理学是董学的体系性存在。三纲五常的价值来源于天的规定性，是外向性的价值取向，而不是内在性的孝，也就是说，阴阳五行哲学和董学辩证法是其三纲五常的伦理学的哲学和方法论基础，即三纲的基础是阴阳哲学，五常的基础是五行哲学。由此可见，董学的三纲五常的伦理学与孔学的君子伦理学在本质上是完全不同的。虽然孔学的孝道仍然是三纲五常所重视的品质，但它被外化了，被纳入了体现着天道的阴阳五行哲学之内，孝道成为阴阳哲学的逻辑链条中的一环而已，对阴阳五行哲学只是起着辅助性的支撑作用，其重要性已经大为降低。

由此可见，董学的以阴阳辩证法为基础的以三纲五常为核心内容的伦理学，与孔学和儒家的以孔孝为中心的个人伦理学是根本不同的。这表明，董学与孔学的一个本质性的差异正在于伦理学。

（六）方法论意义

毫无疑问，董学辩证法是内容丰富和逻辑严密的辩证法。阴阳五行观从来不是静止的观念，无论在阴阳观还是在五行观中，运动和转化都是最基本的观念和方法。

虽然没有进行明确的表述，然而董学辩证法的思想实际上已经包含了黑格尔辩证法中的辩证法规律。其阴阳观是对立统一规律。阴阳两个范畴具有各自的独立性，但是两者又是统一的，两者的相互转化体现了运动观，量变到质变观等黑格尔辩证法的规律。

五行观不仅将整个世界看作是个有机的整体，而且将时间和空间有机地连接了起来，时间和空间被看作具有内在联系的两个维度，这个思想在古代世界哲学史中是十分先进的。五行之间相互转化，相辅相成，时空在运动中构成世界的统一。

**五　董学辩证法小结**

与中国古代哲学史、古希腊和西方哲学史中的辩证法一样，董学辩证法同样是要素辩证法，具有古代辩证法的共性。易辩证法是围绕着两种要素即阴和阳来演绎的；西方近现代辩证法是围绕着矛盾这个具有抽象性的要素来演绎的。矛盾可以体现为多样性，但基本是两种相互对应的矛盾而展开的。董学辩证法的不同之处在于它的要素是多元化的，即包括阴阳也体现在五行之中；并且阴阳和五行是具有同一性的，即五行之间的转化和演绎是由事物内在的阴阳互动来驱动的。

董学辩证法是具有普遍性的辩证法，董仲舒在对其辩证法的使用与他的哲学体系的深入而系统性的展开环环相扣、紧密相连。辩证法与哲学理念的紧密关联和有机结合是董学辩证法的一个特征。

## 第四节　太极辩证法

自从董仲舒提出了董学辩证法之后，阴阳五行辩证法便一直在中国哲学和文化中被演绎，同时在一千多年里中国哲学再没有提出新的辩证法思想。这种状况到了北宋初期由于太极辩证法的出现而发生了一些变化。周敦颐和邵雍等哲学家的太极观打破这种相对于阴阳辩证法的沉寂状况。

### 一　周敦颐的太极辩证法

周敦颐（1117年—1173年），湖南道州人（今湖南道县）。他没有考进士，而是通过舅舅的庇荫得到了做官的机会。他在江西、湖南等地担任地方官三十多年，官至知府。周敦颐官教合一，每到一地必先办学，这使得他成为年轻的程颐和程颢的先生，由此获得了理学开山的地位。

周敦颐留下的著作很少，包括《通书》和一些诗文总共只有六千多字，但他的影响却远非区区的字数所能比。这是因为，周敦颐被认为是《太极图》和《太极图说》的作者。"无极而太极"这五个字凝缩了太极辩证法的理念。周敦颐的《通书》则被认为是对其太极辩证法的解说。

但是周敦颐创立太极辩证法的说法却并不为所有人所认同，从南宋开始便饱受争议。陆九渊等极力排斥此说。但由于朱熹和理学家们的大力推举，周敦颐作为《太极图说》作者的意见一直是主流观点，周敦颐被尊为周子，在南宋曾配享孔庙，这代表了南宋官方对周敦颐学术地位的肯定。由于各派意见都缺乏唯实史料加以明确地证明和辩驳，本书仍采用此说即周敦颐提出了太极无极思想，并将其归纳于太极图之中。

（一）无极和太极

周敦颐的太极辩证法与其太极观密切相关。而其太极观首先是一种试图阐述事物生成秩序的宇宙观。

1. 先秦时期的无极和太极

作为哲学概念的太极和无极在先秦时期便已经出现。

《老子》载：

> 知其白，守其黑，为天下式。为天下式，常德不忒，复归于无极。（二十八章）

《系辞》载：

> 易有太极，是生两仪。

两者虽然都属于形而上学的概念，但是无极与太极并没有任何逻辑上的关系。按照中国哲学史的传统分类，载于《老子》的无极属于道家，而载于《系辞》的太极则属于儒家，两者基本上处于绝缘状态。

周敦颐第一次将无极和太极两个范畴结合在一起，提出了无极太极观，并且在两者之间建立起了新的逻辑关系。

2. 周敦颐的太极观

周敦颐赋予了无极和太极以新的内涵。《老子》中的无极是无限、无尽和无穷的意思，与道有异曲同工之妙，而周敦颐的无极则是世界的最终本原。虽然老子的道也是个形而上学概念，但其内涵十分丰富，较难对其进行单一性的定位，而周敦颐对无极的规定则十分明确，毫无拖泥带水。

同样，《系辞》中的太极是指世界唯一的本原，在太极之上并没有更高的层次，而周敦颐的太极则不再是世界的最终本原，仅是世界构成的高级层次之一，仅代表着处于无极之下或者之中的一个序列。

由此可见，在周敦颐眼中，虽然是古已有之的范畴，但无极和太极无论是在内涵上还是在逻辑上与古代的范畴都已然不同。这种赋予旧的概念和范畴以新的内涵的方法是符合哲学观念史发展的规律的，因此周敦颐的无极太极观是一种全新的哲学理念。

周敦颐的《太极图说》和《通书》虽短，其内涵却十分丰富。除提出了新的宇宙生成图式之外，也形成了太极辩证法。

(1) 周敦颐的事物生成体系

《太极图说》载：

> 分阴分阳，两仪立焉。阳变阴合，而生水火木土金。五气顺布，四时行焉。五行，一阴阳也；阴阳，一太极也；太极，本无极也。五行之生也，各一其性。

在周敦颐的事物生成体系中，无极处于最高层次，太极其次，阴阳再次之，再就是五行，最后是万物。周敦颐的事物生成体现的是一种宇宙观。

(2) 周敦颐的动静观

周敦颐提出了比较系统的动静观，在强调动的同时也强调静，将动与静相互对应地看待，如此一来，便将动与静这两个古代辩证法范畴作为一对对应范畴的理念推向了新的高度，同时也使动静观成为太极辩证法的重要组成部分。

①动静观的引入

《太极图说》载：

> 太极动而生阳，动极而静；静而生阴，静极复动。一动一静，互为其根。

周敦颐用动静来解释阴阳的产生，"解决了《易传》'易有太极，是生两仪'思想中'生'的抽象问题"[①]。动静观是否真的解决了阴阳产生的问题是另外一个问题，起码周敦颐的观点在深度上有了进行扩展的尝

---

① 梁绍辉：《周敦颐评传》，南京大学出版社2011年版，第163页。

试。无论其是否能够站得住脚，周敦颐的动静观与阴阳观的结合与董学的阴阳辩证法在逻辑上并不矛盾。董学辩证法用阴阳来解释四季等现象，周敦颐用阴阳来解释动静，这可以被看作对董学的阴阳辩证法在同一思路上进行延伸的努力。

②动静观来自老子哲学

虽然变化和运动是董学辩证法的基本观点，然而在传统的儒学和董学之中并没有将动和静作为一对对应范畴的动静观之说。在中国古代哲学中动静观来自老子哲学。

《老子·四十五章》载：

> 躁胜寒，静胜热，清净为天下正。

老子认为，静不仅是一种自然和人的心理状态，也是治理天下的根本方法。如此一来，静便与无为互为表里了。

《老子·五十七章》载：

> 以正治国，以奇用兵，以无事取天下。……故圣人云：我无为而民自化，我好静而民自正，我无事而民自富，我无欲而民自朴。

老子认为，静是内心的无欲无求的状态，无为是外在的无事的行为方式，静是无为的内核。因此，老子强调的是被动的静，是消极的静；静不仅是手段，更是目的；静更是绝对的，以至于一贯强调对应范畴的老子绝口不提静的对立面——动，动与静是个特例，两者并不存在任何相互转化的可能性。

佛教虽然没有直接出现关于动和静范畴的直接论述，但其理念与老子哲学十分相似，主张不仅要心静，也要根静。

③动静观与阴阳观的悖论

周敦颐从老子哲学和佛教中引入了动静观，但是他并没有理顺动静观与阴阳观之间的逻辑关系，在逻辑上形成了混乱，形成了悖论。

周敦颐的动静观认为动静与阴阳的关系是双重的：一方面两者是生成关系，阴阳生于动静，动静是高于阴阳的；另一方面，动静又是阴阳的属性，动静是低于阴阳的，有了阴阳才会有动静。这样以来阴阳与动静的关系无法被确定，变成了一种悖论。由于动静观和阴阳观是周敦颐的太极观的核心理念，两者之间的悖论也就是太极辩证法的悖论。

太极辩证法的悖论表明，阐释了动静与阴阳的相互渗透的关系，但是并没有理顺动静与阴阳之间的逻辑关系，反而陷入了逻辑循环论之中。这又陷入了先秦阴阳观关于阴阳性质定位的模糊性之中，相对于董学的阴阳辩证法是一种逻辑上的倒退。

（3）零和性

阴阳之间的二元互动是具有零和性的，阴阳之间的互动是在一个假定而隐秘的总量之内运行的。然而，在先秦的阴阳观和董学辩证法中，阴阳之间的总量和零和性都没有明确地表现出来。周敦颐的太极图则第一次形象地显示出了阴阳之间的零和性。在太极图中，阴阳是在一个圆圈之内互动的，这个圆圈代表着假定和隐秘的总量。阴阳无论怎样互动和转化都无法超出这个圆圈。阴阳之间的盈亏再大也无法将一方归零，也无法超出圆圈和总量。太极图对阴阳之间的零和性的显示是颇具形象性的，这种形象性使阴阳互动变得易于理解和传播。从这个角度来看，这是周敦颐太极辩证法对阴阳观和董学辩证法的一个贡献。

然而，虽然太极图对阴阳互动的表现赋予了形象性，阴阳之间的隐秘的总量第一次被显现出来，可是这个总量的基本属性如多少、来源等并没有被揭示，甚至没有被讨论。阴阳之间的总量仍然是假定和神秘的。

（4）五行观

从周敦颐的《太极图说》中可以看出，其太极观包含着五行观。在其宇宙观的事物生成链条中，太极和阴阳是通过五行而转化为万物的，也就是说万物是由五行所构成的。

周敦颐认为，事物的生成是物质转化的过程，由无极的混沌无序到有序的太极，再到具有鲜明属性的阴阳，再到"各一其性"的五行，最后到具体的万物。在这个过程中，五行是个重要的节点，是从气体到固体转化的转折点。

由此可见，周敦颐的五行观相较董仲舒的五行观并没有任何新意，他只是更加强调五行在万物产生中的功能而已。

## （二）周敦颐的太极的本质

通过周敦颐对太极的解释，可以看出周敦颐的太极实际上就是董仲舒的天，它在事物生成链条中的地位和所发挥的功能，尤其是与阴阳的关系与董学的天如出一辙。周敦颐用太极替换了董学的天，并在其之上加入了无极这一层。而实际上在董学中在天之上有"元"。董仲舒认为"元者，为万物之本。"（《春秋繁露·重政》）可见，在董学的形而上学体系中，元是天的出处。相比之下，周敦颐对于无极语焉不详，对其构成、状态和功能只字未提，"无极而太极"仅仅说明了无极处于太极之上，但对于无极是如何转化为太极的则并没有涉及。因此，无极是个十分模糊而无法深入推敲的神秘概念，虽然它被置于其宇宙生成链条的顶端，但无极与太极并没有辩证法的明确意义。

如果从进化的观点来审视周敦颐的宇宙生成观的话，实际上，周敦颐将董仲舒的天划分成了两个层次：一个是混沌状态的天，即无极，这可以被理解为远古时期的天；另一个是有序的天，即太极，这可以被理解为当下的天，无极和太极共同构成了董学的天。

周敦颐的太极观具有一定的创新性，但这种创新性是有限的，只表现在形式上。一方面，他将《易》的二元观用太极和无极加以表达，这样便突破了《易传》的阴阳表达法；另一方面，他通过图画来表达易的二元辩证法，这实际上是对《易》的二元辩证法理念的一种新的阐述。虽然图画与爻的图形一样都属于非文字的符号，然而太极图更直观生动，也算是一种重新表述。另外，周敦颐用动静观来解释阴阳的产生，虽然其功能和意义有限，却也是对董学的阴阳辩证法的一种丰富。

尽管周敦颐的太极观在形式上有所创见，但在理念上却了无新意，他对《易》的二元辩证法的内涵的解读仍然没有突破《易传》的阴阳观和董学的阴阳辩证法。太极辩证法中的动静与阴阳之间的悖论也是太极辩证法本身的悖论。

有学者已经指出周敦颐太极辩证法的局限性。例如《周敦颐评传》的作者梁绍辉认为，"尽管他突破了《易传》关于宇宙以'太极'为最终本原的局限，但对太极、阴阳、五行的解释仍未超出传统思想的大框架，只不过是具体、深化罢了"①。

## 二 邵雍的太极象数辩证法

邵雍（1011年—1077年），河北范阳（今河北涿州）人。一生未仕，前半生甘于赤贫，苦研学术，曾经"三年不设榻，昼夜危坐以思"②，沉浸于思考。邵雍能够创立了自己的思想体系正是这种忘我苦学冥思的结果。晚年在洛阳广交权贵，生活安逸，仍然隐居自游。邵雍是北宋象数哲学家，是中国古代哲学史中象数哲学的创立者和代表人物。其代表作《皇极经世书》是具有独特性和开拓性的"奇书"，为中国哲学史和世界哲学史所仅见。

（一）邵雍的太极观

虽然邵雍的思想来源是多元的，但其核心是太极，其思想体系和辩证法都是围绕着太极而展开的。故此，朱熹等许多后来学者接受其先天易学思想，邵雍的思想体系被概括为"先天易学体系"。

邵雍的太极观同样出自《易传》，但他对太极的理解和应用与历史上的其他易研究者不同，也与同时代的周敦颐不同。如前所述，周敦颐的太极并不是世界的本原，在太极之上还有无极，无极应该才是世界的本原，太极是周敦颐的事物生成系统中的一环，其性质和功能是单元的。相比之下，邵雍对于太极的理解则要复杂得多。

首先，邵雍认为太极就是世界的本原，太极生阴阳，这与《易传》的"易有太极，是生两仪"是一致的。

其次，邵雍认为事物产生于太极和道。他说："天由道而生，地由道而成"③，又说"太极，道之极也。"④ 可见，在邵雍看来，道是比天地更高的范畴，道和太极是属于同一层次的范畴，而太极又高于道。

再次，邵雍认为太极是象数，即"环中"，即"先天图者，环中也"⑤。太极是万物的本原，自然居于万物的中心；邵雍认为八卦方位来

---

① 梁绍辉：《周敦颐评传》，南京大学出版社2011年版，第163页。
② 唐明邦：《邵雍评传》，南京大学出版社1998年版，第35页。
③ （宋）邵雍：《邵雍集·观物内篇》，中华书局2010年版，第三三页。
④ （宋）邵雍：《皇极经世书》，中州古籍出版社2007年版，第522页。
⑤ （宋）邵雍：《皇极经世书》，中州古籍出版社2007年版，第518页。

源于洛书的九宫，即九个数字，而在这九个数字的排列中五位居中心，即所谓的环中。因此，太极与环中并不是同一个事物。

最后，邵雍认为心也是太极，万物由心而生，即"心为太极"①。如此以来，太极不仅是作为世界本原的客观事物，也是作为人的主观性。但将邵雍的太极仅仅认为是心，或者精神本体而忽略了太极作为客观本体也是不全面的。② 对于邵雍来说，太极是客观不同和精神本体的统一体。邵雍的这种规定表面上看是相互冲突的，而实际上却是天人合一理念的体现。也就是说，邵雍的太极辩证法以新的方式再现了董学的天人合一哲学。

正是因为邵雍对于太极多元化的理解，他把客观物象分为四类，即自然物象、社会物象、历史现象和人事现象。它们都受太极的制约，借助象和数的推演，试图得出关于这四类客观物象的运行规律。

(二) 邵雍的太极象数辩证法

根据其著作的观念事实我们可以看出，邵雍的思想吸取了道家、道教和儒家的思想，而《易》和《易传》是其思想的最终依据，然而邵雍思想的直接来源则是《先天太极图》。《先天太极图》据说是由五代和北宋初期的道教达人陈抟创绘，邵雍是陈抟的第四代弟子。邵雍又绘制了"先天四图"，即《伏羲八卦次序图》、《伏羲八卦方位图》、《伏羲六十四卦次序图》和《发现六十四卦方位图》。

1. 概念体系

邵雍的辩证法思想集中体现在其所著的《皇极经世书》中。《皇极经世书》完全继承了《易传》以太极、阴阳、两仪、四象等为核心的概念体系，邵雍是要根据太极和阴阳观的象数演绎推导出一个囊括宇宙、历史、社会和人生的总体解释。虽然邵雍的太极象数辩证法与易辩证法和易传辩证法的理念都不同，但它仍然没有脱离太极辩证法的范围。

2. 对概念的不同演绎方法

虽然邵雍继承了《易传》中的概念体系，但是邵雍对于《易》的概

---

① (宋) 邵雍：《皇极经世书》，中州古籍出版社2007年版，第522页。
② 参见唐明邦《邵雍评传》，南京大学出版社1998年版，第131页。

念体系的运用却与《易传》和周敦颐等人不同①，他所依据的逻辑主线是象和数，而不仅仅是义理。

邵雍认为，作为世界本原的太极首先产生一定的数，由数再产生象，数和象再转化为多样化的具体事物。这个事物生成的次序和逻辑与《易传》的"易有太极，是生两仪"虽然相似，却将重心放在了数的推演之上。

邵雍以乾为日，兑为月，离为星，震为晨，以日月星辰代表天的物象；以坤为水，艮为火，坎为土，巽为石，以水火土石代表地的物象。在此，邵雍将传统的金、木、水、火、土的五行变成了水、火、土、石四行，这种观点既不合五行观也与《易传》的理念完全不同，可谓是自成体系和另起炉灶。

由于象和数，尤其是数的加入，邵雍的太极辩证法多出一个维度，即太极象数辩证法是通过象、书、时、理等四个维度进行演绎的。

3. 阴阳观

邵雍虽然在方法上独创了象数法，通过数的推演来比附客观世界的生成和历史的进程，然而必须看到，在这些表象之下邵雍看似玄妙复杂的方法实际上仍然是对古老的阴阳观的演绎，也就是说，邵雍的太极象数辩证法按照阴阳观的路向在推进，在哲学理念上并无新意。正如邵雍所言：

> 天之大，阴阳尽之矣；地之大，刚柔尽之矣。阴阳尽而四时成焉，刚柔尽而四维成焉。夫四时、四维者，天地至大之谓也。②

由此可见，从哲学理念上看，邵雍的太极象数辩证法仍然没有超越董仲舒的阴阳辩证法，仍然在董学的方法论内逡巡。

---

① 邵雍对于概念和范畴的使用典型地体现了观念唯实主义关于概念的体系性堡垒的规定。名字相同的概念在不同的哲学体系中的内涵、概念和所承载的逻辑定位是不同的，有的甚至是相反和相对的，这在哲学史研究中是特别要加以留意的地方，也是观念唯实主义强调观念事实和重视概念和范畴的体系性堡垒的原因所在。可惜的是，许多中国哲学史的观点流于对字面的理解，在研究方法隔靴搔痒，陈陈相因，得出的结论往往是望文生义和经不起推敲的。

② （宋）邵雍：《邵雍集·观物内篇》，中华书局2010年版，第一页。

4. "元会运世说"

邵雍的太极象数辩证法与周敦颐的太极辩证法的重要区别之一是邵雍将其太极象数辩证法直接引入了历史学，形成了独特的象数历史观，这与董仲舒将其阴阳五行辩证法用于政治哲学和历史哲学的思路是相同的。

邵雍的历史观是通过他所创立的元会运世说体现的。元会运世说就是"以元经会"、"以会经运"和"以云经世"。邵雍以三十年为一运，三十运为一会，十二会为一元，一元之数为十二万九千六百年，每满一元天地就会发生一次巨变，而后又生成变化，再开始新的一元。也就是说，邵雍以数为逻辑要素的元会运世说实际上是转化成了其独特的时间观和历史观。同时，邵雍的元会运世说畅论阴阳消长的节律，是对董学阴阳辩证法的进一步拓展。

邵雍的象数推演方法，尤其是其元会运世的时间观和历史观，是《易》和邵雍之前的传统中国哲学所未曾见的。有学者认为，邵雍的时间观是外来之物，很有可能来自佛教。不管其出处如何，邵雍的辩证法更加复杂和立体，故此将其称为太极象数辩证法。太极象数辩证法比《易》本身更为复杂，是中国古代辩证法史中最复杂的辩证法理论。

5. 太极象数辩证法与易辩证法和易传辩证法

邵雍的太极象数辩证法与易传辩证法，在方法、逻辑和义理上是不同的，它是建立在所谓的先天易学，即伏羲氏的八卦之上的。太极象数辩证法或许是受到了易辩证法中的二元制演绎方法的启示，利用数的推演来解释四类物象的运行过程。这种演绎方法是对易辩证法的一种继承和发扬，同时也是对易传辩证法通过义理来阐释易辩证法的一种反动，这就是朱熹将《皇极经世书》称为"《易》外传"的原因。

太极象数辩证法对于历史的解释也不再如易传辩证法一般拘泥于诠释者所处的上古时期，而是扩大了它所覆盖的历史跨度。《皇极经世书》通过象数的变化规律来类比出中国古代历史中的重大事件，从夏商周三代一直到五代末期。显然，按照邵雍的方法，太极象数辩证法还可以延续到更长的历史时段，甚至预测未来。

（三）邵雍太极象数辩证法的特征与弊端

邵雍太极象数辩证法的出世对于中国古代哲学产生了深远的影响。

据说，邵雍在世时根据他的象数理论所推演出的结论多与世事相符。中国古代哲学史中由邵雍开始而出现了专门研究象数的学者，在宋、明、清期间拥有一大批追随者。

1. 太极象数辩证法的独一无二性

邵雍的象数辩证法是个具有立体性思维的多维度的辩证法方法。它将数学与象和文字进行了结合，是具有三维视角的立体的辩证法思维方式。邵雍的太极象数辩证法对于代数的演绎可谓是达到了极限，他将代数引入历史学和政治学的研究中更是在人类思想史中绝无仅有的。虽然邵雍的太极象数辩证法并没有实现与国家权力的结合而始终停留在哲学观念史的范围之内，在影响力上远不如董学的灾异论，但在观念事实性和哲学研究方法的开拓上仍然是引人注目的。

从哲学观念史的视角来看，邵雍的太极象数辩证法继承和发展了易辩证法二元制，他创造性地解读《易》丰富了对《易》的理解。太极象数辩证法的方法论和哲学观念史的意义才是太极象数辩证法的真正意义所在。邵雍的太极象数辩证法体现了中国古人辩证法思维的复杂性和哲学思辨的高度发达性，是一种在辩证法历史中独树一帜的辩证法理论。

2. 太极象数辩证法的弊端

但是，说邵雍太极象数辩证法是独树一帜的并不能掩盖它所拥有的内在弊端。事实上，这个内在弊端是十分明显的，那就是对于事实性的完全漠视和忽略。与邵雍同时代的二程对其学说已经作出了一针见血的评价，认为"邵尧夫犹空中楼阁"[1]。明朝中期的学者王庭相也作出了类似的评论。[2] 清朝著名思想家王夫之对其批判尤力。

根据唯实主义的标准，邵雍通过象数推演来试图窥知历史运行的规律所依靠的并不是历史事实，而完全是邵雍本人的主观想象和臆断，他在象数与历史事件中所建立起的所谓的联系完全是牵强的比附，缺乏基本的历史事实支撑。太极象数辩证法已经完全脱离了董学辩证法中对于部分事实性的把握，而是彻底抛弃了事实性。从这个视角来看，邵雍的

---

[1] （宋）程颢、程颐：《二程集（上）·河南程氏遗书卷第七》，中华书局1981年版，第九七页。

[2] 参见（明）王庭相《雅述下》，《王庭相集》，中华书局1989年版。

太极象数辩证法是中国古代认知水平的一次倒退。正因如此，邵雍之学始终无法登入大雅之堂，其象数之学被术士所利用，与算命之书画上了等号，在理论上也与施虐西汉末期和东汉时期的谶纬术数相首尾。

从哲学家的思维方式和对方法论的使用来看，邵雍将古代哲学思辨的主观演绎和对代数的使用发挥到了极致。从这个视角来看，邵雍与德国的黑格尔有相似之处。

### 三　宋朝其他哲学家的辩证法因素

除了周敦颐和邵雍的太极辩证法之外，北宋初期的其他哲学家的思想也有一些辩证法因素。如张载和二程等。

**（一）张载的"一物两体"和"参两说"**

张载（1020年—1077年）是北宋初期的著名学者，关学的创始人，他最具代表性的著作是晚年所著的《正蒙》。与周敦颐和二程一样是理学的奠基人之一。张载对于理学的最大贡献是明确提出了"四书学"，这个思路不仅为理学的发展选定了核心内容和典籍依据，更为理学奠定了价值观走向，这个思路受到了南北宋理学家的共同接受，南宋理学集大成者朱熹的《四书章句集注》完成了对作为理学的基本典籍和理论基础的四书学的经典化，而这只是对张载思想的深化和完善而已。

在张载关于形而上学的论述中，延续了孔子之后的儒家要求建立儒学形而上学的努力，其中也包含了辩证法因素。张载认为世界的本原是气，气有至虚的本性，故气又称为"太虚"，即"太虚即气"。气有阴阳两端，又称为两体，即"一物两体"。阴阳两端相互作用的状态是"太和"。

张载认为：

> 一物两体，气也；一故神，两故化。此天之所以参也。（《正蒙·参两篇》）[1]
> 
> 两不立，则一不可见。一不可见，则两之用息。两体者，虚实

---

[1] （宋）张载：《张载集》，中华书局1978年版，第七页。

也,动静也,聚散也,清浊也,其究一而已。(《正蒙·太和篇》)①

感即合也,……二端故有感,本一故能合。(《正蒙·乾称篇》)②

感之道不一:或以应而感,圣人感人心以道,此是以同也;或以异而应,男女是也,二女同居则无感也;或以相悦为感,或以相畏而感。(《易说·咸》)③

由此可见,张载的"一物两体"说实际上就是在强调两点:一是再次确认了董仲舒的"阴阳是气"的论断,二是强调了阴阳是对立统一的对应范畴的董学阴阳辩证法的观点。只是在此张载提出了一个新的观念,即"参两说"。张载的参两说认为,阴阳是对立统一和相辅相成的,阴阳发生运动变化是通过"感"来完成的,感促使阴阳之间的对立、排斥、吸引和统一。

由此可见,张载的一物两体观和参两说在论述上更为犀利透彻,但它们在理念上仍然是对董学阴阳辩证法的再阐述和具体化,虽然提出了感等新概念,对阴阳互动关系描述进一步细化,但感仍然是在董学的阴阳辩证法范畴之内的一个逻辑节点,在理念上并没有创新,也就是说,张载的辩证法思想仍然没有超出董仲舒阴阳辩证法中对阴阳关系的界定。

(二)二程的辩证法思想

程颢(1032年—1085年)和程颐(1033年—1107年)是作为理学重要来源之一的洛学的创立者。因两人在洛阳居住和讲学,故称"洛学"。两人生于官宦世家,为同胞兄弟。在十五六岁时曾从父命受学于在江西做官的周敦颐,但为时不足一年。两人都毕生致力于哲学研究,虽然略有不同,但其观点大体相若,合称"二程"。两人的生命轨迹略有不同。程颢年轻时曾中进士,先在地方做官,后来受司马光等人推举被调到朝廷,参与了王安石变法。虽然他在变法的必要性上与王安石持一致的观点,但在实施变法的方法上却并不苟同于王,以致两人矛盾公开,

---

① (宋)张载:《张载集》,中华书局1978年版,第十页。
② (宋)张载:《张载集》,中华书局1978年版,第六十三页。
③ (宋)张载:《张载集》,中华书局1978年版,第一二五页。

被外放回了洛阳,从此与弟弟程颐专心学术研究,收取弟子,直至去世,人称"明道先生"。

程颐考进士未举,从此便专心学术,收徒讲学。在收徒讲学过程中程颐结交了同居于洛阳的司马光和吕公著等权贵,受其举荐任年幼的宋哲宗的侍讲,即私人教师。但不足一年便遭罢免回乡。程颐对于变法的观点与其哥是相同的,被纳入了旧党,因此两次受到文字狱的迫害。宋哲宗和宋徽宗都曾发布诏令,追毁其出生以来的文字,流放外地,禁止讲学和学术活动。但是官方的禁止并没有禁锢二程思想的传播,他们本人的著作和弟子的记述不久就刻印成书流传于世。程颐被称为"伊川先生"。

二程哲学是围绕着"理"而展开的,其中也有辩证法思想。这些辩证法思想包括以下五方面。

1. "无独有对"论

无独有对论是围绕着"对"这个概念展开的,是指万物都有对,这是事物存在的自然方式。程颢说道:

> 天地万物之理,无独必有对,自然而然,非有安排也。①

程颐说道:

> 天地之间有对,有阴则有阳,有善则有恶。②
> 仇,对也。阴阳相对之物。③

仇是中国哲学中的一个新的概念,然而其内涵并没有新意。对就是仇,是相对应之意。二程的对主要是指阴阳之间的对应和互动。

2. 物极必反论

物极必反的观点最早来源于《易》和《老子》,然而是程颐将这个观

---

① (宋)程颢、程颐:《二程集》,中华书局1981年版,第121页。
② (宋)程颢、程颐:《二程集》,中华书局1981年版,第161页。
③ (宋)程颢、程颐:《二程集》,中华书局1981年版,第959页。

点浓缩成物极必反四字，用来解释自然界和社会的现象，尤其是用来阐释阴阳之间的互动和转化规律。反和返是通假字，可以通用。程颐说：

> 物极必反，其理如此。有生便有死，有始便有终。①
> 物极必反，事极则变，困既极矣，理当变矣。②

物极必反的总结浓缩地概括了阴阳互动的一种极端状态，由于其形象性已然成为一个日常的成语。

3. 阴阳相推论

"相推"是二程提出的概念，用来表述阴阳之间的互动方式。程颐说道：

> 阴阳之交相摩轧，八方之气相推荡，雷霆以动之，风雨以润之，日月运行，寒暑相推，而成造化之功。③

可见，相推的概念是相当狭窄的，仅用于描述阴阳互动的状态，二程也没有进一步对其展开运用。

4. "动静相因"论

二程的动静观主要体现在程颐所完成的《周易程氏传》之中。程颐说道：

> 静中便有动，动中自有静。④
> 动静相因，动则有静，静则有动。物无长动之理，艮所以次震也。⑤

二程的动静相因论显然是对其师周敦颐的"一动一静，互为其根"

---

① （宋）程颢、程颐：《二程集》，中华书局1981年版，第167页。
② （宋）程颢、程颐：《二程集》，中华书局1981年版，第645页。
③ （宋）程颢、程颐：《二程集》，中华书局1981年版，第1027页。
④ （宋）程颢、程颐：《二程集》，中华书局1981年版，第98页。
⑤ （宋）程颢、程颐：《二程集》，中华书局1981年版，第967页。

的动静观的继承和进一步发挥，动静相因对周敦颐的动静观进行了简明扼要的概括。

5."中"论

中和中庸是孔子在《论语》中提出的概念，子思和后来的儒者又对其进行了引申，这在《中庸》一书中得以体现。二程对它们加以继承又进行了深化，第一次将其纳入了阴阳辩证法思想之列。程颢说道：

> 中之理至矣。独阴不生，独阳不生，偏则为禽兽，为夷狄，中则为人。中则不偏，常则不易，惟中不足以尽之，故曰中庸。①

在此，程颢不仅将中列入了阴阳辩证法之中，也把它提到了作为划分人与禽兽和夷狄的标准的新高度，可谓将对中和中庸的解读推向了极限，只是不知这种颇为极端的观点是不是符合他自己所认定的中和中庸标准？相比之下，程颐的观点要平和一些，他说：

> 致中和则是达天理，便见得天尊地卑，万物化育之道。②

由此可以看出，二程对于辩证法是相当重视的，这体现在他们阐述重要的观点时都要诉诸辩证法，体现了洛学注重哲学思辨性的特点。二程善于用成语般的四字短句来概括前辈的辩证法观点，使之更加简明扼要而易于理解和掌握，然而我们同时也可以看到二程在辩证法的理念上并没有真正的创新，仍然是围绕着董学的阴阳辩证法在进行演绎并加以零碎的补充。二程同时也吸收了老师周敦颐等人的辩证法思想，引入了太极和动静等概念，并对有些观点加以一定程度的细化和明确化。

(三) 朱熹的辩证法思想

朱熹（1130年—1200年）是宋朝理学的集大成者，是南宋哲学的突出代表。朱熹的哲学形成了体系，在中国古代哲学史中是继老子哲学和董学之后第三个具有体系性的哲学思想。从南宋后期一直到清朝，朱熹

---

① （宋）程颢、程颐：《二程集》，中华书局1981年版，第122页。
② （宋）程颢、程颐：《二程集》，中华书局1981年版，第160页。

哲学被官方认定为主流思想，成为意识形态的一部分，在官方层面上始终发挥着影响力。

朱熹祖籍江西，生于福建南剑（今福建南平）。朱熹出身于低级官吏家庭，少年丧父，寄人篱下，却仍能广读群书，立志高远。朱熹在19岁时就考中进士，开始了为官为学的生涯。在拜二程再传弟子李侗为师之后，放弃了佛学，转而研究儒学。与并不顺利的仕途相比，朱熹在讲学方面更有建树，他先后在江西和湖南创办"白鹿洞书院"和"岳麓书院"，讲授自己的学说。朱熹曾任宋宁宗的侍讲，但很快就被免职，在权臣韩侂胄的支持下官方掀起了"反道学"的高潮，朱熹的学说被斥为"伪学"，他的弟子们也皆被罢免外放，他本人更是险被谗言所害而遭杀身之祸。宋理宗无论是在个人层面上还是在官方层面上都十分推崇理学，在朱熹因病去世9年之后便为其平反，身后各种礼遇加身。

从其哲学体系构建方法上看，朱熹基本上是继承了周敦颐、二程和张载的观点，对其进行了取舍，进行了一定程度上的明确化和系统化的重组；朱熹试图在这些北宋初期先贤的观点之间建立起逻辑联系，从而形成自己的体系。朱熹的辩证法思想同样如此，他只是对濂溪学的太极辩证法、洛学和关学的辩证法以及邵雍的太极象数辩证法的继承、取舍、梳理和微调，而并没有提出新的辩证法理念和方法。

遗憾的是，即便是重组，朱熹在先贤的各类观点之间建立起逻辑联系的努力也并没有取得成功。如前所述，董学的阴阳辩证法是中国古代哲学的辩证法的主线，北宋初期对于辩证法的探讨并没有突破董学阴阳辩证法的概念体系和理念，太极辩证法只是对阴阳辩证法的进一步深化和具体化，也就是说，太极辩证法包含阴阳辩证法，太极辩证法是阴阳辩证法的升级版，因此两者之间的关系是清晰而明确的。但是朱熹却将逻辑清晰的太极辩证法与阴阳辩证法割裂开来，太极与阴阳的关系变得错综复杂和相互矛盾。这种混乱的状态来自朱熹将二程的理生硬地塞入了太极与阴阳之间。然而朱熹并没有明确理与太极和阴阳之间的定位和逻辑关系，理既是太极，又是阴阳，还是道；理既与太极存在于阴阳之外，又与太极和阴阳共存于任何事物之中；太极既是"形而上"的，是在"形而下"的阴阳之外而无物地存在的，又是阴阳与太极不可分的，是你中有我，我中有你的，太极与阴阳变成了无法定性的模糊概念。朱熹对于阴阳辩证法与太极辩证法的理解是前后矛盾的，往往在一时一地说一套，在另一时另一地又说了相反的另一套，这些混乱和矛盾从他的著作和《朱子语类》等由弟子记载而成的书中经常可见。

实际上，朱熹只是出于某种非学术和哲学的目的在刻意地玩弄文字游戏，主观性地进行概念之间的随意的没有原则的推演和演绎，而在这个过程中朱熹自己却进退失据，无法掌控这盘游戏。可以说，朱熹对于中国古代的辩证法思想不但没有作出贡献，反而在逻辑上进行了"搅局"，在一定程度上导致了中国古代辩证法思想的倒退。

## 第五节　老子辩证法

在先秦哲学史中，能与以《易》为主流的辩证法体系"分庭抗礼"的是老子哲学中的辩证法思想。由于老子哲学中的辩证法思想具有抽象性、系统性和全面性并且渗透于其哲学思想的各个领域，不仅辩证法思想是其哲学的重要特征，并且离开了它便无法透彻地理解老子的哲学理念，因此将其称为老子辩证法是恰当的。

《老子》一书虽然只有五千字，但老子哲学却是先秦哲学中唯一可以被称为具有体系性的哲学思想，是先秦哲学中思辨性最高的哲学思想。老子哲学中不仅有形而上学，还有系统的政治、伦理、经济、人性等观念，而其中所蕴含和贯穿的老子辩证法更是使老子哲学的睿智显得熠熠生辉。

老子并没有直接表明他的辩证法与易辩证法之间的联系，然而老子辩证法对于逻辑的运用方式却与易辩证法具有异曲同工之妙，可以说易辩证法在老子辩证法中始终是一股涌动的暗流。老子辩证法与易辩证法是既相辅相成，又具有独立性的关系。

道是老子哲学的核心概念，其形而上学思想就是围绕着道来构建的，作为方法论的老子辩证法是服从于道的，是道展开的方式和方法。

### 一　老子辩证法的内容

《老子》中所体现的辩证法思想不仅是丰富的，而且是具有独创性的，有些辩证法观念虽然是"常规"性的，然而其表达方式却被打上了老子辩证法独特的烙印，具有生动、深刻、睿智和隽永的特征。

（一）事物都是运动和变化的

老子认为事物都是运动和变化的。

《老子》载：

> 故物或行或随，或歔或吹，或强或羸，或载（安）或隳。飘风不终朝，暴雨不终日。（二十九章）[1]

具体来说，事物的状态是变化的，又是有始有终的，不是一成不变的。

《老子》又载：

> 夫物芸芸，各复归其根。归根曰静；静曰复命。（十六章）

这句话实际上是阐明了老子对于动与静关系的认识。老子认为静是根，是根本，而万物的运动只是其现象而已。

《老子》又载：

> 万物并作，吾以观复。（十六章）

这句话阐明了老子对于运动本质的认识，其关键在"复"字之上。所谓复就是循环。这表明，老子所说的运动实际上是一种循环论，而不是直线型的进步观。但是，老子没有进一步说明复的根据为何。

（二）事物都有其对立面

老子善于从事物的对立面中来阐述事物。

《老子》载：

> 有无相生，难易相成，长短相较，高下相倾，音声相和，前后

---

[1] 本书对《老子》的引用来自（魏）王弼注《老子道德经注校释》，楼宇烈校释，中华书局2008年版。

相随。(二章)

老子在此列举出了有无、难易、长短、高下等对应范畴,旨在指出事物的特征是具有相对性的。类似的对应范畴在《老子》中还有轻重、进退、胜败、生死、美丑、前后、损益、刚柔、强弱、荣辱、智愚、巧拙、大小,等等。这些对应范畴实际上就是一对对矛盾。也就是说,虽然老子并没有提出矛盾的哲学概念,然而老子已经用普遍矛盾的眼光来审视客观世界和人类社会了。

(三) 对应范畴之间是可以相互转化的

老子认为对应范畴之间不仅具有相互的对立性,相互之间也是可以相互转化的。

《老子》载:

祸兮福之所倚,福兮祸之所伏,孰知其极?其无正,正复为奇,善复为妖。(五十八章)

老子关于福祸、正奇和善妖之间相互转化的论述是其著名的词句,尤其是关于福祸关系的总结已经成了中国文化中的成语和格言。

类似的言论在《老子》中还有很多,例如:

曲则全,枉则直,洼则盈,弊则新,少则得,多则惑。(二十二章)

这些说明,老子对于事物的对立统一规律已了然于胸。只是,老子并没有挖掘出事物相互转化的内在动因为何,表明他对于对立统一规律的理解还停留在现象的层面上。

(四) 量变到质变

老子观察到了事物的量的变化的积累会导致事物的质的变化。

《老子》载:

为之于未有,治之于未乱。合抱之木,生于毫末;九层之台,

起于累土；千里之行，始于足下。（六十四章）

这也是老子的著名论述，生动形象地说明了从量变到质变的道理和规律，已然成为被经常引用的成语和格言。

（五）贵柔思想

作为对应范畴之间相互转化的表现，老子对于强弱持有辩证的看法。《老子》载：

> 柔弱胜刚强。（三十六章）
> 天下莫柔弱于水，而攻坚强者莫之能胜。（七十八章）

反对刚强、进取、激进，主张柔弱、退让和保守是老子辩证法的重要特征，这就是老子辩证法的贵柔思想。贵柔思想同时强调要尽量回避正面对抗，强调通过迂回曲折的方式来获胜和达到目的。

（六）反极端化思想

老子能够看到对应范畴之间的相互转化的特征，而在同时反对转化方式和结果的极端化，而强调平和的转化方式。

《老子》载：

> 大成若缺，其用不敝；大盈若冲，其用不穷；大直若屈，大巧若拙，大辩若讷。（四十五章）
> 明道若昧，进道若退，夷道若纇，上德若谷，大白若辱。广德若不足，建德若偷，质真若渝。大方无隅，大器晚成，大音若希，大象无形。（四十一章）

这里体现了在老子的关于对应范畴相互转化的观点之上的平和性。老子强调对应范畴相互转化时的平稳过渡，而反对直接的对抗和激烈的冲突。冯友兰认为，在两个对应范畴相互转化之前要事先有意识地加入一些对立面的因素，这样事物便不会走向极端，能够保持住相对稳定的状态。[①] 这是

---

① 胡道静主编：《十家论老·冯友兰论老子》，上海人民出版社2006年版，第93页。

反极端化的思想，不仅表现在对应范畴转化的结果上，也反映在对应范畴相互转化的方式和过程之中。实际上，老子辩证法中的反极端化思想与阴阳辩证法中的阴阳的对立统一和相互转化是暗合的。同时它与儒家的中庸思想也有异曲同工之意。

## 二 老子辩证法的特征和不足

老子辩证法的丰富性和独创性在先秦哲学和中国古代哲学史中是独树一帜的，它贯穿着诸多的对应范畴，在多元性中始终贯彻着老子辩证法的逻辑基调。

### （一）老子辩证法的特征

老子辩证法的方法与易辩证法是不同的。同时老子辩证法具有开放性与多元性的特征，这与易辩证法中的相对封闭性形成了对比。

#### 1. 老子辩证法的归纳方法

通过老子辩证法的内容可以看出，老子辩证法的方法是建立在对客观事物和人类社会的深刻而细腻的洞察基础之上的，老子辩证法的规律是通过归纳法总结出来的。老子观察的眼界着眼于整个自然界、人类社会和人生等领域，老子辩证法内诸多的对应范畴都是对这些领域中的现象所进行的归纳和总结。也就是说，老子辩证法不是从神性、绝对精神或者阴阳这些既定的最高点来进行推演和演绎而得来的，老子辩证法的这个特征与黑格尔辩证法从绝对精神和易辩证法从阴阳先入为主地推演世界和人生的规律是不同的。

#### 2. 老子辩证法的开放性和多元性

老子辩证法是开放性的。其开放性体现在不受限于固定的辩证法要素和基于对个别对应范畴的演绎。老子辩证法中虽有阴阳因素却并不受阴阳因素的限制，而包含其他的对应范畴。对应范畴的开放性和多元性是老子辩证法与易辩证法的重要区别。

老子对于对应范畴的开放性上的理解与西方辩证法中的矛盾论具有相似性。老子辩证法的开放性不受制于条条框框，在一定程度上与事实性更加接近。相比之下，易辩证法和阴阳辩证法是以阴阳一对对应范畴为唯一主轴的，它对大千世界的理解完全是通过阴阳来加以解释的，这固然表明易辩证法和阴阳辩证法具有形而上学和本体论的层次，但这也不可避免地限制了它们的开放性，与事实性变得遥远了。

邵雍认为："《老子》五千言，大抵皆明物理。老子知《易》之体者也。"① 邵雍试图将老子辩证法完全纳入易辩证法的格式之中，认为老子辩证法中对应范畴的多样化和开放性只是阴阳转化之体，这是不准确的。实际上，老子辩证法和易辩证法和阴阳辩证法代表着两种不同的辩证法思想思路，前者包含了"存在前"和"存在内"的两种状态，后者则只包含了"存在内"的状态。两者的差异性体现了中国古代哲学中辩证法思想的丰富性。

### 3. 老子辩证法的定位和焦点

老子哲学的核心概念是道，老子的道是形而上学层次上的道，是老子所认为的世界本原和运动规律。老子对于辩证法的这种定位表明他是将辩证法当作严格的方法论来看待的，对于老子来说辩证法只是他阐述道的工具，辩证法完全是为道服务的。这就决定了老子辩证法的焦点在于解释道的状态和运行，在于表述事物状态起伏和转化的现象，尤其是强调对应范畴之间的相互转化。老子辩证法所强调的是如何保持事物存在状态的平稳性和平衡性，具有明显的保守性，但这并不妨碍它在一些方面与阴阳观和儒家的中庸观之间暗通款曲。

### （二）老子辩证法的不足

老子辩证法对于事物状态变化和转化的开放性的归纳和总结，这是其优点，同时也是其不足。老子辩证法强调对应范畴之间的转化，但并没有深入探讨导致事物状态发生改变和转化的内在动因，这就是老子辩证法始终停留在现象的层面上而无法深入事物运行的内在规律的原因。

事实上，对应范畴之间的转化并不是无条件的和任意发生的，以弱胜强只有在特定的条件之下才会发生，是特例，而绝不是所有的弱者都能够不做出特别的努力而能自然而然地战胜强者。老子辩证法将特例当作了普遍的规律，这不仅无法揭示事物变化的真正动因，也陷入了个性与共性相互颠倒的逻辑悖论之中。

老子辩证法侧重于式微事物的存在状态的保持，而并不在于揭示事

---

① （宋）邵雍：《皇极经世书·观物外篇上》，中州古籍出版社2007年版，第520页。

物存在的生成和消亡的一般性规律。也就是说，老子辩证法实际上只截取了存在的一个阶段，而忽略了存在体的生成和死亡这两个同样重要的阶段。老子哲学的贵柔和反极端化思想表明它极力反对打破既有存在体及其存在现状。老子辩证法的这种倾向性主观地忽略了事物的衰落和死亡，实际上是在将主观的意愿强加到事物本身的客观运动规律之上，体现出了老子辩证法忽略和否定事实性的局限性。

老子之所以强调贵柔和反极端化是因为事物越刚强和越壮大就越接近鼎盛，接近鼎盛也就与衰落和死亡不远了，这是老子辩证法的对应范畴的相互转化和量变质变规律的反映。为了避免衰败和死亡的到来，老子选择了抵制进取和发展的保守取向。

（三）老子辩证法中有无的对应范畴

在老子辩证法的诸多对应范畴中，有无是具有深刻哲学意义的一对。虽然在基督教/经院哲学的创世记中会提到万物在上帝创造之前世界处于无的状态，然而在西方哲学中没有明确的无的概念，直到20世纪初期法国哲学家柏格森才开始正视无与有之间的关系，正面探讨有无和存在之间的关系问题。① 西方的辩证法虽然也提出了量变质变的规律，却始终没有出现关于有与无之间的辩证关系的探讨，更没有将有无作为一对对应范畴加以分析。因此，中国古代辩证法中关于有无的理念不仅是其重要的特征之一，也是区别于或者说领先于西方辩证法的最重要的方面之一。易传辩证法的"一阴一阳谓之生"的理念解决了从无到有的形而上学问题，老子辩证法则将有与无作为一对辩证法范畴提了出来，将两者有机地结合和融合起来。②

---

① 参见［法］柏格森、亨利《创造进化论》，凤凰出版集团/译林出版社2011年版，第252—279页。柏格森是从人的意识角度来解释无的，认为在人的头脑中有一个内部意识和外部意识的点，在这个点上人不能察觉两种意识中的任何一种，因此便形成了无的形象，从哲学层面上看无"是对一切的取消"。

② 从本质上看，无是一种特殊的存在。一方面无是不存在的，是想象中的事物，但另一方面无是存在的，没有物理特征的事物是无，没有时空的存在物也是无。虽然无的属性与存在物不同，然而相对于有，无有着特殊的事实性。无对于哲学思辨来说却是重要的逻辑杠杆。在有无辩证性的对应中，有能被更确实地被认知。从存在辩证法的逻辑来看，无是存在物生成过程中的一个环节，是存在的一种空洞的状况，是存在的来源和归宿。

## 第六节 中国古代辩证法的小结

中国古代辩证法是以阴阳演绎为主要内容而展开和演绎的。也就是说，阴阳是中国古代辩证法的核心辩证法要素。虽然在各个历史时期对阴阳有不同的概念表现形式，然而这并不能改变中国古代辩证法始终围绕阴阳演绎而展开的观念事实和中心线索。阴阳观对中国古代辩证法的绝对"控制"的特征是与古希腊和西方近代辩证法完全不同的。

### 一 中国古代辩证法的重要属性和特征

中国古代辩证法也有两个重要的属性和一个重要的特征。这些属性和特征赋予了中国古代辩证法以鲜明的独特性。

（一）两个重要属性

中国古代哲学中的辩证法有两个重要属性：其一是关于事物"存在内"，即对存在体在存在状态下的运动变化规律的归纳和总结，其二是始终围绕着对应性要素的演绎而展开。

易辩证法和董学辩证法等是体现了这两个主线。老子辩证法虽然偶尔表现出欲跳出从存在内看待事物的努力，然而在总体上仍然属于存在内的要素辩证法。纵观中国古代辩证法，虽然还有其他对应范畴的存在，但这无法动摇阴阳观在中国古代辩证法中的核心地位，也就是说，对事物存在内的要素演绎的辩证规律的探讨是中国古代辩证法中主要的逻辑线索。

从先秦的中国哲学的观念史中可以看出，从先秦时期开始，阴阳观便贯穿于中国古代哲学史中的辩证法思想之中，并且始终是一条明线。遗憾的是，在中国哲学的观念史中，偶有存在外视野的老子辩证法始终处于相对于存在内辩证法的次要地位，在老子之后基本上处于停滞状态。

（二）一个重要特征

中国古代辩证法的一个重要特征就是基本上不存在独立于阴阳观的辩证法规律。中国古代辩证法的规律都是由阴阳观而派生出来的。这个特征不仅在易辩证法中十分明显，在董学辩证法中同样如此。也就是说，在中国古代辩证法中，基本上不存在独立于阴阳观的辩证法规律，包括董学辩证法在内的辩证法规律基本上都是围绕着阴阳互动而展开的，都是对阴阳互动的方式和规律的观察、归纳和总结。

中国古代哲学的辩证法规律基本上就是阴阳互动的规律。中国古代辩证法的两个基本对应范畴和要素完全钳制了辩证法思想的内容，也限制了中国古代辩证法思想的发展空间。

## 二 阴阳观在中国古代辩证法中的历史演变

纵观中国古代辩证法的历史，可以看出先秦是阴阳观的产生阶段，西汉初中期由于董学辩证法的出现使阴阳辩证法达到了系统化和思辨化的高峰。在沉寂了一千多年之后的北宋初期中国辩证法迎来了一个新的高潮，出现了周敦颐、邵雍和张载的辩证法思想。然而，北宋初期的这轮辩证法高潮虽然强调太极等概念，但在理念、逻辑和方式上仍然是以阴阳观为核心的。也就是说，虽然太极辩证法试图打造以太极为轴心的辩证法，但是其真正的轴心仍然没有离开围绕着阴阳观的演绎，仍然无法超越董学的阴阳辩证法。这表明，北宋的这轮高潮的创新是体现在形式上和对阴阳互动的具体步骤的细化上的，在理念上并没有新意，仍然没有超越董学的阴阳辩证法。在周敦颐、邵雍和张载之后，宋朝的辩证法思想重新归于平静，这种沉寂一直延续到中国古代文明的终结，即清朝结束之时。

## 三 阴阳辩证法的规律

作为存在内的要素辩证法，阴阳辩证法对一些范畴有着自己的观念。这些观念成为中国古代哲学史陈陈相因的传统。

（一）循环论的运动观

阴阳辩证法肯定运动和变化的存在，常变论体现了阴阳辩证法的运动和变化观。然而，这种常变观却是有限的运动变化观。在中国古代辩证法中，运动变化观始终是与循环论紧密连接在一起的。

按照阴阳辩证法，阴阳互动在不断地生成事物，阴阳互动是一种循环式的往复运动，因此阴阳所生成的事物在性质上永远是相同的。这实际上是否定了事物的性质会从根本上发生改变的。阴阳之下的万物只能在一定的范围之内进行往复的运动。这种运动观既承认了运动变化又限制了运动变化,是一种有限的运动变化观点,在肯定了运动变化的同时也否定了运动变化。

阴阳辩证法的常变论是在二与多的框架内进行的。也就是说,二与多一方面通过常变论得以表现,而另一方面又限定了运动和变化的本质和内容,即阴阳之间的二与多的演绎是循环论的有限的运动和变化。

(二) 零和性

作为阴阳辩证法的核心范畴,阴阳与其他辩证法中的对应范畴一样,也是一对对应的辩证法范畴。但阴阳辩证法中的阴阳关系同样是具有特定的内在规定性的。董学的阴阳辩证法将阴阳定性为气,这种规定性被后世的学者所继承。阴阳辩证法中的阴阳观是具有形而上学意义的对应范畴,具有目的性的规定性,也就是说,阴阳观是事物生成系统中的一个关键环节,而并不是指具体事物。然而,阴阳观也并不是与具体事物绝缘的,阴阳代表着事物运动的不同特征。阴阳观具有两个层次的定位:其一在于阐明事物本原和生成的形而上学和本体论层次,其二在于指明事物的两种不同的特征和运动方式。阴阳观的这些要点在董学辩证法中得以明确化和细致化。

虽然作为对应范畴的一般规律,阴阳是可以相互转化的。阴阳辩证法的阴阳转化体现了阴阳之间的关系是零和性的,即此消彼长的关系。阳的成分的增加意味着阴的成分相应地削弱,反之亦然。

同时,阴阳之间的相互转化也是循环性的和往复不断的,而不是直线型的。这种转化性和循环性是阴阳之间关系的反映。阴阳之间的关系是相互依存的,两者永远相依而存,同时它们又是零和性的,此消彼长、相互对抗是阴阳之间不变的属性。两者既相互离不开对方而又独立存在,同时一方的得便是另一方的失,当一方达到最大值的时候便开始向另一方转化,即所谓的物极必反。如此以来,阴阳之间的运动是斗而不破的对立统一关系。这种斗而不破的关系体现了中国传统辩证法的存在内的属性。

虽然阴阳是可以相互转化的和运动变化不息的,但是阴阳却是具有封闭性的一对对应范畴,而不是开放性的。阴阳之间的循环性也注定了阴阳观具有封闭性的特点。阴阳互动不容许其他因素的介入,这意味着承认了阴阳观就不得不排斥所有其他的要素。恰如程颐所说:"道无无对，有阴则有阳……无一亦无三。"① 至于事物的多样性则只能体现在具体的事物之中了，是事物生成系统的下游和末端环节。而在阴阳观上升到董学的阴阳辩证法的高度之后这种封闭性便更加牢固和难以打破了。

阴阳辩证法在董学和其后的漫长时期里是具有先进性的辩证法理论。然而，同样也应看到其局限性。具有循环性和封闭性的阴阳辩证法虽然自成系统，却限制了阴阳观进一步吸收科学成果，也并没有起到推动人类认知的作用。从先秦的易辩证法、易传辩证法到西汉董仲舒的阴阳辩证法再到北宋初期的太极辩证法，中国的古代哲学家们都致力于在形式上对阴阳观进行新的演绎，而无法再将新的要素引入阴阳辩证法之中，这或许在方法论和哲学史中起到了禁锢人们思维的开放性的负面作用。中国传统辩证法的封闭性是与开放性相对立的，它限制了后来的思想者将目光无限制地投到大自然和人类行为之中去吸取新的血液，获取新的认知，发现新的规律。

(三) 阴阳观与矛盾论

董学辩证法中的阴阳观与西方辩证法中的矛盾论具有相似性，但两者又存在差异性。

首先，阴阳观和矛盾论都是要素辩证法的基本理念和逻辑框架，是中国古代辩证法和西方辩证法的逻辑主体和主线。

其次，阴阳观和矛盾论在开放性上存在着差异。阴阳观旨在阐明事物生成的本原和方式，旨在体现阴和阳两种要素之间的存在内的互动、变化和转化规律。而矛盾论虽然也是存在内的，却并不特指对应的范畴，任何具有矛盾属性的要素都可形成一对对应范畴，都可形成矛盾，都可作为矛盾论的载体。也就是说，矛盾论没有目的性的限定，是开放性的，可以指任何事物。从这个意义上看，阴阳观可以说是矛盾论的一种特殊形态。阴阳观是具有循环性、零和性和封闭性的；而零和性并不是矛盾的内在规定性，矛盾论也不是循环性和封闭性的，而是基本上呈直线型的"进步性的"。

---

① (宋) 程颢、程颐：《二程集》(上)，中华书局1981年版，第153页。

### 四　中国古代辩证法的局限性

存在辩证法认为，成熟、合理和科学的辩证法理论有两个标准：一是一定要建立在事实性的基础之上，二是在以辩证法要素为逻辑演绎的主线时一定要兼顾存在内和存在外两个维度，即存在体的全过程的辩证法，将存在体的整个存在和生命过程纳入辩证法的分析和推理的链条。

通过以上对中国古代各种辩证法的梳理和解析，我们发现它们并不符合这两个标准，即它们缺乏充分的事实性基础，同时以阴阳观为核心的中国古代的要素辩证法仍然停留在存在内辩证法的阶段，缺乏存在外的这个重要的辩证法维度。

#### （一）缺乏全面的事实性

先秦的阴阳观和西汉时期以阴阳辩证法为核心的董学辩证法体现了当时人类的认知水平，是古人对大自然和人类历史和人类社会长期观察而提炼出来的结论的哲学表现。阴阳辩证法将阴阳视为气的结论是一种抽象的推测和演绎，反映了一定的客观事实性，这在当时是一种先进的辩证法理论。但是必须看到这种归纳和总结是不全面的，仅仅反映了部分的事实性，不仅无法全面而客观地反映事物的事实性，而且对于新的事物和情境缺乏开放性和包容性。在近现代以来由自然科学所带来的人类在认知和行为上的巨大进步面前，阴阳辩证法却成了"局外人"，无法与新的人类事实接轨，更无法指导人类的认知和行为实践。如此以来，阴阳辩证法只适合部分事实性的覆盖面和方法论在近现代人类社会面前变得"挂一漏万"，越发难以适应更多的自然事物和人类情境。这样下去，包括阴阳辩证法在内的中国古代哲学终将被历史淘汰。

中国古代辩证法过度着眼于阴阳演绎对于思维的限制和禁锢在中国古代便已经有所表现，而在宋朝表现得尤其明显。在董学的阴阳辩证法出世一千多年之后，宋朝仍然无法取得哲学和辩证法上的突破，仍然只能在故纸堆中玩弄同样的概念，用图标和象数等来继续演绎同样的原则，对于自身的局限性茫然不知。因循和沉迷于阴阳观的形式化的演绎和推演自然使阴阳辩证法缺乏事实性的弊端无法得以补偿和纠正，而在缺乏充足的事实性基础的前提下，它们演绎的过程和得出的结论都无法令人完全信服。

（二）无法跳出存在内的封闭性内循环

尤其重要的是，中国古代哲学中的辩证法始终以探究存在体的生成本原和存在状态的循环性的变化为着眼点，无法跳出存在内的窠臼，而忽略了存在体的这个过程。如此一来，以阴阳观为核心的中国古代辩证法只能截取存在的一个片段而无法建立起关于存在体的全过程的整体辩证法。也就是说，中国古代哲学史中的辩证法还没有上升到探索存在的层面，这也就无法产生出兼顾存在内和存在外的存在辩证法。虽然五行辩证法中的五行相克和五行相生的观点关于事物生成和灭亡的观点涉及事物/存在体的存在，但是这种观点对客观事物更替规律的观点却是不全面和难以自圆其说的，与强调事实性的唯实理性相去甚远。

**五　中国哲学的辩证法需要与时俱进**

包括辩证法思想在内，中国古代哲学中具有丰富的哲学线索和理念，在许多领域仍然是个尚未被充分重视和挖掘的处女地。同时我们也应该看到，中国古代哲学的一个普遍的不足是缺乏对事实性的重视和尊重，缺乏唯实理性。中国古代的辩证思维由来已久，曾发展出阴阳辩证法，然而在达到董学辩证法这个高点之后便裹足不前，形成了哲学思维上的窠臼，长期以来一味醉心于对阴阳观的各种演绎形式的变化，而忽略了对辩证法内容的探索和扩展，以致阴阳辩证法无法充分地促进和提高人们的思辨和认知能力，而随着人类实践性的飞跃实际上起到了限制和禁锢人们思维的作用，无法与人类的发展与时俱进。如果这种状况持续下去，那么随着人类认知能力的不断提高，中国古代哲学与人类思维和行为之间的距离就只能变得越来越远。

用批判和发展的视角重新评判中国古代哲学史，包括其中的各种辩证法思想和理论，打破阴阳辩证法的封闭性内循环，是推进包括辩证法理论在内的中国哲学进化和发展的必要条件。而只有打破包括辩证法在内的中国哲学的封闭性和自我循环性，中国哲学才能够与时俱进，重新与时代接轨，获得重生的契机。

# 第三章

# 西方哲学史中的辩证法

虽然不如中国的易辩证法源远流长，然而于公元前6世纪（相当于中国的春秋时期）萌芽于古希腊的米利都学派的西方辩证法思想同样有较长的历史。米利都学派的代表人物是泰勒斯。据说泰勒斯为了解释他的万物是水的观点而提出了运动的概念。从赫拉克利特开始古希腊辩证法中的一些概念开始上升到抽象思辨的阶段，对一些概念和事物的存在和运动开始进行比较精细的抽象思考。事实上，如同形而上学一样，辩证法是贯穿于古希腊哲学和西方近现代哲学的另一条方法论和理念线索。西方近现代辩证法中绝大多数的范畴都来自古希腊辩证法，这也证明了古希腊哲学和西方哲学在哲学观念史上的连续性和一体性。自近代以来，西方辩证法哲学在古希腊哲学的基础之上不断地得到发展和提高，其重要的里程碑包括康德哲学的辩证法、黑格尔辩证法和马克思主义的唯物辩证法。

## 第一节　古希腊哲学中的辩证法思想

同中国古代哲学一样，古希腊的哲人们也自发性地提出了辩证法命题。古希腊辩证法与中国古代辩证法在范畴、方法和理念上虽然有相似甚至相同的地方，但两者的差异是十分巨大的，其异远大于其同。

### 一　泰勒斯的本原哲学

在古希腊初期，哲学和科学，尤其是物理性和天文学等，是混在一起的，这种现象被称为自然哲学，而古希腊的辩证法思想最初源于自然哲学。自然哲学家泰勒斯（Thales，公元前624年—公元前546年）是其典型代表。生于米利都的泰勒斯被认为是古希腊第一个真正的哲学家。泰勒斯是位自然科学家，在数学、几何学和物理性上颇有造诣。泰勒斯通过自然科学而不是宗教来解释世界，这对于古希腊的科学精神的弘扬和唯物论的开发都具有启蒙作用。经考证，泰勒斯并没有留下任何著作，后人所提到和引述的泰勒斯的著作都是伪造的。[1] 后人对于泰勒斯思想的了解主要是通过他之后的哲学家对其观点的概括、反对和发展而间接地保存了下来。包括赫拉克利特、巴门尼德、柏拉图和亚里士多德等人的著作都引述了泰勒斯的哲学观点。

泰勒斯的哲学思考致力于发现世界的本原，这表明泰勒斯的哲学起始于形而上学，起点是很高的。泰勒斯认为水是万物的"始基"[2]，水产生万物。在万物中，泰勒斯为什么单单选择了水作为始基呢？其中的原因并不简单。

首先，这个观点看似简单粗陋，却包含重要的哲学理念和方法上的哲学深意。它是古希腊哲学关于世界本原的第一个非神学观点，包含着古希腊最初的形而上学思想的萌芽。将水而不是神视为始基的观点体现着一元论的本原论思想，后来的西方哲学史将其视为唯物主义的萌芽。同时，这个看似唯物论观点同时体现着唯物主义和反唯物主义的两种对立的方法论。水是个物质，将水视为万物的本原也可以说是唯物主义的，这与泰勒斯作为自然科学家是一致的，但作为物质的水是如何上升到作为万物本原的本体论的高度呢？泰勒斯并没有依靠经验得出这个结论，恰恰相反，泰勒斯是通过对经验的超越或者忽略才得出这个结论的。也就是说泰勒斯重视作为物质的水是经验论的，但将水上升为万物的本原所依靠的方法却是反经验的玄思。[3]

---

[1] 参见［德］爱德华·策勒尔《古希腊哲学史纲》，上海世纪出版集团2007年版，第36页。

[2] 始基是古希腊哲学概念，由泰勒斯最先使用，指万物的本原和根本，赫拉克利特赋予了它哲学上的重要性。

[3] 有学者认为泰勒斯以水作为始基折射出古希腊哲学初期哲学概念的局限性和所要表达的理念之间的矛盾。（参见邓晓芒《思辨的张力：黑格尔辩证法新探》，商务印书馆2008年版，第15页）这个观点具有启发性。

亚里士多德认为,泰勒斯把水看作始基的原因:

> 也许是由于观察到万物都以湿的东西为滋养料,……有可能是由于万物的种子就其本性说是潮湿的。[1]

作为哲学的原初时期,我们不能要求泰勒斯一下便达到认识论和方法论的自觉,但按照严格的哲学标准来分析泰勒斯的哲学思想仍然具有哲学观念史意义,这不仅在于哲学观念史本身,更在于它为后来的古希腊哲学和西方近现代哲学的发展提供了哲学理念和方法论上的最初线索。

其次,泰勒斯把水看作始基还与古希腊神话中的海洋崇拜直接相关。古希腊是海洋型文明,生活资料都是依靠打捞海洋生物和进行海上贸易而来。作为外向型的开放性文明,古希腊广泛吸收了地中海沿岸其他地区、国家和文明的思想,这是古希腊哲学繁荣的重要原因之一。因此,对古希腊来说,海洋象征着生命、财富和思想。泰勒斯将水置于极高的地位也是顺理成章的古希腊文化现象和社会心理的延伸。

泰勒斯没有注意到水是如何上升为万物本原这个逻辑过程,但他注意到了水是如何化作万物这个过程。为此,泰勒斯提出了运动[2]或者动力[3]的概念。虽然没有唯实史料来加以甄别,然而动力实际上所指的同样是运动,两者是一致的,因为没有动力就没有运动,有了动力自然就有了运动。泰勒斯认为水是通过运动或者依靠动力的作用化作万物的。

泰勒斯并没有对运动或者动力进行详细的解释,然而其不仅是缺乏事实基础的也是违反逻辑的。但是泰勒斯在古希腊哲学中首次引出了运动这个概念,也就是说在泰勒斯的思想中首次出现了辩证法范畴和辩证法思想的萌芽,同时也说明古希腊辩证法的最初范畴是从作为形而上学的组成部分的本原论而出现的。除此之外,泰勒斯的哲学思想还打开了古希腊哲学在形而上学与方法论之间的互动关系,形成了古希腊哲学发

---

[1] 北京大学哲学系编:《古希腊罗马哲学》,商务印书馆1982年版,第4—5页。
[2] 李欣、钟锦:《康德辩证法新释》,同济大学出版社2009年版,第39页。
[3] [德]爱德华·策勒尔:《古希腊哲学史纲》,翁绍军译,上海世纪出版集团2007年版,第36页。

展的另一条脉络。

在古希腊哲学中真正将运动观加以深化的哲学家是赫拉克利特。这表明，超越经验和依靠经验的方法便成为古希腊早期哲学进行辩论的一条主线。

**二 赫拉克利特**

赫拉克利特（Heraclitus，公元前544年—公元前484年）据说是位于小亚细亚的城市爱菲斯的贵族①，后人对他的生平知之甚少。他的言论被汇集在《赫拉克利特著作残篇》（以下简称《残篇》）之中。从《残篇》中我们可以看出，他是位冷峻而自负的思想者，他的思想在独创性、深度和思辨性上也的确可以与古希腊最优秀的思想家比肩，以至于被称为"是前苏格拉底哲学家中最渊博也是最有影响的哲学家"②，也有人认为他是西方哲学的第一人③。赫拉克利特的影响历久不衰，至今犹在。赫拉克利特的哲学在古希腊和西方的辩证法的观念史中占有重要地位。列宁称其为辩证法的奠基人之一。④ 赫拉克利特发明了逻各斯（logos）一词，这个概念曾被古希腊哲学和西方哲学所普遍沿用，成为最能代表古希腊哲学思想的范畴之一。逻各斯之所以受到重视是因为它不仅表达了赫拉克利特的辩证法思想，同时也将古希腊辩证法的思维方式推到了抽象化的阶段。

（一）赫拉克利特的辩证法思想

赫拉克利特辩证法思想始终强调的是变化，可以说赫拉克利特把变化观推向了极致。试图在变化中发现和把握世界的本原是赫拉克利特辩证法思想的最大特征。

---

① ［德］爱德华·策勒尔：《古希腊哲学史纲》，翁绍军译，上海世纪出版集团2007年版，第54页。

② ［德］爱德华·策勒尔：《古希腊哲学史纲》，翁绍军译，上海世纪出版集团2007年版，第56页。

③ ［古希腊］赫拉克利特：《赫拉克利特著作残篇》，广西师范大学出版社2007年版（Heraclitus, *Heraclitus Fragments: A Text and Translation with A Commentary by T. M. Robinson*, University of Toronto Press, 1987），第12页。

④ 列宁或许并不知道中国古代哲学具有丰富而深刻的辩证法理论，如果他有所了解的话就会对这个结论进行限定，称其为赫拉克利特是古希腊或者西方辩证法的奠基人之一了。

### 1. 走向极端的变化观

我们如今无论在哲学上还是在日常生活中都将变化视为想当然，但是对于古代人来说却并不是这样。在赫拉克利特之前，古希腊人认为世界是不变的，万物是恒定的。虽然在同属米利都学派的阿那克西曼德（Anaximander）和阿那克西米尼（Anaximenes）的宇宙论中，也会用运动来描述天体[1]，然而他们还没有将运动和变化作为世界上的事物的普遍的存在方式，是赫拉克利特第一个在哲学上提出了变化论这个古希腊辩证法的基础性理念。"人们首次从赫拉克利特处获悉，呈现于我们感官的物质的东西恒久不变的现象是假象，宇宙及其中万物无时无刻不在变化，这是十分令人惊讶的。"[2]

赫拉克利特强调事物永远处于运动和变化之中，他是通过两个著名的意象来表达这一观点的。赫拉克利特说道：

> 要两次踏入同一条河是不可能之事，一件必朽之物，涉及它的状态时也不可能有两次接触。[3]

但是，作为变化论的首个提出者，赫拉克利特也将变化论推入了极端。人不能两次踏入同一条河流，这是将变化推向极端的一个典型表现。在两次踏入河流时，人和河流的一些状况是会有所不同，特征会发生某些细节上的变化，但这些状况和细节上的变化并不能从根本上改变踏入河流的人和河流，人还是那个踏入河流的人，河流还是那条河流。遗憾的是，赫拉克利特并没有区别事物的特征变化和事物的本质变化之间的差异性，而是将所有的变化混为一谈，如此一来，按照赫拉克利特的变化观，一切事物的特征和本质都是永远不停地处在变化之中了。

赫拉克利特将变化极端化无法对事物的事实性进行准确的反映，同

---

[1] 参见 [德] 爱德华·策勒尔《古希腊哲学史纲》，翁绍军译，上海世纪出版社 2007 年版，第 36—39 页。

[2] [英] Bury, J. B., *A History of Freedom of Thought*, Oxford University Press, 1948, p. 12.

[3] [古希腊] 赫拉克利特著：《赫拉克利特著作残篇》，广西师范大学出版社 2007 年版，第 102 页。关于赫拉克利特的河流意象有各种版本，作者认为这个版本涉及了事物存在的状态，更具有辩证法的合理性。

时这种走向极端的变化观的一个重要的哲学弊端就是失去了对客观实体的把握的可能性。既然一切事物都是一刻不停地变化着的，那么将不存在可以被认知的可靠的客观事物了。这为怀疑论打开了大门，实际上也否认了认识论的可靠性和可能性。

赫拉克利特变化观的这个弊端直到柏拉图哲学的出现才得到了一定程度上的修正。关于这点，可见后文"柏拉图对辩证法的贡献"部分。

2. 运动变化观的一元论基础

赫拉克利特不仅在古希腊哲学中首次提出了变化论，而且提出了变化论的哲学基础，这就是他的一元本体论。或者说，赫拉克利特关于运动和变化的辩证法思想是对他的一元本体论的反映。

与泰勒斯一样，赫拉克利特同样选择了单一的物质作为他的始基。而与泰勒斯不同之处在于，赫拉克利特认为世界的本原在于火，万物产生于火，火经过转化形成了世界万物，形成了多元的物质世界，但世界万物最终仍然还要还原到火。

对于赫拉克利特将火视为始基的原因，亚里士多德进行了解读。亚里士多德认为：

> 有些人认为灵魂是火，因为火是诸元素中最精致的，并且是最接近于没有形体的东西；更重要的是，火既是运动的，又是能使别的事物运动的东西。[1]

赫拉克利特还提到了火与水和土的转化。他说道：

> 火的转变：首先，海；海的一半是土，另一半是"燃烧物"。[2]

火首先转化为水，水转化为土和火，这样，火、水和土三个元素形成了循环，后来还加入了气，形成了四元素理论。赫拉克勒斯的四元素

---

[1] 汪子嵩等：《希腊哲学史》第一卷，人民出版社1988年版，第421页。
[2] 汪子嵩等：《希腊哲学史》第一卷，人民出版社1988年版，第42页。

理论与中国古代的五行观具有相似之处，可以看作后者的简化版。①

赫拉克利特眼中的火有两个层次：一是有生有灭的具体的火，如水和空气一样；二是抽象意义上的火，具有隐喻性质的哲学意义上的火，它代表着世界的同一性、运动性和有生有灭的规律。与赫拉克利特的运动变化观相结合，我们可以看到赫拉克利特认为世间的一切事物都处在运动变化之中，包括具体的火，而哲学意义上的火却是个例外，虽然他并没有提出永恒的概念，但可以推理出赫拉克利特认为火是唯一不变的事物。

3. 对立统一观

"对立统一"观在古希腊哲学中早已有之，它来源于米利都等学派对于自然现象的观察。但是赫拉克利特将它提高到了哲学思辨的高度，将其视为普遍原理贯穿于他对自然界、动物界、人类和神的理解之中，并且赋予了它以人文和伦理的内涵。由于对立统一观是建立在矛盾论和对应范畴基础之上的，因此赫拉克利特建立起的比较系统的对立统一观，也自然表明了他对于矛盾论和对应范畴有比较深入的认识。有人将其对立统一观也称为"二力背反"。

从《残篇》中可以看出，赫拉克利特已经归纳出了对立统一的两种典型的表现形态：一是

> 我们是/存在亦不是/存在（We are and are not）。②

二是事物从一种形态向相反形态的转化，即

> 反者必合（What opposes unites）。③

---

① 泰勒斯将水、赫拉克利特将火作为世界本原的一元论哲学与中国古代哲学中的五行论虽然都强调具体的物质的重要性，然而它们却是不同的哲学思想。五行论强调不同物质之间的相互排斥和生成的辩证转化关系发展成董学辩证法中的五行哲学，从物物关系上升为辩证法的一部分，这对于五行观来说是个重要的进步。然而，五行哲学仍然没有像古希腊哲学一样将水、火等物质上升为世界本原的形而上学层次。

② 汪子嵩等：《希腊哲学史》第一卷，人民出版社1988年版，第62页。该句还可以被翻译成："我们存在又不存在。"

③ 汪子嵩等：《希腊哲学史》第一卷，人民出版社1988年版，第18页。

冷趋暖，热趋凉，潮转燥，干转湿。①

这与阴阳观以及《老子》中对对应范畴的描述如出一辙。然而，虽然在字面上极其相似，但在理念上却并不相同。中国古代辩证法所强调的是对应范畴之间的相互转化性、平衡性和循环性，而赫拉克利特的侧重点则在事物的相对性之上。赫拉克利特拒绝对事物进行明确的判断和定性，而将事物的两种性质和状态相提并论，这使得他的写作风格如谜语一般难以捉摸，这种风格的表述在《残篇》中比比皆是。实际上，赫拉克利特所看重的并不是对立统一观在认识客观事物上的功能，而是受了诡辩术的影响，更多地满足于文字游戏。

赫拉克利特的对立统一观强调对应范畴的斗争性，这个侧重也导致了他对于战争的作用和功能的特别重视。赫拉克利特说道：

> 人必须意识到战争是平常事，正义是斗争，一切事物都通过斗争而存在，并因此被注定。②

> 战争是一切之父，一切之王。他使有的成神，有的为人；他让有的沦为奴隶，有的获得自由。③

赫拉克利特的对立统一观强调斗争性，这与中国古代阴阳辩证法强调和谐性和相互和平转化是不同的。赫拉克利特侧重斗争性的对立统一观一直被西方辩证法所继承，成为西方辩证法的传统。

4. 事物的相互联系观

赫拉克利特认为事物之间是相互联系的，并且认为联系可分为表明层次上的联系和事物内在的联系。赫拉克利特说道：

---

① 汪子嵩等：《希腊哲学史》第一卷，人民出版社1988年版，第138页。
② 汪子嵩等：《希腊哲学史》第一卷，人民出版社1988年版，第90页。
③ 汪子嵩等：《希腊哲学史》第一卷，人民出版社1988年版，第66页。

隐蔽的关联比明显的关联更为牢固。①

赫拉克利特认为，内在的联系要比表面层次上的联系更能体现事物的本质。

从《残篇》中可以看出，在晦涩的外表下赫拉克利特的有些观点仍然不够成熟，经常会发出一些在现代人看来违背基本常识的幼稚言论。然而这并不是他个人之错，而是由古希腊的认知水平所限定的，是那个时代的局限性所致。况且，《残篇》并不是赫拉克利特本人的著作，而是后人的转述和整理，很多章节是用第三人称表述的，是否完全忠实于其真实的思想和表达仍然是有些疑问的。

（二）赫拉克利特思想的本质

赫拉克利特的思想是针对泰勒斯而起的，是在反驳泰勒斯的过程中形成的。赫拉克利特特别重视运动观是因为他反对泰勒斯反经验的观点。赫拉克利特认为火是世界的本原，是针对泰勒斯以水为本的观点。赫拉克利特通过火这个媒介实际上表达出了变与不变的统一。赫拉克利特认为火具有特殊的属性，火不仅永远处在运动状态之下，而且还具有不变的本质特征。相比之下，泰勒斯的水只看到了变化的特征，而没有看到不变的一面。赫拉克利特的这种观点显然要比泰勒斯以水为本的世界本原思想更为深刻。

赫拉克利特之所以认为运动是万物的本原，是因为火及万物的运动是通过人的经验可以观察到的，也就是说，赫拉克利特认为经验是人认识万物的方法，从而为其以火为本原的本原论找到了方法论基础。赫拉克利特要比泰勒斯更具有方法论的意识，这标志着古希腊哲学和辩证法的一个重要的进步。赫拉克利特的经济方法的强调不但驳斥了泰勒斯纯粹依靠思辨的方法，也为古希腊哲学提出了明确的依靠经验的哲学方法。赫拉克利特通过对运动的更为深入的解析，为古希腊的形而上学提出了一种新的观念，也将古希腊哲学的运动观落实到了实处，为后来辩证法的进一步发展奠定了基础。但是，赫拉克利特的观点仍然无法说服所有的古希腊哲学家，巴门尼德就对赫拉克利特发起了挑战。

---

① 汪子嵩等：《希腊哲学史》第一卷，人民出版社1988年版，第67页。

对赫拉克利特的辩证法的进一步解析,尤其是关于"二力背反",可见后文。

### 三 巴门尼德

巴门尼德(Parmenides,公元前540年—公元前470年)是赫拉克利特的同时代人,同样出身贵族,除此之外关于他的生平资料几乎就是空白的。巴门尼德是位诗人哲学家,他是通过一首长诗阐述了他的哲学思想。这首长诗现今仅存有残部,即《巴门尼德著作残篇》。[1] 在《巴门尼德著作残篇》中,巴门尼德提出了新的哲学命题,包括思维和语言与世界之间的关系以及存在的概念,这些命题与概念对后来古希腊哲学的形而上学和本体论,尤其是亚里士多德哲学产生了巨大的影响。直到德国古典哲学时期,巴门尼德的理论对黑格尔产生的影响仍然清晰可见。有些学者认为巴门尼德是前苏格拉底时期最具独创性和最重要的哲学家,甚至是"第一个配得上哲学家这个头衔的作者"[2]。黑格尔则认为"真正的哲学思想从巴门尼德起始了。"[3]

巴门尼德的长诗是以(正义)女神训诫的方式展开的,通过女神之口阐述了巴门尼德的哲学思想。这不仅反映了巴门尼德具有神学的倾向,也折射出诗歌和哲学在他眼中并不存在没有界限,更重要的是体现了巴门尼德哲学唯心主义的基本立场。

---

[1] 古希腊文献的文本充斥着种种谜团,由于唯实史料的缺乏许多段落和文字无法加以"确诊",这种现象在巴门尼德的著作中更加明显。这是因为他的哲学都是抽象概念之间的演绎,具有很强的思辨性,一字之差便会谬以千里,这种情况令西方语言的翻译者也无所适从。

[2] [古希腊] Parmenides of Elea, *Fragments: A Text and Translation with An Introduction by David Gallop*, University of Toronto Press, 1984, p. 8.

[3] [德] 黑格尔:《哲学史讲演录》(第一卷),贺麟、王太庆等译,商务印书馆2013年版,第267页。黑格尔进一步评价道:"我们在这里发现了辩证法的起始,这就是说,思想在概念里的纯粹运动的起始……并且我们发现客观存在本身所具有的矛盾(真正的辩证法)。"([德]黑格尔:《哲学史讲演录》(第一卷),贺麟、王太庆等译,商务印书馆2013年版,第253页)但是这种评价是有问题的。巴门尼德反对运动,运动的概念起始于赫拉克利特而不是巴门尼德。巴门尼德哲学有唯心主义倾向,这点使他与黑格尔在理念上更为接近,而与具有唯物主义倾向的赫拉克利特疏远。但作为哲学观念史必须尊重历史上的哲学家们的观念事实,不应以主观的喜好篡改观念史,甚至张冠李戴。

(一) 反辩证法观

巴门尼德是赫拉克利特坚定的批评者和否定者。[①] 与赫拉克利特强调运动和变化相反，巴门尼德强调的是静止，认为存在是静止的，否定变化。巴门尼德反对辩证法，但同时也认同辩证法的一些观点，因此巴门尼德对古希腊辩证法的发展还是有贡献的。

与赫拉克利特一样，巴门尼德也强调逻各斯。但他的逻各斯与赫拉克利特的逻各斯在内涵上却是完全对立的。这也是古希腊哲学史上第一次出现概念的体系性壁垒的状况。

1. 否定变化

变化是辩证法的基本观点，但巴门尼德明确地否定变化。他说道：

而且，存在者不变地处在巨大锁链的界限之内，
［它］没有开始没有停止，因为生成和毁灭
已经被远远赶走，驱逐它们的是真实的信念。
存在者独立存在，保持不变和同一，
从而稳固地留在那里；因为强大的必然
把［它］牢牢束缚在界限的锁链内，锁链围绕着它。[②]
没有变化，作为整体，其名乃为"存在"。[③]

巴门尼德反对的是变化，却并没有提到运动，但同时也没有否定事物是不运动的，或许他认为运动本身就包括了事物的位置和性质等要素的变化，因此否定了变化也就自然否定了运动。

巴门尼德为什么反对变化呢？因为他认为变化只是表面现象，变化背后的东西是不变的和静止的，这个不变和静止的本原就是存在。

在此，巴门尼德走向了强调变化的极端性的赫拉克利特的反面。实

---

[①] 在《巴门尼德著作残篇》中我们看不到巴门尼德对于赫拉克利特观点的正面批判，然而他在论证其存在观时通过对"凡人"思维方式的否定间接却明确地表达了对赫拉克利特辩证法思想的否定。

[②] ［古希腊］柏拉图：《巴门尼德著作残篇》，广西师范大学出版社2011年版，第87—88页。

[③] ［古希腊］柏拉图：《巴门尼德著作残篇》，广西师范大学出版社2011年版，第110页。

际上，以赫拉克利特和巴门尼德为代表的这两种关于变化的两个极端的观点都是不符合事物的存在和发展的事实性的。

2. 否定对应范畴

巴门尼德也否定有所谓的对应范畴。他说道：

> 因为他们（凡人）在命名时头脑里建立了两种形式，
> 命名一种形式是不正确的，他们却在其中误入歧途——
> 在实体中区分对立面，并建立了
> 彼此不同的标志。①

巴门尼德之所以否定对应范畴是因为凡人在命名事物时发生了错误，命名中的对立面在实体中是不存在的，他认为任何对立概念中的一种形式都不能加以命名。但是，如果人的命名是错误的，那么如何才能准确地表达实物呢？如果放弃了语言，那要用什么其他的工具或者交流方式加以代替呢？对此，巴门尼德并没有给予回答。

无论他的视角和方法如何，无论他对语言与客体之间的思辨如何玄妙，他的这些观点都是对运动变化观和对立统一观的否定，都是对辩证法本身的基本观点的否定。

3. 肯定事物的联系性

但是同时我们也应该看到，虽然巴门尼德具有明显的反对辩证法的思想，然而同时他的哲学中也肯定了一些辩证法因素。如他认为：

> 因此，它是完全连续的，因为存在者是相互联系的。②
> 因为你不能将存在者从存在者的紧密联系中割裂，
> 它不会以任何方式在任何地方分崩瓦解，
> 或者聚合。③

---

① ［古希腊］柏拉图：《巴门尼德著作残篇》，广西师范大学出版社2011年版，第92—93页。

② ［古希腊］柏拉图：《巴门尼德著作残篇》，广西师范大学出版社2011年版，第86页。

③ ［古希腊］柏拉图：《巴门尼德著作残篇》，广西师范大学出版社2011年版，第76页。

事物之间的普遍联系性是辩证法的另一个基本观点。这种立场体现了巴门尼德对辩证法思想具有两面性的特征。但是，事物之间的联系性却是极不坚定的，在巴门尼德的时空点化论中时间和空间之间的连续性和整体性受到了割裂，变成了一个个点，这实际上是对事物的联系性的另一种否定。

另外，从巴门尼德对于存在和非存在以及生成和消亡等范畴的详细思辨过程来看，虽然他是将它们作为对立范畴使用的，然而如果将对立范畴看作对应范畴的一种特殊形态的话，那么巴门尼德并没有完全拒绝对应范畴，对应范畴也是可以用来加以比较和思辨的，这本身就是对对立统一观的尊重和实际应用。

从表面上看，巴门尼德哲学中对辩证法所表现出的两面性的特征是相互矛盾的，而只有当我们按照巴门尼德特定的存在观和思维方式来看待事物时，我们才能够看清他为何对辩证法具有两面性的思维方式。

（二）存在观

要了解巴门尼德是如何得出其反辩证法的结论，就要首先了解他对存在与反存在的理解。巴门尼德哲学的出发点是他的存在观。巴门尼德是西方哲学史上第一个将存在作为哲学概念加以阐述的哲学家，这在哲学观念史上具有重要的意义。存在概念的哲学化对亚里士多德和整个古希腊哲学都产生了巨大的影响。巴门尼德的存在观将存在与非存在作为一对对立范畴并提，这与他否定对应范畴的观点相矛盾，因为对立范畴只是对应范畴的一种更加尖锐的和具有零和性的特殊形式。同时，巴门尼德眼中的存在是一种特殊情况下的存在，这体现在他的时空"点化论"之中。

1. 非存在不是存在

巴门尼德认为存在（being）与非存在（not-being）以及存在体（what-is）与非存在体（what-is-not）是绝然对立的，只能有存在而不能有非存在，两者是不会共存的。由于巴门尼德并没有界定他所说的存在和非存在的本质是何物，也没有将存在体与其他事物加以区别。而从其残篇中可以看出他所说的存在体指的是事物再加上事物的状态和特征，如冷热、黑白等。他说道：

所以［它］必然是完全存在，或者根本不存在。①

对巴门尼德来说，存在与非存在并不是一对对应范畴，而是有你无我的对立范畴。他说道：

> 来吧，让我来告诉你，而你要谛听并传扬我的话，
> 只有那些探寻之路是可以思考的：
> 一条路——［它］存在，［它］不可能不存在，
> 这是皈依之路（因为它伴随着真理）；
> 另一条路——［它］非存在，［它］需定不存在。②

巴门尼德不仅认为存在与非存在是不能并存的，而且认为人只能认识存在而不会认识非存在。也就是说，存在与非存在的不可共存性不仅是事物本身的存在方式，也是人对存在的认知方式。巴门尼德说道：

> 我向你指出，这是完全不可认知的一条路，
> 因为你无法认识非存在（这是不可行的），
> 也不能指出非存在。③

之所以如此是因为巴门尼德认为凡人（the mortals）所认定的事物实际上只是它们的名字。他说道：

> 作为不变和完整的对象禁锢起来；因此它被命名为一切事物，
> 凡人确立这些名称，信以为真，
> 相信它们生成并毁灭，存在且不存在，
> 改变位置，以及变换色彩。

---

① ［古希腊］柏拉图：《巴门尼德著作残篇》，广西师范大学出版社2011年版，第84页。
② ［古希腊］柏拉图：《巴门尼德著作残篇》，广西师范大学出版社2011年版，第73页。
③ ［古希腊］柏拉图：《巴门尼德著作残篇》，广西师范大学出版社2011年版，第74页。

这里暗含着这样的意思，即事物的名字与事物本身并不一致，名字不仅是对于事物及其状态和特征的模糊和不准确的理解，还会造成假象，误导凡人的认知，使他们相信事物可以生成和毁灭，存在和不存在可以共存，位置移位，色彩可以变化等现象。在这里，巴门尼德成为哲学史上第一个对语言进行哲学思考的哲学家，在巴门尼德看来语言及其表达方式属于哲学考察范围之内。这是具有深刻哲学意义的观点，具有超前性，西方哲学直到19世纪末20世纪初才重新以哲学的眼光审视语言，才形成比较系统的语言哲学理论，而这实际上只是在对巴门尼德观点进行深化。

从这段话也可以看出，巴门尼德深入到了认识论的核心问题，将人对事物的认知和事物本身的本质进行了区分，而两种并不一致。如此以来，事物的本质如何便有了超出人的认知之外的"自在之物"的属性。这在柏拉图哲学和康德哲学之中都能听到回音。

巴门尼德说道：

> 他们（凡人）受到左右
> 如同耳聋目瞽、无所适从、没有鉴别力的一群人，
> 那些人认为存在和非存在是同一的
> 而又不是同一的。①

巴门尼德认为，之所以存在与非存在不能并存是因为一种特征的存在是具体的，只能在此事此地在此物上存在，而一旦有了存在，那么它的对立面即非存在便不会同时存在。例如，如果说一个物质是热的，那么在此时它就是热的，也只能是热的，而不能是它的反面，即不能是冷的，这样一来存在与非存在便是不能共存的。因此巴门尼德进一步强调道：

> 因为永远不会实现的是，不存在的事物存在。②

---

① ［古希腊］柏拉图：《巴门尼德著作残篇》，广西师范大学出版社2011年版，第79页。
② ［古希腊］柏拉图：《巴门尼德著作残篇》，广西师范大学出版社2011年版，第80页。

## 2. 时空"点化论"

巴门尼德认为存在与非存在是不能共存的观点的根源在于他奇特的时空观,即时空点化论。时空点化论将时间和空间完全肢解了:将时间的连续性切割成了一个个孤立的点,将空间的整体性削隔成了一个个别的点,实物及其特征被固定在了一个点上,它们在某一时间和空间上的点所表现出的特征是不变的,是不能向其他的时空的点进行转化的,各个时空的点之间是无法取得联系的,这就是巴门尼德的时空点化论。根据其时空点化论,存在与非存在自然是相互对立和无法共存的。

巴门尼德的时空点化论实际上是他否定事物存在变化和事物之间具有联系性的反辩证法观点在时空观和存在观上的体现。由于否定的时空的联系性,时空和事物之间的连续性也不复存在了,时空和世界从一个整体变成了一个个零星和破碎的点。这种被肢解的时空和世界显然不再是真实的时空和世界了。显然,巴门尼德的时空点化论之下的世界是一个虚拟的在现实中不存在的世界,是一个根本违反了事实性的世界。世界在失去事实性根基的同时,也变成只能在与世界的现实性完全脱离的概念世界中存在和演绎了。

## 3. 生成观

与巴门尼德的存在观密切相关的是其关于生成(coming-to-be)与消亡(perishing)之间的关系。实际上,生成与消亡之间的关系是其存在与非存在关系的延伸。

巴门尼德说道:

> 而存在者如何能在将来存在,又是如何生成的呢?
> 因为若〔它〕曾生成,那〔它〕现在不存在,若〔它〕将生成,
> 〔它现在也不存在〕。①

这种逻辑显然是时空点化论在生成与消亡范畴上的再次应用,其效果只是进一步加深了时空点化论的悖论而已。根据时空点化论,巴门尼

---

① 〔古希腊〕柏拉图:《巴门尼德著作残篇》,广西师范大学出版社2011年版,第85页。

德认为产生于过去的事物都无法在此时此地存在，因此就不是存在，既然没有了存在也就没有了消亡，因此生成与消亡是并不存在的一对范畴。时空点化论在此走得更远了。

在存在观中他否定了非存在，但至少还承认了存在；在生成观中他否定了过去的存在是存在，也就否定了过去的时间是时间，那么他眼中的此时此地的存在是从何而来呢？它既不是存在又不是非存在，那它到底存不存在呢？巴门尼德的观点违背了基本的形式逻辑规律即排中律。巴门尼德对这些问题都没有回答。或许他的相关观点都遗失了吧。

（三）巴门尼德哲学的悖论

不容否认，巴门尼德是个具有独创性的哲学家，但同时也是具有十分奇特思维方式的哲学家。他的独创性和独特性来自他对于赫拉克利特辩证法思想的坚决反对，可谓是矫枉过正，走入了对立面的极端。为了纠正泰勒斯思想中对于经验的超越，赫拉克利特认为万物是永恒运动的，因此来确立经验在人的认知中的核心地位；巴门尼德则要否定赫拉克利特的运动观，这实际上是在恢复泰勒斯对于经验的超越，只是巴门尼德走得更远，进入了主观虚拟的地步。正是在这种相互否定的思辨过程中，古希腊哲学得到了不断创新和突破，推动力包括辩证法思想在内的哲学思想的发展和深化，巴门尼德哲学就是个典型的代表。

巴门尼德哲学最重要的价值在于提出了存在的概念并将存在与非存在这对范畴作为其哲学的核心对应范畴，显示了他哲学的独创性。理解巴门尼德哲学的关键在于如何理解其存在观，尤其是存在与非存在之间的对立关系。而理解其存在观，其关键则在于巴门尼德决意要恢复泰勒斯超越经验的方法和反对赫拉克利特变化和运动观的出发点。

对于巴门尼德的存在与非存在的关系可以从两个方面来理解：一方面是在对于事物的性质和特征的认定层次上，另一方面是思维的技术性层面上。根据其哲学观念事实，巴门尼德的着重点在于第一方面，而时空点化论正是反映了巴门尼德哲学存在观的内核。在思维的技术性层面上，巴门尼德也有所涉及，这就是他对于语言模糊性的批判。如果从思维规律来看，巴门尼德的存在观是形式逻辑规律的萌芽。后来的亚里士多德受到巴门尼德的启发总结出三个思维规律，即同一律、矛盾律和排中律，从人的思维的角度对事物的明确性加以规范，其中也涉及了存在观。①

如果排除了巴门尼德的存在观是关于思维规律的有意识的总结的话，那么我们就会看到：巴门尼德的时空点化论将其存在观引入歧途，无法真正展现出关于存在的真正状况，这使其存在观变得不可信和难以把握。实际上，巴门尼德哲学的时空点化论犯了低级的逻辑错误，同时也违反了基本的事实性常识。因为事物或者说他所说的存在体并不是在时空的某个点上存在的，而是在时间的连续性和空间的整体性中存在的，它们的特征并不是在某一个特定的点所表现出的特征，而是（人类所能认知的）在所有时空点上所表现出的特征的总和。

由此可见，时空点化论是个悖论，是对事物的事实性和真实的存在方式的人为扭曲。巴门尼德虽然对存在给予最高的重视，但是他并没有尊重和真正地理解存在；他在没有提出处理存在观的方法论的前提下采取了一种割裂事物的本来面目和对事物的基本的事实性视而不见的方法，结果由于过于强调思维的奇特性而忽略了存在的基本逻辑和常识。巴门尼德或许也意识到了这一点，他试图通过"真理之路"与"意见之路"来对它的观点加以调和和淡化。前者代表的是事物的存在，后者代表的是人对于事物的认识。两者之间的关系在认识方法上体现的是反经验与经验之间的对立，在辩证法上体现的是一对对应范畴，这已经违背了他否定存在对应范畴的反辩证法观点。然而，这种调和的努力是微弱和不彻底的。因为巴门尼德要求思想要远离"意见之路"，并且要避免将两条道路加以混淆，这就等于他又亲手拆掉了他自己试图搭建的一条妥协之桥。如此以来，时空点化论的悖论不但仍然无法解决，反而得到了强化。由此可见，巴门尼德的存在观是虎头蛇尾的，好似一篇没有答完和答好的试卷，将存在观变成了一个无法自圆其说的悖论。事实上，古希腊和西方哲学后来的发展也使巴门尼德的这种悖论得到反映：一方面他关于存在的独创性被亚里士多德等后来的古希腊哲学家和西方近代哲学家们

---

① 这三个思维规律是从不同的角度来明确对存在认识的明确性。根据同一律：如果一个事物存在，那么它就不能不存在；根据矛盾律：一个事物不能同时存在和不存在；根据排中律：一个事物或者存在或者不存在。

所继承和发扬，另一方面他的时空点化论除了爱利亚学派的芝诺等人之外也被普遍接受和继承。

（四）巴门尼德哲学小结

从巴门尼德哲学的观念事实可以看出，存在观是巴门尼德哲学的核心理念，而存在观不仅与其时空点化论密切相关，而且是后者的逻辑和理念延伸。

巴门尼德的时空点化论包括两个层面：第一个层面是将时空点化的观点，第二个层面是将时空和整个世界完全虚拟化的完全主观化的哲学方法论。在西方哲学史上，时空点化论的观点被同属爱利亚学派的诡辩论者芝诺所继承，提出了一系列的认知悖论。巴门尼德的虚拟化的哲学方法论是建立在泰勒斯对经验的超越的基础之上的，并且将其强化，形成了只注重主观演绎的思维方式和方法论。注重虚拟化的主观方法论在更广大的时空范围内得到了继承和发扬光大。巴门尼德将主观思维凌驾于事物的事实性之上的思维方式被欧洲近代只强调"理性"而拒绝和否定经验的理想主义以及包括主观和客观唯心主义的哲学家们所继承。例如笛卡尔主义和莱布尼茨的单子论。而将主观的虚拟性思维方式推演到极致的则是黑格尔。虽然黑格尔用来演绎的概念与巴门尼德不同，演绎的逻辑也要比巴门尼德复杂得多，但他都试图建立一个由纯概念演绎编织成的虚拟的哲学体系的方法论则与巴门尼德一脉相承。

存在辩证法认为，巴门尼德的时空点化论之所以会变成一种悖论，是因为它违背了时空和事物存在的事实性，违反了唯实主义的基本原则。唯实主义认为，哲学思辨是有存在空间的、必要的和具有合理性的，但是它必须以事实性为前提，必须在事实性的基础之上进行。也就是说，概念演绎进行的空间不能逾越事实性的红线，否则就进入了纯粹概念演绎的虚构境地，失去了哲学和科学意义上的可信性。巴门尼德哲学的存在观恰恰从反面证明了关于存在的哲学和辩证法必须以唯实主义作为方法论基础的必要性。巴门尼德哲学正是脱离了事实性的准绳，它关于存在的思辨如失控的风筝，步入了歧途，变成了玄学。玄学看起来无论多么奇妙和精致，但是在哲学上都是不足为信的海市蜃楼。

### 四 智者

除了作为关于万物本原的哲学思考的一部分之外，智者是古希腊辩证法的另一个来源。事实上，辩证法一词正是来源于古希腊语的智术或诡辩术。虽然古希腊辩证法的一些重要概念和范畴在本原论的辩论中产生，然而辩证法作为一种独立的方法却诞生于智术。这种现象反映了辩证法首先是作为辩论的方法和艺术而步入古希腊哲学领域的历史事实。因此，对古希腊辩证法的观念史进行唯实考察就不能不涉及对智术的钩沉。

智术（Sophistry）[①]是指一些私人教师专门向贵族青年教授辩论的技巧，这些教师被称为智者（sophist）。智术虽然强调教育，重视传播知识，却并不把持特定的主张，也没有固定的哲学基础，其目的是要推翻对手的观点，赢得辩论以便从中获益，为此目的任何观点都可以采纳，任何哲学都可加以利用。公共演讲在古希腊源远流长，其原因与雅典等地实行的民主制度有关。雅典的民主制度向所有成年男公民开放，为了制定一项城邦决定需要广听公民意见，如此一来公民之间的辩论便成为政治生活中必不可少的一个环节。在辩论中获胜显然有利于政府决策向自己所主张的方向倾斜，这样有政治野心的贵族青年自然十分重视提高自己的辩论技巧，智术于是十分流行，颇受重视。古希腊的著作尤其是柏拉图的对话录等都将讨论智术作为其中的一个重要的主题和线索。巴门尼

---

[①] 对于 Sophistry 的翻译始终存在一定的争议，有"诡辩术"和"智术"等。这种争议折射了对于这场哲学运动的本质和功能的认知和褒贬态度。事实上虽然智术的最初的功能就是诡辩，当时的人们对这一点也并不回避，但是从哲学观念史的进程上看智术的出现却有着深厚的哲学根源。在经历了两百多年的自然哲学之后，生活在公元前5世纪的古希腊人对于早期哲学家关于宇宙本原的探索感到莫衷一是，逐渐出现了厌倦和怀疑的思潮。这时的一些思想者开始将哲学思考的主题转向人类生活本身，智术就是在这种背景下出现的。智术的出现标志着古希腊哲学观念史上的一个重要的转向。除了哲学思考的内容不同之外，智术与早期自然哲学所采用的方法也不同。智术强调的是经验和建立在经验之上的归纳，而不只是之前的观察和归纳。两者的最重要区别体现在思想的目的之上。虽然智术提倡教育，但是智术对待知识的态度却与自然哲学家不同，采取了功利性的立场。自然哲学家的目的是出于对于真理的热爱去发现知识，而对智者来说知识只是手段，目的是要在公共辩论中取得胜利，从而为年轻人谋得政府职务铺平道路。这样智者在辩论中鼓励使用诡辩，而往往置真理和事实于不顾。这种诡辩术的倾向在后期变得越发明显，以至于人们对智术逐渐采取了排斥和贬低的态度。然而，为了将这个对古希腊哲学史产生过重要影响的哲学运动置于全面而客观的位置，本书仍然采用中性的智术一词，并且将重点放在智术与辩证法之间的关系之上。

德和苏格拉底等一流古希腊哲学家都是智术的高手。事实上，从以上对巴门尼德哲学的观念事实的解析中可以看出，他的时空点化论和存在观都有许多诡辩术的成分。

智术侧重辩论技巧，对形式和结果的重视超过了对内容和真理的关注，故有诡辩之不雅之名，然而古希腊的许多哲学家将其视为检验自身哲学观念的一个重要方法，古希腊的许多哲学家都是在辩论中提出他们的哲学观点，并引起哲学界注目的。而辩证法便在智术的基础之上由严肃的哲学家们系统化，去粗取精，逐渐被发展为独立的哲学方法论。

（一）芝诺的诡辩术

芝诺（Zeno，约公元前490年—公元前430年）是巴门尼德的义子和得意门生，也是巴门尼德哲学的坚定捍卫者。亚里士多德称芝诺为辩证法的创始人的说法是不准确的，实际上芝诺是将智术中的诡辩术推向极端的人。亚里士多德对芝诺的这种提法也颇具讽刺性，因为芝诺是在维护巴门尼德的反辩证法思想时提出他关于思维规律的观点的，其目的正是要推翻赫拉克利特的辩证法观点。巴门尼德哲学的时空点化论割裂了时空，不仅违背了基本的事实性，也对于平常人都看得到的常识视而不见，为了掩盖自己哲学的漏洞巴门尼德及其追随者通过诡辩术来进一步加强其论点，试图侥幸过关。

芝诺哲学在理念上并没有更新，他只是试图通过诡辩术来进一步反驳当时的其他哲学家对于巴门尼德反辩证法思想的质疑。具体来说，芝诺试图通过否定"多"和"运动"来回击质疑者。芝诺列举了四个"论据"来证明事物是不运动的，即二分法，例如阿喀琉斯（希腊神话中跑得最快的人）追不上龟，飞矢不动和运动场等。由于这些所谓的论据都是违反了基本常识的诡辩，已成为悖论的代名词，在此不再介绍和分析。智术在芝诺那里已经变成了彻底的诡辩术，这也使完全沦为诡辩术的智术走到了尽头。

芝诺哲学的价值不在于其对于辩证法的正面贡献，而在于它对于辩证法的反面贡献。在芝诺哲学中存在着辩证法的两种功能之间的激烈冲突。芝诺眼中的辩证法只是一种诡辩术，为了诡辩术芝诺可以置哲学理念于不顾，使其成为诡辩术的牺牲品。正是由于芝诺哲学将辩证法引入了诡辩论的高峰，物极必反，后来的古希腊哲学家对辩证法的功能开始进行了新一轮的反思，对芝诺悖论和诡辩术进行了系统的纠正，才使古希腊辩证法获得重生，真正走入了哲学的殿堂。

（二）苏格拉底的智术

苏格拉底（Socrates，公元前469年—公元前399年）是古希腊最负盛名的哲学家之一，被认为是给古希腊哲学带来转折的人物。苏格拉底对于古希腊哲学在理念和传承上都起到过十分重要的影响，柏拉图是他最著名的学生和信徒。

到了苏格拉底生活的年代，智术可谓已经达到"炉火纯青"的地步了，苏格拉底便是其最出色的代表。苏格拉底的智术一般分为四个步骤：第一步，苏格拉底会通过讥讽的方法向辩论对方提出许多诱导性的问题，在猝不及防的情况下打乱对手的定义和逻辑关系，使对方承认自己无知，阵脚大乱，无法自圆其说；第二步，苏格拉底会利用自己渊博的知识进一步诱导对方，帮助对方和听讲者自己产生新的观点，这被称为"助产术"方法；第三步，苏格拉底会通过归纳的方法从前边对个别事物的探讨所得出的观点中揭示出一般性的观念；第四步，苏格拉底通过定义的方法将所得到的一般性的观念明确下来。

由此可见，苏格拉底的辩论方法已经不仅是单纯的诡辩术了，而是诡辩术和哲学思辨两者的结合，虽然仍然具有诡辩术的特征，但也体现出了作为哲学的辩证法的原则。从苏格拉底的辩论术中可以看出，智术实际上起着为哲学进行铺垫的作用，而苏格拉底的真正目的也在于有意识地通过智术来强调哲学思辨。因此，苏格拉底对于辩证法的哲学化起到了重要的作用。虽然在对待辩证法的态度上苏格拉底仍然具有调和性，但苏格拉底通过辩证法表现出的哲学思辨却已经十分突出，例如思维由特殊性向一般性的推进体现了个别性与一般性之间的关系，对于定义的强调使思维更加条理化和明确化，这些都在对辩证法的诡辩术进行"釜底抽薪"，避免了偷换概念的诡辩伎俩。这种糅进了哲学的苏格拉底式的辩论方法自然比一般的诡辩术更有说服力，促使苏格拉底成为辩论大师。

**五 柏拉图对辩证法的贡献**

古希腊哲学的巨人柏拉图（公元前427年—公元前347年）对于古希腊哲学和西方近代哲学的影响是全方面的，事实上他对于辩证法也作出过重要的贡献。在长达50年的教学和写作生涯中，柏拉图的哲学虽然并没有建立起完整的体系性，然而却涉及了哲学的几乎各个领域，而辩证法是其使用的基本的方法论，虽然这并不意味着柏拉图曾经提出任何新的辩证法概念和方法。

柏拉图出身于雅典顶级贵族之家，但他并没有选择养尊处优的生活和从政，而是在苏格拉底的影响下选择以哲学作为自己的人生理想。虽然是苏格拉底的学生和信徒，但柏拉图善于接受不同的哲学流派，并从中汲取广泛的营养。柏拉图八十岁的一生都是在哲学著述和教学中度过的，他为后世留下的丰富著作是古希腊和世界哲学史的瑰宝。

作为苏格拉底的学生，柏拉图对于苏格拉底是十分尊敬的，在哲学上柏拉图是借苏格拉底出道的，即所谓的"脱苏入世"。柏拉图的哲学著作基本上都是对话体，前期的对话绝大部分都是在记述苏格拉底的说教，后来的对话逐渐加入了他自己的解读和观点，再后来则借苏格拉底之口完全推出了自己的哲学理论，其中也包括柏拉图对苏格拉底的辩证法的继承和发展。除了苏格拉底哲学，赫拉克利特、毕达哥拉斯学派和爱利亚学派等都对柏拉图哲学发生过不小的影响。由此可见，柏拉图始终受到辩证法思想的熏陶，并且受到了辩证法思想的两个主要来源的影响。

事实上，柏拉图本人对于辩证法是十分重视的。如果将柏拉图哲学看作一个体系的话，那么辩证法可以被看作柏拉图哲学最主要的方法论。然而同时也必须看到，柏拉图对于辩证法观点本身并没有提出新的命题、观点和思路，但这并不能削弱柏拉图对于古希腊辩证法的发展所作出的突出贡献。

（一）柏拉图将辩证法哲学化

柏拉图对苏格拉底辩证法的发展要比继承更为令人瞩目，因为柏拉图对于概念在辩证法思维中的作用更加强调。柏拉图认为，在考察任何问题时，必须把握对立统一观，即要把一个概念的对立范畴，也就是相反的观点表达出来，而要做到如此就必须明确事物的定义。这实际上是在强调矛盾论和严谨的同一律的形式逻辑方法。柏拉图虽然还没有提出明确的逻辑学，但在他的思维中逻辑已经占有重要地位了。

由此可见，柏拉图对于对应范畴的理解和把握已经超越了苏格拉底的智术，而上升到了对客观事物的认识论的高度。从古希腊辩证法观念史的发展历史来看，柏拉图对于辩证法的哲学化起到了决定性的作用。在柏拉图手中，辩证法已然不再是一种诡辩术了，辩论术中的哲学思辨性和逻辑性变成了辩证法的主要内涵，也就是说，柏拉图打破了苏格拉底仍然在利用诡辩术来强调哲学功能的调和性做法，使辩证法最终摆脱了智术和哲学性之间混沌不清的界限，辩证法从此没有异议地成为哲学的重要组成部分了。"在柏拉图那里，辩证法成了一种科学理论，一种认识事物的真正实在的手段。"[1] 由于柏拉图卓越的哲学成就和影响力，柏拉图对于辩证法的内涵和功能的重新定位被后来的古希腊哲学所接受和继承，这不仅对于古希腊辩证法的发展，也为后来的西方哲学的认识论发展起到了重要的推动作用。

（二）柏拉图的理念观

柏拉图的哲学体系是围绕着"理念"（Idea）展开的，理念论是柏拉图哲学的内核。柏拉图对于理念的理解是二元性的，即他认为精神中的观念和概念才是真正的存在，故称为理念，自然界和人类社会中的事物都是对这个理念的零碎而模糊的"回忆"，即模仿，而这种模仿可以表现为多种形式。

柏拉图的理念观体现了一与多的辩证关系：一是理念，是真正的存在，而多是现实世界中各种物质性的具体表现；一是恒定的和不变的，是事物的本质，而多是恒变的，是事物的本质的现象，可以采取多种形式。柏拉图的理念观所体现的一与多的辩证关系表现出的是一种形而上学理论。这种辩证关系不仅表现在本体论之上，也表现在目的论之上。在柏拉图看来，感官所感受到的具体形式是具有目的性的，这个目的性就是要展现具体事物背后的本质即理念。实际上，目的论为宗教的合理性提供了逻辑性，而事实上柏拉图哲学一直笼罩在浓厚的宗教情结之中，折射出了毕达哥拉斯主义的深刻印记。柏拉图始终把善（the Good）的理念等同于上帝。事实上，柏拉图完全接受了毕达哥拉斯主义中的灵魂不死和轮回说，并且要为灵魂不死和轮回说通过哲学上的论证。[2]

---

[1] ［德］爱德华·策勒尔：《古希腊哲学史纲》，上海世纪出版集团2007年版，第141页。
[2] 参见 Phaedo《柏拉图著作集》（英文本）（Volume 2），本杰明·乔伊特英译，广西师范大学出版社2008年版。

同样是在毕达哥拉斯主义的影响之下，柏拉图在晚年进行了一次转变，把理念认定为数，从而与毕达哥拉斯主义进行了进一步的结合。然而，这次的转变却对其理念观造成了冲击，使理念与感知和现象世界脱离，因为柏拉图无法解释作为理念的数是如何转变为感知和现象的。

虽然柏拉图哲学是精神与物质的二元论，但是柏拉图将重心完全放在了精神性的理念之上。柏拉图关于伦理学、政治学和神学的观点都来自对理念的派生，因此柏拉图哲学是一种唯心主义哲学。

（三）柏拉图哲学对巴门尼德哲学和赫拉克利特哲学的调和

柏拉图哲学的理念论是试图从二元论的架构基础之上来解决世界的本原和现象问题。二元论来自毕达哥拉斯主义的灵魂与肉体的二元性思想，其关于世界具有永恒不变的本质的思想来自巴门尼德哲学，而赫拉克利特的变化论的辩证法思想则被柏拉图用来解释现象世界的不确定性和多变性。

可以看出，在柏拉图的体系中，赫拉克利特的极端性变化论的怀疑论的弊端得到了一定程度上的纠正。在柏拉图看来，世界的本质在于不变的理念，而不是处于常变中的现象，于是，客观事物和世界又有了可以被把握和被认知的实体了。

（四）柏拉图哲学和辩证法的弊端

柏拉图对于辩证法的贡献并不在于具体的观念和命题上，而在于对于辩证法的内涵和功能的重新定位之上；在对辩证法进行哲学化的梳理过程中，柏拉图对于逻辑给予了特别的重视，这为后来亚里士多德的逻辑学铺平了道路；柏拉图的二元论的理念观也是亚里士多德以存在为核心的形而上学的前奏。

柏拉图的哲学和辩证法汲取了在他之前的古希腊哲学的许多营养，是对在他之前的古希腊哲学的一次整合和集大成。但是，柏拉图的哲学和辩证法并不是完美的，而是有着致命的弊端的。除了其二元论的理念观无法在逻辑上自圆其说之外，柏拉图哲学和其辩证法的致命的弊端就是对事实性的忽略，即对唯实主义的践踏。

从柏拉图的观念事实可以看出，他的二元论的理念论完全是他个人主观的臆断，是缺乏事实性基础的主观想象，是与巴门尼德哲学的主观虚拟性一脉相承的。从柏拉图哲学和基督教的观念可以看出，柏拉图的理念论与宗教的特质暗合，在许多关键的节点上为神和上帝留下了逻辑缺口。事实上，如果将其理念换一个名词，如神和上帝等，我们就会发现柏拉图的理念时间与基督教的天堂与人间如出一辙。在这个理念世界里一切都是由上帝创造的，是完美无缺的，人间的一切只是对天堂的粗陋而片段的模仿。柏拉图哲学的这个特征没有逃过后来人的审视，公元5世纪的哲学家奥古斯都就将柏拉图哲学的观念移花接木到了基督教之中，使其成为基督教教义的哲学基础，从而完成了中世纪经院哲学的奠基。正是奥古斯都发现了柏拉图哲学的理念论与基督教思想存在着内在契合的主观虚拟性，将两者融合到了一起。

与此相应，柏拉图的辩证法与其哲学理念一样同样缺乏事实性基础。柏拉图虽然对辩证法的哲学化作出了重要贡献，但他仍然没有发现辩证法的真正基础。虽然方式不同，柏拉图的理念论与巴门尼德的存在观都缺乏事实性的支撑，因而都不是真正经得起推敲的哲学思想。

### 六 亚里士多德的逻辑学、辩证法和形而上学

亚里士多德（公元前384年—公元前322年）是古希腊最伟大的哲学家。"他是我们今天所理解的哲学的创始者，也是他那个时代哲学的最伟大的代表者。"[1]

亚里士多德是马其顿国王御医的儿子，在青年时期进入柏拉图的学园，作为柏拉图最出色的学生在那里生活了二十年之久。柏拉图去世之后，亚里士多德离开学园，成为马其顿未来国王亚历山大的老师。在马其顿的资助之下，亚里士多德在吕克昂创立了自己的学校，这个学校被称为逍遥学派。亚里士多德将生命的最后十三年献给了对其一生思想的总结和完善，是其哲学和思想的"疯狂的"收获期，其绝大部分著作都是根据他的讲稿整理而成，经过再次的推敲和修订而成书。亚里士多德在他的学生亚历山大去世之后受到了政治上的冲击，不得不离开吕克昂，一年之后便因胃病逝世，享年62岁。

亚里士多德的伟大不仅表现在他的哲学体系的完整和内容的丰富性方面，更体现在他的哲学对于包括西方近现代哲学的巨大影响力之上。

---

[1] ［德］爱德华·策勒尔：《古希腊哲学史纲》，上海世纪出版集团2007年版，第179页。

亚里士多德在哲学上取得巨大的成就的基础是，他首先是个出色的学者。作为学者，亚里士多德在哲学、逻辑学、历史学、自然科学、心理学、政治学、伦理学、美学等领域都作过深入的研究，是逻辑学、语言学等许多学科的创始人。这种治学方式使亚里士多德避免了空泛的思辨，掌握了来自各个学科的大量而种类丰富的观念事实，这些观念事实将其哲学体系建立在充分的事实性的基础之上，这就使得亚里士多德的哲学言之有据，更能令人信服，其扎实性是其在西方哲学史上能够长期成为重要甚至主流的哲学思想的原因之一。这与他的老师柏拉图只重思辨而忽略事实性的研究方法可谓是个巨大的进步。这种方法论上的差异也决定了亚里士多德和柏拉图的哲学路向和理念的不同。当然，在对其哲学体系的展开过程中，亚里士多德是否能够充分和始终如一地贯彻对经验和事实的尊重是另外一回事。

亚里士多德对于古希腊哲学的各个领域都具有总结性，代表着古希腊哲学的最高成就。亚里士多德对古希腊哲学的贡献同样也体现在辩证法之上。他对于古希腊辩证法的贡献首先体现在了形式逻辑方面。亚里士多德的辩证法思想是通过他对命题的演绎展开的，和其哲学理念融合在一起，很难将其辩证法思想和哲学理念完全区分开来，这个特点与董学十分相似。故而如同对董学的辩证法一样，对亚里士多德的辩证法的解析必须与对其哲学理念的解析一起进行。

（一）形式逻辑

如前所述，柏拉图完成和确认了古希腊辩证法从苏格拉底式的诡辩术和哲学的融合向哲学化的转折。柏拉图虽然在具体的命题上并没有取得突出的创建，然而他对于概念和逻辑性的强调影响和启发了亚里士多德。亚里士多德在苏格拉底和柏拉图的成果之上创立了逻辑学。亚里士多德称他的逻辑学为"分析学"，而分析学实际上就是现在的形式逻辑学。

1. 作为方法论的分析学

亚里士多德认为分析学是进行正确思维的科学，是科学的方法论，是人们获得知识的必要工具，并且掌握知识必须首先要掌握科学的方法论。在此，亚里士多德强调了方法论在人类认识世界中的首要地位。

为了确立方法论的首要地位首先要明确什么才是知识。亚里士多德认为感觉是真实的，经验是值得信任的，经验来自感觉，因此经验是人类认识的重要途径。如此一来,亚里士多德便否认了柏拉图的理念观及其二元论。由此可见,亚里士多德的思想具有唯物主义、经验主义和唯实主义倾向,这不仅标志着他的哲学与柏拉图哲学在方向性上的分野,也是其能够产生广泛和深刻的哲学影响的根据所在。

亚里士多德对形式逻辑最大的贡献是三段论(Syllogism)的提出。除此之外,亚里士多德还第一次提出了逻辑思维的三条基本规律,即同一律、矛盾律和排中律;确定了判断的定义和分类;研究了演绎和归纳两种推理方法。可以说,"传统形式逻辑的基本内容,亚里士多德都已规定下来了"[1]。

亚里士多德对古希腊和西方哲学史的影响首先体现在逻辑学上,直到今天其影响犹在。在13世纪亚里士多德的形而上学在托马斯·阿奎那(Tommas d'Aquino)的推介之下完成了对柏拉图在经院哲学中的主流地位的超越,使其成为欧洲中世纪中后期经院哲学最为重要的和居于主导性的形而上学理论。

2. 演绎法

在明确了知识的本质和主要来源之后,亚里士多德着手建立思维的秩序,这是他的分析学的重要内容。亚里士多德系统地阐述了思维过程中的重要关键点,包括陈述、推理、证明和定义等。在阐述这些思维过程的关键点时,亚里士多德认为这些都是从一般到个别的过程,是从总体性的类概念向具体的种概念的逐级划分。例如,亚里士多德认为概念就是从类概念向各种层次的种概念向下延伸的过程。

显然,亚里士多德在此举行了一个思维跨越,即他没有明确回答那些具有一般性的概念和结论是如何获得的。显然,亚里士多德一般性的概念只能来自思辨,也就是说,从一开始亚里士多德便没有贯彻他对经验的重视和强调。在其著作中,亚里士多德也提到归纳法的重要性,但他并没有将归纳法纳入他的分析法之内,也没有提出如何使用归纳法,归纳法也因此被他排除在了他所谓的科学认知过程之外了。

实际上,如果缺乏了科学的归纳法便不可能得出符合事物客观、完整而准确的事实性的一般性的知识,亚里士多德所谓的从一般向个别的

---

[1] 吴仁平、彭隆辉主编:《欧洲哲学史简明教程》,中央编译出版社2012年版,第55页。

演绎便失去了关键性的前提,如此依靠演绎法而得出的结论便不会含有令人信服的科学性。并且,建立在缺乏科学的归纳法之上的三段论失去了可信的大前提,缺乏科学而可信的基础实际上将大前提都变成了虚拟性的前提,三段论变成了假言推理。

亚里士多德将分析学视为科学的方法论,他的哲学的基本倾向和目的是提倡科学,但是他对分析法的定位却是违反了科学性的。这个缺乏归纳法的巨大的逻辑漏洞直到近代才由英国思想家弗朗西斯·培根提出,他提出了真正科学的归纳法,如此以来,三段论和逻辑学才真正达到了科学方法论的高度,近代科学才获得了科学的方法论基础。

3. 范畴论

亚里士多德将范畴规定为最高的类概念,在它之上不再有更高的概念。亚里士多德列举了十个范畴:实体、量、性质、关系、空间、时间、状态、具有、主动和被动。① 亚里士多德认为前四个范畴最为重要,其中实体又具首位,因为其他范畴都是从实体中推出。亚里士多德的实体是客观事物,十个范畴是对实体的属性的总结。因此,亚里士多德在此所说的范畴实际上只是客观事物的十种属性,与辩证法意义上的对应范畴是不同的。

亚里士多德强调实体(Substance)的重要地位,是因为在完成了方法论的铺垫之后,他将提出他的形而上学理论,即"第一哲学",而第一哲学是以研究实体这个首要范畴为核心的哲学理论。

4. 运动观

亚里士多德的运动观阐明了他对于运动和变化的观点。对于亚里士多德来说,运动观不仅是其辩证法重点分析的问题,也是其形而上学理论最重要的主题。亚里士多德的运动观不同于在他之前的古希腊哲学家的观点,可谓是古希腊哲学中最为系统的运动观。

亚里士多德对运动的种类、本质和原动力进行了系统的分析,而这种分析在很大程度上是建立在四因说基础之上的。亚里士多德认为"运动共有六种:产生、消灭、增加、减少、改变和位移"②。在这六种运动

---

① [古希腊]亚里士多德:《范畴篇 解释篇》,方书春译,商务印书馆2005年版。
② [古希腊]亚里士多德:《范畴篇 解释篇》,方书春译,商务印书馆2005年版,第48页。

中存在两对对应范畴，即产生与消灭、增加与减少，亚里士多德将其称为相反者。亚里士多德进而指出，"改变是一种不同的运动"①；"当有性质的改变发生时，一个东西就改变了；因此，它的性质之不变，或者向相反的性质的变化，可以被称为这种性质方面的运动形式的相反者"②。

亚里士多德不仅分析了运动的形式，对运动的本质也进行了规定。根据其四因说，亚里士多德认为质料代表事物的潜能，形式是现实，从质料到形式的过程就是事物将潜在发展为现实的过程，这正是运动的本质所在。由于质料和形式的结合是不断发生的，因此运动是永恒的。亚里士多德认为，运动是由两个方面组成的，即被动的因素和推动的因素，前者是质料，后者是形式。

如果说以上的内容还是属于亚里士多德的辩证法的话，那么下面的思辨则进入了他的形而上学范围了。亚里士多德进一步认为，既然运动是永恒的，那么运动的推动者也必须是永恒的，这样就排除了具体和个别的形式作为第一推动者的可能性。亚里士多德认为，运动的第一推动者（the First Cause）即原动力只能是非物质的、不可感知的、非运动的和永恒的，而这只能是精神或思想，而能够拥有如此神性的只能是上帝。也就是说，在亚里士多德看来世界的运动来自上帝，上帝是运动的最终发起者。③ 可见，在亚里士多德的形而上学中，他对于经验的强调完全改变了，事实性不见了踪影。

亚里士多德的运动观将运动的第一推动者归于上帝，这样他便从他的一元论的实在论又回到了他所批判的柏拉图的二元论之中，与柏拉图的理念观仍然藕断丝连。亚里士多德在运动观上的犹豫贯穿于他的整个

---

① ［古希腊］亚里士多德：《范畴篇 解释篇》，方书春译，商务印书馆2005年版，第48页。

② ［古希腊］亚里士多德：《范畴篇 解释篇》，方书春译，商务印书馆2005年版，第49页。

③ 与柏拉图一样，亚里士多德认为上帝是存在的，这也体现了他仍然存在着二元论的世界观。亚里士多德眼中的上帝既是纯粹的思想，也是个永恒的生物，但上帝并不是唯一的，而有可能多达四十几个。相比于柏拉图类似一神论的上帝，亚里士多德的上帝与希腊神话中的众神更为接近。虽然如此，亚里士多德关于原动力的理念在逻辑上为上帝的存在留下了缺口，而这个缺口被托马斯·阿奎那作为接口将亚里士多德的哲学与基督教结合了起来，不但将其作为论证上帝存在的证据，还将其变为中世纪经院哲学的哲学基础。

形而上学之中。

亚里士多德在对运动的分类中阐明了运动的形式，并且指出了运动与改变/变化的不同，这深化了古希腊辩证法对于运动的认识。

(二) 形式逻辑与辩证法

虽然形式逻辑的内容与辩证法的命题有所重叠，如一般与个别的对应关系等，尤其是他提出的三个规律，即同一律、矛盾律和排中律，是从形式逻辑的角度解答了巴门尼德关于存在与非存在之间关系的问题，然而亚里士多德并没有将两者混为一谈。[①] 在亚里士多德眼中，形式逻辑规范的是思维的秩序和纪律，是对思维的准确性、客观性和科学性的技术性保障，思维的三个规律确保了思维的确定性，缺少了这样的技术性保障辩证法便无法有效地展开和运行。这种规范是准确到位的。在亚里士多德之后，古希腊的辩证法便在形式逻辑的保障之下有了严谨性，使之彻底摆脱了之前作为察言观色和随机应变的诡辩术的功能，辩证法真正成为古希腊哲学不可忽略的有机组成部分。

亚里士多德辩证法的另一个特点就是他把诸多的辩证法观念部分放在了形而上学之中。亚里士多德虽然为辩证法规范了思维秩序和纪律，他提出最重要的辩证法命题是其范畴论，亚里士多德对范畴论这个辩证法命题的展开是在其形而上学理论中进行的。范畴论的最重要的范畴是实在，实在论为其形而上学理论进行了铺垫。作为哲学理念的辩证法与形而上学之间具有重叠之处这点在亚里士多德哲学中表现得十分突出。亚里士多德对于许多辩证法命题的探讨是在他的形而上学理论中进行的，这与亚里士多德是在对柏拉图的理念观的批判中系统地提出了自己的形而上学理论这种方式和方法直接相关的。

(三) 亚里士多德的形而上学

亚里士多德是古希腊和西方哲学史上第一个提出了系统的形而上学理论的哲学家，在哲学观念史上具有里程碑意义。亚里士多德的形而上学理论是以存在为核心概念，以存在观为核心理念的系统理论。亚里士多德的存在指的是实体的存在，由于亚里士多德的实体指的是个别而具

---

[①] 有人将亚里士多德的形式逻辑和辩证法混为一谈，认为亚里士多德的辩证法是"逻辑辩证法"，这个提法是不准确的。

体的客观事物，因此他的存在是关于客观事物的存在，起码他关于存在的主体，即实在属性的阐述在他理论和逻辑展开的开始阶段是如此的。亚里士多德的实在观是关于存在的形而上学理论，是亚里士多德关于形式逻辑的观点与形而上学思想的连接处，也是其整个哲学体系的核心。亚里士多德的存在观是古希腊和西方哲学史中关于存在的最系统的理论，对西方哲学产生了长期的巨大的影响。

亚里士多德的形而上学理念与其辩证法的结合是亚里士多德哲学的一个重要特征，他在形而上学理论中探讨辩证法的命题，包括个别与一般、质料与形式和推动者与被推动者等对应范畴，他的形而上学理念又糅入了辩证法范畴之中。这种方式与董学十分相似。亚里士多德哲学对辩证法对应范畴的探讨在他的实在论、四因说和存在观中展开。但是，他的辩证法和形而上学是否做到了有机性的融合却是另外一个问题。

1. 个别与一般

个别与一般是亚里士多德探讨的最重要的对应范畴之一，也是其辩证法和形而上学理论相交叉的理念，是亚里士多德提出的主要辩证法命题。亚里士多德对于个别与一般的系统探讨丰富了古希腊辩证法。

在《范畴论》中，亚里士多德提出了十个范畴，其中实在是最重要的范畴，是其他一切范畴赖以存在的基础。亚里士多德把实体分为第一实体和第二实体。第一实体是可感知和可消失的，是指个别而具体的事物；第二实体是可感知的，却是不会消失的，指第一实体的属和种，是一个集体性的归类，也可以是天体。例如，张某是个具体的个别的男人，他是第一实体；张某是人类的一员，人类是动物界的一个物种，因此人类和动物就是张某的第二实体。亚里士多德认为第一实体是最根本和最重要的东西，是其他一切事物的基础。可见，亚里士多德的第一实体和第二实体就是个别和一般的关系。而在两者之间，亚里士多德更加看重的是个别的事物，认为一般不能脱离个别而独立和抽象地存在。然而，亚里士多德同时认为还存在着第三实体，即一种非物理性的、永恒不变的实体，并且这个第三实体是一切变化的最终根源。这实际上是指神和灵魂，因为只有神和灵魂才能具备这样的性质。第三实体的出现打乱了亚里士多德关于个别与一般的关系，因为他认为一般无法存在于个别之中，个别无法容纳一般的所有性质。既然如此，那么一般就只能体现在第三实体之中了。亚里士多德最终没有厘清个别与一般的辩证关系。在此，我们仿佛又看到了柏拉图的理念的影子。可见，亚里士多德对于柏拉图的理念观的批判和否定是不彻底的。

亚里士多德认为，实体的一个重要的标志是，性质是有度的，并且在一定程度上能够容忍相反的性质。亚里士多德的这个观点表明实体具有以对立范畴存在的趋向，这继承了古希腊哲学关于对立范畴的辩证法传统。

### 2. 质料与形式

质料和形式的关系是亚里士多德的辩证法与形而上学中的一对重要的对应范畴。亚里士多德认为，质料是指"原始质料"，即天然的、没有规定性的事物，它具有潜能；形式为质料带来了规定性，赋予了质料以本质和目的性。形式对于质料的改造产生了运动和变化，使质料从低级的状态上升到高级的形式，并且这种上升是不断进行的。由于形式与质料的结合是永恒的，因此实体的运动和变化也是永恒的。

### 3. 四因说

亚里士多德认为实在之所以存在是由四个原因造成的，这就是四因说。四因是指质料因、形式因、动力因和目的因。质料因所指的是客观事物；形式因指的是人类对于客观事物的应用；动力因提出了运动的原动力，所指的是神或者超越现实的精神力量；目的因指的是对于客观事物的目的性，亚里士多德认为这种目的性的赋予来自神。

可见，四因说是亚里士多德关于现实中的具体事物的构成和生成原因的概括和总结，是关于"存在内"的存在的探讨。四因说的着眼点在于具体的个别的事物，这与亚里士多德重视个别而看淡一般的理念在逻辑上是一脉相承的，也是亚里士多德的实在论与柏拉图的理念观的重要区别之一。四因说是亚里士多德对于他之前的古希腊哲学关于存在的构成的继承和发展。他认为以往的各派哲学只是从不同的角度对于事物产生和存在的原因做了探索，但都失于片面，只有四因说才能全面地把握事物产生和存在的原因。四因说是亚里士多德哲学体系的重要理念，也是理解其辩证法和形而上学思想的重要的内容和逻辑环节。

但是，必须看到的是，四因说混淆了客观事物、人类行为和宗教以及人的思维这些本质上决然不同的领域，将其中的一个领域的观念和规律想当然地推广到其他领域。按照唯实主义对事实的分类，亚里士多德的四因说对具有不同性质的事实性没有做出区分。质料因指的是自然事实，形式因指的是人类的行为事实，动力因和目的因指的是神，是虚拟的和非事实性的。未对事实性进行分类而对事物进行笼统的使用，这实际上是忽略和混淆了事实性的标准和原则，导致理念和逻辑的混乱是必然的。如此一来，四因说在事实性上的混沌和混乱成为亚里士多德形而上学理论在逻辑、方法论和哲学思辨上的致命不足。

### 4. 存在观

亚里士多德以存在为核心概念建立起了他的形而上学理论，而存在的概念就是其范畴论中的实体。根据其辩证法的规定，亚里士多德的存在指的是实在，而由实在所统领的十种属性也代表着存在的属性，这表明亚里士多德的存在是具体和现实的存在，是建立在经验之上的物质的存在。由于第三实体的引进，亚里士多德的存在同时具有超越经验的属性，为二元性留下了空间，神成为事物运动和变化的最后原因和根据。在二元性的阴影之下，存在的规定性发生了变化，亚里士多德哲学在辩证法和形而上学中的一元论的逻辑和理念的一致性被打破了①，对于经验的坚持也动摇了。亚里士多德的存在观在一元论和二元论之间犹疑不决，在经验方法与超越方法之间徘徊不定，在事实性与非事实性、在唯物主义和唯心主义之间难以取舍。

从古希腊哲学的纵向发展逻辑来看，亚里士多德的存在范畴是从巴门尼德的存在观继承而来的，然而其存在观则是以经验为主体的，而从亚里士多德哲学体系的内部结构来看，其形而上学中的存在观仍然糅合进了柏拉图理念观的二元论。

亚里士多德的存在观是在"存在内"对存在范畴的探讨，这是其特色也是其潜在的不足。真正的关于存在的整个存在周期的存在，即"存在外"的存在的探讨并不在亚里士多德的实在观和其整个哲学体系的覆

---

① 关于亚里士多德在存在内涵上的不一致性，有的哲学史家认为这是因为亚里士多德思想的前期与后期的观念转变所致，而在其阐述其形而上学理论的《形而上学》中正是汇集了亚里士多德前期和后期的讲稿，而并没有加以统一的协调。参见［德］爱德华·策勒尔《古希腊哲学史纲》，上海世纪出版集团2007年版，第175—176页。

盖范围之内，虽然亚里士多德引入了神，但亚里士多德所主要关注的重心却并不是存在外，这就为存在观的发展留下了巨大的空间和余地。这种空间和余地被托马斯·阿奎那用基督教和上帝填充了。

（四）亚里士多德对柏拉图理念观的批判

亚里士多德对柏拉图的理念观进行了系统的批判，这种批判不仅包含形而上学的内容，同时也涵盖了辩证法的命题。亚里士多德对柏拉图理念观的批判主要体现在存在观、个别与一般和运动观等三个方面，从中可以更加明了地看清亚里士多德的辩证法思想。

1. 对柏拉图哲学的存在观的批判

亚里士多德认为，柏拉图的理念观无法解释事物的存在。亚里士多德认为，事物的存在都是具体而个别的，它们并非来自理念，尤其是在理念的存在仍然无法被合理地解释的条件下。亚里士多德对于柏拉图的存在观的批判实际上是点到了柏拉图哲学的"死穴"，即事实性的缺失，而对待事实性的态度标志着两人的形而上学理论的基础是完全不同的。

2. 对柏拉图哲学对个别与一般的理解的批判

亚里士多德认为，个别事物的存在具有多种属性和特征，是多种属性和特征的统一体。按照柏拉图的理念观应该是不同的理念的"摹本"，而这些理念都是独立的。但是，这些独立的理念是如何合而为一，统一到具体事物之上呢？柏拉图没有对此加以解释。

3. 对柏拉图哲学的运动观的批判

既然具体的事物是运动和变化的，这点柏拉图也是承认的。柏拉图同时认为理念是不会运动和变化的，是超越生命和死亡的。但是固定不变的理念是如何产生出运动变化的具体事物的呢？柏拉图仍然无法做出解释。

通过这三个层面的批判，亚里士多德有力地驳斥了柏拉图的理念观，可谓是抓住了柏拉图哲学的要害，也证明了亚里士多德的辩证法思想和形而上学理论更具合理性。

（五）亚里士多德哲学中的辩证法与形而上学的悖论

如前所述，在亚里士多德哲学中，他对辩证法范畴的讨论和对形而上学命题的探讨是交织进行的，这种现象折射出了辩证法和形而上学之间的重合性。亚里士多德用形式逻辑来探讨辩证法的范畴，又从辩证法的范畴出发来构建其哲学体系，这样一来，在亚里士多德哲学体系中辩证法范畴和形而上学命题得到了相辅相成、具有相互渗透性的发展。在这种相互交织的状况下，辩证法范畴上的错谬会传导到形而上学的理念，也成为形而上学的错谬，这在亚里士多德哲学中是具有代表性的。

亚里士多德对柏拉图的理念观的批判是从辩证法层面提出的，可谓是一针见血。然而，亚里士多德哲学并没有彻底地摆脱理念观，以至于他的形而上学仍然在以另一种方式重复着理念观的错谬。如果因为亚里士多德系统地批判了柏拉图的二元论，就认为他的哲学完全是一元论的，那是不准确的。虽然亚里士多德的形而上学基本上贯彻着一元论，然而在某些重要的节点却会出现二元论的思想，这表明亚里士多德没有彻底地贯彻他提出的基本的哲学原则，而不时出现摇摆性和妥协性。亚里士多德在辩证法上坚持一元论，但在形而上学上仍然坚持着二元论，如此一来，在一元论和二元论之间进行徘徊的亚里士多德哲学，便出现了辩证法上的一元论与形而上学上的二元论之间的悖论。

亚里士多德的四因说认为形式代表事物的本质，质料只是潜质，只有被赋予了形式之后才有意义。在此，亚里士多德的形式与柏拉图的理念其实是十分相似的，形式并没有如亚里士多德所说的存在于个别事物之中，而是在个别事物存在之前已经"有"了。英国哲学家罗素认为亚里士多德的形而上学只是柏拉图的理念观的另一种表述，是柏拉图的理念观被融入了常识性的解释而已。这个结论虽然有些偏激，但亚里士多德并没有完全摆脱他所要重点批判的柏拉图的理念观的影响却是有根据的。亚里士多德通过辩证法在对柏拉图的"破"中建立起自己的形而上学，却由于对柏拉图的二元论的坚守而对自己刚刚建立起来的形而上学进行着不停的挖角与破坏。如此一来，亚里士多德的哲学便出现了针对柏拉图哲学在破与立之间的悖论。

其实，无论是柏拉图的理念观还是亚里士多德的实在论，两者在对概念和范畴的把握上都是不够准确的，这就必然使他们对哲学理念的推理和哲学理念的结论都出现一定程度上的不准确性。亚里士多德的实在论表面上是在为所有的事物的生成和原因进行概括，实际上他的四因说所描述的是人和神的行为对于自然事物功能的改变过程，即人类和神对自然事物赋予新的功能的过程，而并不是事物本身的存在、运动和变化过程，只是在这个过程中亚里士多德将客观世界、人类社会、思维和行为以及神的意志不加区分地混为一谈了。如此一来，柏拉图和亚里士多德把事物的自然存在以及人类和神对客观事物的干预以及人和神在改变过程中的思维这三种具有不同运行规则和逻辑的不同领域的事物和行为主观性地赋予了完全的同一性，就难免在他们的理念观和实在论中充斥着似是而非、无法自圆其说的错谬，导致了亚里士多德哲学的悖论的形成。

亚里士多德哲学中的悖论的存在表明他通过形式逻辑所建立起来的思维秩序和技术性保障和辩证法并没有消除其形而上学在理念和逻辑上的错谬。他的逻辑学和辩证法仍然没有完成他所设定的哲学目的。

虽然如此，亚里士多德对于古希腊哲学所作出的伟大贡献仍然是里程碑式的。亚里士多德对于古希腊形而上学所作出的最大贡献并不在于对某些具体范畴和对应范畴的分析的准确性以及所做出的具体结论，而在于他将存在作为最高的范畴来试图重建形而上学体系的思路和努力。虽然亚里士多德对于存在的理解和把握并不完全、准确和深刻，但他的形而上学理论却是古希腊哲学中最健全的形而上学体系，由于意识到了事实性对于哲学的重要性，其合理性超越了柏拉图建立在纯粹的思辨之上的理念观的形而上学思想，对于西方哲学史的影响是深刻而源远流长的。

### 七 古希腊辩证法小结

辩证法是哲学方法论和哲学理念的结合体，两者缺一不可。从辩证法与形而上学之间的关系和形而上学对辩证法的淬炼上来看，中国古代哲学与古希腊哲学极具相似性，但在具体范畴的开发和应用上是不同的，这也导致了两种辩证法在表现方式和成熟度上的不同。中国古代辩证法从一开始便达到了哲学方法论和哲学理念的结合，这在《易》中已经十分成熟了。作为最早的中国古代辩证法理论的易辩证法从出道伊始便采取了具有高度思辨性的二元制形式，不仅涉及了对于世界本原的形而上学观点，还提出了独特的以符号为表达和演绎的方式，和具有深刻逻辑性的方法论。易辩证法的二元制将中国古代辩证法的基本范畴定格为阴阳这一对核心对应范畴，为此后的中国古代哲学所接受和继承。《易》对于辩证法的早熟和对阴阳的规定，从它产生之后便一直影响着后来的整个中国辩证法的观念史。

起源较晚的古希腊辩证法与中国古代辩证法是不同的，所具有的功能也是完全不同的。古希腊辩证法也涉及对于世界本原的看法，泰勒斯为了解释水是万物本原的形而上学观点而率先提出了运动的概念。也就是说，古希腊辩证法最初的概念是运动。然而泰勒斯对于运动的看法仍然十分浅显，直到赫拉克利特才出现了比较微妙和深入的运动观。

早期的古希腊辩证法与诡辩术盘根错节。作为一种辩论技巧的诡辩术与哲学本身并没有必然的联系，辩证法与哲学建立起固定的关系并成为哲学的组成部分经历了一个漫长的过程，在相当长的时期内辩证法都扮演着诡辩术和哲学方法论的双重角色，而两种功能时常会发生冲突，古希腊辩证法在初期更加重方法而轻理念。辩证法的两种功能之间的冲突在芝诺哲学中得到了最典型的体现。对于芝诺来说，辩证法是地道的诡辩技巧，而不是哲学方法，更不是哲学观点，为了诡辩芝诺将辩证法的辩论技巧的功能发挥到了极致，可以完全忽略和践踏哲学观点，芝诺为了诡辩术而可以完全否定哲学理念，甚至践踏基本的事实性和扭曲简单的常识也在所不惜。或许正是因为在芝诺哲学中辩证法的两种功能之间的冲突达到了极致，以至于产生了物极必反的效果，芝诺之后的哲学家更加注重辩证法的哲学方面而逐渐开始抑制其诡辩术的功能。这种将辩证法更加哲学化的倾向，代表着古希腊对于辩证法功能认定和哲学理念上的一个转折。从苏格拉底开始，古希腊的哲学家刻意强化辩证法的哲学功能，而逐渐疏离诡辩术，柏拉图和亚里士多德等哲学巨擘都对辩证法的哲学化作出了重要的贡献。亚里士多德最终使辩证法摒除了诡辩术的功能，辩证法随之成为古希腊哲学的重要组成部分，并深刻地影响了后来的西方哲学。

或许是古希腊前期哲学关于经验与超越的争论无法获得结果，芝诺又将辩证法引入了死胡同，古希腊的辩证法不得不另辟蹊径，转而淡化对哲学命题的思辨，而转入了诡辩术之中，或者说古希腊辩证法在芝诺手中转而成为诡辩术，折射了古希腊哲学前期形而上学和辩证法皆陷入了无法解脱的困境之中。处于困境中的古希腊辩证法与诡辩术的纠结不可避免地将辩证法引入了一段漫长的歧途，辩证法开始偏离纯粹哲学的轨道，成为一种诡辩术，直到柏拉图和亚里士多德时期才使其真正进入哲学领域之中。

除了在辩证法的功能上存在着分歧，古希腊的辩证法与形而上学之间也存在着纠结。从泰勒斯开始，古希腊哲学便开始了形而上学与方法论之间的纠缠，以至于在经验方法与超越方法之间不仅画下了一条隔离线，也形成了两个基本的哲学流派。自然哲学家们遵循赫拉克利特的重视经验的方法，而排斥巴门尼德忽略经验而强调思辨的超越方法。而芝诺和柏拉图则重视超越的方法，在纯粹的哲学思辨中并不考虑经验方法，也不把经验当作一种哲学标准。古希腊哲学前期是围绕着经验和对经验的超越这条线索展开的。泰勒斯虽然在对具体事物的研究上尊重经验，但当他探讨哲学问题时便超越了经验，将水直接视为万物的本义。赫拉克利特反对泰勒斯对于经验的超越，他以火为世界本原的观点表达的是永恒运动观，实际上是认为只要经验才是必须遵守的唯一认知原则。巴门尼德则否定了赫拉克利特的运动观，试图通过时空点化论的存在观来恢复泰勒斯对于经验的超越。芝诺哲学则将巴门尼德的观点进一步极端化，完全无视思维与事实性之间的联系。在这个时期的形而上学与辩证法范畴相互交织的论辩过程中，古希腊哲学不仅提出了最初的以本原论为核心的形而上学，也培育出了最初的辩证法萌芽。这一时期的哲学命题对于后来的古希腊哲学起到了奠基的作用，同时这一时期所辩论的命题也成为整个西方哲学的命题。它的运动观，经验与超越的命题被近代西方哲学所继承，经验论和唯理论正是关于这一命题的论辩的延续。同时，虽然所采取的思维路径与赫拉克利特不同，然而康德哲学关于思辨不能超越经验的限度的认识论观点在很大程度上是对赫拉克利特的运动观的继承、回归和深化。

纵观古希腊的哲学家，可以说亚里士多德对于古希腊辩证法的贡献是最大的。亚里士多德对辩证法的贡献不仅体现在他提出了分析学，即形式逻辑，规范了辩证法的思维秩序和过程，而且他的辩证法观点在其形而上学理论中得以展开，使辩证法成为形而上学理论的发展的重要的方法论手段。亚里士多德的形而上学的核心范畴是实在。虽然从形式上看实在来自其形式逻辑，但实际上这个范畴是对巴门尼德的存在观的继承。在实在的内涵上亚里士多德强调实在是具体的和个别的，这就等于肯定了赫拉克利特的强调经验的方法。由此可见，亚里士多德的形而上学在一定程度上是要整合在他前面的整个哲学史，而不仅仅单纯集中在对柏拉图的理念观的批判之上。亚里士多德在形而上学和方法论上的摇摆性正是体现了他对古希腊哲学整合的努力，只是这种整合并不完美，往往捉襟见肘，在确立了实在和经验为其哲学的基本走向之后，却又为巴门尼德的超越方法和柏拉图的理念论留下了余地，在一元论和二元论之间摇摆不定。从形而上学与辩证法的关系上看，亚里士多德哲学体现了两者之间的结合，你中有我我中有你，相互互动和关联。实在论在形而上学中的展开过程中始终伴随着亚里士多德对于作为哲学方法论的辩证法的认知和探索。

亚里士多德在理念和方法上的不彻底性体现出他是要整合在他之前的古希腊哲学的形而上学理念和方法论的构想和努力。但是，这种整合更多地表现为在各个古希腊哲学派别之间的妥协。虽然亚里士多德也创造性地提出了新的理念和方法，但他并没有真正在理念和方法论上超越古希腊哲学，说他是古希腊哲学的集大成者更为确切。这与在中国哲学史上董仲舒完成对先秦各派哲学的系统性的整合和扬弃是有距离的。

在亚里士多德之后，古希腊哲学便没有再产生有分量的哲学家，从这个意义上看，亚里士多德确实意味着古希腊哲学和辩证法的"终结"。由于与基督教的结合，亚里斯多德的辩证法思想和形而上学理论在西方中世纪的经院哲学中获得了正统地位，其统治性的影响力延续了一千多年之久，直到近代哲学家在西方的逐渐崛起才逐渐衰弱和结束。

## 第二节　莱布尼茨哲学的辩证法因素

在欧洲的中世纪，奥古斯都将柏拉图哲学与基督教进行了结合，托马斯·阿奎那将亚里士多德哲学与基督教神学进行了融合，形成了经院哲学，并且统治了欧洲哲学达一千年以上。在这个时期，辩证法思想停留在亚里士多德阶段，陷入了停滞期。在近代科学的促进下，西欧近代哲学开始将科学的理念和方法引入哲学思考，西欧近代哲学启动了新的探索，辩证法也进入了新的发展阶段。一些辩证法范畴，如一般与个别、运动等，在莱布尼茨等人的哲学体系中重新获得重视，开始了在经院哲学之外另辟蹊径地加以探索。虽然他们并没有形成独立而完整的辩证法思想，但他们为康德哲学和黑格尔哲学中独立而完整的辩证法体系进行了铺垫和准备。

莱布尼茨（1646年—1716年）被誉为"德国哲学之父"，也被认为是德国古典哲学的先驱。莱布尼茨是个早慧而多才多艺的人，十五岁便入大学，毕业后成为外交官，驻法国巴黎四年，这使他能够与当时欧洲顶级的哲学家和数学家进行交流，与他们通信成为莱布尼茨一生阐述自己哲学思想的重要方式。莱布尼茨后来担任图书馆馆长，在欧洲范围内提倡建立科学院，促进了欧洲文化的普及和发展。莱布尼茨是个十分好学的博学的学者，同时也是具有创造性的思想家。莱布尼茨在哲学和数学等领域都作出了创造性的贡献，以哲学家和数学家著名。在哲学领域，莱布尼茨创立了"前定和谐"论，即单子论为核心的哲学体系；在数学领域，他是微积分的发明者之一，并在中国古代易辩证法的启发下发明了二进制的计算方法。除此之外，莱布尼茨在逻辑学、法律、医学、比较语言学、图书分类和地质学等领域都颇有建树。莱布尼茨生前并没有系统地发表他的哲学著作，他的哲学思想零散地体现在通信和短篇的论著中，直到他死后几十年他的哲学著作才被陆续地整理发表。

莱布尼茨哲学具有辩证法因素，这是因为他的哲学观点与辩证法有着不可分割的逻辑和命题联系。然而，必须看到，莱布尼茨并没有发展辩证法的自觉性，他只是要用自己的哲学来解决在他看来当时的经院哲学和新兴的唯物主义哲学中无法自圆其说的观点。为了解决这些问题，辩证法中的对应范畴成为莱布尼茨展开其哲学观点的方法。

## 一　莱布尼茨哲学中的辩证法范畴

莱布尼茨哲学是从辩证法的范畴开始的，这些范畴同时也是形而上学的命题。在西方哲学史中，辩证法范畴和形而上学命题的这种重合体现了辩证法和形而上学之间的重合性，这种重合性在亚里士多德的哲学中已经得到了体现，在莱布尼茨哲学中这种重合性再次得到了典型的展现。莱布尼茨哲学从辩证法的范畴出发来建立他的哲学思想，其目的在于解决形而上学之中不同命题之间的矛盾，而他的注意力并不在于发展辩证法。

## （一）连续性与不可分割性的矛盾

古希腊哲学一直关注世界本原的命题，以德谟克利特为代表的原子论到了近代仍然是欧洲哲学所探讨的重要命题。随着近代欧洲唯物主义思想的崛起，原子论引发了关于事物的连续性与"不可分的点"的争论，这与辩证法中的一般与个别这对对应范畴密切相关，实际上是个别与一般范畴的一种表现。

17世纪后期的哲学家，如伽桑狄等坚持原子论的观点，认为事物是由原子构成的。但莱布尼茨认为，原子论虽然能够说明事物的连续性的问题，但却无法解决事物的不可分性的问题，因为按照笛卡尔的规定，凡是物质就必须有广延性（extension），原子既然是物质，就必然具有广延性；但广延性是无限可分的，这就使物质无法找到不可分的点。莱布尼茨认为，既然传统的哲学思想无法解决这个问题那么就必须另辟蹊径，通过新的理论来加以解释。这就是莱布尼茨创立新哲学的逻辑起点所在。

## （二）运动和变化的原因

莱布尼茨认为，物质既然具有广延性，那么它运动和变化的动因就只能是来自外部，但这与"实体"的性质是相违背的，因为作为实体必须具有独立性而不受外力所左右。莱布尼茨提出了单子的学说来解决这个问题，认为单子是构成物质的最基本的单元，它不具备广延性，是完全独立的实体；同时，每个单子都没有部分，都没有供其他事物进入的窗子。如此一来，运动和变化的原因便在于单子内部的力，也只能来自单子内部的力，力是单子运动和变化的动力。也就是说，物质运动和变化的原因在于内部，而不在于外部。莱布尼茨的这个观点实际上也解释了辩证法的另一对对应范畴，即内因与外因的相互关系问题。

## （三）量与质

莱布尼茨也关注到了辩证法中的量与质的范畴，他认为，原子论中的原子是物质的，有量而无质。然而，莱布尼茨的单子不再是物质，有质却不再有量。

实际上莱布尼茨批评原子论有量无质是有失公允的，物质性就是原子的质，原子论实现了量与质的统一，反倒是单子有质而无量，失去了量与质的统一。

## 二 莱布尼茨的单子论

莱布尼茨的单子论是针对古希腊哲学和近代唯物主义的原子论而提出的。莱布尼茨对单子作了如下的规定。

第一，单子是精神实体。单子不是具有广延性的物质实体。通过设定单子，莱布尼茨解决了事物不可分的点的问题，即单子就是那个不可分的点而无须再分。

第二，单子的数量是无限的。无限的单子之间形成了一个紧密相连的链条，单子由此构成了丰富多彩的、相互联系和互动的世界；同时，每个单子也是整个世界的反映，体现着世界的本质。如此一来，单子便解决了连续性和不可分的点之间的矛盾以及个别与一般之间的关系问题。

第三，单子是有知觉的灵魂。莱布尼茨认为，作为精神实体的单子，单子是"特别的灵魂"，即心灵。心灵是具有认知能力的，单子内部是具有能动的力的，这种力是"欲望"，是事物运动和变化的根源。

第四，"前定和谐"论。莱布尼茨认为，由单子所构成的世界是处于运动和变化之中的多元化的世界，每个单子都有自己内在的动因，这样世界便有可能处于相互冲突的混乱的状态，但是世界却是有序地运行的，并没有出现无序的混乱。莱布尼茨继而推断道，这是由于单子的运行是由上帝事先规定的，也就是说，上帝的规定避免了不同单子之间的相互冲突，而使其处于和谐的互动之中。这就是莱布尼茨的前定和谐理论。

## 三 莱布尼茨哲学的弊端

莱布尼茨的单子论是颇为精妙的设计，只是单子是个并不存在的东西，或者说只是莱布尼茨头脑中凭空想象的臆念，因为世界上根本就没有单子或者像单子这样的精神实体。莱布尼茨的单子论是对事实性的野蛮践踏，其对主观臆念的依赖程度要超过了巴门尼德和柏拉图等那些凭借想象来进行哲学思辨的古希腊哲学家。在人类哲学史上对唯实主义的原则进行违背和践踏的所有事例中，单子论可谓是走得最远的一个。从哲学方法论和观念史的角度来看，莱布尼茨哲学是一个严重的倒退。

在莱布尼茨哲学中，单子是上帝设计的产物，上帝是包括单子在内的一切事物的最终根据。莱布尼茨围绕单子所建立起来的前定和谐理论是个试图证明上帝存在合理性的宗教性的理论，是个从哲学上为上帝的存在提供证据和证明上帝存在合理性的努力。可见，同欧洲中世纪的经院哲学一样，莱布尼茨哲学仍然是神学的奴仆。

同时，我们也能看到，虽然莱布尼茨重新使用了辩证法，但他对于辩证法的贡献是十分有限的。莱布尼茨的哲学与辩证法密切相关，但他并没有提出新的辩证法范畴和方法，由于对事实性的完全否定，他对于传统辩证法一些范畴的解答是倒退的和有负面影响的。虽然莱布尼茨哲学的出发点是辩证法的范畴，其论证和展开过程始终与辩证法的一些范畴和命题紧密相连，但由于其哲学的命题立项错误和在方法论上的根本错谬，莱布尼茨式的辩证法只能将辩证法引入歧途。即使莱布尼茨哲学是为了解决传统辩证法中一些范畴中的矛盾或者不合理性，即使他的哲学在具体论证过程中尚有些可取之处，但这些细节仍然无法赋予它以任何的合理性和可接受性。

## 第三节　康德哲学的辩证法

亚里士多德的辩证法和形而上学在他去世之后的两千多年中得到了逍遥学派的弟子和古罗马哲学的继承，并且在欧洲的中世纪经与基督教哲学结合后形成了经院哲学的正统地位。但是，亚里士多德的辩证法和形而上学在被奉为经典和正统的官方哲学的同时，却再也没有在理念和命题上得到发展，虽然也有个别的中世纪和文艺复兴时期的哲学家关注过辩证法，如意大利哲学家布鲁诺等，然而却并没有取得重要的进展。可以说在亚里士多德之后的西方辩证法一直基本上处于停滞的状态。这种停滞的状况一直持续到西方近代哲学时期，而以康德和黑格尔为代表的德国古典哲学的兴起再次为西方哲学的辩证法注入了新的动能。

### 一　康德的生平及其哲学地位

伊曼纽尔·康德（Imannuel Kant，1724年—1804年）是德国和西方哲学的代表人物，他的批判哲学是西方哲学史无法被绕开的高地。康德生于德国普鲁士东北部的古老重镇哥尼斯堡，父亲是个马具工匠，父母都是虔诚的新教教徒。康德少时家境小康，衣食无忧，后来家道虽有中落，但应该并不像有些人所说的处于赤贫状态，维持温饱是没有问题的。康德长大之后并没有子承父业，而是选择了以哲学为终身职业。康德的一生基本上没有离开哥尼斯堡，始终在大学任教，终生未娶，将全部的生命都贡献给了哲学。

康德的人生经历是十分平淡的，然而他所生活的 18 世纪处于西方近代文明在哲学理念、意识形态和行为方式上的塑造期和定型期，各种重大的历史事件层出不穷。在西欧和南欧兴起的巨大的经济、政治和社会变动对于仍处于分裂状态和尚未开始工业化的普鲁士和德意志来说，是个孕育着革命性思想转折的大时代，这种时代背景注定了哲学革命风暴的到来，而康德哲学则发出了这场哲学革命的最强音。

从德国和西方哲学史的角度来看，起始于 18 世纪中叶一直延续到 19 世纪中期的德国古典哲学是近代德国哲学和欧洲哲学的黄金期，是个在理念上最具创造力和在方法上最严谨和最具思辨性的时期，而德国古典哲学的发起者、奠基人和最优秀的代表正是康德。

康德的学术生涯可以分为三个阶段：45 岁前的前批判哲学时期，此时的康德主要思考的是自然科学命题，如宇宙论等；沉默时期，这个时期延续了十年，康德基本上没有发表著作；批判时期，从 55 岁开始康德陆续出版他的批判哲学著作，包括《纯粹理性批判》、《实践理性批判》、《判断力的批判》和《道德形而上学基础》等，这些著作是康德哲学的代表作，他的三个"批判"完成了他的批判哲学，而《纯粹理性批判》是最能代表康德批判哲学辩证法思想的著作。从其对辩证法的阐述来看，《纯粹理性批判》提出了二律背反理念及其种类，在其他两个批判中虽然辩证法仍然会出现，但并没有提出新的概念和理念，因此《纯粹理性批判》代表了康德先验辩证法的主体。

从哲学观念史的角度来看，康德的批判哲学是西方形而上学史上的一个划时代的里程碑。但是康德并没有穷尽形而上学，他只是创造性地为重新审视一些重要的形而上学命题提供了新的思路、方法和标准，康德对西方形而上学的贡献是不能与亚里士多德相提并论的。虽然如此，康德对许多形而上学命题的解答、思辨和判断，尤其是在认识论领域，仍然作出了里程碑式的贡献。从 18 世纪晚期开始，德国和西方哲学观念史都在直接或者从不同的角度来重复、模仿和延伸康德的逻辑和理念，不管是崇敬、追随、反对或者诋毁，都无法消除康德对于西方哲学观念史的巨大影响，虽然许多后来的西方哲学家并不愿意承认这一点。

## 二　康德哲学概论

康德哲学被冠以批判哲学，而实际上康德哲学确实具有鲜明的批判性，而且其批判性并不是只针对个别哲学观点，而是针对传统哲学延续了经久的诸多思维定式。康德哲学的批判对象是康德之前的形而上学，这不仅包括传统的理念，也包括方法论。康德对传统形而上学进行批判的切入点是方法和思维方式，即经验与纯粹思辨之间的界限。这是对古希腊前期哲学中关于经验与超越命题的重申和深化。如前所述，在古希腊哲学中关于经验与超越的命题曾经进行过旷日持久的争论，但是并没有得出明确的结论。自然哲学继承了赫拉克利特的崇尚经验的方法，而以芝诺和柏拉图为代表的另一派则延续了泰勒斯和巴门尼德哲学的注重超越的纯粹思辨的方法。亚里士多德则在两者之间进退维谷，在犹豫徘徊之中使其形而上学和辩证法中杂糅了这两种哲学的方法和路向。

近代西方哲学在重新拾起古希腊哲学关于经验与超越命题的争论的过程中，形成了以英国哲学为代表的经验主义和以法国为代表的欧陆哲学的理性主义。这两种哲学流派各执一词，它们采取不同的方法论和思维方法，得出了迥异的哲学结论。康德哲学是建立在对这一古老命题的再反思之上的。康德发展出了自己的概念体系，并在这个概念体系之上建立了以认识论为核心的批判哲学。康德吸取了在他之前的西方哲学的营养，进行了进一步深入的思考和融合，但这些哲学努力并没有偏离经验主义与纯粹思辨/理性主义相争的哲学路径。也就是说，经验与先验之间的关系仍然是准确理解康德批判哲学的重要的逻辑和理念线索，这点与古希腊哲学和康德之前的欧洲近代哲学并没有本质上的不同，只是他的分析更加细密、深刻和具有独创性，尤其是康德提出了解决这种长期争执和对抗的出路和方案。

康德的批判哲学从界定经验的限度开始。康德哲学的基本命题和方法与英国经验主义，尤其是休谟哲学有着十分密切的关系，实际上正是休谟将康德从"独断论"的迷梦中叫醒，他以经验的限度来裁定思维的原则和理念，这个被他称为"休谟原理"的提法也正是来自休谟。但康德哲学的认知机制却要比休谟和英国经验主义更为复杂。

康德重新定义了范畴,认为范畴是先验的,是认知主体所共有的规定性。这意味着康德认为范畴是独立于经验的先天性的概念。在范畴中,康德特别强调时间性,这可与笛卡尔特别重视空间性的广延形成对比。康德并没有如英国经验主义者一般将经验与先验对立起来,即将基于感性的经验视为认知的唯一方式和知识的唯一来源,而是建立起了两者之间的互动。康德的认识机制虽然包括经验和范畴,但经验的限度却是康德批判哲学的不容置疑的主线。由此可见,经验主义是康德重新界定认识论的最重要的依据和线索,而先验性的范畴则是对经验的内在预设和限定,是对以经验为基础的认知机制的补充,因为康德认为在缺乏经验的前提下先验性的范畴是无法使用的,亦即无法发挥认知功能。

康德关于经验限度的理念的另一个发现或者功能是将认识主体和被认识物(认识对象)进行区分。认识的主体,即人也是经验的主体,认知主体与经验当然是密切相关的,但认知主体的认识对象却与它们没有内在的联系,因为认知对象是在经验之外存在的,人虽然可以通过感官和经验对其进行认知,但认识对象的本质则与经验不会发生关系。通过经验,认知主体可以认识认知对象的某些属性和特征,并将其发展为知识,但知识仍然只是现象,这并不意味着知识就是认知对象的本质,现象并不是认知对象的本质。也就是说,在康德眼中,从根本上看,物自体(自在之物,noumenon, things-in-themselves)是超越人的经验的,是不可知的。从方法论上看,在以经验的限度作为标准和界限之时,康德的认识论实际上是在可知论与不可知论之间的一种妥协。而从理念上看,康德哲学的不可知论色彩是十分浓厚的。康德认为既然对于物自体是何物作为认识主体的人无法知晓,无法建立起肯定性的知识,那么人们就只能持有否定性的观点,只能确认它们不是什么。康德认为人也无法知道人到底是什么。在康德眼中,作为认知主体的人也是一个认知对象。如此一来,康德哲学便深深陷入了方法上的怀疑主义和哲学上的虚无主义的境地。

在康德如此的认知机制之下,康德认为传统形而上学关于灵魂的本质、世界以及上帝存在的证明等命题都属于物自体,都不是具有可信性的知识,都是没有任何意义的,因而终归都是无效的,因为它们已经超出了人的经验的限度。如此一来,康德否定了传统形而上学和基督教的合理性和合法性，而这正是康德批判哲学所自认的哲学目的和使命。

## 三 康德的先验辩证法

与黑格尔哲学相比，辩证法并不是康德哲学的主题。康德的批判哲学的着眼点和贡献在于批判传统形而上学中所存在的独断论的谬误，而不在于方法论方面的探索和突破。然而，辩证法在康德手中成了一个有利的方法论工具。在康德批判哲学的演绎过程中，辩证法起到了重要的逻辑枢纽作用，因此被康德称为先验辩证法（the Transcendental Dialectic）的辩证法对西方辩证法的观念史也作出了贡献。康德的先验辩证法主要表现在二律背反这一概念的提出之上。康德的二律背反概念对于存在辩证法具有启发性，因此在此加以重点解析。

（一）纯粹理性的四种二律背反

在康德眼中，二律背反是个认识论的概念。它表现在正命题和反命题之间的相互否定关系的对应之上。康德的二律背反类似于排他律之下的非此即彼的逻辑关系。康德认为纯粹理性中有四种二律背反（Antinomies），康德将每种二律背反都通过正命题（Thesis）和反命题（Antithesis）对比性地加以呈现。

第一，世界有无开端，即（正命题）世界在时间和空间上是有限的，（反命题）世界在时间和空间上是无限的。世界有开端意味着世界在时间和空间上是有限的，而无开端则意味着世界在时间和空间上是无限的。

第二，世界的构成，即（正命题）世界上的一切都是由单一的物质构成的，（反命题）世界上没有单一的物质。

第三，自由是否存在，即（正命题）世界上存在自由，（反命题）世界上不存在自由。

第四，绝对必然的存在体是否存在，即（正命题）世界上存在绝对必然的存在体，（反命题）世界上不存在绝对必然的存在体。[①]

---

[①] 由于原文较长和拗口，此处所引述的四种二律背反并不是康德在《纯粹理性批判》中的原话，而是对其宗旨的提炼和概括。康德在《纯粹理性批判》中列举出前三个二律背反。由于上帝即绝对必然的存在体是否存在是体现康德的三个批判的重要主题，不仅在其中反复出现，而且多次通过正反两种方法加以论证和反驳，不仅在内容上，而且在逻辑上都是康德的批判哲学的重要构成，因此将其列为二律背反的一种类型是符合康德批判哲学的逻辑的。

这四种二律背反都是关于世界的特征和构成的，经验在一定程度上可以接触得到，却单纯依靠经验又无法得出确切而准确的结论；同时，脱离了经验，单纯依靠先验性的思辨也可以对这些命题进行思考，如古希腊和中世纪的形而上学，但如此而得出的结论便超越了知识，进入了玄论和信仰的领域。

康德在此抓住了传统形而上学的这种思维困境，将传统哲学中关于经验与先验之间的关系在正反命题的对比中进行了提炼。康德认为，传统形而上学中用来论证正面观点的论点同时也可以用来否定自己，即正命题和反命题都可以合乎逻辑地推论出自身存在的基本原则。康德将这种现象概括为纯粹理性的二律背反。

在第四个二律背反中，绝对必然的存在体是指上帝的存在。康德认为，我们必须假设上帝的存在，但却无法证明。康德的论证批判了古希腊哲学、中世纪经院哲学和康德之前的西方近代哲学关于上帝存在的"理性"证明，是令人信服的，这也是康德的先验辩证法在批判哲学最引人注意的一个应用。不难看出，既然康德认为宗教和神学只是纯粹理性，宗教和神学就失去了合理性，康德本人自然是不会相信宗教的，他对于宗教的态度就不仅仅是评论家所认为的"不甚虔诚"[①] 了。只是为了避免过于锋芒毕露，康德对于社会舆论压力不得不在表面上做出一些妥协而已。

康德对于二律背反的四种表现的规定表明其先验辩证法牢牢地局限在认识论领域，它们体现着纯粹理性的思维方式的矛盾和误区。由此可见，康德先验辩证法的范围是相当狭窄的，尤其需要指出的是康德对辩证法的理解是负面的。虽然二律背反是康德批判哲学的重要组成部分，然而这种狭窄性和负面性限制了二律背反在更广阔的领域内加以应用，这或许是康德的辩证法在哲学史中没有获得更高评价的内在原因。

康德列举了四种二律背反，但这四种二律背反是否就是所有二律背反的内容呢？根据康德的物自体的概念，可以看出物自体并不局限于这四个命题或者任何特定的命题而是所有事物的本质，也就是说任何事物

---

[①] 参见 [美] 曼弗雷德·库恩《康德传》，黄添盛译，世纪出版集团/上海人民出版社2008年版，第289页。

都具有一个物自体。如此以来，二律背反就应该有无数的形式、形态和表现。只要物自体是无限的，二律背反就应该是无限的。康德或许并没有意识到他的理论所蕴含的潜在逻辑，这就为其批判哲学成为悖论埋下了伏笔。

（二）实践理性的二律背反

事实上，在他列举的三个二律背反之外，康德在《实践理性批判》中也提出了实践理性的二律背反：

> 因此只能是追求幸福的欲望必须是由品德准则所引发，或者品德准则一定是幸福的有效原因。第一种情况是绝对不可能的，因为决定追求幸福的意志的基础的准则绝不是道德的，并且也不会成为任何品德的基础。但是第二种情况也是不可能的，因为作为意志决定的结果任何因果之间的实践联系都不会遵守意志的道德态度，而是要遵循在追求自己目的过程中的自然法则与实际能力。[①]

康德认为幸福不是道德的原因，道德也不是幸福的根源。如此一来，这便否定了从古希腊哲学直到康德之前的道德哲学对于幸福与品德相互关系的两种观念。

### 四 康德批判哲学与怀疑主义

对康德批判哲学与怀疑主义的唯实分析可以从更深的层面来揭示出康德的先验辩证法的功能和意义，从而对其二律背反理念有更深刻的认识。然而，康德与怀疑主义的关系却并不是一个容易被厘清的问题，在中西哲学史上对康德哲学的理解仍然众说纷纭，没有把握其真正的精髓。

康德在著作中不断强调休谟的重要性。在《纯粹理性批判》出版之后，康德常被认为是与英国哲学家休谟一样的怀疑主义者，康德虽然有

---

① Kant: *Critique of Practical Reason*, translated into English by Werner S. Pluhar, Hackett Publishing Company, 2002, p. 145.

时也加以辩解，但更多的是对将他与休谟相提并论的默认。① 然而从其著作中可以看到，康德和休谟是不同的，恰如他自己所解释的那样，休谟讨论的只是因果关系的起源，否定了因果关系是理性思维的产物，但他并没有讨论因果关系能否和如何被使用的问题。康德的批判哲学所关注的命题并不是因果关系。虽然康德的核心理念即经验的限度来源于休谟，即所谓的"休谟原理"。但康德对经验的限度的思考已经提高到了人的思考方式的高度，这使他的思考方法与休谟完全不同，思考的深度和广度要比休谟更加深刻和广阔。在英语国家编写的哲学史中，康德被定性为反怀疑主义者。事实上，所谓的怀疑主义是个具有相对性的观念。不同的怀疑主义在程度上并不相同，有的是对事物本质的怀疑，这是系统的怀疑主义，有的只是对个别的观点持怀疑态度，这是局部的怀疑主义。但是，怀疑主义并不一定是负面和反面的，它也是肯定和建构的必要前提和阶段，蕴含着积极的功能和意义。康德是不是个怀疑主义者的定性也存在两种倾向。

康德并不否认经验之外仍然存在着事物，而在经验之外存在着的事物就是物自体。康德认为物自体是独立于人的经验而存在的，与人的经验并不存在必然性的关系；人依靠经验可以对事物产生认知，形成现象性的认知，这种认知也可以发展为知识，但知识仍然不是事物的本质，仍然不是物自体。康德认为，人的知识是否能够物自体是或然性的，并不具有必然性和确定性，同时也并不一定是决然不可知的。虽然人的经验无法认知物自体的本质，但这并不意味着对物自体的否定，相反人仍然要承认物自体的存在，可以对其进行思考。如果上帝被视为物自体，那么上帝就是有可能存在的，只是人无法了解其本质罢了。如此一来，康德在将上帝"清理"出了理性世界之后，又为上帝找到了一个新的"居所"，那就是人所无法完全了解的信仰。既然，上帝属于人所无法把握的信仰，康德就只能如对其他物自体一样对上帝采取可有可无、模棱两可的态度了。由此以来，如同亚里士多德一样，康德在肯定经验的主导作用的同时，也为上帝留下了余地，成为二元论者，只是康德为上帝

---

① 可参阅[美]曼弗雷德·库恩《康德传》，黄添盛译，世纪出版集团/上海人民出版社2008年版，第290—310页。

安排的居所是所谓的实践理性，是伦理学。

物自体是康德批判哲学的逻辑核心，也是真正认清全部康德批判哲学的一个关键。关于物自体，康德说道：

> 然而，在这两个不同的领域，固然不在它们的立法中，但却在它们关于感觉界的诸效用中不断地相互掣肘，不构成一个领域，原因是：自然概念固然在直观里表述它的对象，但不是作为物自体，而是作为单纯的现象；与此相反，自由概念固然在它的对象里表述一个物自体，却不能使它在直观里表现出来，所以两者中任何一个都不能从它的客体里（甚至于从思维着的主体里）获得一个作为物自身的理论认识，或者，如物自身那样，成为超感性的理论认识，人们固然必须安置这个观念作为一切经验对象的可能性的基础，却不能把这观念自身提高扩大成为知识。①

这是康德对于物自体最直接明确的表述。在康德看来，物自体存在于现象和知识之外，无法被人类所真正把握。物自体决定了人的认知的真正的限度，也决定了康德与怀疑主义之间的真正关系。康德将经验与物自体清晰地划分开来，在经验限度之内，人是可以获得知识的，事物是可知的，这是反怀疑主义的；但在经验之外，康德则从根本上否定了人认知事物本质的可能性，这便是系统的怀疑主义。在经验限度之内，人类可以获得知识，发展科学，可以说康德为科学的持续性发展奠定了可能性的牢固基础；而在经验之外，人类便一筹莫展，无所作为，康德为彻底的怀疑论提供了哲学基础。康德哲学就是这样在反怀疑主义和怀疑主义之间进行着纠结。②

---

① ［德］Kant, Immanuel：*Critique of Judgement*, translated into English by James C. Meredith, Oxford University Press, 2007, pp. 12 - 13.《判断力批判》（上卷），宗白华译，商务印书馆1964年版，第12页。

② 康德自认为《纯粹理性批判》在独断论和怀疑主义之间找到了一条"中间路线"。参见［美］曼弗雷德·库恩《康德传》，黄添盛译，世纪出版集团/上海人民出版社2008年版，第305页。康德的这种自我判断是不符合他自己哲学的观念事实和逻辑的。实际上康德只是蒙上了自己的眼睛在科学、怀疑主义和不可知论之间跳着舞。

如果按照康德的逻辑进一步思考下去的话，我们就会发现康德认识论在哲学上另有玄机。要彻底理解康德的批判哲学，其中的一个关键是对经验的限度的规定性以及它与物自体的普遍性之间的关系。如果说康德的批判哲学在很大程度上是对休谟所提出的具有怀疑主义色彩的哲学命题在更深层次上的回答，那么他的回答一方面在弘扬知识和科学，而另一方面则将怀疑主义极致化和极端化，以至于摧毁了形而上学和整个哲学存在的可能性。这种二元性才是康德哲学关于怀疑主义的实在立场。

**五　康德哲学的四个悖论**

康德为自己的哲学所设定的目标是通过批判传统的形而上学而建立起新的形而上学，只是这个目标并没有达成。在对中世纪的经院哲学进行了有力的打击之后，其批判哲学并没有帮助康德完成新的形而上学的构建。这与康德哲学内部衍生的悖论有很大关系。

（一）康德批判哲学的目标

康德的批判哲学所批判的对象是自亚里士多德以来的以"先天综合判断"为思维方式的形而上学，而并不是形而上学本身；事实上，康德的目的是希望通过对经院哲学的形而上学的批判来重建形而上学，只是康德并没有完成重建形而上学的设定目标。

在展开其批判哲学的过程中，康德发展出了其独特的概念体系，引出了以二律背反为基础的先验辩证法在内的具有创造性的哲学理念，将认识论提高到了核心地位。康德将他所要表述的问题凝聚为以下三个问题：

　　我能够知道什么？
　　我应该怎样做？
　　我可以希望些什么？

康德的批判哲学正是围绕着这三个问题展开的。康德也确实创造性地给出了他的答案。但是康德的批判哲学在取得理论突破的同时却并不完善。

(二) 康德批判哲学的悖论

存在辩证法认为，在展开其批判哲学的过程中，康德哲学陷入了四个悖论。康德并没有意识到他的哲学会出现四个悖论，否则作为用一生来探求真谛的哲学家来说，他的哲学肯定会呈现出另一种完全不同的形态和逻辑架构。这四个悖论不仅体现了康德哲学内在的逻辑上的冲突，也蕴含着潜在的严重的哲学后果。①

1. 二律背反与物自体之间的悖论

在《纯粹理性批判》中康德列出了四种二律背反。康德认为只有在这四个命题上体现出了纯粹理性的思维特点；传统形而上学对这四个命题做出了超越经验的判断，而这些命题实际上是经验所无法触及的，因此超越了经验限度而使纯粹理性形成了正反命题共同证明其无效性的二律背反。的确，这四个传统形而上学的命题却是超越经验的。但是同时，根据康德哲学的理念，事物都具有时间和空间属性，事物的时空属性虽然具有主观性，但仍然是其客观性的反映，这是对物自体具有普遍性的证明。也就是说，康德认为物自体是所有事物的内在本质，是具有普遍性的。同时我们发现，二律背反的范围绝不仅仅局限于康德所列举的四个命题。如此以来，在任何事物都拥有可以超越经验的内在特质，即物自体的普遍性的前提之下，事物是否与经验发生关系就变得没有意义了，因为任何物自体都会有超越经验的可能性。不仅那四个命题因为脱离了时空的限定而成为二律背反，任何受制于时空限定的事物都可以成为二律背反。康德所列举的四种二律背反实际上仅是普遍性的二律背反的一些例子而已，它们之所以受到康德特别的重视而被列举出来是因为它们是传统形而上学的理念和方法支柱，具有一定的典型性和代表性。任何事物都具有可知性和不可知性两个侧面，事物的特征是可以通过感知和经验被认知的，但存在于物自体之中的事物的本质则是人所无法认知的。这个颇需要转弯的

---

① 康德之后的杰出的哲学家，如费希特和黑格尔等，认识到了康德批判哲学所蕴含着的潜在的危害，而力图推翻康德哲学的逻辑，实现现象与本质的统一，而对物自体的理解成为这种努力的关键。黑格尔哲学便是要通过辩证法的演绎来打破康德物自体的不可知性。

逻辑关系或许康德本人也没有真正厘清。①

据此我们可以发现，康德哲学是一种彻底的系统性的怀疑主义。物自体的普遍性决定了康德哲学是十分彻底的怀疑主义思想，同时也决定了它已经超越了怀疑主义而进入了明确的不可知论的领域。在康德看来，从感知到现象到知识再到科学的认知方法知识建立在事物非本质的特征（nonessential features）之上的，而对于事物的本质，即物自体，人是根本无法知晓的。从哲学意义上看，具有如此逻辑的康德哲学便不可避免地进入哲学虚无主义的境地之中。由此以来，康德批判哲学的第一个悖论便出现了，那就是先验辩证法与物自体的普遍性之间的悖论，即二律背反与物自体之间的悖论。

2. 本体论与认识论之间的悖论

在康德哲学中，对纯粹理性的批判将认识论推到了前台，认识论成了形而上学的核心领域。在推定认识论的核心地位的同时，康德有意无意地忽略了本体论的作用。康德对于传统形而上学的纯粹理性的批判剥夺了以上帝为绝对本体的经院哲学的权威性和合理性，但康德却没有建立起一个新的本体来代替上帝。在《纯粹理性批判》中，康德提出了认识主体的命题，但却并没有进行展开。在《实践理性批判》中，康德探讨了伦理学与形而上学之间的关系，这在哲学上暗示着康德对于人的地位的关注，但康德终究没有提出一个系统的人性理论，也没有明确赋予人以本体论的地位，这就再次错过了解决认识主体的机会。于是，在康德哲学中，作为认知主体的"我"变成了一个虚幻的影子，已经失去了作为本体论的主体的地位和功能。这种状况表明，康德的认识论是在缺少本体论的前提下发生的，而由于认知主体是一个不可知和虚无的主体，即康德的认识论是没有认知主体的认识论，如此一来，批判哲学要建立起完善的认识论便是不可能的了。这样便形成了康德哲学的第二个悖论，

---

① 从其三个批判原著的行文中可以看出，康德在逻辑关系的表述上并不顺畅，对许多观点的阐述具有试探性、不确定性和模糊性，这就使对康德哲学的观念事实的准确掌握产生了障碍。而观念唯实主义正是要克服各种障碍，建立起隐藏在行文背后的核心观念之间的真正的逻辑关系及其理念。事实上，在哲学史上，关于哲学家本人对其哲学的认知状况一直存在保留意见。一些哲学家提出了哲学观点，创建了哲学体系，但他们未必真正理解自己的哲学，未必真正知晓自己的哲学的意义以及它们所能带来的影响。例如，康德本人就认为他比柏拉图更了解柏拉图。

即本体论与认识论之间的悖论。

3. 关于哲学的必要性和可能性的悖论

康德在对先验辩证法的展开过程中出现了本体论与认识论之间的悖论，而康德哲学的潜在的哲学后果则产生了下一个悖论。

康德认为，在经验的限度之内，人可以通过现象建立知识，通过知识的积累发展科学。也就是说，在经验限度之内，科学不但是可能的，而且是不断进步和发展的。这样的处置将哲学置于了尴尬的地位。如果哲学被置于经验的限度之内，那么哲学便是知识和科学，这固然可以将哲学科学化，但建立在经验和知识基础之上的哲学还是哲学或者就是哲学的全部吗？作为科学的分支的哲学还有存在的必要吗？哲学独特的命题决定了它的方法是思辨的，决定了它的最终的目的是价值观，哲学的方法和主题是否可以被科学化，或者在多大程度上被科学化，对于这些关键而又复杂的问题都被康德忽略了。而在纯粹理性领域，哲学被认为是人所无法触及的，康德认为人可以思考哲学主体，但同时认为这种思考却是没有可信度的玄想，只会导致"辩证法的幻觉"（the dialectic fantasies）。所以根据康德的逻辑，无论是在经验限度之内还是在之外，哲学都失去了存在的必要性，哲学的地位只是与宗教和神学一样，最后只能是二律背反的一种形态或形式。

在前两个悖论中，康德在确立了认识论在形而上学中的核心地位的同时，也将本体论虚位化了。而本体论的虚位化的哲学后果便是：缺乏了实在性的本体论和完善的认识论，形而上学便失去了必要性和可能性，其存在被剥夺了前提和基础。

在《纯粹理性批判》中，康德宣称要重建形而上学。但是，由于康德哲学内在悖论的存在，康德所宣称的要重建形而上学的努力便成为一句空话。更为重要的是，在更深的层次上，在缺乏认知主体和本体论的条件下，任何哲学都变成了枉然，物自体的普遍性剥夺了哲学思辨的可靠性和必要性，哲学不但不会与科学发生任何关系，关于哲学的任何思辨都只能是二律背反，哲学因此成了无法实现的空中楼阁。也就是说，康德的批判哲学斩断了哲学的可能性的根源。由此以来，便形成了康德的批判哲学的第三个悖论：关于哲学的必要性和可能性的悖论。

在18世纪末期的教会和舆论的抵制和压力下，康德曾试图淡化他的批判哲学对于上帝和信仰的否定，当时的人们也将重点放在了康德哲学与宗教之间的关系之上，后来的哲学史也未能充分、正确和准确地领悟康德批判哲学真正的逻辑架构，也就是说，对康德哲学的内在的悖论以及它们所能带来的严重的哲学后果并没有给予足够的重视。①

4. 纯粹理性与实践理性之间的悖论

康德在其第一个批判即《纯粹理性批判》中关于理想的划分和规定在其第二个批判即《实践理性批判》中被颠覆了。在《纯粹理性批判》中康德通过先验辩证法否定了信仰、宗教和神学的可靠性，实际上是否定了其存在的价值。在《实践理性批判》中，被称为"纯粹实践理性"（Pure Practical Reason）。康德认为伦理学，尤其是宗教和神学等被认为是超越了经验限度之外的理性，是具有合理性的。这表明康德对第一个批判又进行了批判，否定了他对传统形而上学所做出的否定。

事实上，在处理实践理性与纯粹理性的关系上，康德再次犯下了逻辑错误。

首先，《纯粹理性批判》是对思维方式的思辨性的反思，康德试图通过对认识论的拨乱反正来澄清传统形而上学在思维方式和结论上的谬误。《实践理性批判》则转到了对伦理学的分析，批判的对象和主题开始变得模糊不清，虽然仍然被称为批判，但其批判色彩已经大为减弱，实际上在某种程度上变成了对《纯粹理性批判》中的原则和理念的否定，而并非针对实践理性。更为严重的是康德在《实践理性批判》中延续了他对于思维方式和辩证法的坚守，并将这种延续性应用于对伦理学的分析和考察之中。如此一来，康德在《纯粹理性批判》中仅作为思辨性的理性被加入了作为伦理学的实践理性，理性的概念变得松动而模糊，直接动摇了康德批判哲学的概念体系。同样的松动也发生在物自体之中。在《纯粹理性批判》中，康德明确指出物自体是存在于事物自身的自在之物，是人的经验所无法把握的；而在《实践理性批判》中，包括实践理

---

① 西方哲学史的主流观点认为康德关于形而上学与本体论的态度是"模糊的"（ambiguous）。参见 ［英］ Guyer, Paul, Edit：*The Cambridge Companion to Kant*，Cambridge University Press，1992，p. 249。在康德的批判著作中康德并没有直接否定形而上学和本体论本身，但模糊性不足以真正揭示出康德对形而上学和本体论的根本立场。

性在内的人的内在性也被纳入了物自体。这样以来，人便无法了解和理解人自己了，人变成了游离于人之外的陌生的事物。康德不仅否定了建立完善的人性理论的哲学可能性，同时也否定了实现他所设定的哲学目标的可能性，即在试图将人之外的本质的重要组成部分的伦理学确立为本体论的同时，又在人和本体论之间树立起了一幢难以被穿越的壁垒。

其次，从《纯粹理性批判》的逻辑和原则来看，在《纯粹理性批判》中康德认为理性有两种形式即分析和辩证的方法，而实践理性却难以被纳入任何一种其中。分析方法是以经验为基础的，是在经验的限度之内，而实践理性的内容则不是以经验为基础的，是超出经验限度的；如果实践理性是具有合理性的，那么它便不是辩证的，因为辩证只是一种思维错误而已。如此一来，按照康德本人的逻辑，他所规定的理性和实践始终是无法相容的，所谓的实践理性在康德的纯粹理性的逻辑架构中是没有位置的。

从方法论上看，纯粹理性与实践理性同样存在着不可融合性。不能说伦理学与思辨完全没有关联，但从思维方式的角度来规定伦理学显然是十分牵强的。如果康德要以伦理学打造成本体论以便代替传统形而上学的上帝等没有经验认知基础的本体论，那么思维方式和认识论则只是一个并非主要和核心的维度，即使能够澄清伦理学与形而上学的关系，但要将伦理学上升为本体论，仅靠认识论的维度在哲学理念和哲学方法上是不充分的。

再次，从《实践理性批判》的逻辑和原则来看。在《实践理性批判》中，康德转而认为超越经验限度之外的判断是合理的，那么康德在《纯粹理性批判》中所搭建的体系和逻辑架构都是错误的，他对于传统形而上学的批判是错误的。

这种前后无法协调的自相矛盾的状况反映了纯粹理性与实践理性是无法相容的，而这种状况实际上折射出康德对于思维和认识论的认知是具有模糊性的，是在逻辑和理念上无法统一的，这也就难免会导致这样的后果：康德试图澄清传统形而上学的思维和认识论的误区，在部分达到这个目的的同时康德也造成了新的误区和混乱[①]。

---

[①] 康德之后的德国哲学家都在试图纠正康德哲学的内在的逻辑和理念上的矛盾。费希特试图通过其"知识学"理论，黑格尔试图通过其"绝对精神"理念来达到这样的目的。

最后，在实践理性中仍然没有哲学的地位。① 在《纯粹理性批判》中，康德从思维和认识论的角度否定了哲学存在的必要性和可能性，在《实践理性批判》中，康德肯定了宗教和神学的地位，否定了在《纯粹理性批判》中对宗教和神学的否定，这似乎填补了他在纯粹理性批判之后所留下的不可知论的真空。康德在《实践理性批判》中引入了伦理学，其目的首要在道德的基础上重建形而上学，但是缺少了完整的人性理论的道德哲学如同缺乏人的主体的认识论一样同样是不完善的和无法成立的。也就是说，康德在《实践理性批判》中对《纯粹理性批判》的颠覆的颠覆，对自己的否定的否定仍然与哲学无关。哲学在被纯粹理性抛弃之后，再次被实践理性抛弃。在《实践理性批判》中哲学仍然找不到必要性和可能性，成为理性的双重弃儿。

如此一来，纯粹理性与实践理性之间的无法相容的对立关系被康德生硬地扭在了一起，从而形成了康德哲学中的第四个悖论。

5. 四个悖论之下的康德哲学及其合理定位

单凭哲学家的一己之力要建立一个庞大的哲学体系是个巨大的挑战，出现各种问题是不可避免的，也是可以理解的。但在逻辑、理念和体系性上出现重大的悖论就只能表明这个哲学体系是不成熟和不完善的，出现四个悖论可以说它还只是个半成品。遗憾的是，康德哲学正是属于这种情况。

四个悖论的出现表明康德哲学有如下弊端和缺憾。

首先，在核心概念之间，尤其是纯粹理性和实践理性之间存在逻辑上的相互龃龉，无法进行相互补充和协调。

其次，在核心理念上，即在经验论、先验辩证法和价值观之间无法在同一个逻辑线索上完成有机的统一和融合。在《纯粹理性批判》中康德阐述了经验论与先验辩证法之间的关系，在《实践理性批判》中康德阐述了伦理学，即价值观，而价值观与经验论和先验辩证法之间的关系并无法在逻辑和方法上形成统一的整体。

---

① 中西哲学史对于康德的批判哲学与宗教和神学的关系给予了高度的关注，而对于它与形而上学与哲学之间的关系则有所忽略。实际上，按照康德的思路，哲学在康德哲学中只能成为无家可归的流浪者。

最后，在体系构建上存在着内部个别结构与整体系统之间的矛盾和冲突，还无法真正成为一个真正的哲学体系。

有鉴于此，康德的三个批判之间在哲学命题和线索上虽然存在着关联性，但把它们当作一个哲学体系来看待和分析则是不准确的，按照统一的体系来理解它们是牵强的。因此，将三个批判看作表达着相关却相对独立的哲学理念的个别的哲学书籍更加符合它们所处的状态及其相互之间的关系。

**六 康德先验辩证法的本质**

在古希腊和西方哲学史中，辩证法既有正面性也有负面性。正面性体现在将辩证法视为解决哲学命题的方法论并且与形而上学在理念和逻辑上相互渗透和相互补充。辩证法的正面性在古希腊和西方哲学中是主流，而负面性仅有两个特例，其一是在古希腊时期辩证法被视为诡辩术，其二就是在西方近代哲学中康德的先验辩证法。

从其对辩证法的表述来看，康德是从负面或者反面来定位和使用辩证法的。他的先验辩证法属于被他所批判的纯粹理性领域。在《纯粹理性批判》中，康德理性思维分为两种：分析性思维（analytic）和辩证性思维（dialectic）；前者是理性正常的思维方式，而后者则是错误的思维方式。正是人们对理性的误用才导致了辩证法，而其表现形式就是四种二律背反。这种出于对理性的误用而产生的二律背反和先验辩证法的根源在于对经验限度的僭越。

康德认为：

> 如果人们想要把这种单纯理论的一般学说，当作一种实用技艺，即工具来使用，那么，它将变为辩证论。由分析论的单纯滥用，乃至根据真正知识（其特性必须从与对象的一致，因而从内容取来）的假象的单纯逻辑形式而来的一种假象逻辑，将是矫作的。①

可见，在康德看来，辩证法是对逻辑，即理性思维的一种滥用，是

---

① [德]康德：《逻辑学讲义》，徐景行译，商务印书馆2010年版，第7页。

矫作的。在康德的批判哲学中，先验辩证法属于被批判之列，是问题的一部分，而不是解决方案的组成部分，康德的批判哲学正是针对辩证法的。

康德的先验辩证法的这种负面属性是必须加以直视的；而有鉴于中外哲学史对于康德先验辩证法本质的模糊认识，康德对于辩证法的负面定位应该被加以重视和强调的，以恢复对其先验辩证法的观念事实和功能的准确认识和把握。

康德先验辩证法的负面属性和与怀疑主义的纠葛并没有逃过所有哲学史家的审视，其中被包括同样是德国古典哲学代表人物的黑格尔。

黑格尔认为：

> 康德揭示出二律背反，虽然无论如何都必须被视为对哲学认识的一个极为重要的促进，因为这消除了知性形而上学的僵硬的独断论，指出了辩证法的思维运动；但是同时也必须看到，康德即使在这里也是停留于物自体不可知这个单纯消极的结果，而没有达到对二律背反的真正的、积极的意义的认识。①

黑格尔的这个评价是西方哲学史关于康德哲学和二律背反的经典评价，具有"盖棺论定"的影响。黑格尔在肯定二律背反的哲学贡献的同时，也指出了康德哲学的不可知论的倾向，对二律背反在康德哲学中所起到的功能提出了批评。鉴于康德对于二律背反概念的严格限定，以及黑格尔在西方哲学史，尤其是在西方辩证法领域中的巨大影响力，康德的先验辩证法和二律背反在理念和应用上并没有得到进一步的发扬光大。

虽然康德的先验辩证法不只是《纯粹理性批判》中的二律背反，但黑格尔以二律背反来代表康德的先验辩证法表明他认定二律背反是康德辩证法理论的核心理念，这也并不代表黑格尔没有全面地了解康德的辩证法思想。事实上，黑格尔对康德哲学的批评是中肯的，并不属偏激之论。黑格尔的批评也是含蓄的，因为他没有揭示出康德哲学所暗含的对

---

① ［德］Hegel：*The Logic of Hegel*，trans. William Wallace，中国社会科学出版社 2007 年版，第 99—100 页。

形而上学和整个哲学从根本上的不信任和否定。①

## 第四节 黑格尔哲学的辩证法

除了康德，另一个在德国和西方近代哲学史上不得不提的辩证法巨匠是德国哲学家黑格尔。黑格尔对于辩证法的贡献与影响较康德有过之无不及。在一定的程度上，黑格尔辩证法已然成为近代西方辩证法的代名词。②

### 一 黑格尔的生平及其哲学

黑格尔（1770年—1831年）生于普鲁士的斯图加特，他的一生可谓是平淡无奇的。如同康德一样，在终生作为教授的生涯中黑格尔创建了庞大的哲学体系。

黑格尔曾在图宾根神学院学习，这奠定了他终生对于神学和神秘主义的学术兴趣。法国大革命的爆发对于年轻的黑格尔产生了巨大的影响。黑格尔曾经娶妻生子，甚至还有私生子，另外他曾在耶拿、纽伦堡、海德堡和柏林等四所大学任教，这是与终生未婚和仅在一所大学任教的康德不同的地方。黑格尔与康德的另一个不同之处在于他们的哲学的影响力：康德的批判哲学虽然在他生前便已产生巨大的影响力，但这种影响仍然主要局限于哲学界和知识分子阶层；相比之下，黑格尔哲学则一度成为普鲁士的官方哲学，对于德意志的政治思想和意识形态产生了重要的现实影响。

同康德一样，黑格尔涉及了诸多的学术领域，所覆盖的范围的广泛程度甚至超过了前者，他的著作包括哲学史、历史哲学、神学、政治哲学、自然哲学和美学等。黑格尔生前出版了《精神现象学》、《逻辑学》、

---

① 有学者认为黑格尔对康德辩证法的评价太过草率，并未真正理解康德哲学。参见李欣、钟锦《康德辩证法新释》，同济大学出版社2009年版，第2页。

② 有学者认为："黑格尔的辩证法，当它第一次出现于欧洲近代思想舞台之际，无论对于德意志民族，还是对于自认为达到了人类文明顶峰的整个西方思想界，都是一个奇迹，一次地震，一种从天而降的异象。"这种评价显然有过分之嫌，然而黑格尔的辩证法确实对西方哲学史产生了很大的影响。

《哲学全书》和《法哲学原理》等书。1807年出版的《精神现象学》是黑格尔哲学体系的导言，它勾勒出了黑格尔哲学体系的蓝图，标志着黑格尔哲学登上了历史舞台。在黑格尔去世后，他的学生根据他的讲稿整理出版了《历史哲学讲演录》、《哲学史讲演录》、《美学讲演录》和《宗教哲学讲演录》等书。黑格尔的逻辑学理论是黑格尔哲学体系的核心构建，它包括大逻辑即《逻辑学》和小逻辑即《哲学全书》中的逻辑学部分。黑格尔的辩证法理论在其大小逻辑中得到了集中的阐述。

黑格尔是德国浪漫哲学运动的最重要的代表之一，在一些方面他的哲学体系代表着德国哲学的最高成就。黑格尔的辩证法理论在西方哲学史中占有十分重要的地位。列宁曾说"马克思和恩格斯认为，黑格尔辩证法这个最全面、最丰富、最深刻的发展学说，是德国古典哲学最大的成果"[1]。

英国哲学家罗素认为黑格尔哲学是西方哲学史中最难懂的哲学思想。在很大程度上，黑格尔哲学之所以难懂是由两方面的原因造成的：一是黑格尔的模糊不清和时时出现的前后矛盾的语言表述方式，二是后人理解黑格尔哲学的方法出现了问题。许多人在阅读黑格尔哲学时斩断了黑格尔哲学的逻辑线索，像读其他非这些著作一样只根据书中局部的字面意思来试图理解黑格尔哲学中各种概念和观念之间的关系，这实际上是作为主观者的阅读者和作为被阅读和被理解的客体的黑格尔哲学中间人为地竖起了隔离带。如同阅读其他哲学作品一样，在阅读黑格尔的著作时要首先按照作者和作品的逻辑去思考。对于黑格尔的哲学体系来说，只要抓住了其逻辑枢机，即绝对精神（The Absolute, The Absolute Spirit），便把握住了理解黑格尔哲学的主线，主要按照这个主线去理解黑格尔书中的阐述，便能够更容易地理解他所要表述的理念。而这也是理解黑格尔辩证法的重要方法。只要按照这个方法去阅读黑格尔的著作，我们就会发现，虽然其中充斥着各种表达方面的不顺畅之处，然而黑格尔哲学并不比老子哲学、董仲舒哲学和康德的批评哲学或者其他的哲学体系更加难以理解和把握。

---

[1] 列宁：《卡尔·马克思》，载《列宁全集》第21卷，人民出版社1955年版，第35页。

## 二 黑格尔哲学的逻辑枢机

从其哲学史著作可以看出，黑格尔是熟谙西方哲学史的学者，他的哲学体系的构建是建立在对传统观念的洞悉、理解和批评之上的。黑格尔在批评他之前的哲学体系时认为它们都受制于"起点"，而哲学是不需要前提和起点的。他说道：

> 哲学是独立自为的，因而自己创造自己的对象，自己提高自己的对象。而且哲学开端所采取的直接的观点，必须在哲学体系发挥的过程里，转变为终点，亦即成为最后的结论。当哲学达到这个终点时，也就是哲学重新达到其起点而回归到它自身之时。[①]

然而实际上这与他自己的观念事实是不相符的。黑格尔哲学同样是离不开起点的，并且受制于他自我设定的逻辑和观念起点。黑格尔在提出自己的哲学体系时一再地强调起点和开端。他认为世界由三个阶段组成，即逻辑阶段、自然阶段和精神阶段。而逻辑阶段又分为三种逻辑，即存在观、本质观和观念观，逻辑的开端是存在观；而存在观的开端在于所谓的纯存在。同时，黑格尔认为任何事物都贯穿着辩证法的正—反—合三种要素和过程，而这三种过程无不要以正作为起点和铺垫才能进行有效的逻辑展开。这表明，黑格尔在展开其包括辩证法在内的任何一个哲学理念的时候，都要明确地提出一个起点，而这个起点是其哲学理念的不可或缺的逻辑前提和基础。

更为重要的是，在理解黑格尔哲学体系时需要一个起点，如果缺失了这个起点那么黑格尔眼中的世界、逻辑和辩证法便失去了任何基础，变得无法被看到和看清。这个起点就是绝对精神。绝对精神除了作为黑格尔哲学的起点之外，同时也是黑格尔哲学理念的前提和基础，也是理解黑格尔哲学的一把钥匙。自始至终，绝对精神始终是黑格尔哲学体系的核心理念和贯穿于其整个哲学体系中的逻辑线索。

---

[①] 北京大学哲学系外国哲学史教研室编译：《西方哲学原著选读》（下卷），商务印书馆1982年版，第385页。

黑格尔辩证法具有明确的目的性，这个目的性就是为绝对精神服务。而在另一方面，黑格尔的辩证法是绝对精神的展开过程的工具、途径和方法。这意味着要真正理解黑格尔的辩证法理论必须从绝对精神开始，必须以绝对精神作为前提和起点。黑格尔辩证法的三个规律只有在绝对精神的基础上才可以被准确地理解和把握。这表明黑格尔的辩证法与其哲学理念是相辅相成的，或者说黑格尔的辩证法既是一种方法论也是哲学理念本身，而方法论和哲学理念是相互融合的。这与董学、亚里士多德哲学与康德哲学等哲学体系对于辩证法功能和性质的理解和定位是相同的。

黑格尔哲学认为人类的思维和客观事物是具有同一性的，但这种同一性只在绝对精神的前提下才有成立的基础和可能性，而当绝对精神被证明无法成立的情况下，黑格尔辩证法既不具有人类思维与客观事物之间的同一性，它也并不是人类思考的规律，不是客观事物运动变化的规律，黑格尔的辩证法和哲学体系便会坍塌和崩溃。黑格尔辩证法是西方哲学辩证法思想的一种大胆的探索，却绝不是他所谓的"绝对真理"本身或者是绝对真理的反映。如果认定黑格尔的绝对精神是无法接受的，这意味着黑格尔的辩证法同样是无法被接受的；同时，如果要接受他的辩证法或者其中的全部或者部分结论，那么就需要证明他的辩证法及其一些结论在新的前提下同样是合理的。

从哲学史的角度来看，只有坚持绝对精神的逻辑前提和理念基础才能把握黑格尔哲学的哲学观念事实。而后人对黑格尔哲学的理解却往往脱离了这个前提和基础而直接讨论或者接受黑格尔哲学的过程和结论，这种方法只捕捉到了作为观念事实的黑格尔哲学的部分的事实性，实际上是一种断章取义的方法，违背了观念唯实主义关于事实性的完整性的原则。

### 三 黑格尔辩证法的渊源

在对黑格尔辩证法的理解中应该避免一个倾向，即夸大黑格尔对于辩证法的独创性。实际上，从哲学史和辩证法史的角度来看，黑格尔辩证法的概念体系和理念基础并非黑格尔的独创，而是从古希腊、中世纪哲学尤其是近代哲学中便已经存在，可谓是古已有之，黑格尔只是对哲学范畴进行了条理化、系统化和深化，并且将其纳入了自己的绝对精神的哲学理念之中而已。黑格尔辩证法从古希腊辩证法继承了辩证法的概念和范畴如运动和变化、对立统一等，以及逻辑脉络和表达方式，并且按照自己的哲学理念进行了再规定。

黑格尔辩证法在一定程度上是对康德的先验辩证法的批判性回应。黑格尔认为康德的先验辩证法是负面的辩证法，而黑格尔对此种负面定位并不认同，他要建立一个正面的和积极的辩证法来纠正康德的负面辩证法。

虽然黑格尔辩证法的逻辑结构来源于古希腊辩证法，然而黑格尔辩证法最直接的来源是费希特的知识学。费希特的知识学虽然是认识论哲学，但其中包含了丰富的辩证法思想，而其辩证法思想中的概念和逻辑许多都是独创的，费希特的这些独创性思想都成为黑格尔哲学和辩证法的思想原料。

费希特知识学中的概念，如绝对和绝对知识等，启发了黑格尔哲学的绝对精神，其自我与非我、认识与实践、有限与无限以及自由与必然之间的对立统一直接影响了黑格尔辩证法对于三个辩证法规律的总结。费希特哲学中的自我—非我—统一的过程即正—反—合的逻辑链条是黑格尔辩证法中的肯定—否定—再否定的正—反—合的基础和雏形。

因此，黑格尔辩证法也是黑格尔站在巨人肩膀上的结果，是对前人哲学成果的一次综合。将其看作"从天而降"的"奇迹"和"异象"是不符合事实的。

### 四 黑格尔哲学的矛盾论、存在观和三个辩证法规律

最能反映黑格尔辩证法的特点的是三个辩证法规律，即对立统一规律、量变质变规律和否定之否定规律，而它们的理念基础是黑格尔哲学的矛盾论和存在观。

#### （一）矛盾论

矛盾论是黑格尔辩证法的基石，是黑格尔辩证法所有演绎和理念的逻辑前提和基础，也是理解黑格尔辩证法的关键。

黑格尔认为，精神是绝对实在的本质，它自己支持自己，对自己进行分析，实现自身的展示和进化，直到达到真理性和现实性。精神都会

经历一个由三个环节组成的综合过程：首先，精神是实体；其次，精神是自身的异化，是对自身的否定；最后，精神发现对自己的否定仍然是自己，从而再次发现了自己。具体来说，黑格尔认为矛盾论来自精神和实在，任何实体都要遵循肯定—否定—再否定，即正—反—合的过程，正—反—合是一切精神和实体的存在方式。由于精神是绝对精神的一种表现，归根到底，黑格尔的矛盾论来自绝对精神，是绝对精神的存在方式的体现。客观事物、人类历史和思维都被视为绝对精神在不同阶段的表现，因此它们是具有同一性的，由此以来矛盾论便名正言顺地贯穿于一切客观事物、人类历史的进程和人类思维之中，成为它们的共同规律。

黑格尔认为，矛盾论是事物运动的根据，并且是唯一的根据。也就是说，黑格尔是通过矛盾论来解释事物的运动和变化的，并且是唯一的解释。事实上，黑格尔对于一些传统西方哲学中的概念、范畴和理念的再解释和再规定都是通过矛盾论进行的。矛盾论成为包括辩证法在内的黑格尔哲学体系的逻辑主线。

(二) 存在观

黑格尔的辩证法在他的大逻辑和小逻辑中得到了系统的阐述。作为大逻辑的《逻辑学》的第一部分便是关于存在理论的，这部分集中说明了黑格尔哲学的存在观。这表明，存在观是黑格尔哲学和辩证法理论的"起点"和逻辑前提。黑格尔是通过存在与无这对对应范畴来展开演绎其存在观的。

黑格尔认为存在的起端在于"纯存在"，即不包含任何自我规定的内容的存在。而不包含任何自我规定的内容实际上就是"无"。这样，黑格尔就将存在与无等同了起来，认为不仅纯存在是无，存在也是无。黑格尔认为存在与无一方面是对立的，另一方面则是具有同一性的。因为两者在无前提性、非间接性和无规定性上完全同一，因此存在与无是完全同一的。而精神就是存在与无的统一。

黑格尔认为存在与无的统一是相互转化的：存在通过自否定过渡到无；无也同样通过自否定过渡到存在。这个过渡的运动就是"变"。正是通过变，存在与无可以相互渗透和转化，从而实现了两者的统一。

## （三）三个辩证法规律[①]

黑格尔在论述其辩证法理论时的演绎方法被他归纳为辩证法的三个规律。这种归纳体现出了黑格尔辩证法的逻辑方法和思维方式，表现出了黑格尔哲学的矛盾观、存在观及其具体的演绎和展开过程。

### 1. 对立统一规律

黑格尔认为，任何实体都会走向自己的反面，都在否定自己，也就是说都是对立和统一的展现，任何事物都是自身和自身否定的统一。如果说事物的同一性分化为对立性的话，那么对立性也恰恰反映出同一性。因此，对立统一规律就是矛盾的规律，也就是矛盾论。

对立统一规律是事物运动的总体规律，量变质变规律和否定之否定规律都是其在不同阶段的具体表现形态。由于黑格尔认为客观事物、人类历史和思维是具有同一性的，因此对立统一规律也是这三个领域中的共同规律。

### 2. 量变质变规律

量变质变规律也就是质量互变规律。黑格尔认为，定在即实有或现有是特定的存在，特定的存在就是质的规定性。根据其矛盾论，质的规定性让定在向他物转化，形成了诸多的他物。这种一向多的过渡形成了质与量的关系。然而量并不能超出质的规定性，即有质的量才是尺度。但是，质与量的关系存在两种可能性：一是量变不影响质，因为量变只在一定的限度之内进行；二是量变超越了质的规定性，于是质变便发生了。

### 3. 否定之否定规律

黑格尔认为，无论是对立统一还是量变质变都不是事物运动变化的终点，因为事物都会进入自身演化的新阶段即自我与自我否定的统一，即自我对自我否定的否定。否定之否定就是对自身矛盾的综合，这意味着事物新的状态的产生。

黑格尔认为否定之否定规律通过正—反—合三个步骤事物总是向前发展和进步的，也就是说，进步是事物不容违背的内在规律，进步是事物内在的必然性。任何事物只要存在它就必然是进步的。

---

[①] 关于黑格尔辩证法的三个规律与存在辩证法之间的关系，可见后文相关部分。

### (四) 黑格尔辩证法的功能

通过以上分析可见黑格尔辩证法的三个规律是绝对精神转化和运作的方式和方法，这三个辩证法规律是其绝对精神形而上学的逻辑链条上的一环，完全是为绝对精神服务的。也就是说，在黑格尔的哲学体系中形而上学理论和辩证法方法论是融为一体的，理解黑格尔的辩证法离不开对其总体哲学理念的把握。

如果把黑格尔的辩证法从黑格尔的绝对精神剥离开来，黑格尔辩证法能否作为独立的哲学方法论而具有独立性和普遍性吗？存在辩证法认为，离开了黑格尔的哲学理念和体系，黑格尔辩证法是无法作为独立的哲学方法论而存在的。恩格斯指出了黑格尔辩证法的定位问题，将其头和脚进行了颠倒，从而使其获得了重要的改变。

那么，黑格尔辩证法是否适合于存在体？与存在辩证法是否具有契合性？对于这个问题的回答可参见后文。

### (五) 黑格尔对康德哲学的否定

黑格尔并不接受康德的批判哲学，黑格尔对此直言不讳。黑格尔的绝对精神全面而彻底地否定了康德哲学。康德哲学对于西方传统形而上学的批判集中在认识论方面，而康德哲学的认识论的核心理念之一是独立于人的认知之外的自在之物的存在。

黑格尔通过本质与现象的关系否定了康德哲学的这个观点。黑格尔认为，现象包括现象本身和本质以及他物反思和自身反思两个方面，不仅现象和本质是具有同一性的，他物反思和自身反思也是完全渗透的；本质必定要通过现象表现出来，由于现象与本质是具有同一性的，因此本质并不会存在于现象之外。如此一来，康德哲学中的自在之物便失去了任何存在的余地，康德哲学的二律背反也失去了存在的意义。

实际上，康德哲学并非完全合理的和有说服力的，不过这与黑格尔对其否定无关。由于黑格尔的哲学和辩证法并不符合事实性，并不具有充分的合理性，尤其是黑格尔辩证法具有内在的悖论，因此黑格尔对康德哲学的否定是无力的。

## 五 黑格尔辩证法的内在悖论

黑格尔辩证法具有高度的思辨性，但是思辨性并不能代表正确性和准确性，也不代表事实性。如同其哲学体系一样，黑格尔辩证法的内部同样具有明显的悖论。

（一）主观性与客观性的悖论

作为方法论的黑格尔辩证法是为了黑格尔哲学的核心绝对精神服务的，是为了揭示绝对精神展化和进步的规律的工具。但是，黑格尔哲学的绝对精神毫无疑问是黑格尔自己主观臆想出来的一个概念，而与事实性毫无关系。而所谓的绝对精神的展化和进步同样是由头脑主观臆想出来的而不是基于事实性的概念。承认绝对精神是万物的根本，世界、历史和人的精神等都是绝对精神自我展示的工具和过程，这无异于将绝对精神视为如同上帝一样的主宰者。承认所有事物都是进步的，就等于说进步是具有先验性的，是命中注定的，世界和人类社会都是按照绝对精神的意志和规划而存在和一步步地运动的，这显然是机械主义的决定论，是基督教和一切宗教理念的翻版。黑格尔哲学被认定为客观唯心主义，而客观唯心主义其实是主观性的反映，或者说是主观唯心主义的一个变种；如同被尊为万能之神的上帝同样是产生于人的主观臆念之中一样，隐藏在辩证法和哲学思辨性之后的绝对精神同样如此，两者是可以画上等号的。如此一来，黑格尔的辩证法便不可避免地只能在主观性和臆想中才有意义了。

（二）超现实性与事实性的悖论

存在是存在体的形式，也是存在体的内容。黑格尔哲学虽然也强调存在的内容，并且在《逻辑学》中有关于存在观的部分，但黑格尔辩证法并不是关于人的现实存在的辩证法，而是关于绝对精神存在的辩证法，人只是黑格尔关于绝对精神辩证法的一个展示和表现工具，是绝对精神的微不足道的组成部分。可见，人在绝对精神中的定位与人在基督教中的定位如出一辙。

黑格尔辩证法认为一切事物都是进步的，而进步规律的理论基础就是其矛盾观和否定之否定的规律。但黑格尔的进步只是绝对精神之下的进步，黑格尔认为绝对精神主导下的进步意味着一切客观事物和思维等所有存在形态的变化。黑格尔辩证法认为对旧事物的否定意味着进步，也暗示着旧事物存在的灭亡和新事物的新的存在形态的诞生，而对否定之否定则意味着新事物对于旧事物中的某些矛盾的吸收和妥协，新事物既包含新的要素也吸收了一些旧事物中的积极要素。但是，这种进步观如同黑格尔哲学和辩证法的所有理念一样是缺乏事实性基础的，是先验性的和决断论的，是黑格尔主观臆想出来的进步观。

达尔文主义所揭示的物种进化的规律并不支持黑格尔辩证法的进化论，相反却为驳斥它通过了强有力的反面证据。达尔文主义所揭示的生物进化并没有先验的进步性的内在规定，其只是为了适应、化解和战胜各种反存在力对其存在的威胁，具有生物学和趋向性意义上的随机性。生物体的适者生存所带来的种种变化始终处于成功和失败两种可能性之间，成功意味着物种存在的持续性可以得到保持，失败则意味着其存在的持续性被打断，意味着物种的灭绝。

通过进步来改变存在的形态只是存在形态改变的一种方式，而远无法涵盖存在的所有变化规律和方式。而对于存在的正面和整体的运动和变化规律的揭示和挖掘只能通过存在辩证法才能得以完成。

(三) 黑格尔辩证法理念和逻辑的崩溃

在把握了黑格尔哲学和辩证法枢机的前提下，对于其本质的检验和鉴定也变得简单了。这就是将观念唯实主义的原则应用于黑格尔的哲学和辩证法。由此以来我们可以清楚地看到：当用观念唯实主义来检验绝对精神时，黑格尔洋洋洒洒的论述和所设置的各种语言和逻辑上的模糊性便露出了真实的面目。我们看到，绝对精神是没有事实性基础的想象之物，按照康德哲学的理念只是一种先验辩证法，是超越了人的经验限度的，因此只是一种神学或者宗教，也就是说绝对精神只是上帝的代名词。

黑格尔哲学认为人类历史是绝对精神展开的过程，人类历史是绝对精神的无条件体现和展现。因此，人类的一切都是与绝对精神具有绝对的同一性的。于是，客观事物和人类思维便具有了绝对的同一性，绝对精神的辩证法就是关于客观事物的辩证法，同样也是关于人类思维的辩证法。可是当证明了绝对精神只是黑格尔主观臆想的本质时，客观事物与人类思维的绝对同一性便失去了逻辑和哲学的基础，两者之间的关系就要根据新的哲学理念和逻辑创新加以构建，于是康德批判哲学的认识论便作为一种选项再次进入了哲学的视野。

黑格尔认为任何事物都要遵循正—反—合的原则，包括人类历史和人类思维。在绝对精神失效的情况下，他所谓的正—反—合的原则自然也就同样失去了合理性和必要性。

（四）否定之否定是反逻辑性的悖论

黑格尔辩证法的核心理念是否定之否定规律。如前所述，黑格尔认为否定之否定规律就是事物的正—反—合的运动过程，这个规律适用于所有存在，即客观事物、人类历史和人类思维只要存在就必须运动，而只要运动都必须遵循这个规律。但是这个所谓的"真理"实际上是反逻辑的悖论。

逻辑规律的前提和基础是实体的同一性，即只有针对同一实体的运动的规律所做出的总结才是逻辑，所谓的逻辑规律是指同一个实体的运动规律而言。也就是说，不同主体所表现出的规律并不是某一实体的逻辑规律，而针对不同实体的规律并不是特定实体的逻辑规律。但是这个逻辑前提和基础在黑格尔辩证法中被打破了。黑格尔辩证法实际上是"非实体性"的辩证法，而非实体性则是反逻辑性的，是个悖论。

黑格尔辩证法的否定之否定规律所针对的并不是特定的一个实体，黑格尔辩证法的规律是关于矛盾的规律，而不是关于同一实体的规律，也就是说黑格尔辩证法是关于不同实体的规律，其最基本的运动过程涉及至少具有不同本质的三个实体。当一个实体走向自己反面时，其性质便会发生改变，变成了另外一个事物，成为一个新的实体，否则它便无法与旧的实体形成矛盾，没有矛盾便没有运动；新旧实体之间矛盾运动的结果是新的实体的诞生，即建立在一对矛盾体之上的两个实体的综合体，这个新的综合性的实体与前两个实体完全不同，它又会产生新的否定之否定的矛盾运动过程。也就是说，在黑格尔的否定之否定的辩证法过程中出现了三个实体；前两个实体在正—反—合的过程中都消失了。

黑格尔强调不同实体之间的连续性，这种连续性体现在事物的内在要素上。但是我们必须看到，虽然每个实体中都包含旧实体中的要素，不同实体之间具有一定的连续性，但这种内部要素的连续性并不影响新实体的产生。每个新实体在本质上都是具有不同规定性的新事物，都是独立而特定的存在体。新的实体或许与旧的实体具有同一性，但是这只是一种选项，一种可能性。而黑格尔辩证法并没有涉及更没有去论证这种可能性转化为现实性的可能性。这个盲区的存在强化了否定之否定规律的悖论。

但是同时，否定之否定规律对于解释单一和特定实体的运动规律却也是不充分的和失效的。例如，它无法解释生命体的存在过程。一个生命体如何能够通过自我否定走向自己的反面？是死亡吗？如果是死亡，那么生命体在死亡之后又如何完成对死亡之再否定而形成新的实体呢？是灵魂吗？这种对于生命体存在过程的解释在宗教中或许是说得通的，但是却与科学和生命体存在的事实性完全不相关，是缺乏事实性基础的。

黑格尔辩证法的非实体性在国家问题上同样体现了其"独特的"特性。对于特定的国家来说，存在辩证法关注的核心是其存在状态，而黑格尔辩证法所关注的则是存在状态内的要素的转化。作为一种人类存在体的形式，国家的存在是国家问题上的核心主题，因为特定国家的存在是它最重要的目的，国家的最高目标同时也是最基本的目标就是保持自身的存在，在它死亡的残骸之上所建立的后续国家，是何种状态以及有多少现存的国家要素和社会要素会以何种形式进入后续国家，是国家意识形态所要回避的最大的禁忌。

存在辩证法所关注的是作为存在体的国家的整个存在周期和存在状态，即国家的存在性，而黑格尔辩证法所关注的是在国家实体的转化过程中的各种矛盾要素的转化规律。如果认为黑格尔辩证法是绝对真理和客观规律，那么就等于在认知和意识形态层次上承认了现存国家的不合理性和灭亡的必然性，这对于任何特定国家实体来说都是不可接受的。存在辩证法与黑格尔辩证法的这个差异不仅是本质性的，也体现了两者在辩证法层次上的方法论的根本区别，即存在辩证法的主体是特定而单一的存在体，黑格尔辩证法的整体是存在体之内的某些要素，而并没有任何明确的主体。

可见，黑格尔辩证法所针对的并不是特定实体的运动规律，而是诸多实体的"规律"。这种"偷换实体"的暗度陈仓的方法在一定程度上是偷换概念的一种方式，是反逻辑的。虽然这个涉及诸多实体的辩证法规律体现了绝对精神的转化和表现方式及规律，但针对任何特定实体的辩证法规律却并没有被发掘和表现出来。因此，从表现的对象看，黑格尔辩证法规律针对的并不是具体的、特定的和单一的实体，针对单一实体的辩证法规律仍然是个空白；从规律本身来看，否定之否定规律是针对跨越多种实体的要素辩证法，严格来说这本身便是一种逻辑悖论。

对黑格尔辩证法的对立统一观的进一步解析，可见本书后文"黑格尔辩证法三个规律的适用范围"部分。

### 六　黑格尔哲学是西方哲学史上的一个巨大的倒退

康德批判哲学固然存在各种悖论，但其重要的前提和基础之一便是对事实性的遵守，事实性与康德的经验的限度具有内在的同一性，这是其《纯粹理性批判》的精髓所在。黑格尔在康德之后提出了以绝对精神为核心的哲学体系，这是对康德批判哲学的否定，从西方哲学史角度来看是西方哲学的严重倒退。

黑格尔哲学的倒退不只倒退到康德哲学之前，实际上它倒退到了柏拉图哲学。黑格尔哲学的绝对精神在本质上相当于柏拉图哲学的理念，黑格尔哲学只是被更加复杂化和体系化了的柏拉图哲学的理念论，黑格尔的辩证法理论是黑格尔哲学与柏拉图理念论之间的区别。虽然黑格尔的辩证法使黑格尔哲学更加复杂和系统化，但其哲学本质却与柏拉图哲学有着本质上的同一性。

### 七　恩格斯对黑格尔辩证法的改造

黑格尔辩证法是马克思主义的来源之一。从辩证法的观念史的角度看，只有马克思主义的唯物辩证法完成了对黑格尔辩证法的超越和扬弃。[①] 但是，这种超越是建立在对黑格尔辩证法的基本定位的改造基础之上的。这个改造工作是由恩格斯进行的。[②]

恩格斯认为黑格尔辩证法是唯心主义的，恩格斯将它从唯心主义的大头朝下的状态给扶正了，形成了唯物主义的辩证法，将其挪到了自然、人类社会和思维领域，黑格尔辩证法于是变成了关于这三个领域的一般规律的科学，形成了唯物辩证法和历史辩证法，成为马克思主义的方法论。

---

[①] 邓晓芒：《思辨的张力：黑格尔辩证法新探》，商务印书馆2008年版，第7页。
[②] 马克思曾计划写一部《辩证法》著作，但因病去世，未能完成。

恩格斯并没有改变黑格尔辩证法的内核和逻辑过程，在技术上保留的黑格尔辩证法的全貌，只是对其立场与事物衔接的方式进行了调整，即从其唯心主义辩证法的属性改变成了唯物主义辩证法。

## 第五节　西方辩证法的不足

从本书对西方辩证法的观念史的回顾和梳理中，我们看到无论是古希腊辩证法、欧洲近代哲学，还是德国古典哲学的辩证法都存在一个共同的弊端，即缺乏事实性基础。虽然从赫拉克利特开始，古希腊辩证法就强调经验的作用，亚里士多德的辩证法也提出要将以经验为内核的实体作为其辩证法和形而上学的基础，但无论是他个人的还是古希腊整体的辩证法思想还没有上升到事实性的高度，而总是游离在一元性与二元性以及经验与超越之间。

在经院哲学的形而上学和神学的影响之下，在西方近代辩证法中，对事实性的忽略达到了新的高度，这种倾向在莱布尼茨的单子论中得到了最充分的表现。在西方近代辩证法思想家之中最接近事实性的哲学家当数康德了。康德发现了古希腊和经院哲学在认识论上的弊端，认为传统形而上学在思维方式上存在着严重的逻辑问题，康德将其归纳为先验辩证法并对其进行了深入而系统的批判。康德试图改变这种状况，其批判哲学就是为此而做出的逻辑纠正。康德的"药方"是从人的思辨方式的局限和可能性开出的，康德以经验的限度为标尺来划分思辨方式。康德对经验的限度的强调实际上与经验主义有着内在的联系，蕴含着要以事实性来修剪和替代完全以先验性为基础的形而上学断言的努力。这种努力如果成功的话就无异于釜底抽薪般地剥夺了传统形而上学的"独断论"的合理性和可靠性。但是，虽然康德触摸到了思维的事实性，然而他的重心并不在事实性之上，而只是要证明传统形而上学和先验辩证法的不合理性。在康德的批判哲学戛然而止于物自体的不可知性的同时，康德对于传统形而上学的批判便结束了。

而接踵康德哲学而来的黑格尔哲学则在事实性方面发生了大的倒退，不仅否定了康德的批判哲学的合理性，而且在很大程度上其绝对精神退回到了神学的地步，事实性受到了完全的漠视和否定。

恩格斯发现了黑格尔辩证法的问题，将其倒挂的头和脚放到了正常的位置。恩格斯对黑格尔辩证法的纠正将事实性注入了辩证法，实际上是在很大程度上挽救了黑格尔辩证法。

# 第四章

# 中西方辩证法的差异性和共性

为了表述方便起见，此处的西方辩证法包括古希腊辩证法、西方近现代辩证法和德国古典辩证法。

中国古代辩证法与西方辩证法都是各自原发的哲学思想，都是各种哲学史中的重要组成部分和线索。中西辩证法也不约而同地有着相似或者相同的内涵和功能，在本质上中西古代辩证法都是要素辩证法，都以对一对对对应范畴和对立范畴的规定和解读为目的。根据观念唯实主义所进行的中国古代辩证法与西方辩证法之间的唯实比较，我们发现两者对于对立范畴的规定既有差异性，也有共性，还有各种不足之处。两者之间的关系可以概括为：内容不同，哲学功能相同，理念和原则相似，在不同的时代都是各自哲学构成中的重要组成部分，另外它们都属于过去的时代。同时，根据唯实主义的事实性和时代性的原则，我们认为，中国古代辩证法和西方辩证法都不是辩证法的终点，它们的不足之处为辩证法提供了与时俱进的发展空间。

## 第一节 两者的差异性

作为在两个截然不同的文化和文明土壤中发芽结果的辩证法思想，中国古代辩证法与西方辩证法之间存在着巨大的差异性。这种差异性主要体现在内容、方法和成熟度等方面之上。

### 一 辩证法内容上的不同

中国古代辩证法和西方辩证法之间的差异性主要表现在辩证法在内

容上的不同，尤其是核心范畴的不同。中国古代辩证法从先秦时期便以阴阳观为核心范畴，在未来的两千多年里阴阳观得到了以不同形式进行的演绎和深化，使中国古代辩证法的思辨性达到了很高的程度。这种观念事实说明了中国古代辩证法是以阴阳辩证法为核心范畴而展开的。相比之下，西方辩证法则显得支离破碎，缺乏中国古代辩证法的一以贯之的明确的对应范畴。虽然亚里士多德对于西方辩证法在长期内一直发挥着重要的影响，然而西方在不同时期和在不同国家的辩证法却有不同的范畴和内涵以及不同的侧重点，缺乏如中国古代辩证法具有统一性的，对同样的核心范畴的跨时空的不断挖掘、发展和演绎，也缺乏统一的逻辑线索。

## 二 辩证法演绎方法上的不同

中西辩证法在演绎方法上的不同主要体现在两个方面：一是在事物的运动方式之上，二是在辩证法的表现手段之上。

虽然作为辩证法核心理念的运动是中西辩证法中的共同特征，但是它们对于运动的理解并不相同。中国古代辩证法认为事物都是周期性地循环的，事物不仅在阴与阳之间相互循环，也在五行之间循环，它们共同构成了阴阳辩证法的核心内容。古希腊辩证法对于运动的理解则并没有表现出明确的特性，没有用固定的对应范畴来规范运动，黑格尔辩证法虽然用矛盾论来阐述事物的运动，然而矛盾并没有限定具体的事物，并且从黑格尔开始，西方辩证法则认为运动是直线性的，是进步的，而不是循环性的。

从表现手段上看，中国古代辩证法的表现手段更为丰富，除了文字的表达之外，而且在易辩证法中有象的表达，如易中的六十四卦象；有数的表达，如邵雍的象数辩证法；还有图像的表达，如周敦颐的太极辩证法；等等。而西方辩证法的表达方法则是单一的，即只有文字的表达方法，虽然毕达哥拉斯也强调数的作用，但相比于中国古代数的辩证法仍然处于初级阶段，没有形成深入的模式。

易辩证法的象的表达方式不依赖文字而独立存在，在古朴的同时也赋予了易辩证法以超越时代性、抽象性和神秘性，也正是这些特征促使了易辩证法在各个时代都吸引了大量的学者进行不断的解读、挖掘、创新和发展，试图与各自的时代性相结合，体现出了易辩证法不断演进的特征。

北宋邵雍的象数辩证法是将数学与象和文字进行了结合，是具有三维视角的立体的辩证法思维方式，它对于代数的演绎可谓是达到了极限，其立体性的研究方法在西方未曾有过，邵雍将这种辩证法方法用于历史学和政治学的研究，虽然在影响力上不如董学的灾异论，但在哲学走向和研究方法上堪与董仲舒的灾异论比肩。邵雍的象数辩证法体现了中国古人辩证法思维的复杂性和哲学思辨的高度发达，是一种十分独特的辩证法理论。周敦颐的《太极图》采用了多个同心圆加以黑白颜色来阐释无极与太极的关系以及阴阳观，同样是一种创新，这种方法在西方辩证法历史中也并不存在，体现了中国古人能够用形象而直观的方法来阐释抽象理论的能力和思维特点。

### 三　两者在成熟度上的不同

中国古代辩证法和西方辩证法之间的差异性还表现在早熟程度上。中国古代辩证法显然更加早熟，不仅出现的时间更早，而且先秦时期的易辩证法和易传辩证法在方法论、内涵和复杂性上要领先古希腊辩证法，而成型和完善于西汉的董学辩证法更是在深度、体系性和功能上全面领先古希腊的辩证法思想。当中国先秦古人已经能够通过象、数和文字来表达和演绎阴阳观而形成了基本上规定的哲学方法和理念的时候，古希腊却仍然将辩证法看作一种狡辩之术，虽然其中也夹杂着哲学观念，然而其目的在于在辩论中侥幸取胜，其中充斥着偷换概念、强词夺理和诡辩等逻辑错误，在层次、功能和深度上显得十分肤浅。这表明古希腊并不在于通过辩证法来客观地表达对于客观世界和人类的理性解释，在哲学性肤浅的同时，更体现了古希腊辩证法还没有与历史学和政治学进行有机的结合。

### 四　两者在开放性上的不同

然而同时，我们也要看到，虽然中国古代辩证法具有早熟性和某种优越性，但它却过于封闭，在董学辩证法之后并没有提出新的概念和范畴，而是一直围绕着阴阳进行演绎，在董仲舒之后便缺乏突破。相比之下,西方辩证法虽然相对缺乏早熟性,并且没有对对应范畴和逻辑线索进行严格的规定,但它们却具有开放性和包容性,这就为其不断地发展提供了余地。在亚里士多德之后,康德和黑格尔都能够提出新的辩证法概念和理念,对辩证法进行具有突破性的再创造和演绎,而这种开放性和创造性正是中国古代辩证法所缺乏的。

德国的古代哲学时期的辩证法则要在思维的深度和广度上更加成熟。它们较古希腊辩证法上升到了新的层次,在开放性的基础上,更具抽象性、概括性和思辨性,总结出了特定的辩证法规律,可以面向更多的事物。

### 五 两者对辩证法的性质所持的立场不同

在中国古代辩证法史中并不存在对于辩证法性质的负面的和反面的判断和使用方式,都是正面的和肯定的判断和使用方式。

相比之下,在西方哲学史中,辩证法则被赋予了两者截然相反的功能,即有肯定式的辩证法的正面的立场和使用方式,也有认定辩证法只具有负面的立场和反面的使用方式。对辩证法的功能的肯定式的认知体现在将辩证法视为解决哲学命题的方法论并且与形而上学在理念和逻辑上相互渗透和补充。虽然如此,对辩证法的肯定式的认识和使用在西方哲学史中仍是主流,而持负面性观点的仅有两个特例,即在古希腊时期被视为诡辩术的辩证法和被认为是经院哲学的思维误区的康德的先验辩证法。

## 第二节 两者的共性

在提出中国古代辩证法与西方辩证法的差异的同时,还要看到两者之间还有很多共性。这些共性都是自发性形成的,体现了辩证法特殊的自在本性和基本属性。两者对于辩证法的哲学定位具有不约而同的相似性。它们都将辩证法置于哲学体系的核心地位和方法论的最高端。辩证法不仅被视为哲学方法论的最高级形态,也被当作事物运动的内在规律,从而与形而上学发生深入的逻辑互动关系。如果说本体论体现的是对于事物本质的相对静态的认定的话,那么辩证法所表现的则是对事物本质的内在运动规律的归纳、演绎和思辨。这说明，辩证法不仅是本体论的方法论和逻辑支撑，其本身也承担了本体论和形而上学的重要功能。董学的阴阳辩证法是如此，西方的黑格尔辩证法同样如此。

不仅如此，两者在理念上都有一些基本的观点，形成了辩证法内容上的理念共性和逻辑共性。这些共性包括以下方面。

### 一 运动变化观

运动变化观，即认为事物是运动和变化的观点，是辩证法最基本的观点，是辩证法赖以思辨的前提和基础。失去了运动和变化观，辩证法便不成其为辩证法，辩证法也无法进行下一步的思辨和逻辑推理。运动变化观因此也成为检验一种哲学思想和方法论是不是辩证法和具有辩证法因素的第一块试金石。

运动变化观是辩证法最初探讨的理念，正是关于对运动变化的探讨才促生了其他辩证法范畴和理念的生成、发展和相互联系，这在中国古代辩证法和古希腊辩证法中都是如此。中国先秦的易辩证法和老子辩证法都包含运动变化观。事实上，《易》中的阴阳转化就是关于运动变化的系统的观点，早在易辩证法中便已经十分成熟。古希腊辩证法虽然不如中国古代辩证法早熟，但是也在古希腊哲学诞生之初便涉及了运动。古希腊最早的哲学家泰勒斯认为水是万物的本原，在阐述水是如何演变为万物之时他便提到了运动。古希腊系统的辩证法思想也是从运动变化观开始的，赫拉克利特提出了较为深刻的万物皆流的运动变化观。赫拉克利特之所以被认为是古希腊辩证法思想的重要代表之一，正是因为他对运动变化观进行了明确而具有代表性的阐述。

### 二 相互联系观

中国古代辩证法和西方辩证法都认为事物是相互联系的，而不是孤立地存在的。在阴阳辩证法中这种相互联系不仅体现在对应范畴之间，也体现在事物的生成体系之中。阴阳辩证法中的阴阳观和五行观就是事物的生成和转化体系。阴和阳通过五行之间的相生相克形成了事物之间的循环体系，而没有各种要素之间的相互联系，包括相生、相克和相互转化，事物之间的循环性的生成体系是无法完成的。因此，相互联系观成为中国古代所有辩证法思想和理论的共同观点。

西方辩证法从古希腊开始便确认了相互联系观,赫拉克利特明确提出了普遍的相互联系观,并且认为事物之间的联系有表面层次和内在层次之分。虽然巴门尼德哲学否定存在体之间的普遍联系性,将时空进行了点化,但这种违背了事物存在的基本事实性的悖论并没有被古希腊哲学和后来的西方哲学所接受,而赫拉克利特的主张相互联系的辩证法观点则被后来的西方辩证法所继承,成为西方辩证法的一个基本观点。

### 三 对应范畴

中国古代辩证法和西方辩证法都有概念和范畴上的对应性的观念。对应范畴是具有内在逻辑关联性的两个或者几个范畴的比较广义的称谓。而这实际上就是建立在对矛盾的观察之上的认知反映。

虽然古代辩证法还没有将矛盾作为一个辩证法范畴加以使用,但其中的萌芽已经产生,中国古代辩证法中的阴阳就是一对典型的矛盾。对应范畴所体现的可以是事物在量上的不同,也可以是在质上的差异。中国古代和西方不同的辩证法思想中具有不同的对应范畴。例如,易辩证法、董学辩证法和太极辩证法中的阴与阳;老子辩证法中诸多的对应范畴,如动与静,无和有,福与祸,正与奇,长与短,多与少,等等;古希腊赫拉克利特辩证法中的生与死,冷与暖,潮与燥,干与湿等,西方黑格尔辩证法中的具有普遍性的矛盾,等等。

辩证法的一个基本观点是,事物并不是孤立地存在的,事物之间存在着各种各样的联系,而具有内在逻辑联系的诸对应范畴之间更是相互依存和可以相互转化的。对应范畴之间的相互转化性在中国古代辩证法和西方辩证法中都有充分的体现。中国古代的阴阳辩证法中的阴阳范畴和五行是对应范畴,阴阳和五行之间的相互转化也是对应范畴之间相互转化的典型体现。黑格尔辩证法中的对立统一规律更是以矛盾这对对立范畴为基础和灵魂的。

### 四 矛盾论

西方辩证法中的许多规律,包括矛盾论、对立统一规律和量变质变规律等,同样是中国古代辩证法中的基本理念。这点要加以注意和强调。

老子辩证法之中诸多的对应范畴实际上都是一对对的矛盾，而在中国古代辩证法中的核心范畴阴阳更是一对典型的矛盾。同样地，中国古代哲学中有矛盾论之实而并没有矛盾论之名，但这并不妨碍对于中国古代哲学的矛盾论思想普遍存在的观念事实。阴阳辩证法实际上就是对于阴阳这对矛盾的相互作用的规律的总结、演绎和思辨。由于早在古希腊辩证法中便出现了对立统一观，这就意味着矛盾论在古希腊辩证法中已然成为被普遍使用的辩证法范畴，而并非直到黑格尔时才被普遍使用。

### 五　对立统一观

与矛盾论直接相呼应的是中国古代辩证法中同样存在着对立统一的观念。董仲舒将阴阳这一对古老的对应范畴演绎为阴阳辩证法，而董学的阴阳辩证法实际上就是阐述阴阳之间的对立统一观的辩证法。北宋的太极辩证法和太极象数辩证法都是对阴阳对立统一观的细化和深化，对于两者之间的对立和统一的关系阐释得更加具体、明了和深刻。由此可见，对立统一观并非如许多人认为的那样产生于黑格尔辩证法，而早在中国古代辩证法中就有了成熟的体现。

在西方辩证法观念史中，对立统一观在古希腊哲学初期便已经产生，赫拉克利特将它提高到了哲学思辨的高度，将其视为普遍原理贯穿于他对自然界、动物界、人类和神的理解之中，成为其辩证法思想的重要组成部分。

### 六　量变质变观

黑格尔辩证法中的量变质变规律早在中国古代辩证法中便有了成熟的表现。老子辩证法和董学辩证法充满了关于量变和质变规律的概括和总结。老子的名言"合抱之木，生于毫末；九层之台，起于累土；千里之行，始于足下"（《老子》）。形象地说明了从量变到质变的规律。董学中的见微知著论则对量变质变规律进行了思辨性的表述。所谓的见微知著按照董仲舒的话说是"贵微、重始、慎终、推效者哉"（《春秋繁露·二端》），也就是强调要通过事物的生成和微小的细节看到事物未来的发展趋势和本质，提前判断出事物的后果和结局，并及时采取防范和改正措施，防止小错酿成大祸。

### 七 肯定否定观

西方辩证法尤其是黑格尔辩证法中的否定之否定规律同样在中国古代辩证法得到了成熟的表现。中国先秦哲学中的五行观中具有存在体相克的思想，这与西方辩证法中的否定之否定观暗合。董仲舒整合了先秦的五行观，将其发展成五行哲学。五行哲学创新排定了五行的顺序，提出了五行相生的观念，并且与先秦的五行相胜相结合，五行之间的相生相克实际上就是存在体之间的否定、肯定和再否定的循环过程，这与黑格尔辩证法的否定之否定观相似，只是五行哲学的肯定否定关系是循环进行的，而黑格尔辩证法的肯定否定观是直线性的，即所谓进步的。

## 第三节 中西辩证法共同的不足与属性

中国古代辩证法和西方辩证法的发展经历了几千年，然而辩证法并没有被穷尽或者达到完美，事实上辩证法仍然有进步的空间。辩证法进步的空间不仅来自辩证法自身内在的技术性发展，而且来自时代的要求。新的时代会使人类带来新的存在状态，带来新的危机，而为了应对新的存在危机，作为最高层次的哲学方法论的辩证法自然责无旁贷。而中西辩证法的共同不足为辩证法的进步和完善提供了可能性。

### 一 事实性的不足

中西辩证法的共同不足体现在对于事实性的违背上。以阴阳演绎为主线的中国古代辩证法无法覆盖全部的事实性，而只能覆盖部分的事实性；相比之下，古希腊的辩证法与事实性的距离更远一些。西方近代辩证法提出了矛盾论，虽然矛盾论具有开放性的特点，能够覆盖更多的事实，然而仍然无法适用于全部的事实，仍然只具有部分的事实性。也就是说，无论是中国古代辩证法还是西方辩证法都不符合唯实主义关于事实性的标准，都缺乏事实性的坚实基础，还都没有达到科学的高度，还都不是科学的辩证法思想。

### 二 要素辩证法

历史上的辩证法，包括中国古代辩证法和西方辩证法，都是要素辩证法。要素辩证法是以辩证法要素为核心的辩证法。中国古代辩证法是以阴阳这两个对应要素为核心的辩证法；以黑格尔辩证法为代表的西方近现代辩证法是以矛盾为对应要素的辩证法。

### 三 新形态的辩证法理论的可行性和必要性

中西辩证法虽然已经产生和发展了几千年，但是在技术上仍然有发展的空间。新时代有新的主题，面临着新的困难和危机，这些都对新的辩证法理论提出了要求。

（一）技术上的可行性

如前所述，迄今为止的中西辩证法都是要素辩证法，在技术上并没有将辩证法的理念穷尽。辩证法是否能够摆脱要素而以新的核心概念为中心形成辩证法理论？答案是肯定的。

（二）核时代需要新的辩证法理论

无论是中国古代辩证法还是西方辩证法都不是以存在为主题和核心范畴的辩证法。这自然是时代性的折射，然而这也折射出了它们已经与人类所处的新时代即核时代产生了脱节的事实。核时代需要与其时代主题相适应的辩证法，需要能够为挽救时代危局提供有效解决方案和思维方法的新的辩证法理论。而核时代的出现恰恰为新的辩证法理论——存在辩证法的提出提供了必要性、可能性和时代背景。

# 第二部

## 存在辩证法

第二部

什么是辩证法

# 第五章

# 存在辩证法

从哲学观念史的角度来看，存在是西方哲学的一个范畴，在中国古代哲学中并没有类似的概念。然而，西方哲学为在哲学层面和辩证法层面揭示出存在的真正内涵留下了空间。这种空间为存在辩证法继续挖掘存在的本质留下了可能性。

## 第一节　存在和存在辩证法

从古希腊哲学开始，有不少西方哲学家发展出存在观。其中比较有影响力的哲学家有巴门尼德、亚里士多德、康德、黑格尔、萨特和海德格尔等。

### 一　西方哲学的存在观[①]

早在古希腊哲学时期，存在便已经成为一个重要的概念。在巴门尼德得出了明确的存在概念之后，亚里士多德将其推向了新的层次，以存在为核心构建了其形而上学体系。亚里士多德的以存在为核心概念的形而上学理论主导了西方思辨哲学和形而上学达两千多年之久。然而，亚里士多德的以存在为核心的形而上学理论并没有完全揭示出存在的本质，其形而上学理论也并没有挖掘出存在的全部真谛，并没有完成其自定的哲学使命。

---

① 此处提出西方哲学中关于存在观的目的只在于提出其为存在观的发展留下了空间和余地。对西方哲学中关于存在观的观念史的更详细和系统的梳理可见后文。

法国现代哲学家让·保罗·萨特建立了存在主义哲学，在20世纪中期曾在法国和西方国家风靡一时。法国的存在主义哲学对存在的思考走向了与亚里士多德相反的另一个角度。如果说亚里士多德的存在过于抽象和虚浮而失去了适用性的话，那么萨特的存在主义的存在则失于过于具体，在专注特定时空之下的个体的同时失去了普遍性，也在很大程度上失去哲学的思辨性和合理性。而将存在置于这种状态与萨特对存在的特别的理解密切相关。萨特并没有选择延续古希腊哲学的存在观的传统，并不以挖掘出存在的普遍规律为目的，实际上其存在主义具有较强的文艺性，是通过哲学概念保证的文艺观点，而这种文艺性不可避免地冲淡了存在主义作为纯粹哲学的思辨性和普遍性。

西方哲学对于存在留下的空间和空白为对于存在的持续的哲学探索留下了哲学上的可能性，这也是存在辩证法得以成立的前提之一。

## 二 存在辩证法对存在的规定[①]

作为新的辩证法理论，存在辩证法赋予了存在、存在体和力等概念以新的理解和规定。

### (一) 存在辩证法的核心概念和理念

存在辩证法（The Dialectics of Existence, The Existential Dialectics）是以存在体的存在为核心范畴的辩证法。存在辩证法的存在是指包括人的存在在内的一切物质性和精神性的实体在现实中的存在，而人的个体和类的存在以及作为存在体和行为体的人的行为方式和行为规律是存在辩证法的重点关注对象。

存在辩证法的存在是现实中的存在，即存在关乎存在体能否向现实完成成功的转化和能否在现实中持续性地延续，即存在的实在性，是任何存在体所要体现的最根本的命题，在一定程度上可以说就是事物本身。同时，存在对任何存在体来说都是最为重要的前提和条件，存在体的任何行为和关于它们的认知和哲学都是在存在这个前提和基础之上进行的，任何有关事物内在的运行及其规律的探讨都必须只能在这个前提和基础

---

[①] 此节的目的在于对存在辩证法的一些核心概念进行提纲挈领的介绍，对其更深入和系统的阐述可见后文的相关章节。

之上进行。

（二）存在辩证法的存在是一元性的存在

必须加以明确的是存在辩证法的存在是唯实主义的存在。所谓的唯实主义的存在是指存在体在现实中的存在，就是指一元性（Monality）的存在。存在辩证法是关于物质性和精神性的存在体的存在形态以及人的行为方式和规律的辩证法。

1. 两种一元性

古希腊哲学史中的一元论与二元论是形而上学的理念，表现的是物质与精神、灵魂与肉体之间的本原关系。关于一元性和二元性的思辨是古希腊哲学史的一条主要的线索。在米利都学派时期，古希腊哲学基本上是自然哲学，表现的是不自觉的物质一元性。毕达哥拉斯学派出现了将宗教与科学混杂在一起的二元论。深受毕达哥拉斯学派影响的柏拉图将二元论贯穿于他的哲学的始终，其唯实论哲学是以精神为核心、以物质为表现的唯心主义的二元论哲学。亚里士多德并不认同柏拉图的二元论哲学，立志于对其进行批判和修正，然而亚里士多德哲学对二元论的批判是不彻底的，在其逻辑学和形而上学中时不时地滑向二元论，试图在一元论和二元论形成模糊的妥协的同时，却在两者之间犹豫不决。

在近现代西方哲学中，以物质性为核心的唯物主义一元论和以意识/精神为核心的唯心主义一元论之间形成了壁垒分明的两大阵营的对立。马克思主义是唯物主义一元论的集大成者，对唯心主义的一元论进行了有力的批驳。唯心主义一元论虽然式微，然而有些哲学家关于存在的系统的观点仍然需要反思。德国哲学家费希特（Fichte）认为哲学就是关于人的认知的思辨理论，即知识学。知识学的出发点是自我。然而，费希特的自我并不是存在的根据，反而是存在的生产者，即存在是以人的意识来塑造的即自我塑造，只有这样自我才存在。[①] 可见，费希特的哲学将存在视为意识的结果，剥夺了存在的实在性和物质性，是彻底的唯心主义的一元论。

2. 唯实主义的一元论

存在辩证法认为物质性和精神性的存在体上具有一元性，而存在辩

---

[①] 参见［德］费希特《全部知识学的基础》，王玖兴译，商务印书馆2007年版，第3页。

证法的一元性与古希腊哲学史中的二元论（Dualism）与西方近现代哲学史中的唯心主义的一元论是不同的。存在辩证法的一元论是唯实主义的一元论。

存在辩证法在存在问题上的一元论是唯实主义的一元论，这是指行为性具有一元论，而物质性和精神性之间的关系是从属于人类行为的，是人类行为之下的物质性和精神性的存在体之间的关系。也就是说，存在辩证法的一元论将物质性和精神性的存在体统一于行为之中。物质性和精神性的存在都是人类行为的不同的维度和层面，它们以不同的方式统一于人类行为的一体性之中。这与西方哲学史上的一元论与二元论的传统观点具有不同的内涵和指向。因此，存在辩证法关于物质性和精神性的存在体的一元论的理念并不意味着柏拉图主义和黑格尔哲学的二元论以及亚里士多德式的在一元论和二元论之间的徘徊。

具体来说，存在辩证法的唯实主义一元论的存在是本质与现象的统一。人的行为是本质，而物质性与精神性都是行为性在现象层面上的不同表现。虽然现实中的具体的存在体的行为在一定的情境和阶段上并不能展现出存在的全部本质和特征，存在着阶段性的存在形态和具有差异性的存在特征，但这是局部与整体的关系，并不代表本质与现实之间的分离。无论从存在体的历史维度还是从整体性来看存在都表现为一元论的存在。存在体的本质是通过行为的具体现象来表现和体现的。存在辩证法的唯实主义的一元论在新的层次上看待物质与现象之间的关系，与以柏拉图哲学、宗教和黑格尔哲学为代表的二元论以及唯心主义的一元论在思路上完全不同。

（三）*存在与存在体*

存在辩证法认为，存在与存在体在属性和时间维度上的表现形态是不同的。虽然存在与存在体之间密切相关，但两者的性质不同，具有抽象与具体、普遍性与个别性上的区别，两者是不同的概念。相比于存在体，存在是抽象的和具有永在性的，而相比于存在，存在体却是具有实体性的和具有短暂的存在周期的；存在体具有具体的行为性，行为性是存在体的存在的核心属性，而存在与行为的关系却并不是直接的，甚至是虚拟的；存在体的存在力和反存在力是具有时空的具体规定性以及特定的种类和形式，而存在的存在力和反存在力则具有非现实性，并不以具体的存在力和反存在力作为自身的内在规定性；存在体可发生异化和逆力悖反现象，而存在则并不与具体的异化和逆力悖反直接发生关联；存在能够跨越死亡和毁灭，具有超越性，即可以变换存在体和存在的形式而持续性地存在，而存在体却只能经历一次具体的和有特定形式的死亡和毁灭，无法变换存在的形式以获得持续性的存在。

存在具有存在体的先验的自觉和不自觉的目的性，也是其最重要的属性。能够在现实中存在和维持在现实中存在的持续性是任何存在体首要的和最重要的内在规定性，是其存在的前提。存在体的这个内在规定性决定了存在辩证法对于存在和存在体的必要性和重要性。而存在辩证法所要探讨的正是存在体的生成、存在状态和毁灭/死亡的整个过程所体现出的存在规律，是对存在和存在体的本体性把握。由于这种先验性的赋予性和内在规定性上的本质差异，存在辩证法与西方传统哲学的以抽象和普遍性的存在（Being）为核心概念的形而上学是不同的。

在西方哲学史中，许多哲学家都探讨过存在，然而以存在为核心范畴进行系统而深入论述的并不多，尤其是将存在与存在体进行直接的深入比较研究的则更少。存在与存在体之间的关系在西方哲学史中往往被归入共性与个性这对对应范畴之下。在对存在进行探讨方面，亚里士多德、萨特和海德格尔是代表人物。

存在虽然从亚里士多德开始在古希腊和西方哲学史中便是形而上学的核心范畴，存在辩证法将其纳入辩证法是由辩证法的性质和存在相对于人类新时代的特别相关性和重要性所决定的。也就是说，人类的时代性的不同决定了它们具有不同的生成的必要性和意义上的重要性。形而上学是关于世界本体的理论，是对于世界本原的理论，它具有普遍性、根本性和静态性，而并不针对特定的具体的命题；相比之下，辩证法是哲学理念和方法论的有机统一体，能针对具体的哲学命题进行深入的、更具动态性的研究。存在辩证法并不会限制和限定对于存在本质的哲学探究，同时作为方法论存在辩证法更能挖掘出存在的规律性，尤其是为核时代的存在危机在哲学层面和行动层面上探讨和提供解决方案。因此，将存在这个范畴纳入辩证法不但不会妨碍对于存在的进一步研究，还会使对存在的研究更具有机动性、针对性和时代性。

存在辩证法将异化引入辩证法的目的是要对异化进行深刻的剖析，

为当代人类所面临的全面的异化危机和逆力悖反危机提供解决方案。也就是说，同样以存在为核心范畴的西方形而上学与存在辩证法生成于不同的时代，具有完全不同的时代性，同时它们所面对和加以解决的哲学问题也是完全不同的。

因此，存在辩证法在填补哲学观念史上的理论空白的同时，也面对着人类文明所积累起来的种种异化危机和逆力悖反危机。而关于这些积重难返的系统的异化危机和逆力悖反危机的哲学理论在中西哲学史上都是不曾存在过的。

(四) *存在体与力*

除了存在与存在体，存在辩证法的另一个核心概念是力。存在辩证法第一次将力作为独立的概念上升到哲学层面上，进行具体的规定、解析和系统性的应用。

存在辩证法认为，力首先是个形而上学的概念，事物的一切皆是以力为根据的。力是事物存在的前提和基础，是事物存在、运动和变化的根据、表现和结果。没有力事物便无法存在，无法运动和变化，也无法产生任何结果。存在辩证法认为，力也是个辩证法的概念。任何辩证法的规律都是关于力的规律的认知、归纳和演绎。力与存在和存在体有着根本性的关联，是存在向存在体转变和过渡的契机、方式和根据。存在与存在体之间的不同是力的不同。存在不存在力，因此是抽象的；存在具有了力，便成为存在体，完成了从抽象向具体的过渡，完成了从概念向实在的过渡。

具体来说，力是存在体的运作的方式，存在体的存在、存在状态和同反存在体的博弈既要通过力来实现和完成，也要通过力的变化来体现；而存在体则是力运行的载体，不存在没有存在体的力。决定存在和存在体的生成、状态和灭亡的最终要素是力，研究存在和存在体离不开力，研究力是为了发现和探究存在和存在体的规律，力的运行规律决定了存在和存在体的规律。因此，在很大程度上，存在辩证法就是关于力的运行规律的辩证法。

由此可见，存在辩证法的核心概念与现存的中国古代辩证法和西方辩证法的核心概念和主题都是不同的。中国古代哲学中的辩证法，包括易辩证法和董学辩证法的主题是阴阳，黑格尔辩证法的主题是矛盾，存在辩证法的主题则是存在。也就是说，存在辩证法的主题与此前古今中外辩证法的主题都是不同的，使其能够面对和尝试解决不同的问题、危机和异化。因此可以说，这种不同性也赋予了存在辩证法以独特的理论功能和哲学意义。

关于力的哲学和辩证法属性，可见后文进一步解析。

## 第二节　唯实主义与存在辩证法

从技术和理论上看，存在辩证法的必要性来自中西方的传统辩证法的所未曾覆盖的领域以及当代人类的全面异化危机。而从方法论上来看，存在辩证法也具有新的基础。这种新的基础就是唯实主义。唯实主义为辩证法的发展和完善以及适应核时代的人类需要提供了契机和进行新的探索的可能性。

### 一　传统辩证法与唯实主义

通过对中国和西方哲学史中的传统辩证法的梳理，我们发现除了马克思主义的唯物辩证法之外，传统辩证法的一个共同缺陷是缺乏充分的事实性，也就是说没有以事实性作为辩证法的原则和基础。传统辩证法往往囿于主观性的思辨，将推理的观念和规律当作客观事物的规律，将两者进行混同，进行纯概念的逻辑推演，因此往往陷入了玄学的误区和怪圈之中。

中国古代的辩证法的核心范畴是阴阳观，德国古典哲学的辩证法的核心范畴是矛盾。无论是阴阳还是矛盾还都不是完整的事实性。阴阳观是将事物的属性分为阴阳两种相互对立又相互依存的状态，虽然能够对事物的运行提供一种解释，但这种解释的覆盖范围是有限的，并不能对所有事物的属性和运行提供合理而完善的解释。按照唯实主义的标准来衡量，阴阳只能够揭示部分事物的部分的事实性而缺乏对所有事物的事实性的全面覆盖和解释。因此，由于缺乏全面性，根据唯实主义的标准阴阳还不符合事实性，因此阴阳辩证法与事实性和唯实主义是存在着距离的。

虽然范畴的语言表述不同，然而黑格尔辩证法的矛盾观与阴阳观其实是异曲同工，只是它更具有开放性。黑格尔辩证法的焦点在于试图揭示事物内部的诸要素之间的斗争、变化和运动规律，而不是存在体的存在和运行规律，因此并不适用于对存在体进行全面而深刻的解析。虽然其否定之否定的观点涉及事物的存在，但矛盾观仍然不是以存在为核心命题和线索的辩证法，并无法为核时代的人类整体危机提供解决方案。

巴门尼德哲学以存在和非存在的互动为主题，这在古希腊哲学和西方哲学史中是独一无二的，但是巴门尼德哲学的存在观却违背了唯实主义，陷入对概念随意的主观演绎之中，甚至将存在与事实性人为地隔离开来，没有将对存在的分析建立在事实性的基础之上。因此，巴门尼德哲学同样无法建立起可靠的存在观，更无法构建以存在为主题的辩证法。

## 二　唯实主义是唯物辩证法与存在辩证法的共同基础

实际上，唯实主义的事实性是辩证法的灵魂。这一事实已被马克思主义的经典哲学家认同和证实。最重要的一个例证是恩格斯对黑格尔辩证法的纠正。

恩格斯在《自然辩证法》中说道：

> （黑格尔辩证法的三个规律的）错误在于：这些规律是作为思维规律强加于自然界和历史的，而不是从它们中推导出来的。由此就产生了整个牵强的并且常常是令人震惊的结构：世界，不管它愿意与否，必须适应于某种思想体系，而这种思想体系本身又只是人类思维的某一特定发展阶段的产物。①

在此，恩格斯犀利地发现了黑格尔辩证法缺乏事实性基础的致命缺憾。缺乏事实性的支撑，黑格尔辩证法就是一个无法站立起来的泥足巨人。

如何给这个泥足巨人一双坚实的脚，让它能够站立起来呢？恩格斯的方法十分直接和明确。恩格斯说道：

> 如果我们把事情顺过来，那么一切都会变得很简单，在唯心主

---

① ［德］恩格斯：《自然辩证法》，人民出版社 2015 年版，第 75—76 页。

义哲学中显得极端神秘的辩证法规律就会立即变得简单而朗若白昼了。①

恩格斯所说的"顺过来",就是将黑格尔辩证法的三个规律视为自然界和人类历史的规律,而人类思维只是这些客观规律的主观反映。

在《路德维希·费尔巴哈和德国古典哲学的终结》中,恩格斯论道:

> 在自然界中和历史上所显露出来的辩证的发展,即经过一切迂回曲折和暂时退步而由低级到高级的前进运动的因果关系,在黑格尔那里,只是概念的自己运动的翻版,而这种概念的自己运动是从来就有的,不知道在什么地方发生的。②

**恩格斯继续论道:**

> 我们重新唯物地把我们头脑中的概念看做现实事物的反映,而不是把现实事物看做绝对概念的某一阶段的反映。这样,辩证法就归结为关于外部世界和人类思维的运动的一般规律的科学。
>
> 概念的辩证法本身就变成只是现实世界的辩证法运动的自觉的反映,从而黑格尔的辩证法就被倒转过来了,或者宁可说,不是用头立地而是重新用脚立地了。③

如此一来,恩格斯用事实性调整了人类思维与自然界和人类思维的关系,用事实性赋予了辩证法以坚实的双脚,使其成为唯物辩证法。

可见,存在辩证法与唯物辩证法都是建立在对事实性的坚实基础之上的,可以说唯实主义是存在辩证法和唯物辩证法的共同基础。

---

① [德] 恩格斯:《自然辩证法》,人民出版社 2015 年版,第 76 页。
② [德] 恩格斯:《路德维希·费尔巴哈和德国古典哲学的终结》,《马克思恩格斯选集》(第四卷),人民出版社 1972 年版,第 239 页。
③ [德] 恩格斯:《路德维希·费尔巴哈和德国古典哲学的终结》,《马克思恩格斯选集》(第四卷),人民出版社 1972 年版,第 239 页。

### 三 唯实主义是辩证法的指导原则和底线

从中外传统辩证法①的观念史中可以看出，辩证法具有一些体现在原则、特征和方法上的基本的共性，同时各种辩证法在概念、范畴、主题和形式上相互之间也各不相同，处于一种"百花齐放"或者说是比较混乱的状态。从历史和理念角度对传统辩证法进行梳理就不能回避辩证法的合理性尤其是合法性的问题。存在辩证法认为，辩证法应该将合法性和合理性纳入对自身的自省和审视范围；但是，作为具有科学性、严谨性和思辨性的哲学方法论和哲学理论的辩证法的合法性和合理性是有严格的标准的，只能建立在特定的基础之上，而这个严格的特定的基础只能是事实性。也就是说，只有建立在事实性基础之上的辩证法才具有充分的合法性和合理性；只有建立在事实性基础之上的辩证法其特定的原则、标准和基础才具有合法性和合理性。如此一来，以事实性为核心范畴的唯实主义就成为判断辩证法的合法性和合理性的基本的方法论原则、标准和基础。

（一）辩证法的合法性

辩证法的合法性首先源自其方法论是否具有合法性。缺乏事实性的辩证法理论是建立在想象和臆断等非事实性基础之上的哲学方法。缺乏了充分的事实性，辩证法的思辨性便退化为"狡辩性"，在一定的场合看似具有合理性，但是这样的辩证法的逻辑性是有疑问的。缺乏事实性的辩证法思辨终究是建立在沙滩上的楼阁，一旦遇到事实性的冲击和检验便会剥落、动摇，甚至土崩瓦解。

通过对中西方辩证法观念史的回顾和梳理，我们可以清晰地看到许多中西方哲学史中的传统辩证法的命题、演绎方法和结论都是建立在单纯的概念演绎基础之上的，都属于受制于主观性的玄学范畴。一些辩证法以神秘主义和神学为幌子堂而皇之地斩断它们的结论与事实性之间的联系，将凭空的想象和虚构总结出所谓的规律，这实际上是对人类认知方法和逻辑的扭曲，同时也否定了辩证法的现实性、合理性和可靠性。

---

① 本书中的传统辩证法是指马克思主义唯物辩证法产生之前的中国和西方哲学史中的各种辩证法。

在西方哲学史上，近代哲学的崛起实际上就是在用事实性来挑战基督教和经院哲学对于事实性的践踏和扭曲，用自然科学的事实性来质疑和推翻经院哲学的非事实性和反事实性的宗教教条和教义。但是，近代欧洲哲学对于中世纪经院哲学的反抗绝非彻底，形而上学在逐渐摆脱神学的枷锁之后却日益陷入了玄学的泥潭，再次陷入了非事实性的认知误区之中，其高潮是以黑格尔辩证法为核心的黑格尔哲学。黑格尔的辩证法缺乏事实性基础，完全是一种玄学的主观演绎，而他的绝对精神实际上就是上帝，黑格尔哲学就是玄学伪装之下的神学。因此，从这个意义上不难看出黑格尔的辩证法和哲学是对近代反神学哲学潮流的一种理论反噬。

中国古代辩证法同样存在着违反唯实主义的情况。例如，董学的阴阳辩证法虽然将先秦以来的阴阳观和五行观进行了系统的整合和完善，提高了其合理性用以纠正五德终始说的谬误，但董学的阴阳辩证法是建立在部分事实性上的辩证法，仍然无法覆盖客观世界和人类行为的全部领域和情境，无法体现出全部的事实性。虽然它在一定范围内是有效的和合理的，但仍然犯着以偏概全和"强词夺理"的逻辑错误，仍然无法总结出客观世界和人类历史发展的客观历史规律。

人类的哲学史和思想史已经证明，不以事实性为前提和基础的哲学思辨会误入歧途，要么进入神学的领域，要么流于空谈，将形而上学和辩证法变成脱离现实依托的玄学。佛教和基督教等宗教虽然将哲学思辨引入了神学，具有一定的辩证法因素，尤其是在禅宗佛教中存在着不少关于各种哲学命题的思考和解答，其中的辩证法因素也更加丰富。但是这些思考仍然是以主观臆想为主要成分的思辨，往往在神学和玄学之间跳来跳去，而无力把握关于客观世界和人性的真谛。其根本的误区就在于佛教在许多问题上脱离了人类存在和行为的事实性基础，进行玄学思辨。同样地，作为基督教和古希腊哲学的混合物的欧洲中世纪的经院哲学也可谓具有高度的思辨性和逻辑性，对古希腊哲学的辩证法因素在一定程度上得以继承和延续，然而事实性的缺失仍然是其无法克服的软肋，最终被强调事实性和科学精神的欧洲近代哲学理念和方法所质疑和取代。尊重事物的事实性，力图从其事实性出发来研究其运动的规律就是自然科学方法和辩证法能够在近代崛起的根源，虽然近代欧洲哲学对事实性的尊重和归纳总结还不够充分、系统和深入。同时，欧洲近代哲学之所以能够推翻经院哲学正是它在对事实性的尊重和把握上超越了经院哲学，其中自然科学方法和辩证法起到了积极的促进作用。

在哲学思考中，人类必须从缺乏事实性的各种臆断中清醒，必须将事实性当作检验各种思想的试金石和铁律，清除任何缺乏充分事实性的各种辩证法命题、方法和结论。只有建立在观念事实基础之上的哲学思辨和辩证法才是基础牢固、经得起各种检验和推敲的哲学方法和辩证法理论。只有这样才能够建立起符合客观事物和人类行为本身的科学认知，才能够建立起科学性的辩证法理论，才能够引导人类采取正确的行为，才能够将对人类历史的理论认知和哲学把握置于正确的轨道之上。

（二）存在辩证法的合法性来自唯实理性

存在辩证法的合理性来自唯实理性。而唯实理性来自唯实主义，是作为哲学方法论和思维方式的唯实主义的自然派生和延伸。

唯实主义是存在辩证法的方法论基础，意味着存在辩证法是建立在事实性的基础之上的。如同事实性能够为包括唯实主义在内的所有哲学命题和理念提供合法性和合理性一样，事实性也为存在辩证法提供了合法性和合理性。而唯实理性就是建立在事实性前提和基础之上的理性思维。唯实理性为存在辩证法提供合法性意味着指导存在辩证法从何处发现辩证法的主题以及如何从这些主题中发现其存在和运行的理念、逻辑和规律。事实性为存在辩证法提供了确切而具有科学性的可靠平台，也为其合理地展开思辨和进一步发展与完善其理念提供了张力、可能性和空间。

正如唯实主义与科学和科学精神紧密相关和相互渗透一样，以唯实主义为方法论基础的存在辩证法同样弘扬科学和科学精神，认为它们是真正发现存在、存在体和存在力等存在辩证法核心对应范畴的必须仰赖的思维工具。但尊重科学精神和使用科学并不意味着存在辩证法接受科学主义。无论是在方法上还是在理论上，存在辩证法绝不是科学主义在辩证法领域的延伸。存在辩证法对科学和科学精神与科学主义之间的本质不同有着清醒的认识。

唯实主义是严格意义上的哲学方法论，这就决定了唯实主义不可避免地与作为人类思维最高形式的辩证法发生功能上的关联。唯实主义是哲学方法论所必须遵守的方法论原则，它同样适用于存在辩证法。作为人类认知的基本原则和方法论的唯实主义是辩证法所必须恪守的基本方法论，是存在辩证法的方法论底线。唯实主义对于包括辩证法在内的哲学史上的观念事实和方法论都会根据批判精神和事实性标准进行反思，对违背唯实主义的事实性原则的各种哲学理论、理念和方法论进行重新定位。尤为有意义的是，当用唯实主义的有效思考方法来检测哲学史中的辩证法命题和理论的时候，也产生了辩证法理论创新和发展的契机，而这种创新和发展的契机正是深处全面异化和整体存在危机的核时代所需要的。

　　唯实主义认为，对于事实性的严格恪守和实施是辩证法的前提和基础；只有建立在充分的事实性基础之上的哲学思辨才是可以信任的哲学思辨，才是具有科学性的辩证法，才是能够经得起思辨和实践双重考验的严肃的辩证法规律。也就是说，只有举行唯实主义的有效思考，只有建立在唯实主义的事实性原则基础之上的辩证法理论才具有合法性、可靠性、合理性和科学性的辩证法理论。

　　强调事实性并不会降低存在辩证法的思辨性，不会限制、削弱和堵塞存在辩证法的生成、发展和完善，相反，事实性为存在辩证法提供了进行有效思维的原则和方法，是要将存在辩证法建立在事实性和科学性的前提和基础之上，为存在辩证法找到了正确的方向，为其进一步发展和完善提供了坚实的方法论原则和基础，赋予了存在辩证法以充分的合法性、合理性、有效性和可依赖性，并且为其发展提供了广阔的哲学空间。唯实主义的有效思考方法和原则在指出了传统辩证法中大量的不实方法、推理和结论之后，也为存在辩证法找到了更有生命力的思维方式，也将为辩证法理论的发展提供新的合理性和自由空间，因此唯实主义是对辩证法的一种解放，事实性为辩证法打开了攀登新的理论高峰的大门。

　　存在辩证法将存在主体作为核心概念决定了它是建立在唯实主义基础之上的辩证法，事实性是其前提，也就是说存在辩证法是对事物客观存在规律的辩证归纳和总结，而不是建立在主观性之上的逻辑演绎。存在辩证法认为，一旦事实性发生变化，那么存在体之间相互运作的辩证法也会相应地发生变化。这与传统的易辩证法和黑格尔辩证法那般要将事实性强行削减之后，塞入所谓的辩证法规律的小鞋之中的思维方式是完全不同的。

因此，对唯实主义的原则和方法的恪守是存在辩证法的前提和基础，是它与各种传统辩证法的根本区别之一。

（三）关于存在体的辩证法与关于要素的辩证法之间的关系

存在辩证法是以存在体为研究主题和对象，这决定了它与以要素为主线的传统辩证法有着本质的不同。事实上，两者不仅在研究主体和对象上根本不同，存在辩证法与传统辩证法也代表着两类不同的哲学方法论和哲学路向。

1. 两类辩证法的关联性

两类辩证法以不同的对象为研究主题和线索，这种区别标志了两者具有本质的不同。然而这并不意味着存在体与要素之间是绝缘的，不发生关联的。事实上，存在辩证法中的存在体中仍然存在着要素，要素也贯穿于存在体之中。

概括来看，存在辩证法与要素辩证法之间存在着以下关联。

第一，存在体之间的共性。

存在辩证法以存在体的存在为核心范畴，而承载着存在的存在体的存在周期的表现、过程和规律是存在体的共同属性。这个属性作为共性体现于所有的存在体之中。一个存在体完成了存在周期，还有其他的存在体在生成，在继续实践着存在周期。因此，一个存在体的存在周期并不意味着存在周期的结束，因此也不意味着存在体和存在周期的要素的终结。

第二，存在体之间存在着要素的延续和继承。

完成了存在周期的存在体与在它之后的存在体之间存在着性质、特征和方式上的延续，存在着继承的关系，在存在体之间的延续和继承的过程中存在体和存在周期的要素也存在着延续和继承。而由于要素的延续和继承关系，后来的存在体与先前的存在体之间存在着内在规定性上的递进关系，这种递进关系在生物和人类的存在和存在方式上蕴含着进化（evolution）、突变（mutation）和革命（revolution）的可能性和选择。

第三，要素的变化是通过存在体来体现的。

传统辩证法以要素为中心，然而也无法摆脱与存在体的关系。有些要素在不同的存在体之中得以表现，或者通过存在体的变化得以体现。

事实上，在不同的存在体之中和存在体的变化之间，要素并不是相同的，在每个存在体的存在周期之中，要素的表现、属性和行为方式皆不相同，都会留下特定存在体的影响和痕迹。这个现象同样体现了存在体和要素之间的关联性。

第四，要素就是存在力和反存在力的一种。

存在辩证法是关于存在体的存在力和反存在力的辩证法，存在体的存在方式、行为和规律是通过存在力和反存在力加以表达和表现的，而事实上，传统辩证法的要素就是存在力和反存在力的一种。传统辩证法的根本要素是矛盾，而在存在辩证法的语境中矛盾就是存在力与反存在力的综合表现。矛盾的存在方式和运动规律是存在力和反存在力之间相互博弈的一种方式。

2. 两类不同的方法论

传统辩证法与存在辩证法具有不同的研究对象、主题和逻辑线索，这些明确了两者是不同的哲学方法论。也就是说，这两类辩证法有不同的视野，也代表着不同的方法论。

从覆盖面上看，存在辩证法要较传统辩证法更加广阔。存在辩证法能够覆盖传统辩证法的要素，将其作为自身逻辑框架之内的一个组成部分和因素；而传统辩证法始终是单一而平面的，缺乏这种灵活性和进行系统性和结构性的调整能力，因此无法将存在辩证法纳入它们的逻辑框架之内。

存在辩证法具有这种属性的根据在于它更具有灵活性。这种灵活性来自其存在体的张力。存在体的张力表现在存在体的复合性和多元性。存在体的复合性和多元性又往往表现出系统性和结构性。

由于存在辩证法视野中的存在体是复合性的和多元性的，可以根据对象和情境的不同而调节对存在体的定位。也就是说，一个存在体在不同的情境下，可以作为不同的身份在存在体的系统和结构中获得不同的地位，从而改变和调整存在和博弈的格局和方程式，而不改变存在辩证法的基本逻辑和方法。在这个调整过程中，传统辩证法的要素可以被包含在不同的存在体系统和结构中，而并不会使存在体的存在和博弈的过程和结果发生变化。

3. 要素辩证法的局限

要素的演绎可以以不同的形式贯穿于不同的存在体之中。也就是说，要素是可以存在于不同的存在体之中，是具有连贯性和贯穿性的。但是，要素的连贯性和贯穿性是有局限的。其局限是由存在体的消亡/死亡形态决定的。但存在体经历着类的消亡/死亡之时，要素的连贯性和贯穿性便走到了尽头。也就是说，要素的连贯性和贯穿性是无法克服类的消亡/死亡的，但存在体发生了类的消亡/死亡之时，要素便与存在体一起终结了。

作为以要素演绎为核心的要素辩证法的局限性取决于要素的局限性。在要素终结之处，要素辩证法便失去了适用性。要素辩证法留下的空白只有存在辩证法才能够填补。或者说，以存在体为核心的存在辩证法的适用性是强于要素辩证法的。

人的存在在核时代面临着类的毁灭的危机，传统的要素辩证法并不完全适应于对核时代的深刻二力背反危机进行深入的解析。相比之下，存在辩证法对核时代更具有适合性。事实上，存在辩证法正是为了应对核时代所面临的人的类的毁灭性危机而形成的辩证法，是更适合于核时代解析和解决人类所面临的二力背反危机的核时代的辩证法。

## 第三节　存在辩证法与人类行为

存在辩证法在将唯实主义作为其方法论基础的同时，在具体的方法上尊重自然科学尤其是力学的方法。存在辩证法认为，力和力的方程式是决定人类行为方式的重要原则。

存在辩证法认为，人类行为中贯彻着力，力是人类行为中的重要因素和原则，力的方程式是主导人类行为和决定人类行为方式的重要规律之一。

### 一　自然力与人类行为

存在辩证法认为人作为自然界的顶尖物种，并没有与较低物种和自然存在体的一些运动和力的原则彻底隔离和断绝。人类的思维和行为超越了较低物种和自然存在体，但这种超越并不是以否定的方式完成的，而是以更加完善的形式发扬光大的。也就是说后者在很大程度上仍然适用于人类，仍然体现在人类的思维和行为方式之中。其中就包括自然存在体上的自然力，自然力的作用规律在存在辩证法中以力的方程式的形式得以体现。只是人作为复杂的复合存在体，作用于和影响于人的存在和行为的要素更加丰富和多元化，远不止自然力一种，也远不如自然力那般机械和简单。

有鉴于此，存在辩证法认为，自然存在体的自然力是人类社会的重要作用力之一，自然力的运行规律是人类行为的重要行为规律之一。因此，人类应该充分重视自然力的功能和运作方式，但不能本末倒置，以自然力这一种力来解释其他作用力，更不能以自然力排斥和否定以及试图改变以其他形式表现出来的作用力。

### 二 人类行为与人类行为方式

存在辩证法认为，力是人类行为中的要素，力的方程式是决定人类行为方式的重要规律之一。

人类行为离不开力。对于作为复杂的复合行为体的人类来说，力具有丰富的种类，不仅包括物理性的自然力，也包含作为精神力的意志力、认知力和智慧力。人类行为的动机就是通过对力的运用来达到自身内在的目的。人类行为的展开和落实就是力的实施。如何展开和落实力就是选择力的实施的方式和方法，这个对力的实施选择过程就是人类对自身的行为方式的选择、塑造和决定过程。而在这个过程中，力的方程式同样适用于人类对行为方式的选择、塑造和决定。

存在辩证法的这个结论对于深入探究人类行为的本质和规律，对于人类行为模式的归纳和总结都具有哲学启发性。也就是说，探究人类行为的本质和规律离不开存在辩证法，而存在辩证法的重要主题之一就是探究人类行为的本质和规律。

## 第四节 存在辩证法与唯科学主义

探讨自然力与人类存在体之间的关系将自然牵涉到如何看待科学主义的命题。存在辩证法在这个问题上是十分明确的，即在理念上和方法上，存在辩证法坚决反对唯科学主义的理念和实践。

科学主义（Scientism）是将自然科学的方法应用于包括哲学在内的社会科学领域的方法。作为方法论，科学主义有其一定的合理性和价值，存在辩证法反对的是唯科学主义。所谓的唯科学主义是近现代西方由于自然科学的飞跃式发展而引起的科学万能论的理念，强调科学的统一就要把所有的学科和领域置于自然科学的方法之下，认为（自然）科学是唯一有价值的方法和理念。唯科学主义认为（自然）科学的进步是无限的，并且（自然）科学能够解决人类所面临的一切问题和困难，是人类获得幸福和繁荣的唯一途径。

存在辩证法认为，科学是人类存在和作为存在体的人类所使用和依赖的方法之一，对于人类"征服"自然能起到巨大的推动作用，但科学不是无限的，科学的发展和使用是有限度的；科学在为人类提供有效的工具和方法的同时，也能为人类不断带来各种灾难，并且科学的进步与其副作用和毁灭力是成正比的；人类不断深化的异化与不断大规模地错误和不当使用科学技术有着直接的关系；科学在帮助人类生活得更加便利的同时，也成为人类灾难的根源，也是造成人类社会陷入体系性和结构性的异化的重要原因之一。在很大程度上，人类社会的异化就是人类误用科学技术的直接结果。

存在辩证法认为，人类不能把自己降低为科学的奴隶，而要成为科学的主人。人类要从全面异化和自我毁灭的危机中解救出来将必须打破对科学的迷信和盲目崇拜，彻底打破科学蒙昧主义。因此，存在辩证法是与科学主义针锋相对的，是反对唯科学主义的（anti-Scientism），正是为了将人类从唯科学主义所带来的危机中解脱出来而提出的。

必须明确的是，存在辩证法反对唯科学主义，并不反对科学，也不贬低科学的作用；存在辩证法对于科学的正面和负面作用都有充分而客观的认知和判断，将唯科学主义与科学性和科学精神严格地区别开来。事实上，作为存在辩证法的方法论基础的唯实主义的目标之一正是追求充分建立在事实性之上的科学精神。唯实主义始终认为科学精神是建立和实施事实性的不可或缺的方法和工具，事实性离开了科学性是不可想象的，同时事实性也是科学性的认知基础，事实性与科学性相互之间相互渗透，互为条件和基础。

因此，存在辩证法所反对的是唯科学主义对科学的错误认知和盲目崇拜，反对的是将科学视为宗教和万能药的唯科学主义和科学蒙昧主义。

## 第五节 存在辩证法的价值和意义

存在辩证法的意义在于三个方面：其一是方法论层面，存在辩证法以唯实主义作为其方法论底线，这在中外辩证法历史中是独一无二的；其二是在纯粹的哲学层面，存在辩证法有独自的概念体系和哲学理念，这些是建立在对过往辩证法的扬弃基础之上的；其三是时代性层面，核时代需要和呼唤符合时代性的辩证法理论。

由于唯实主义与存在辩证法之间的关系已在上节阐述，本节集中阐述存在辩证法在后两个层面的意义。

### 一 存在辩证法以存在为核心范畴

存在的范畴是古希腊哲学家巴门尼德率先提出的哲学概念，但是如前所述巴门尼德的存在观陷入了误区和悖论之中，并没有建立起有效的存在观；由于他是反辩证法的，故也没有建立起以存在为重要范畴和逻辑枢纽的方法论。恩格斯曾说全部哲学的"最高问题"是思维与存在的关系问题[①]。但是纵观中国古代辩证法和西方辩证法的思想史却并没有任何辩证法是以存在为主题的辩证法理论。这种状况揭示了辩证法思想史的另一个缺陷，那就是它们都在探讨事物"存在内"的运行规律，而对于事物的整个生命/存在周期，尤其是对其生成和灭亡这些至关重要的环节，即整体性的存在，并没有给予足够的重视，也就是说存在始终没有被视为辩证法的概念和范畴，中西方哲学史中至今还没有一个关于存在的系统的辩证法。但是，存在却对于所有事物来说都是最为重要的和首要的命题，对于处于生存危机中的人类尤其如此。

如前所述，中国古代辩证法的核心命题是阴阳，德国古典哲学的辩证法的核心命题是矛盾。阴阳在于体现事物的变化和运动规律，并且试

---

[①] 恩格斯将思维与存在的关系看作哲学的最根本的命题，但是这个观点却受到了"稀释"和"转移"，被精神与物质、主观与客观、心与物以及唯心与唯物等对应范畴所代替，对存在的忽略实际上是斩断了辩证法理论和哲学发展的一条重要的线索。

图通过阴阳互动来解释宇宙的生成；矛盾的焦点在于揭示事物存在状态的变化，它们都不是以存在为核心命题的辩证法。

在人类的存在已然达到全面异化的核时代，哲学出现了新的命题和范畴。也就是说，核时代的人类存在的全面异化赋予了存在辩证法以刻不容缓的必要性和迫切性。在很大程度上，存在辩证法是核时代的辩证法，以人类的整体存在为终极命题，关注的是人类在核时代由于全面异化而带来的自毁性和存在的可持续性的危机。

存在关乎存在体能否向现实成功地进行转化和体现以及这种转化能否在现实中具有持续性，这些都是任何存在体最根本的命题，因为它们就是事物本身。同时，存在是表现为存在体的任何事物都是最为重要的前提和先决条件，存在体的任何自在的行为和在认知层面上关于它们的主观认识和哲学都是在存在这个前提和基础之上进行的，任何有关存在体内在的运行及其规律的探讨都必须和只能在这个前提和基础之上进行。

存在的至关重要性赋予了关于存在的本质和规律的哲学探讨以不言自明的必要性。对于存在范畴的探讨形而上学扮演着重要的角色，然而却并不一定要限定在形而上学领域之内，辩证法同样可以对存在范畴进行方法论和哲学理念上的研讨。虽然古希腊哲学和近现代西方哲学也曾涉及对存在的探讨，例如亚里士多德试图以存在为核心概念建立形而上学，但是在世界哲学史范围内尚无对存在的本质和规律进行严格、系统和专门的总结和思辨的理论和哲学，这就为在形而上学范围内继续对存在进行深入的探讨留有余地，同时也为从辩证法和方法论的角度探讨存在留下了空间。

传统辩证法的适用领域被认为是"自然界、人类社会和思维"，认为辩证法是在这三个领域中的"普遍规律"。但是，从哲学上看，自然界、人类社会和思维之间的运行方式是完全不同的，三者虽然有千丝万缕的联系，但却有着截然不同的规律。在将这三个领域的如下问题解决之前便断言三者在本质上是具有一致性和同一性的，在哲学上是无法成立的。这些问题包括：人类的认知有没有把握它们共同规律的必要性，形成放之四海而皆准的辩证法；人类的认知能否总结出它们共同的规律；为了总结出它们的公约数，即普遍性，对于人类的认知能力是个促进还是妥协和损害，即为了普遍性是否会影响到它们对特殊性的深刻认知，从而使辩证法流于形式；根据各自运行特性来深入地探讨和总结其各自的规律，根据不同的范畴总结出具有针对性的辩证法是否会更有力地促进人类对于它们的认知水平；等等。在这些哲学命题被充分论证和解决之前，而认定辩证法是所有事物的普遍规律在逻辑和哲学上是有一定危险性的。或许正因如此，在西方哲学史中人们对于作为普遍规律的传统辩证法的接受程度并非没有保留和无限度的。

根据唯实主义，包括辩证法在内的认识论都要建立在事实性基础之上。如果说辩证法是自然界、人类社会和思维的普遍规律，那就首先要通过演绎法来发掘出它们各自的特别规律，然后再加以归纳，发现它们之间的最大公约数，从而形成作为辩证法的普遍规律。根据唯实主义的方法和原则，我们仍然要首先采取归零法，在充分认知了事物的事实性基础之上再致力于发现它们之间的普遍规律。也就是说，对于辩证法的认知和定位仍然要通过唯实双构过程的验证。

作为以唯实主义为方法论底线的存在辩证法来说，自然界、人类社会和思维这三个领域的运行方式是完全不同的，因为它们代表着不同类型的事实性，具有完全不同的事实性构成。自然界是由实物事实构成的；人类社会是由包括行为事实、实物事实和观念事实等多种事实构成的；思维是由观念事实构成的。只有在充分尊重它们的特殊性的基础之上才能建设出令人信服的辩证法。因此，存在辩证法的定位与传统辩证法并不相同，它并不以发现所有事物的普遍规律为目标。存在辩证法集中于存在与反存在这一对特定的范畴，是关于事物存在的普遍性和规律的辩证法，包括存在的理念和方法论。在研究领域上，存在辩证法以存在事实为事实性依据，因此与动物界和人类行为直接相关，同时也与人类思维密切相关。人类思维与行为事实是密不可分的，是行为事实的组成部分，人类的行为事实的形成过程始终无法脱离思维的主导而独立存在，但这并不能将思维与行为事实完全等同，思维的规律与行为的规律是不同的，对思维的独立、全面而深刻的研究应该属于逻辑学和认识论。

## 二 存在辩证法的实在性

辩证法与实在性之间的关系是辩证法的重要属性。在这个问题上，存在辩证法具有独特的定位，体现出了独特的价值。

简而言之，包括阴阳辩证法和黑格尔辩证法在内的传统辩证法是要素辩证法，即以探讨对应范畴为核心线索的辩证法；而存在辩证法则是实体辩证法，即以探究现实的实体的存在和行为规律为核心命题的辩证法。

（一）传统辩证法与实在性的缺失

存在辩证法认为，实体性是指存在体在现实中存在的规定性。实在性包括存在体在现实中的时间和空间以及其他物理性的和非物理性的属性。在存在辩证法中，实在性与现实性、时间和空间以及具体性是密不可分的。

通过对中西传统辩证法观念史的唯实梳理我们可以发现，辩证法与实体之间的关系历来不是一个要点，传统辩证法所探讨的主体是超越实体的各种要素（包括各种对应范畴、矛盾等）之间的运动规律。可以看出，在传统辩证法中辩证法与实体的关系有三个基本属性：一是辩证法规律缺乏实在性的前提；二是辩证法规律只在特定的哲学前提和基础上才成立；三是辩证法规律与实在的单一性不可分离。

中国古代的阴阳辩证法和柏拉图理念观的辩证法观点是关于阴和阳两种要素相互作用方式的规律的辩证总结，它不依附于具体的实体，也就是说不以实在性为前提。对于阴阳辩证法来说，它是先归纳出辩证法规律，然后再与特定的实体进行结合，将阴阳辩证法应用或者套用于该实体。例如，董仲舒将他所系统总结的阴阳辩证法创造性地与道德观进行结合，创造出了三纲五常的理念，完成了董学的国家主义道德观。董仲舒将阴阳辩证法应用于四季变化，形成了中国古代哲学对于四季变化最合理的解释，被中国古代文化所内化，成为常识性的观念。康德辩证法和黑格尔辩证法则体现了第二种属性，即只有在特定的哲学前提和基础之上才具有一定的合理性和逻辑性。康德辩证法的二律背反理念只有在其纯粹理性批判的哲学演绎中才能发挥出逻辑性，离开了康德通过理性的限度来对传统形而上学的批判这个哲学前提，康德的二律背反便失去了意义。存在辩证法体现的是第三种属性，表现出了辩证法与实体之间的新的关系，即存在辩证法对特定实体的运动规律的辩证总结，与单一的实体性是密不可分的。从表面上看这第三种关系只有狭窄的适用范围，其实不然。这是因为存在辩证法的实体是具有普遍性的存在体，在存在体的具体性中体现着最广泛的普遍性，并且存在体的普遍性能够在所有实体中得到体现和展开。

作为黑格尔辩证法的理念重心的矛盾论是绝对精神转化和表现的规律。如同阴阳辩证法一样，矛盾论的核心在于矛盾这对对应范畴的互动而不在于实体本身，矛盾可以在不同的实体中体现，可以成为不同实体的构件，否定之否定规律的运动过程会涉及多个具有关联性的实体，其目的不在于或者无法揭示特定的单一存在体的存在和运动的规律。由于黑格尔辩证法是为绝对精神服务的，它所揭示的是绝对精神的转化和运行的规律。黑格尔辩证法的非实体性对于绝对精神是合适的。由于绝对精神是一切实体的最终依据，在绝对精神这个绝对实体与无数具体的实体之间是具有同一性的，因此在黑格尔看来他的辩证法对于实体的超越并不违反逻辑。

而对于其他哲学思想来说就不同了。这是因为缺乏了绝对精神的绝对实体，事物的逻辑关系、链条和规律发生了完全的改变，绝对精神对于实体性的超越在另一个逻辑关系之下失去了效力。从另一个角度来看，要完成同样对实体性的超越必须也只能在一个更高的"绝对实体"之下才可进行，即要么接受绝对精神，要么再造出另一个绝对实体。而缺少了这个"绝对实体"任何理念对实体性的超越都是违反逻辑的。也就是说黑格尔辩证法的逻辑只有在其特定的哲学前提和基础之上才能成立，一旦脱离开这个由黑格尔特制的哲学前提和基础便会导致他的整个逻辑规律的坍塌，便有可能误入歧途，便有可能陷入主观臆想和悖论。

传统辩证法在实在性上的缺失并不是说它们完全不与实体发生任何关系或者不具备一些实在性的特征，而是指其逻辑和演绎的主体不是实体或者不具备充分的实在性。在这点上，阴阳辩证法和黑格尔辩证法都是典型的例子。

（二）实在性是存在辩证法独有的本质属性

存在辩证法坚持实在性原则，将实体即体现存在的存在体作为辩证法的核心范畴，探讨的是特定而具体的存在体的存在和行为的规律，而不是探讨多个实体和对应要素进行转化的规律，也就是说存在辩证法的主体即存在体是特定的和单一的，它揭示的是一个存在体的存在规律，而不是存在体内的各种要素的运动和变化，也不是多个存在体之间的转化过程和规律。存在辩证法的这个特征与历史上的传统辩证法有着本质的不同，也是存在辩证法的哲学意义、价值和生命力所在。

存在辩证法揭示的关于存在体的存在和行为的规律是多方面的，揭示了一系列不同的对应范畴之间的博弈方式，包括存在体和反存在体、存在力和反存在力、逆力悖反，等等。这些新的对应范畴覆盖了存在体的各个方面和层次，但它们都是特定的单一而具体的存在体的存在和行为规律，没有通过事物内部要素的转变进行偷换实体或者偷换概念。也就是说，存在辩证法的规律对于特定的存在体不存在超越性，是在单一实在性下的存在规律，存在辩证法的存在规律是具有单一性和具体的，这个单一性与存在体的单一性具有同一性，是相辅相成的。简而言之，存在辩证法的主体是特定而单一的存在体，是实在的现实而具体的实体，相比之下，以阴阳辩证法和黑格尔辩证法为代表的传统辩证法体现的则是存在体之内的某些要素的运行和转化过程和规律，不以实体性为核心范畴，并且是"超越"实体的。

存在辩证法与阴阳辩证法和黑格尔辩证法等传统辩证法之间在实体性上的区别不仅体现了两者的根本性的差异性，而且对于辨清辩证法尤其是存在辩证法的本质具有重要的哲学意义。

### 三 以存在力与反存在力为核心对应范畴的辩证法

与以人类的存在为最高命题相对应，存在辩证法以存在力与反存在力为核心范畴，并以存在力与反存在力这对对应范畴来重新解读和梳理传统辩证法理论的对应范畴。以存在力和反存在力的博弈为轴心，存在辩证法归纳出了它们博弈的普遍规律，形成了力的方程式。因此，力的方程式是存在辩证法的重要的理念。

存在辩证法认为，存在力与反存在力是最高级的一对辩证法范畴，即核心范畴。对于存在辩证法来说，这对核心范畴体现着力的运作和博弈的绝对性，因此也可以说是绝对范畴。其他的范畴都是相对低级别的范畴，即亚范畴。亚范畴包括存在内的诸多传统性范畴，如对立和统一、运动与变化、偶然性和必然性、内因与外因、进步与退步等。亚范畴都是在核心范畴的统领之下发挥作用和功能的，都是为核心范畴服务的。同时，其他的一些哲学范畴也属于亚范畴的范围，如经济学中的生产力和生产关系，历史学和政治学中的阶级斗争、自由、民主与压迫等，它们之间的互动体现了人类经济行为和政治行为的特征，甚至规律，但它们还都不是人类行为的最高级的范畴，还无法通过对它们的认知和解读客观、准确而科学地归纳出人类历史和人类行为的本质性的内在规律。也就是说，各种亚范畴虽然都能够体现核心范畴的特征和一定的性质，但它们都是局部性的和相对浅层次的。然而同时，核心范畴也离不开亚范畴的支撑，不同的亚范畴的特征和性质的表现的总和会有助于对核心范畴的特征和本质的全面而深刻的认知。

将存在力与反存在力视为核心范畴和绝对范畴是存在辩证法与传统辩证法在理念和概念体系上的重要不同。存在辩证法对于范畴的这种规定使辩证法对于范畴的理解和使用变得更加深刻有序。核心范畴为亚范畴提供了目的性，摆脱了之前对应范畴的散乱甚至盲目的状态，也纠正了一些传统辩证法理论对于一些亚范畴的不准确甚至错误的理解和使用。

法国哲学家萨特说："在涉及辩证问题时，只有辩证法才能解决问题。"[1] 这句话对于存在和存在体来说也是十分合适的，而在核时代尤其如此。对于存在这种复杂的辩证问题来说，只有存在辩证法才能解决问题。

### 四 作为以人类的整体存在为终极命题的核时代的辩证法[2]

存在辩证法是以存在和存在体为核心命题的辩证法，所关注的终极问题是人的类性存在，即人类的整体存在；其核心范畴是存在与反存在；其研究对象是行为事实，尤其是人类的行为事实。

存在辩证法是核时代的辩证法，是建立在以下基础之上的。

首先，作为存在体的人出现了类的存在维度。

虽然人类一词和关于人类的观念古已有之，并且作为神灵的对应体的人类始终存在于各种宗教之中，但是人类作为真正的类的存在则是在进入核时代之后。在核时代，人类才真正作为现实的人的存在体出现。在人类历史上最大规模和最具破坏性的第二次世界大战后期，人类进入

---

[1] ［法］Sartre, Jean-Paul, *La Critique de la Raison Dialetique*, Gallimard, 1982, p. 4.
[2] 本书集中于阐述存在辩证法。根据存在辩证法对核时代的系统分析将在另书中进行。

了核时代。对于人类来说，核时代是结束机械化时代大规模战争的有力工具，同时核时代标志着一个崭新的新时代，不仅标志着人的类的存在体的出现，也标志着人类的整体异化已经达到了危及整体，更意味着人的类的存在处于全面毁灭的现实危险之中。这些都指明，在核时代，人的存在体和存在状态出现了新的维度，即类的维度。

如果说投在日本的两颗原子弹帮助结束了第二次世界大战并彻底消灭了法西斯主义的话，那么它同时也打开了一个更为可怕的潘多拉盒子。虽然第二次世界大战结束了，但是随之而来的是人类在异化的深渊中跌得更深更惨。以结束的形式揭开了核毁灭的序幕，这就是核时代带给人的类的存在性的意义。

其次，人类深陷于类的自我毁灭的异化之中。

在核时代，人类的整体存在受到了致命的威胁，人的类的存在状态发生了根本性的改变，这是在人类历史上从未出现的新的状态和情境，人类的存在危机第一次摆在了人类面前。

核武器标志着人类进入了核时代，核时代的真正意义在于人类面临着自我毁灭的现实危险，整个人类进入了二力背反的崩溃规律之下。这是力的异化所造成的结果。所谓力的异化是指人类的存在力变成了反存在力，由维持自身存在的力被扭曲到了反面，保持了威胁人类存在的反存在力。由于力的异化人类失去了目的性，人类自身成为自身最大的威胁，人类整体历史上第一次面临着瞬间毁灭的现实可能性。

最后，人类需要作为拯救的新的思维方式。

人类在核时代所面临的类的毁灭的全面的异化危机促使人类深刻地反省自身的行为方式，对于存在也必然要在哲学层面上进行深刻的反思和反省。而在哲学层面上反思和反省自身的整体存在正是存在辩证法所要解析的最根本命题。

核时代使人类处在了严峻的历史生死关头。人类深刻、客观而科学地思考自身的存在和反存在具有不容置疑的紧迫性。但是，迄今为止世界哲学史中没有出现以存在为核心命题的辩证法与人类所处的时代性密切相关。在核时代之前虽然国家和国家、文明和文明之间的战争频仍，但人类作为一个物种整体并没有受到毁灭的威胁。核武器的出现使人类第一次受到了反存在的威胁，受到了人这个类能否在地球上延续其存在的威胁。

人类进入核时代之后，人类的存在受到了致命的威胁，人的类的存在不再是想当然的事情，来自人类自身异化的现实威胁迫使人类的整体存在成为一个新的存在体，这在人类历史上是第一次。可惜的是，在人类面临深刻危机的历史时期，核时代和人类的整体存在及其危机却并没有进入哲学领域。

存在辩证法的实体性在哲学层面概括了人类在核时代所处的境遇和存在状态，具有深入解析人类在核时代的存在性的哲学张力。存在辩证法的力的方程式、存在原则，尤其是二力背反理论都适用于对人类在核时代所面临的各种反存在力的认知和解析。

因此，从人类哲学观念史的角度来看，存在辩证法第一次将核时代和人类的整体存在列为哲学命题，并且将其视为核心命题来加以深入解析。

### 五 存在辩证法的适用性

存在辩证法的适用性来自存在体的适用性。由于存在体具有普遍性，因此作为存在体的存在规律的存在辩证法同样具有普遍性。

存在辩证法的普遍适用性并不是教条的，存在辩证法的力的方程式、存在原则、关于异化和二力背反的理念在不同的存在体之上有不同的表现。也就是说，不同类型的存在体体现存在辩证法的规律的程度和方式是不同的。异化和二力背反现象在有些存在体得到典型的体现的同时，在许多存在体之上并没有或者没有剧烈的表现。

### 六 存在辩证法旨在打破西方对于人类哲学思想的垄断

在人类全面异化的时代背景下，作为哲学方法论的唯实主义与辩证法结成了不解之缘，两者的结合为存在辩证法的诞生提供了时代背景。在这个时代，人类应该以事实性即唯实主义的视角和方法来审视和反思自己的历史和行为了。存在辩证法正是建立在唯实主义基础之上的辩证法。唯实主义赋予了存在辩证法以客观、公正和科学的立场。这使存在辩证法在方法论、哲学理念和道德上获得了巨大的契机。

当然突破西方哲学对于哲学话语权的垄断和获得哲学思考权，对人类存在状态的判断权，并不意味着对于西方哲学史采取全面的虚无主义立场，正如不要对中国古代哲学史采取全面的否定态度一样。本书根据观念唯实主义原则对中国古代、古希腊和西方近现代的辩证法观念史进行梳理的目的正是要在归零法之后而重新进行的客观而公正的审视和再评价。经过此番梳理，我们认为：首先，无论是中国古代辩证法、古希腊辩证法还是西方近现代辩证法都具有合理的概念和范畴，这些概念和范畴对于进一步发展辩证法仍然是有效的，故而仍然是存在辩证法要使用和利用的，虽然会对其内涵和功能进行合理的重新规定；其次，传统辩证法中的技术性层面上不仅具有高度的思辨性，同时也凝结了极其丰富的合理性，这是存在辩证法要加以继承和发扬光大的。存在辩证法是建立在对过往辩证法的扬弃基础之上的，是在新时代和新的情境之下对于辩证法的合理延伸。也就是说，存在辩证法在视野和责任感上对西方哲学持有明确的反思和批判立场，而在技术上则坚持扬弃的方法。

中国古代哲学素有天人合一和兼济天下的道德责任感和历史使命感，在人类命运处于异化危机的历史节点，中国哲学自然会延续这种责任感和使命感。在中国古代，道德哲学一直是一条主线，在饱受异化侵蚀的当代提供摆脱和消除危机的可行方案是中国哲学不可推卸的历史责任，同时这也是中国哲学再次崛起的历史机遇。不可否认的是，再次获得思考权和判断权将标志着中国哲学的崛起，而中国哲学的崛起是中华民族伟大复兴的不可或缺的重要内容和指标。

## 第六节　关于存在的规定性

在中文语境中，存在的英文表述可以是 Being，也可以是 Existence。在西方哲学史中，Being 是指抽象和普遍性的存在，Existence 是指存在体的具体的和现实的存在，这点在存在辩证法中仍然得以沿用。根据观念唯实主义的研究方法，在明确存在辩证法关于存在和存在体的规定性之前，还是要先对西方哲学史中的存在观的观念事实进行系统的梳理，以此作为理解存在辩证法的存在观的阶梯和桥梁。

## 一 关于存在的哲学观念史

作为哲学概念和理念的存在基本上是个西方哲学范畴。在西方哲学史中，存在的概念起源于古希腊哲学。柏拉图和亚里士多德的存在观是古希腊哲学中最有影响力的存在观。

（一）古希腊哲学的主要存在观

如前所述，作为哲学概念的存在最早是由古希腊哲学家巴门尼德提出的。巴门尼德不仅提出了独立的存在概念，还以存在为核心形成了西方哲学史上的第一个存在观。从此，存在便成为古希腊哲学和西方哲学中的一个重要范畴。亚里士多德以此构建起了以存在为中心的形而上学体系。

1. 柏拉图的存在观

柏拉图的存在观来源于其唯实论哲学。唯实论认为，一切物质的存在都是不现实的，都是理念存在的反映。真实和现实的存在只能是理念的。理念是"神性的东西"，作为"无神性的东西"的物质的存在不过是理念的存在的形式，是对理念的"记忆"。

柏拉图的存在观是唯心主义的，它深刻地影响了西方哲学史。许多西方哲学史家将其存在观与亚里士多德的形而上学并列，认为这两个哲学家关于存在的观念对西方哲学史的理念和走向产生了决定性的影响。

2. 亚里士多德的存在观

亚里士多德以存在为核心概念建立起了形而上学体系。虽然如此，但亚里士多德对存在的规范并不完善。其不完善性体现在以下三点。

首先，亚里士多德将存在与存在体混为一谈。

在《形而上学》（*Metaphysics*）中，亚里士多德集中阐述了其存在观。他说道："存在/是被以多种言语言说。"[1] 也就是说，亚里士多德认为存在/是是有多种含义的。这些多种含义包括：作为偶然而来的存在体、在真的含义上的存在体、诸范畴中的存在体以及在潜能和现实上的

---

[1] ［古希腊］Aristotle, *The Metaphysics*, Penguin Books 1998, p.167.

存在体。<sup>①</sup> 在哲学诸多的表述中,有些,如在真的含义上的、诸范畴中的和潜能的存在体,是指抽象意义上的存在,而偶然而来的、现实上的存在体则是指具体的存在体,存在和存在体被不加区别地使用。

由此可见,在梳理他之前的古希腊哲学家对存在的表述时,亚里士多德并没有将存在与存在体区别开来,也就是说在亚里士多德眼中存在体被视为存在的一种形式。在此,亚里士多德没有继承柏拉图的二元论的观点。但是将存在与存在体混为一谈在严格的哲学意义上说是不严谨的。这种混淆妨碍了进行进一步深入探讨存在和存在体各自的本质和属性的可能性。虽然亚里士多德的形而上学与辩证法之间存在着紧密的关系,但是在存在与存在体这对至关重要的形而上学概念的关系上亚里士多德却没有将辩证法应用其中。可见,未能在辩证法层面上将存在与存在体加以明确的区分和界定成为亚里士多德形而上学理论的严重的,甚至是致命的缺憾。

其次,存在的内涵单薄空泛。

亚里士多德的形而上学所要说明的最重要的命题是事物运动和变化的原因和根据。然而,运动和变化只是存在的一个特征而已,它们并无法概括存在的所有特征,更不能代表存在的本质。亚里士多德辩证法中的诸多范畴没有应用于存在这个核心概念,而是被应用到了作为存在的特征的运动和变化之上。因此,在亚里士多德的形而上学中,存在的内涵是十分单薄的。这便在存在与运动和变化之间产生了一种不对称的关系,好似一项巨大的帽子戴在了一颗小小的头上。这种不对称性说明了亚里士多德的存在观的内涵是不充实和空泛的。

最后,以神学为最后依托。

为了说明运动和变化的原因和根据,亚里士多德归纳为四因,即质料因、形式因、动力因和目的因,并且通过一般和个别、形式与质料、推动者与被推动者等这三对对应范畴加以展开和说明。通过对这三对对应范畴的演绎,亚里士多德得出了万物最终的推动者和原因是神的结论。只不过亚里士多德眼中的神更多的是自然神,是当时一切哲学和科学所

---

① [德] 弗朗茨·布伦塔诺:《根据亚里士多德论"是者"的多重含义》,溥林译,商务印书馆2015年版,第10页。

无法解决的力量和现象的总和。亚里士多德的神虽然也具有超然力量，但并不是基督教的那个创世记和无所不能的神。

整体来看，虽然提出了由实体统领的十个范畴和四因说，亚里士多德并没有对存在进行严格而系统的哲学规定，它们还不足以建立起关于存在的完整的概念体系和逻辑规范，由此导致了其存在观一直游离于唯物主义的一元论和唯心主义的二元论之间。

从亚里士多德开始，存在在古希腊罗马哲学中始终是个空泛和苍白的概念，直到中世纪的神学家阿奎那（Aquinas）用上帝填补了这个空白。尤其是阿奎那将动力因中的第一动力界定为上帝是按照亚里士多德的逻辑进行的完美的演绎，使亚里士多德的形而上学与基督教完成了"无缝连接"。阿奎那实际上说出了亚里士多德没有明确说出来的话而已。由此可见，亚里士多德形而上学为神留下的宝座被基督教的上帝"名正言顺"地占据了，其存在观的空泛性是一个重要的原因。在阿奎那完成了亚里士多德的形而上学与基督教的结合之后，上帝便成为经院哲学的绝对主体和至高存在体。

（二）近代欧洲哲学

从笛卡尔开始的近代西方哲学为被上帝垄断的中世纪经院哲学的存在观注入了新的要素，在经院哲学的堡垒上打开了一个缺口，通过这个缺口西方近代哲学迎来了第一道曙光。不过，笛卡尔主义的身心/主客分离的二元论的存在观却难以自圆其说，以至于稍后的斯宾诺莎和莱布尼茨不得不对其不断做出修正和补充。

1. 笛卡尔的存在观

笛卡尔对西方近代哲学的最重要的贡献可以说是将上帝等同于存在这样的被经院哲学奉为圭臬的存在观打开了一个缺口。笛卡尔提出了"我思故我在"（Je pense donc je suis）的命题。笛卡尔认为，"我"是唯一确定的、不可怀疑的始终"在场"的主体，我的本质特征是思考，我之所以存在正是因为我在思考。作为另外两个实体的上帝和广延变成了人的客体。笛卡尔进一步认为，人的心和物质是完全隔绝的，两者不仅在本质上不同，而且彼此对立、互不作用、互不依赖，这就形成了"身心和主客体的二元论"。

由于笛卡尔认为人的本质和价值在于思考，因此进一步发现人的思考方式和规律从此便成为西方哲学所要探究的核心命题，认识论于是便成为西方哲学最重要的哲学领域。

笛卡尔的哲学试图融合对上帝的信仰和科学的理性，将理性作为证明上帝存在的方法。这种融合的努力和方法却并非从笛卡尔才开始的，早在古希腊哲学的自然哲学阶段毕达哥拉斯主义便致力于此，并且成为一种倾向在西方哲学中延续了下来。然而，在文艺复兴时期的人文主义者对天主教的控制不断发出质疑和批评以及近代实验科学开始崛起的时代背景下，笛卡尔再次提出的这个命题却具有重要的哲学意义。笛卡尔主义在哲学层面上从上帝的无所不在的控制之下发现了我，将人同上帝一样视为实体。然而，笛卡尔主义对哲学贡献也就到此为止了。有学者认为在笛卡尔哲学中上帝中心论已经开始让位于人类中心论了[①]，这是不准确的，因为在上帝、人的思想和物体三个实体中，上帝仍然是主导性的，因为其他两个实体是上帝创造的，上帝也同样可以取消它们。因此，笛卡尔只是在经院哲学的存在观中打开了一个缺口，而并没有摧毁它。也就是说，虽然笛卡尔在西方哲学上第一次在本体的意义上发现了人和人的价值，从而在经院哲学的逻辑链条中打开了一个缺口；但是笛卡尔的存在观还不足以对经院哲学构成真正的挑战，而笛卡尔的本意也绝非要发出如此挑战。

但是，存在辩证法认为，笛卡尔的存在观并不成立。因为笛卡尔的我是个认知的我，除此之外并没有其他的属性和性质，因此这个我是个不完全的我，只是人的一部分，也就是说，笛卡尔的主体只是人的部分存在。这个片面而单薄的人的一部分显然无法揭示和代表人的整体。关于人的事实性告诉我们，现实中的我不只是思考，并且思考也不是人的本质，思考从根本上看是人的行为的有机组成部分。也就是说，思考只是人存在的行为方式的组成部分；人存在的本质是通过其行为方式在其自在本性的驱动之下而实施的各种行为和采取的各种行动。而关于人的行为的种类、性质以及与思考/认知之间的关系，这些笛卡尔都没有涉及，更没有给出答案。

并且，笛卡尔的身心/主客分离的二元论同样经不起推敲，因为它仍

---

① 张严:《"异化"着的"异化"》，山东人民出版社2013年版，第30页。

然违背了唯实主义的事实性。作为最复杂的存在体，人确实存在着各种对抗的力量，但这种对抗性并不在于身心之间的对立，相反人要在现实中获得生存，身心的协调是必要性的前提，否则人便无法成为一个存在着的生物和实体，这显然也是一个无法否认的事实。再有，笛卡尔将客观事物归纳为"广延"，广延被认为是体现着客观事物本质的概念。然而，客观事物的特征远不止广延，作为客观事物的诸多特征之一的广延性也无法代表客观事物的所有特征，更无法体现其本质。如此一来，广延也无法代表客体成为一种现实中的实体。虽然受到了逐渐崛起的科学的不断质疑，上帝在笛卡尔的时代仍然被视为最具有统治力的存在，即使是被认为当时最具革新精神和著名的数学家和科学家的笛卡尔本人也仍然信奉天主教，上帝是他眼中不可怀疑的存在。然而，西方哲学的发展还是从根本上撼动了上帝存在的根基，以至于对于上帝的信念最终还是被科学的不断进步所逐步地动摇了，笛卡尔在上帝与科学之间进行融合的努力也最终被"宣告无效"。

简而言之，笛卡尔哲学中作为不完全的人的存在无法成为现实中的实体，无法成为实在的存在体。这表明，在笛卡尔哲学中有存在，却缺乏完整的存在体。而缺乏完整的存在体的存在是无法构成实体性的存在的，也是无法形成完整的存在观的。

2. 斯宾诺莎的存在观

为了调和笛卡尔哲学中的身心/主客对立的二元论，17世纪的荷兰哲学家斯宾诺莎提出了"实体一元论"。斯宾诺莎认为笛卡尔哲学中的心灵、物质和上帝并不是单独的实体，而只是一个实体的不同属性，人和物质是统一的而不是分离的，因为世界上只有一个实体，那就是神。作为实体的神是唯一的、无限的和不可分割的，思想和广延只是实体的两个属性而已。思想和广延虽然在性质上彼此有区别，但在地位上却是完全平等的。斯宾诺莎的实体一元论是在本体层次上的一元论，而在实用层次上仍然保留着二元论的残余，因为思想与广延是两种并立而行的看待世界的方法和途径。

显而易见，斯宾诺莎的实体一元论将一切又归因于神，虽然斯宾诺莎眼中的神并不是犹太教和基督教中的上帝。斯宾诺莎否认上帝创世说，认为上帝就是世界本身，世界上的一切，包括最细小的细节都是上帝的体现。可见，斯宾诺莎的上帝观实际上具有远古的泛神论和自然神论。然而，不管斯宾诺莎的神本质如何，它仍然是宗教性的，仍然是"非人"的。斯宾诺莎将神视为唯一和绝对的实体实际上是将刚刚从经院哲学中获得了突破的笛卡尔哲学又拉回到了宗教的怀抱，不仅是在哲学本体论和认识论上的退步，其存在观同样又回到了上帝存在观的窠臼之中。

不仅如此，斯宾诺莎将思想和广延视为互不关联的两种属性，实际上是形成了身心平行论，如此一来，虽然笛卡尔二元论中的身心和主客体之间的矛盾得到了一定程度的缓解，但人的性质和地位却又不确定了。斯宾诺莎既然认为思想和广延是两种不同的属性，是不能相互交融的，那么人只能在两者之间来确定自己的性质和地位。而实际上斯宾诺莎的人既不是思想，也不是广延，又不是如笛卡尔所说的两者的混合体，更无法成为实体，人变成了失去明确性质的尴尬的非存在。斯宾诺莎的实体一元论的实体是神和上帝，不再是人了，也就是说，斯宾诺莎的实体一元论在丢掉人的实体地位的同时也失去了主观性，完全停留在客观性之上。人的这种"不伦不类"的状况显然又比笛卡尔的存在观倒退了。马克思因此称斯宾诺莎的实体一元论为"脱离人的自然"。

总而言之，斯宾诺莎为了解决笛卡尔哲学的身心二元论而提出了实体一元论不但没有彻底解决原有的问题，反而产生了新的问题，造成了新的更多的逻辑和哲学混乱，将笛卡尔在存在观上所取得的一些哲学进步又拉了回来。

3. 莱布尼茨的存在观

同样是为了克服笛卡尔哲学的主客二元论，德国哲学家莱布尼茨提出了单子论。所谓的单子是一个精神实体，是有感知的特别的灵魂，它贯穿于一切事物之中，是其基本单元，因此单子实际上是上帝在具体事物中的体现。单子之所以能够按照一定的规律进行运行，是上帝前定和谐的结果，是由上帝一手设计和安排的。

在单子论中，上帝虽然没有像斯宾诺莎哲学一样直接出现，而是通过单子而间接地"垂帘听政"，但上帝仍然是一切事物及其运动变化的最终根据和动因，仍然牢牢地控制着一切，世界是按照上帝的"前定"才能够"和谐"地运行的。单子论确实克服了精神与客观事物之间的矛盾，将世界归因于上帝，实际上是宗教一元论。由此可见，莱布尼茨的单子一元论只是莱布尼茨本人的奇特臆想,哲学变成了一种游戏,失去了严肃性。显而易见,莱布尼茨的单子论完全违背和践踏了事物的事实性,缺乏事实性基础,是难以成立的。

### 4. 康德哲学在存在观上的悖论

康德的批判哲学的核心是认识论,康德哲学的重要影响也发生在认识论领域。然而,由于认识论是形而上学的组成部分,康德哲学也不可避免地会涉及一些本体论的问题。尤其是康德批判哲学的重要部分是以评估和核定思维的合理性和可靠性以及重新建立新的认识论为目的的,这对本体论也可能起到"资格审定"的作用,也会涉及存在问题的思考。由于康德哲学的特定的逻辑架构,康德哲学的存在观不可避免地陷入了悖论之中。

通过对理性思维的先验性和界限的逻辑思辨,康德认为关于灵魂、世界和上帝这三个先验理念的思考不能发生感性和理性上的僭越,它们属于物自体(noumenon),是理性所无法认识的;如果对它们一定要加以认识,那么所得的结论就只能是"先验幻象"。这就等于否定了信仰以及建立在信仰之上的各种理念和结论的可靠性,从而动摇了上帝作为绝对存在的可信性和合理性,实际上是否定了宗教的认识论基础。康德的认识论对于经院哲学以对上帝的信仰为基础的本体论起到了釜底抽薪的作用,是对经院哲学的沉重打击。但是,康德哲学无法协调现象与本质之间的断裂,形成了新的不可调和的二元论,不得不如亚里士多德、笛卡尔、斯宾诺莎和莱布尼茨等人一样再次将上帝这个"灵丹妙药"请出来,于是在"挖上帝墙脚"和不得不求助于上帝的矛盾中形成了康德存在观的悖论。

从康德哲学在存在观上的悖论中可以看到,虽然康德的批判哲学对于宗教的打击是十分有力的,彻底摆脱了从笛卡尔哲学开始的二元论。但是,康德哲学却陷入了新的有限性之中,无法从根本上完成对经院哲学的否定。康德哲学在一定程度上纠正了西方哲学在认识论上的谬误的同时,并没有对本体论做出直接的论述。也就是说,康德的批判哲学在本体论和存在论上有所破而无所立,这使得康德的批判哲学对于经院哲学的批判并不完全和彻底,也成为康德哲学的体系性漏洞。

### 5. 费希特的存在观

费希特是18世纪末期和19世纪初期的德国古典哲学家。虽然相比于康德和黑格尔，费希特的定位比较模糊，但实际上费希特是个具有创造力的哲学家，前承康德的批判哲学后启黑格尔哲学，对一些哲学范畴作出了独创性的贡献，黑格尔辩证法的基本框架就来自费希特。可以说，费希特在德国和西方哲学观念史上应该占有重要地位。

费希特自称其哲学为"知识学"。费希特继承了康德哲学以认识论为中心的哲学观，知识学的出发点是要统一康德哲学中的现象与本质之间的割裂。然而同康德哲学一样，费希特对于认识论的探讨不可避免地会触及本体论问题，费希特因此也提出了独特的存在观。

费希特认为认识的主体是自我，自我对于知识的掌握是通过三个步骤进行的：首先是自我设定自己，其次是自我设定非我，最后是有限而相互对立的自我与非我之间达成了统一（我们在此不去深入探讨费希特的知识学的全部内容，在此只分析其存在观，在后文讨论异化的章节会分析其"外化"观）。费希特哲学的自我是作为认识主体的人自己，客体即非我是在自我之外的实体，而上帝没有出现，因为在费希特看来上帝已经不再是主体了，甚至在客体中也没有一席之地。这个观点对于自笛卡尔以来始终无法剪断与经院哲学脐带的西方近代哲学来说是个巨大的分野，即使是实际上不再相信上帝的康德也不得不为了逻辑上的完善而为上帝留有"面子"，费希特显然要较笛卡尔和康德在反对经院哲学的道路上走得更远，也更彻底。

然而到此，费希特的思路发生了转向。费希特认为，自我对于自己的设定包括对于自己的存在的设定。在费希特看来，存在是个从属于自我的属性，而不是作为实体所先天或者必然具有的基本特征。自从亚里士多德以来，存在一直被视为实体的属性，是客观的、具体的和实在的，而费希特则认为存在并不是客观的，而是主观的，只有受到自我的设定存在才能存在。可见，费希特的存在陷入了主观主义和唯心主义之中，剥夺了存在的事实性基础。如此一来，存在作为哲学范畴的重量和意义便被打了很大的折扣，其结果是费希特的哲学无法形成符合事实性的存在观。

### 6. 谢林和黑格尔哲学的存在观

谢林与黑格尔是同学，也是同事，谢林对黑格尔哲学的形成和发展施与了重要的影响。从源头上看，谢林哲学是黑格尔哲学的重要来源之一；从哲学的本质定位上看，谢林哲学决定了黑格尔哲学的本质，即客观唯心主义理念。而在方法论上，黑格尔的辩证法主要逻辑内容则来自费希特。因此，黑格尔哲学与谢林哲学有着共同的存在观，或者说黑格尔哲学的存在观直接来源于谢林哲学，是对后者的进一步展开和深化。

(1) 谢林的存在观

谢林认为，绝对是一切存在的母腹。绝对不仅是精神和观念的存在，还包括现实的存在，是现实—观念的存在。事物的内聚原则是现实存在的根据。谢林的内聚原则是指事物内部的强大的凝聚力。谢林也提出了作为反作用力的观念的力量。观念的力量是"外张的"，向外流溢的力，观念的力来自精神/绝对精神。存在只有在现实的力和观念的力的相互对立中才能存在。[①]

谢林又说，神/上帝是现实—观念存在。于是，绝对就是神。谢林的新哲学就是要建立新的神话，重新确立神的地位。谢林认为，世界是外现的神，是绝对的"自我表现"；而神是无蔽的、可见的世界。神是自在的现实—观念的存在本身。谢林的神体现在两个领域：作为现实王国的自然领域和作为观念王国的人的世界。这两个王国是并列的。因此，谢林认为，一切存在都是同样的本质，都是现实—观念的存在。这就是谢林哲学的"同一性体系"。可见，谢林虽然更加强调神的世界和现实世界的同一性，但其存在观与柏拉图的理念和现象世界的二元论十分相似，都是以理念或者观念为本质的存在观。

按照谢林的同一性体系的理念，现实—观念存在虽然具有一定的实在性，具有二元论的特征，但其存在的依据只能是观念和精神，即神/上帝。不管是前期的哲学还是后期的哲学，谢林哲学都没有摆脱基督教神学的影响和底蕴，只是前后期对基督和上帝的理解的角度和深度有所不同。谢林的存在观、人性观和力的观念都是在基督教神学框架内运行的，是对神学的新的注释。所谓新的注释是指谢林试图重新定位上帝的个性，欲赋予上帝以生命力、爱、理智、光明等特征，改变上帝被中世纪基督

---

[①] [德] 谢林：《对人类自由的本质及其相关对象的哲学研究》，邓安庆译，商务印书馆2008年版，第22—24页。但后来，谢林将现实的力量和观念的力量进行了对调，观念的力量成为内在的凝聚力，现实的力量成为外张力。

教所固化了的各种标签，以哲学的方式重建基督教神学。通过这种新的注释，谢林希望给予人性和历史以更大的自主空间。

（2）黑格尔的存在观

存在观在黑格尔哲学中占有重要地位。在黑格尔复杂晦涩的表达方式之下，其存在观其实只是在重复表述谢林哲学的同一性理念。黑格尔庞大的哲学体系是从存在开始的。这体现了黑格尔对存在的重视和存在在德国古典哲学中的分量。但这并不预示着和能够保证黑格尔哲学的存在观就是合理的，或者按照黑格尔的术语讲是"科学"的。与谢林哲学一样，黑格尔哲学的存在观的核心就是绝对精神。人类社会中的所有存在都是绝对精神在不同时间和空间内以不同的形式体现和反映的现象，客观世界以及人的思维和人类历史都是绝对精神在不同层次以不同方式的展开。可见，黑格尔的存在是概念和逻辑的存在。

对黑格尔来说，绝对精神、绝对理念、绝对真理和绝对同一性是同义词。在绝对精神中，主观和客观、主观性和客观性、自然和人类、自然界和人类历史、人的思维和客观实在、个体性和普遍性、抽象性和具体性、肯定和否定等范畴，都是具有同一性，因此是绝对同一性。在黑格尔的哲学起点就假定了绝对精神是绝对真理。他的精神现象学、逻辑学和辩证法是用来证明绝对精神的工具。

黑格尔哲学的绝对精神是上帝吗？当然是的，虽然相对于直白的和人格化的基督教中的上帝，绝对精神更多地以理性的面目出现。但上帝和绝对精神的功能和地位完全是相同的。唯一的不同是它们与人类的关系。在基督教神学中，人类在上帝面前是有原罪的，上帝对于人类的权威体现为惩罚性的不容置疑的审判力量，因此上帝和人类的关系是对立的和割裂的。在谢林和黑格尔的哲学中，绝对精神不再是具有惩罚性的、高高在上的和人格化的权威，绝对精神与人类的关系是"和谐"的，是具有"同一性"的。也就是说，谢林和黑格尔并没有否定上帝，没有"冒犯"上帝的权威，只是调整了人类看待上帝的角度，调整了上帝与人类的关系。然而，绝对精神仍然是不可违背的。违背了绝对精神就是违背了上帝设置的各种规律和规则，也是必定会受到惩罚的。如此一来，存在仍然是上帝统御之下的存在，人的存在于本质上仍然是上帝的存在的附属品，虽然存在被展现的方式与基督教神学发生了形式上的变化。

黑格尔试图通过繁复的逻辑学和辩证法证明其存在观的确定性、实在性和绝对性，这是黑格尔哲学与谢林哲学的不同之处，也是黑格尔哲学"超越"谢林哲学的地方。但是在缺乏事实性的前提下，他的被特殊规定了的存在无法获得真正的存在的各种本质属性，一切仍然只是概念和范畴之间的推演，黑格尔的辩证法仍然只是空中楼阁，他的哲学理念仍然是与人类思维、历史和现实世界缺少实在联系的玄学，从广义上看仍然是无限接近宗教和神学的理念，而不是黑格尔经常不忘提及的"科学"。

虽然具体的脉络有所不同，但黑格尔哲学的基本理念与古希腊的柏拉图哲学的观念和逻辑具有相似性，前者在很大程度上是后者的加强版。柏拉图哲学和亚里士多德哲学的精神和理念同样是神和上帝，黑格尔哲学的内核与它们是相同的。这种核心概念的相似性和同源性体现了柏拉图和亚里士多德的存在观对德国古典哲学和黑格尔哲学的影响。

（3）存在辩证法对黑格尔存在理念的解析

黑格尔在《法哲学原理》中提出"凡是存在的都是合理的，凡是合理的都会存在"①。这句话成为黑格尔哲学的名句，因为它体现了黑格尔的哲学理念的精髓，展示了黑格尔辩证法的存在观，以至于恩格斯在著名的《路德维希·费尔巴哈和德国古典哲学的终结》中专门对其进行了分析。

其实，这两句话包含了多层含义。

首先，存在的生成在理念中有合理性，这是存在的根据。但存在同时也包含了不合理性，这是自我否定的根据。存在是合理性和不合理性的矛盾体。这与黑格尔辩证法的对立统一规律和矛盾观是一脉相承的。

其次，合理性向不合理性的转化也是合理的，这是因为时间是进化的，一个时期的合理性随着时间的推移而逐渐削弱和丧失，原来的不合理性逐渐变成了合理性，原来的非存在变成了存在，原来的不合理性变

---

① 作者不懂德文，只能从英文翻译来对其进行评估。这句话的英文翻译是："What is rational is real, and what is real is rational"。按这个版本，此处所引的中文翻译有意译的成分，但基本能够体现黑格尔的本意，这从恩格斯对它的解释中可以看出来。［德］Hegel, G. W. F., *The Philosophy of Right*, Trans. S. W. Dyke, Dover Publications, INC 2005, p. xix.

成了合理性。

最后，对这句话的解读有很大的灵活性。例如在政治斗争中便有体现。政治上的保守势力可以把重心放在第一部分，以证明自己存在的合理性；而改革和革命势力可以把重心放在第二部分，以证明自己的合理性。事实上，黑格尔也是这样做的。在他拥护法国大革命的新思想时他引用的是第二部分，当他后期倾向于保守，成为普鲁士王朝的理论代言人时他强调的是第一部分。

这句话体现了黑格尔辩证法的精髓，可谓是左右逢源，面面俱到。但黑格尔却漏掉了其中最关键的环节，即什么因素使存在丧失合理性而变成非存在，又是什么因素使不合理的非存在变成了合理的存在？对此黑格尔没有给予任何解释，反倒是恩格斯提出了时间因素，将时间纳入其中的逻辑，认为是时间的变化导致了存在的合理性的变化。[①]

存在辩证法认为，这句话的另一个弊端在于没有区分存在与存在体。有些事物在心理和观念层次上是合理的，而它们一旦转化为存在体在现实中得以表现则可能就是不合理的。存在与存在体之间的区别在道德和行为之上是很典型的。例如，作为善的对应范畴的恶在理念上的存在是具有合理性的，是可以接受的，但是当人将恶的理念转化为行为即做出恶行而伤害到其他人时便失去了合理性，是应当谴责、禁止和受到惩罚的。同样的情境也适用于战争。战争的理念是合理的，人类的生存和发展离不开战争，在很大程度上人类历史的走向是由战争塑造的。但是，当战争爆发之后，一系列的悲惨的后果便会喷涌而出，使战争在人道上失去了合理性。

存在辩证法认为，真正导致存在的合理性产生变化的是存在力与反存在力之间的博弈，存在体的存在状态是它与反存在体之间的实力差的反映。当存在体相对于反存在体享有充分的实力盈余时，它的存在就是合理的；反之，当存在体相对于反存在体处于实力赤字时，存在体的合理性被削弱了，存在的根据就具有消失的可能性。

因此，存在辩证法认为，存在体与反存在体之间的力的方程式是决

---

[①] 参见 [德] Engels, F, *Ludwig Feuerbach and the End of Classical German Philosophy*, Foreign Languages Publishing House Moscow 1950, pp. 15–16。

定存在体是否具有合理性的根据，并且是唯一的根据。①

（三）西方现当代哲学的存在观

西方哲学在经历了 18 世纪和 19 世纪的"黄金期"之后，从 19 世纪末和 20 世纪初期便开始陷入了自我怀疑和没落阶段，否定西方哲学传统的"后现代哲学"粉墨登场并逐渐成为西方哲学的主流。在此背景下，20 世纪初期现象学首先在德国兴起。受现象学的影响而发展起来的法国存在主义和德国海德格尔哲学于三四十年代在西欧一些国家流行。它们在扩展了现象学对传统哲学的否定的同时，也少有地对西方传统哲学的线索加以继承和发展。而存在观在存在主义和海德格尔哲学中占据着突出的位置。

1. 存在主义的存在观

作为 20 世纪中期西方哲学的主要思潮，存在主义曾在法国和西方风靡一时，西方哲学史中第一次出现了以存在为主题而命名的主义。

但是，实际上存在主义与存在的关系颇有模糊性。虽然被冠以存在主义，然而其存在却并不是关于存在的具有普遍性的哲学层面上的概念，而是具有特定的理解和规定性的存在。从哲学观念史的角度看，萨特的存在主义是对德国哲学家胡塞尔的现象学的回应。萨特认为胡塞尔的现象学过于关注事物，而忽略了人的存在。萨特的目的是要将他对人的存在的理解加入现象学，使其更加完善。也就是说，萨特的存在主义是要通过现象学的视角和方法来看待存在这个范畴的，使用的方法是现象学的方法论，贯彻的是现象学理念之下的存在观。

萨特存在主义的存在是指特定的个人的存在，而不是作为类的人的整体性存在。尤其重要的是，萨特存在主义所指的个人也具有明确的时间、空间和情境的具体限定，即指西方国家中的一些知识分子在第二次世界大战期间尤其是在德国占领期间和之后的存在状况。也就是说，萨特存在主义的存在并不是具有普遍意义的存在范畴，并不是指所有人在所有时期的人的具有普遍性的存在。

---

① 从存在辩证法对黑格尔存在观的解析中可以看出，存在辩证法在一定程度上可以深化黑格尔辩证法对事物存在规律的认知。黑格尔辩证法是概念和形式的演绎，存在辩证法揭示的是推动实体发展变化的内在动因及其规律。

萨特由于对于存在的限定使其存在主义的存在观是一种特定的、内涵十分狭隘的存在观，这种狭隘性在很大程度上剥夺了存在主义的哲学意义，而更接近于用哲学术语包装的文艺理论。因此，萨特对存在的特定的理解和限定限制了其存在观的纯粹的哲学价值。存在主义也如一股文艺思潮和流行文化一样在时髦了一段时期之后便迅速消退了。

2. 海德格尔哲学的存在观

见下文"人的存在和作为存在体的人"部分。

## 二　存在辩证法的存在和存在体

从亚里士多德开始，西方的形而上学和辩证法皆将存在与存在体不加区别，这种概念的混淆在哲学上产生了不少的误解和混乱，同时也制约了西方辩证法的合理性和深刻性及其进一步的拓展。与西方哲学不同，存在辩证法在概念和理念上将存在与存在体加以严格的区分，认为存在和存在体是紧密相连而又具有不同属性的概念、形式和事物。作为现实中的存在的反映，存在与存在体之间的关系是在存在辩证法中占据重要地位的一对对应范畴。

（一）存在的内涵

存在辩证法是以存在体的存在为核心范畴的辩证法，对存在与存在体进行分别的解析，是建立在存在体的事实性基础之上的辩证法。

1. 存在的两种性质

唯实主义是存在辩证法的方法论基础，因此，存在辩证法的存在观同样反映了唯实主义的基本原则和方法。它体现在存在辩证法的存在是具有两种性质的存在，即包含着第一性和第二性的双重存在。

（1）存在的第一性和第二性

存在的第一性是指存在的发生学根据。包括人的存在在内的存在是自然界的一种物质存在，是自然事实的一种。[①] 自然事实的存在是不以人的意志为转移的，是不依赖人的存在和认知而独立的自在的存在。除了所可能发出的物理性的力施加于其他存在体之外，人的行为和人性对于第一性的存在不会产生影响。也就是说，存在的第一性处于人的认知和

---

[①] 参见张珂《唯实主义》，人民出版社2020年版，第5页。

规定之外，人的行为可以改变存在的第一性的特征和状态，甚至可以剥夺存在体的存在，但是这些都无法改变存在的第一性作为独立于人的独立性和自在性。

存在的第二性是指对存在的本质、特征和状态的规定性。人对存在的第二性的规定性是从人的主体出发的，是以人的本质、特征和状态的内在规定性来衡量、裁定、规范和评价所有的事物。人根据人的自身的生理、心理和物理性的属性和特征对存在所做的规定与存在的第一性无直接关系，而能够生成和改变对存在的第二性的规定。人对事物的规定属于人类事实、行为事实和观念事实，而这些事实都是由人的类的主观性决定的，是人为的事实性。

古希腊哲学家普罗泰戈拉（Protagoras，公元前481年—前411年）虽然被认为是智者（sophists）的代表人物，然而他对哲学的贡献远非只在辩论术之上。在其著作《真理或根据》中，普罗泰戈拉写道：

> 人是万物的尺度，是存在的事物存在的尺度，也是不存在的事物不存在的尺度。[1]

这段话是对存在的第二性的经典的哲学概括。

因此，存在辩证法认为，包括人在内的存在都具有第一性和第二性两个层次，都是自然事实、人类事实、行为事实和观念事实的综合体和混合物。

（2）力的两个层次

作为存在的本质属性和表现方式的力同样具有存在的双重性，即力也有第一性和第二性。力的存在本身，包括其生成和实施，是独立于人和人的规定性的，是不以人的意志为转移的；然而，力的属性即力的第二性，包括力的种类、力度、实力差、实施的方式和实施后的结果等在内的力的方程式，则是要服从于人的规定性的，是以人的属性为度量衡的。

---

[1] 参见［德］爱德华·策勒尔《古希腊哲学史纲》，上海世纪出版集团2007年版，第90—91页。

(3) 存在辩证法与存在的性质

存在辩证法是探索存在和存在体的规律的辩证法，因此存在辩证法必然会触及力的性质的命题。

在存在辩证法中，存在的第一性是必然存在的，它不自觉而自然地包含着存在的第一性。研究存在的第二性的规律是以存在的第一性的存在为前提和基础的，也就是说存在辩证法关于存在、存在体和力的规律的理念中已经包含了对存在的第一性的接纳和肯定，并且始终贯穿于存在辩证法的整个运行之中。

2. 存在的规定性

存在辩证法的存在是指一切事物现实中的、既有的和具有实在性的存在。现实中的存在包括物质性的存在和非物质性的存在。存在辩证法是具有普遍性的存在，是适用于所有存在体的存在，包括各种存在形态、存在状态和存在阶段。世界上不存在没有存在体的存在，也不存在没有存在的存在体。

3. 存在与无

存在辩证法认为，无与存在相关，是存在的抽象的对应范畴，然而在观念史上无与存在并不是辩证法意义上的对应范畴。存在不需要无来证明自己的存在，虽然无会强化存在的存在感。无是存在的虚空状态，是存在一种遥远的、无所指的和尚未具备规定性的孕育状态，也是存在的墓场。无也是一种存在的结果即非存在的状态，是存在体和反存在体博弈的终极结果，体现了存在和存在体被毁灭之后的湮灭状态。无与存在的本质性的区别在于无没有存在体/实体，而存在则离不开存在体。无是非存在。非存在是具体和有所指的无，是与存在体相对应的无的状态，是无和存在体之间的临界状态。

4. 核时代是存在与无的临界状态

核时代强化了存在与无的对应性，提出了把存在与无作为辩证法意义上的对应范畴的必要性和意义。在核时代，人类的存在开始蕴含着非存在的现实可能性，也就是说，人的类的存在在核时代一步步地迈向了这个非存在和无的临界点。

揭示人和人类组织的存在规律是存在辩证法的目的和挑战之所在。不幸的是，人类的存在在核时代受到了整体毁灭的现实威胁，存在辩证法突然呈现了必要性和迫切性。存在辩证法的使命就是为揭示人性、国家和文明以及在核时代的人性异化和国家行为模式的状态,指出人的类的存在在核时代已经开始达到存在的极限,已经开始接近非存在,并且为人类所必须做出的终极选择提供方法论的手段和基础。

(二) 作为对应性存在的存在

存在辩证法认为,存在是一切事物共同的最基本的属性,是事物和客观世界最具有普遍性的状态。同时,存在的另一个最基本的属性和最具普遍性的状态是对应性。存在总是对应性的存在,存在总是与非存在和反存在同时存在和共同存在。存在的对应范畴包括非存在和反存在。也就是说,存在和非存在以及存在和反存在都是关于存在的对应范畴。

1. 存在的对应性

存在辩证法认为,存在并不是单独存在的,而是在对应性(relativity, la relativite)中存在的。存在的对应性表现为存在和非存在。当存在没有通过实体即存在体加以表达和体现时,存在的对应性是抽象的和不具体的。

在存在体现为实体时,存在便具有了多元化的表现性。存在的表现性包括实体性、主观性和客观性的相对性和对抗性、主体和客体的博弈性、冲突性和转化性以及力的呈现性和转化性等。作为存在的实体性的状态,存在体是存在的这些表现性的现实载体。

2. 存在与非存在

非存在(Non-existence)是与存在相对应的一种状态,是存在的对应性的一种形态。非存在不是既有的存在,也不是现实中的"正在"状态下的存在。非存在是无的一种可能性,无是非存在的一种方式。然而,非存在并不是存在的否定,非存在也可以是存在的潜在性,有可能是存在的孕育阶段。任何虚拟的和不真实的存在都是非存在。

费尔巴哈认为:"存在的对立面不是无有(可理解为非存在),而是感性的具体存在。"[①] 这是不准确的。存在的对立面是非存在和反存在,尤其是反存在,它使存在变成了对抗性存在。"感性的具体存在"不是存

---

① [德]费尔巴哈:《黑格尔哲学批判》,王太庆、万颐安译,生活·读书·新知三联书店 1955 年版,第 20 页。

在的对立面，而是存在载体和主体，体现着普遍性和个体性、抽象性和具体性的辩证关系。

3. 存在与反存在

相比之下，反存在（Anti-Existence）是对存在的否定，或者说是否定存在的反向力量。反存在是存在的对应性的一种常态化的表现，也是具有否定性和攻击性的激烈的表现方式。

与存在相对应，反存在也具有既有的和现实中的属性，并且与存在具有时间上的同一性/共生性。有存在就有反存在，存在与反存在是一对具有同一性的对应范畴。存在与反存在的时间上的同一性体现在两者在生成、现实性和死亡之上。也就是说，作为存在的对应范畴，反存在的生成、存在状态与死亡受到存在的制约与规定；而对于非存在，同样如此。反存在的生成是依附于存在的生成，有了存在才会有反存在。两者在现实性中进行着永不停歇的力的博弈和此消彼长。同样地，反存在的死亡也取决于存在的死亡，存在死亡了，反存在也不存在了；在死亡状态下，反存在或者与存在一样变成了非存在，要么取代了存在的地位，转化成了存在。

反存在与存在是一对对抗范畴，反存在的生成是以与存在进行对抗为前提的，消除存在是反存在内在的目的性。因此，存在与反存在的关系只能是零和博弈性的，两者所追求的最终结果都是将对方变成非存在。

存在辩证法研究的核心主题是存在与反存在之间的对抗关系，是要发现和总结存在与反存在、存在体与反存在体之间的内在规律和博弈规律。

4. 存在性

存在性是与存在密不可分的一个概念。存在性是对存在的属性、特征和状态的描述。任何存在体都有存在性，其存在的属性、特征和状态都可以通过存在性进行体现和描述。因此，存在性是一个中性的哲学概念。

（三）存在的特征

存在性是存在的最基本的特征。存在的特征和属性表现在存在性的普遍性和超越性之上。即使存在体的其他特征和属性都已失去，只要存在体没有死亡和消亡，存在体的最基本的特征即存在性将不能失去。

1. 存在的普遍性

存在的普遍性是指存在一般性地存在于一切事物，即存在体之中。存在的普遍性是通过存在体来表现、体现和具体化的。存在是独立的范畴，但它总是依附于存在体之上。一方面，存在渗透在所有的存在体之中，通过存在体来表现其特征和属性；另一方面，只要有存在体，便会有存在，存在体是不能脱离存在而存在的。只要有存在，便一定会有存在体；只要有存在体，也一定会有存在。存在是所有存在体的最基本的特征和属性；存在体的最基本的特征和属性是存在。

存在的普遍性通过什么来体现和实现？对于这个命题，存在辩证法给出了与传统辩证法不同的回答。对此在下文"如何证明存在的存在"中进一步展开。

2. 存在的超越性

作为存在的基本属性，超越性具有普遍性，也具有抽象性。

存在超越时空，而与绝对的时空同一；存在超越形式，而与所有的形式同一；存在超越载体，而与所有的载体同一；存在超越特征和属性，而与所有的特征和属性同一。

存在是无限的，又是具体的，是无限性与有限性的统一。存在是抽象的，又是具体的，存在是抽象与具体的统一。

如同其普遍性一样，存在的超越性体现在与存在体的对应之中，并在与存在体的对应之中得到典型而充分的体现。

3. 存在向反存在的转化

存在体的内部，存在和存在力的角色定位不是固定不变的，而是具有动态性和转化性的，也就是说存在和存在力总是带着反向的属性，总是具有向自身方面转化的可能性和潜在倾向。在特定的情境下，存在可以转化为反存在，存在力也可以转化为反存在力。对于具体的存在体来说，存在和反存在并不具有绝对的不可转化性，由于存在力和反存在力总是以对应范畴的形式存在的，在一定情境下，两者的性质取决于力的实力差的状态。

在时间维度上，存在具有反存在性。存在是时间维度上的不间断的存在，存在是通过不同的存在体来体现的，这种状况不仅体现了存在的一元性与存在体的多样性之间的统一，也反映了存在体与反存在体之间的对应性和相互转化性。

从存在体的主客观视角来看，存在体与反存在体之间存在着相对性。存在体与反存在体的划分并不是根据不同存在体的性质的不同，相反，在很多情况下同质性是排斥性产生的原因，同质性是导致性质相同或相似的不同存在体产生冲突的根源。根据主体性的不同，存在体的角色定位是会发生改变的。随着存在体主观性的变化，反存在体也可以转化为存在体，这是从逆向和反面视角来看待存在体的结果。

从更高的层次上和更长的时间维度上看，存在就是反存在，存在力就是反存在力，存在体也是反存在体，存在的对应性会导致存在的相对性，而存在的相对性会导致存在的对抗性，或者说是存在的对抗性的一种表现。

（四）如何证明存在的存在

在探讨存在的概念时，不能回避一个纯理论的形而上学命题，即如何证明存在的存在？存在辩证法没有陷入近现代西方哲学的玄学思辨中，通过个性与共性、实在性与现实性、相对性与绝对性等范畴之间的演绎来试图进行推导。存在辩证法认为这种纯粹抽象的概念演绎虽然是必要的，但却不应该是辩证法的主体，更不应该成为辩证法的全部内容。

存在辩证法是建立在唯实主义基础之上的，事物的存在在具体而个别的存在体的事实性和所有存在体的共性中得到充分体现。存在辩证法认为，事物的事实性就是存在及其实在性和普遍性的证明。包括传统辩证法在内的西方哲学总是从人之外寻找事物/物质及其本质，而忘记了人也是事物/物质；人不但是客观世界的有机组成部分，是客观世界的最积极的参与者和改造者，并且事物/物质的本质在很大程度上是由人赋予的。除此之外，人还是一种与人最接近的事物，而且人就是感受者/认知者本身，也就是说人是感受者/认知者与客观事物和存在的统一体。因此，人在物质世界是最具有代表性和典型性的事物/物质和存在；通过对人的各种属性的深入研究，是发现客观世界的运行规律的必要路径，因此存在辩证法是以对人的深入研究为其核心的理论构件。

对于存在来说必须遵循逻辑学上的排他律，即存在只能是或者不是而不能两者兼具。只有证明或否定了人具有存在性，也就证明或否定了其他事物/物质和整个世界的存在。只要人无法证明自己和其他人的不存在，便必须接受人的事实性，因此也不得不接受人的存在。同样地，只要人无法证明事物/物质的不存在，便必须接受它们的事实性，因此也不得不接受它们的存在。这种状态、思维过程和方法就是唯实主义的非证伪性事实以及对其认知和认证的过程和方法。

另外，存在辩证法对存在的证明也可以从存在体的存在状态的变化和存在体的运动即存在体的生成与死亡的过程中动态地把握和证明存在的存在。要证明事物/物质和客观世界不存在，同样也必须证明事物不会运动和变化，同样要证明作为生物的人不会经历出生、变老和死亡的过程。如果不能提供这些反证，就不得不接受事物存在的过程，接受了事物存在的过程就等于承认了存在的存在。

## 第七节 存在与存在体

存在辩证法的存在与反存在是一对对应范畴，也是对抗性的范畴。存在与反存在之间的对应和对抗是存在辩证法探究的主要内涵和线索。存在与反存在体现着一般与个性、无限与有限、抽象与具体以及理念与实在之间的辩证关系。

### 一 存在与存在体的辩证关系

存在与存在体之间的辩证关系体现在存在对存在体的超越性之上。存在对存在体的超越性是通过共性与差异性、无限性与有限性、超越性与单一性以及抽象性与具体性等四个方面来体现的。

（一）共性与差异性

从绝对的意义上看，存在包括自然界和其中的事物的存在。从抽象的意义上看，存在并不具有存在周期和存在状态。存在周期和存在状态只体现在存在体之上。也就是说，存在能够超越死亡和毁灭而存在，而存在体则在时空中无时不在地体现着具体的死亡和毁灭，并且其死亡与毁灭具有单一性。

相对于存在体，存在具有超越性。具体来说，存在对于个别存在体的超越性体现在综合性和普遍性之上。存在体现在一切存在体的实在性和事实性中。不存在不以存在体为载体的存在，同时也不存在不反映存在最基本的属性即存在性的存在。

所有存在体的共同属性归根到底是存在。同时，存在的一般性和普遍性只能在存在体的具体性和个性中表现出来，也就是说，存在是每一个具体的存在体的存在，它离不开对每一个具体事物的依托，而存在也正是在具体事物的存在中才能够体现出共性与特性的双重属性。每个特定、具体和有个性的存在都存在于存在体之中，每一个存在体都是存在的具体表达和个性呈现。

文艺复兴时期意大利哲学家和科学家布鲁诺（Bruno）认为："变化所寻求的，不是另一个存在，而是另一种存在样式。"[①] 并且"人们从诸物体身上所觉察到的各种不同，诸如形式、状态、特点、颜色以及其他独特的个性和一般属性，所有这一切无非是同一个实体的各种不同的外观，是不动的、稳定的、永恒的、存在的、流逝的、变动的、变易的外观"[②]。布鲁诺的这段话是西方近代哲学史上第一个比较清楚地阐明了存在与存在体之间的辩证关系的论述。

（二）无限性与有限性

存在是无限的。存在的无限性体现在时间和空间上的延展性之上。存在的无限性能够超越时空的束缚，这意味着它与时空具有同一性。

存在具有无限性，而不论何种类型，存在体则是有限的。每个存在体都是在时空中有限的存在体，存在体的每个属性和特征都受有限性的制约。存在体无时不受到时空的束缚。存在体的有限性体现在时空的有限之上，体现在自身的时空规定性的局限性，也体现在其特定的内容、形式和特征的有限性之上。存在体无法与时空同一，而只能与对其进行规定的具体规定的时空共始终；存在体也无法与存在的无限性同一，而只能与作为其具体的规定性共始终。

（三）超越性与单一性

从本质上看，存在相对于个别存在体的超越性体现在存在可以超越个别的存在体而存在，而存在体却只是存在的一个短暂、具体和个别的存在形式，即存在体是存在的具体的载体。存在体会在完成存在周期之

---

[①] ［意］布鲁诺：《论原因、本原与太一》，汤侠声译，商务印书馆1984年版，第118页。
[②] ［意］布鲁诺：《论原因、本原与太一》，汤侠声译，商务印书馆1984年版，第122页。

后失去存在，而存在在存在体消失之后会仍然存在，只是存在的具体载体和表现形式也会发生改变。也就是说，存在能够超越死亡和毁灭而存在，而存在体则在时空中无时不在地体现着具体的死亡和毁灭，并且其死亡与毁灭具有单一性。存在体的生命与毁灭的单一性是存在体无法克服的基本的内在规定性。存在体无法在死亡与毁灭中重生和轮回，而存在则能够跨越生命与死亡的重生与轮回。

存在超越时空，与绝对的时空同一，两者互为最基本和最单纯的本质；存在超越形式，因为存在囊括一切形式；存在超越特征，因为存在包括一切特征。存在是通过一系列迥异的存在体加以体现的。

（四）抽象性与具体性

存在与存在体的关系是抽象性和具体性之间的关系。每个存在体都是从抽象性向具体性和个体性转化的体现。而每个具体的存在都有一个特定的载体，这个具体而特定的载体就是存在的主体，即存在体。存在体体现着存在的现实性、确定性和事实性。同时，不存在没有载体的存在，也就是说存在只有依附在存在体之上才能获得现实性、确定性和事实性。因此，存在与存在体在抽象性和具体性上是同一的。

存在是抽象的，这意味着存在不具有个体化的特殊特征，是非感性的，是通过感性直觉无法感觉和触摸的。人类认知存在的方式是建立在经验之上的理性。存在体是具体的，这意味着存在体具有个体化的特殊特征，是感性的，是通过感性和经验可以直接感觉和触摸到的。因此，存在是非感性的存在，而存在体是感性的存在。

存在与存在体存在着诸多不同之处，然而两者之间同样存在着共性。两者之间的共性是第一性的，也是第二性的。在第一性的层面上，存在和存在体都是不以人的意志为转移的客观实在；在第二性的层面上，人类对其认知的基础是建立在经验之上的事实性。

德国哲学家费尔巴哈说："感性的存在，'这个'消失了；但是又来了另一个存在代替它，这个存在同样是一个'这个'。""感性的存在在感性意识看来就是始终保持不变的存在。"[1] 费尔巴哈捕捉到了存在的感性

---

[1] ［德］费尔巴哈：《黑格尔哲学批判》，王太庆、万颐安译，生活·读书·新知三联书店1955年版，第26页。

特征，但并没有把存在在概念和观念上明确地分类为存在和存在体两个范畴层次。

## 二 存在体的种类

存在体可分为类的存在体与个别的存在体以及物质性和非物质性的存在体。人是独特的存在体，不仅是个别的存在体同时也是类的存在体，只是人对作为类的存在体的自己认识得不够充分。作为独特的存在体，人是物质性和非物质性的存在体的高度统一。

（一）类的存在体与个别的存在体

类是个别的总和。类的存在体是个别存在体的综合。两者相互依赖，又各有不同的存在性，即不同的存在周期和存在状态。

1. 类的存在体与个别的存在体的共性

类的存在体与个别的存在体的共性体现在内向维度，即两者具有共同的内在本质和规定性。诸多的个别存在体在具体的特征上会有细微的差异性，而个别存在体在特征上的细微差异性并不会导致类的存在体在性质上的不同。而类的存在体则是诸多个别存在体的本质、属性和特征的总和。事实上，正是多个个别的存在体的共性代表和体现了类的存在的性质和属性。

2. 类的存在体与个别的存在体之间的差异性

对于个别的存在体来说，类的存在代表着在具体的存在体之上的存在，是更高一级的范畴；对于类的存在来说，个别的存在体代表着类的具体的存在体的存在，是较低一级的范畴。然而，在类与类之间，类仍然是存在体的一种。因此，类既是存在也是存在体。类的存在可以通过多个甚至无数的个别的存在体来体现。

类的存在是通过多个个别而具体的存在体来体现的，是个别的存在体的存在周期的综合和总汇。由于类的存在周期是个别存在体的存在周期的总汇，因此类的存在周期总是大于个别的存在体的存在周期。个别和具体的存在体的存在周期并不意味着类的存在周期，而当类的存在周期终结的时候，则意味着所有的个别存在体的存在周期的终结。

个别存在体的存在状况并不能代表类的存在的状况，而类的存在状况则基本上代表着绝大多数个别存在体的存在状况。少量个别存在体的存在状况的变化并不能改变类的存在状况的变化,而类的存在状况的变化则可能改变绝大多数的个别存在体的存在状态的变化。

(二) 物质性和非物质性的存在体

存在辩证法认为,存在体不仅包括物质性的实体,非物质性的实体也是存在体,也就是说,存在体可分为物质性的存在体和非物质性的存在体。物质性的存在体可分为客观物质,如宇宙、星球、分子、原子、矿物质等;现象性的存在体,如雷雨、闪电、风雨、物理、化学反应等;人造的物质,如房屋、汽车、衣服等对人具有实用性的经过人为物理和化学改造的各种物体;生物性的存在体,如动物、植物、人等。

非物质性的存在体包括明确的意识、观念和计划,也可称为意念存在体或观念存在体。非物质性的意念存在体之一人才拥有。① 在存在体的生成和存在阶段,非物质性的意念存在体是存在体向现实性转化过程中的预备和生成阶段,是存在体在现实中存在的不可或缺的一个步骤。对于人这样的复合存在体来说,意念存在体是人的认知存在,也是人的行为存在的感知和指导系统。意念性存在体是人的存在的事实性的不可或缺的组成部分,缺少了意念存在人的存在是不完整的,缺少了意念存在便无法探究人的存在的行为事实和观念事实。

作为复合存在体的人是一种特殊的存在体,是物质性存在体和非物质性存在体的高度统一,独自归为一类。人在不同的组织载体下,其行为方式是不同的,因此人可分为作为个体的人,作为组织载体下尤其是国家之下的人,以及作为群体的人和作为类的存在体的人,即人类。

(三) 作为独特的存在体的人

在所有类型的存在体之中,人是最为特殊的一个类别。人是最为复杂的复合存在体,也是唯一拥有观念存在体的母存在体。

1. 作为存在体的人的存在类型

人是最为复杂的复合存在体。这种复杂性表现在人的存在类型的多样性之上。

关于人作为存在体的多样性,可见后文"人的存在和作为存在体的

---

① 动物也具有意识,有些高级动物也具有比较复杂的意识,但是这些都是在本能支配下的低级感知,并不在非物质性存在体的范围之内。

人"部分。

2. 观念存在体是人类特有的存在体

存在辩证法认为，人是世界上唯一拥有观念存在体的存在体。

如果说人的生理性存在是一种物理性存在，人是一种物理性的存在体的话，那么人同样是精神性的存在观念，人也是精神性的存在体。人是精神性的存在体，因为人能够生成观念存在体。

观念存在体是源于人的精神或者由人的精神创造出来的具有明确意念性的存在体。人的认知、理念和行为目的等都是观念存在体。观念存在体的根源是人的内在欲望，是人的内在欲望在意识和思维上的反映和体现。观念存在体的本质是人的欲望的功能化和概念化，也是将其行为化的基础。

在人的存在周期可以产生和创造出难以计数的观念存在体。事实上，人就是一个拥有无数个作为子存在体的观念存在体的母存在体。每个观念存在体都是人的一个子存在体，作为母存在体的人能够生成无数个作为子存在体的观念存在体。只要人的存在周期仍然在延续，人就会拥有观念存在体。而一旦人失去了生成观念存在体的功能，人的存在周期便走到了尽头，人的生命便终结了。

3. 人的行为方式与存在辩证法

存在体作为个体的存在体，人是最复杂的存在体，与任何其他动物的行为方式都截然不同；在国家之下的人有着与众不同的属性和行为方式，不但具有作为个体的人的特征，也具有与个体完全不同的行为方式；作为族类的存在体来说，人类是最错综复杂的存在体，其命运取决于国家之下的人的行为方式所带来的结果。

虽然存在辩证法具有普遍性，但存在辩证法的真正意义在于通过它来揭示人类行为的规律，破解人类行为的秘密，使人类的自我认知更深一步，向科学化迈进。以人的存在为中心，并揭示人的存在的基本规律，这是存在辩证法的目的和所要集中关注的使命之所在。

4. 观念存在体与观念事实

作为人特有的观念存在体与作为事实的一种形态的观念事实之间存在着内在的必然联系。存在辩证法的方法论基础是唯实主义，观念事实是唯实主义的重要概念。观念存在体是人的精神性的存在体，也具有事实性，因此也是观念事实。

观念存在体具有事实性，这说明观念存在体同样具有实在性，存在辩证法的原则和理念同样适用于观念存在体。

### 三 母存在体和子存在体

存在体具有层次性，即在一个存在体内会存在多元的存在体，一个存在体在不同的层次和意义上可分为不同的存在体。这是存在体复杂性的表现，也是存在辩证法复杂性的表现。存在辩证法的复杂性在于存在力与反存在力的博弈，在于存在体的多元性与不同的反存在体之间的对抗，也在于所要面对的母存在体和诸多的子存在体之间的关系。

虽然并不是所有复杂的存在体都是母存在体（matrix），但是母存在体一定是复杂的存在体。母存在体在其存在和行为过程中可以派生出多种存在体，即子存在体。母存在体产生子存在体是其存在和行为的自然的和必然的过程，母存在体就是通过诸多的子存在体的生存和行为来体现和加强自身的存在力的。同样，母存在体存在力的下降和衰弱也是通过子存在体来体现的。存在辩证法的一般规律和特征也适用于子存在体，包括力的公式在内的存在规律同样也会在子存在体身上得以体现。

母存在体和子存在体之间的关系在人这个最复杂的存在体上得到了典型的体现。人是母存在体，人在存在过程中又可产生无数的子存在体。人的各种欲望在外化和实现过程中都是一个子存在体，这些子存在体依附于人这个母存在体而存在和发生行为，它们的发生和行为以及其目的的实现和无法实现影响和决定着人的存在力的力度的增强和衰弱，影响着母存在体的存在方式和行为方式。

从更为宏观的角度来看，个人是母存在体，也是子存在体。各个层次的母存在体即人类组织是由作为子存在体的个人为基本构成单位的。家庭、氏族、部落、部落联盟、城市、国家和帝国等人类的组织载体都是各个层次的母存在体，同时也是相对于人的类存在的子存在体。从存在结构上看，人类的存在是由诸多的子存在体构成的复杂、多元和多层次的复合型的存在体结构。

### 四　人的观念存在体

作为特殊存在体的人，其本质性的属性是能够生成观念存在体。而观念存在体的根据是人的欲望。

#### （一）欲望是存在体

存在辩证法认为人的欲望是意念存在，因此也是存在体即意念存在体。意念存在体从属于人这个母存在体的子存在体。这是存在辩证法的重要特征和内容。

1. 欲望的两种形态

根据其表现方式的不同，欲望有两种形态，即欲念形态和行动形态。在存在辩证法的语境中，行动是指人为将欲望外化即为了满足欲望而采取的动作；行为则是指一系列有目的的行动的综合。当欲望在意识中生成，欲望只存在于意识之中，处于意念形态，即欲念；当欲念被付诸行动，欲望便从意念形态过渡到行为形态，即欲化。欲化开启了欲望的实现过程。虽然欲念形态的事实性具有源自主观性的无法把握性和不确定性，但欲望的行动形态却是具有明确而完整的确定性的行为事实。

承认欲望是行为事实，则必须承认欲望的意念性，因为欲望的意念性是欲望作为行为事实的前提和基础，体现着欲望的生成，没有欲望的生成就不会有欲望的行为性和事实性。

2. 欲望与欲化是一对对应范畴

欲望是意念存在，欲化是行为事实，这些定位也确认了欲望与欲化两者之间的关系。欲望和欲化互为条件、互为前提，欲化的结果是对两者共同的确认和否定。因此，无论从生成、存在、存在方式还是从结果上看，欲望与欲化都可以构成一对对应范畴。

具体来说，根据欲望的生成、行动和完成的过程，存在辩证法认为欲望具有三个阶段，即欲念阶段、行动阶段和实现阶段。当欲望从欲念阶段进入行动阶段之时，欲望便从意念形态过渡为具有确定性和实在性的行为事实。正是因为行为事实具有事实性，欲望才能变成存在体，变成在现实性中寻找实现性的具体的存在体。这样，欲望便有资格进入存在体的力的方程式，开始实践存在力和反存在力之间的博弈和对抗的过程。欲望在行动过程中能否得以实现，即欲化能否成功，取决于欲望和欲化的存在力能否克服反存在力，从而达到设定的行为目的。当某一欲望和欲化的存在力强大于反存在力，即享有实力盈余时，这个欲望便可以被完成；反之，则受挫而无法被完成。也就是说，欲望的实现阶段包括两种结果，即欲化的完成/欲望的满足以及欲化的失败/欲望的受挫。

3. 人的存在是欲望和欲化的自主性的链条

人是存在辩证法关注的核心对象，欲望是人的本质构成，因此存在辩证法的所有原则和规律都适用于欲望这个子存在体。人的存在过程会产生难以计数的欲望，每个欲望都是一个等待被满足的子存在体，它能得到有效的满足意味着人的存在力可以得到加强，反存在力可以受到抑制，人的生命得以延续。人的生存就是在欲望的生成和满足中进行的，当人无法再生成欲望和无法实施欲化之时，便是人进入衰败之时，甚至就是死亡之时。人的存在和生命就是由无数个欲望和欲化组成的子存在体的绵长的自主性的链条。

作为欲望的具体表现形式，人的许多追求都是通过意念存在体来表达的。这些意念存在体包括中国文化中的长寿、多子多孙、团圆、长乐永康、婚姻美满等，西方文化中的自由、公正、平等、幸福、民主等。

（二）自由是存在体

在西方哲学史上，自由是一个重要但至今仍然模糊不清的宗教、哲学和政治范畴。

存在辩证法认为，作为意念存在体的一种，自由同样是个存在体。自由是人的欲望的一种，也是一种意念存在。与将欲望定性为具有行动性的存在体一样，存在辩证法将自由同样解读为不只是意念，在将对自由的追求外化为行为之后，自由便成为具有行动性的存在体。

**五　存在体与事实性**

不仅哲学理念和理论是要建立在哲学方法论基础之上的，哲学方法论也需要方法论的支撑。唯实主义就是存在辩证法的方法论基础。唯实主义的核心概念是事实与事实性，存在辩证法的核心概念是存在与存在体。两者之间在理念上密切的逻辑关系决定了两者在核心概念上同样具有密切的逻辑相关性。实际上，事实和事实性与存在和存在体之间是具有同一性的哲学范畴。

存在辩证法的存在是现实中的存在，现实中的存在的最基本的属性就是存在的事实性。存在辩证法的存在体是现实中的存在体，现实中的存在体的最基本的属性也是存在体的事实性。因此，有了存在和存在体才有事实性，才有事实；有了事实性和事实必然会有存在和存在体。存在辩证法的存在和存在体都具有事实性，因此也就有实在性和现实性。唯有如此也正因如此，唯实主义和存在辩证法才能在理念和方法论上具有同一性。

正是有了事实性作为前提和基础，存在辩证法才能够对一系列范畴展开充分的辩证法的思辨和合理的哲学逻辑的展开和对命题的解释；正是有了事实性作为前提和基础，存在辩证法才能够避免一些传统辩证法如黑格尔辩证法等由主观性主导的纯粹概念和范畴层面上的玄学思辨，才能够正视和阐释存在辩证法所提出的各种命题。正是因为存在是事实性的存在，存在体才是具有事实性的存在体，存在辩证法才具有生命力，才具有在时间、空间和逻辑杠杆上的张力。

### 六 存在的实在性

存在辩证法认为，存在是具有实在性的存在，存在体更是具有实在性的存在体。实在性是实体性的表现，是存在和存在体最基本的属性。存在和存在体的实在性是由它们的事实性所决定的，承认了它们的事实性就等于承认了它们的实体性和实在性。

德国哲学家谢林和黑格尔认为精神统治存在，精神统治世界。他们把存在的本质和根据定位在精神上。如此一来，无论他们如何通过逻辑学、现象学和辩证法来证明存在的合理性、必然性和绝对性，都不能改变他们的存在缺乏事实性和实在性的事实，都不能改变其辩证法属于玄想的本质。

## 第八节　存在体与反存在体

存在辩证法认为，每一个存在体都对应着一个反存在体，这是存在的对应性的一种表现方式，也是存在体存在的规律。存在体的这个规律是存在与反存在的对应属性在存在体上的具体反映和体现。荷兰哲学家斯宾诺莎说所有的决定都是否定,这个观点反映出了存在体与反存在体的同在性。同时,存在体都不是孤立地存在的,除了内在性之外还有外在性,并且存在体的内在性无时不存在于其外在性之中,并且受到外在性的规定、制约和限制。

### 一 作为对应范畴的存在体与反存在体

从存在体的联系性方面来看,任何存在体都在与外部环境发生关联,这使得存在体的外部环境中必然存在着反存在体,也就是说,存在体与反存在体之间的对应关系是由存在体之间具有相互关联性的必然性所决定的。

与存在与反存在的关联性一样,存在体与反存在体同样是一对具有必然性的对应范畴和关联体。有存在体(The Entity of Existence, the Entity)就有反存在体(The Anti-Entity of Existence, the Anti-Entity),存在体与反存在体是一对如影随形的对应范畴。两者之间是对立和对抗的关系,互为对方存在的威胁。只是存在体与反存在体的对应性是多元化的,而并不是一对一的,也就是说,一个存在体对应着一个或者更多的反存在体,反之亦然。

存在体与反存在体之间的对应关系是通过力来联系和发生作用的,这种力就是存在力与反存在力,它们是存在体与反存在体发生关联和互动的媒介。当一个存在体没有受到反存在力的作用时,存在体与反存在体便不发生关系,存在体与另一个存在体便不会形成存在力与反存在力的对应范畴关系。然而这种相互不发生作用的状态十分罕见。对于存在力与反存在力的关系的进一步分析可见下文。

动物界的食物链就是存在与反存在之间的对应关系的典型反映,同时这种关系也体现着存在体与反存在体之间的多元性关系。只要有动物的存在就必定有要消除其存在的反存在;只要有一个动物的类或者个体的存在体,就会有不同的诸多的反存在体对其存在产生威胁和发生挑战。老虎和狮子等处于食物链高端的食肉动物是其他动物的威胁,是它们共同的反存在体,对于其他动物来说它们能够对其释放出巨大而致命的反存在力。同时一些具有攻击力的动物,如野牛、鳄鱼等也能对老虎和狮子释放出巨大的反存在力,也是它们的反存在体,也会威胁到它们在现实中的存在和对其存在状态造成威胁。对于野鹿这样的存在体来说它的反存在体是多种多样的，所面临的反存在力来自四面八方，老虎、猎豹、黑熊、人类等都会对其存在释放出致命的反存在力。动物界的存在体与反存在体之间的对抗和博弈是生命存在的方式，各种反存在力的致命性体现在其可以很快将一个存在体消灭。反存在力的致命性迫使动物界不得不对自身的构造和能力进行结构性的改造和优化，成为动物进化的动力和催化剂。在人类的进化过程中，来自大自然的诸多的反存在体和反存在力的致命威胁同样是促使自身进化的动力和催化剂。

在人类社会中，每个国家的存在都会对应着反存在，每一个特定的国家存在体都对应着诸多的作为反存在体的国家，即敌对国家。国家之间总是存在着由于利益争夺和意识形态的差异而导致的各种矛盾、对抗和冲突，除政治和外交手段之外，战争是冲突的最高形式。战争的本质就是以国家和利益集团为载体的存在体与反存在体之间最直接和最激烈的暴力对抗，对抗的目的要么是击败对方夺取某种具体的利益，要么就是彻底消灭对方的存在，一劳永逸地清除威胁自身存在的反存在力和反存在体。国家之间的全面战争的结果也经常体现为一方在现实中存在状态的巨大改变甚至其存在的消失。

在人类进入核时代之后，新的存在体也被迫出现，那就是人类的整体存在即人的类的存在。整个人类成了一种新形态的最高层次的存在体，存在辩证法在很大程度上正是针对这个新的存在体而提出和展开的。

### 二 存在体的多重身份

存在辩证法的存在包括物质性的存在体和非物质性的存在体，这意味着从宏观上看，作为存在载体的存在体具有多重身份。存在体的多重身份意味着存在着复杂存在体。复杂存在体表现在它们于纵向的时间坐标上具有身份的变化，在横向现实坐标上也表现为不同的身份。

老虎有多重身份。它既是处于动物界顶端的食肉动物，也曾经是人类在自然界中最凶恶和难以战胜的反存在体之一，对于人类的存在状态能够施以破坏作用，还能严重威胁到人类的生存。然而，在人类早已征服老虎的今天，它变成了受到国家法律保护的濒危动物，是人类重点保护的对象，在被精心保护的动物园中被人工喂养的老虎摇身一变成了人类的观赏动物和"宠物"。老虎在时间坐标上的身份变化的幅度之大令人咂舌。

与存在体的多重身份相对应，反存在体也相应地存在不同的身份。人类曾经是老虎最大的反存在体，但当老虎几乎被人类消灭之时，两者之间的关系发生了质变，出于保护濒临灭绝的珍稀动物的考虑，人类制定了严苛的法律保护老虎，人类由老虎最大的反存在体变成了最大的存在力和不可或缺的守护神。

### 三 存在体与反存在体之间的转化

对应范畴之间以及自身与自身的对立面或矛盾体之间的相互转化是中国阴阳辩证法和西方辩证法的共同理念。存在辩证法认为这个理念是科学的，因为它在事物的生成、发展和死亡过程的事实性中得到了体现和展示。

存在辩证法认为，存在在一定的条件和情境下可以转化为反存在；存在体也可转化为反存在体。这种相斥性和同质性的根据就是存在体在主观性上的差异。存在体与反存在体的划分是由存在体的主观视角决定的；如果超越了主观性或者说主观性一旦被超越，存在体与反存在体的划分便呈现出相对性，两者之间的关系便是相对的，没有正反性而只有相互性。存在辩证法认为，存在体的主观性赋予了存在体以行为方式，而把握客观性可以观察和洞晓存在体的行为规律。从主观性和客观性来分析存在体与反存在体之间的互动和博弈都是存在辩证法的视角，两者的不可或缺性意味着存在辩证法能够将存在体的行为方式和行为的规律性有机地结合起来。

存在体和反存在体之间的博弈和对抗决定着存在体能否保持在现实中的存在和处于何种的存在状态。虽然作为对应范畴的一般规律，对应范畴之间是可以相互转化的，但是对于存在体与反存在体来说，两者之间的相互转化仅仅具有一定的可能性，而不具备必然性，更非其规律。只有在一定的条件和情境下，存在体和反存在体之间才具有相互转化性。

对应范畴之间的转化的基础和前提是存在体性质的改变。然而缺乏强烈的外部刺激，包括外部条件的改变，两者之间实力差的变化和内部存在动因的改变等要素的变化，存在体和反存在体两者之间便不会完成转化。在此，外部刺激和内在动因的改变便是对应范畴相互转化的先决条件。

存在体与反存在体的划定是主观的，这种主观性赋予了存在体与反存在体的划分以相对性。从存在体的角度看，任何要反对、削弱和消除其存在力的实体都是反存在体；而从反存在体的角度看，存在体变成了反存在体，反存在体变成了存在体。在力和力的相互反动的行为链条之中，存在体与反存在体之间的角色相互转化，各为存在体，也互为反存在体。存在与存在体的根据不在于视角，而在于力，在于力和力的反动，在于存在体和反存在体之间的实力差，在于力之间相互博弈的结果。

存在体与反存在体之间成功转化的例子是很多的。除了人类与老虎之间的相互关系的转变，人类和狗也是个典型的例子。人和狗曾经是天敌，狗是人类凶猛的反存在体，是来自动物界的能够给人类的生存带来重要威胁的反存在体之一。但是经过人类对狗的征服和驯化，狗最终变成了人类的帮手，成为人类的存在力的组成部分，尤其是在原始社会时期狗对于人类的生存和生存状态的维持和进化起到了重要的作用。类似狗这样的从反存在体向存在体的成功转化的现象还发生在许多其他的动物之上，如野猪、猎鹰等。

所谓的化敌为友便是人类社会内部的不同人和人群在存在体与反存在体两种角色之间进行相互转化的一种反映。在人类历史上充斥着敌我关系相互转化的典型例子。发生在第二次世界大战之前的苏联和德国便是一个典型例子。在希特勒对欧洲战场发动全面侵略战争之前，德国与苏联签订了《互不侵犯条约》，在德国入侵波兰之后两国共同瓜分了波兰，在德国席卷北欧和西欧的过程中苏联也并没有采取任何反对希特勒的行动，两个国家更多的是一种战略上进行默契配合的关系。但是当希特勒以闪电战突然大举侵略苏联之后，这种短暂的和表面上的战略默契合作关系便被打破了，相互之间的关系变成了相互对立的存在体与反存在体之间的残酷博弈，进行了你死我活的大规模的机械化血战。

## 第九节　人的存在和作为存在体的人

人是现实性的存在。同其他存在体一样，人是具有存在性的存在体。

但是，人的存在性是具有独特性的特殊存在体，与其他的存在体皆不同。这种独特性体现在人是具有多种存在身份的，同时具有物质性存在体和非物质性存在体的复合存在体。

### 一 作为存在体的人

人是复杂的存在体。人的复杂性不仅表现在相对于其他动物在进化程度的全方位的先进性上，也表现在作为存在体的多样性和复合性上。

**（一）人作为存在体的多样性**

存在辩证法认为，作为存在体的人可以分为三个层次：个体的人，即个人；群体的人，即人群；整体的即类的人，即人类。

虽然这三个存在体都是由人组成的，在本质上具有同质性，但它们各自所拥有的具体的存在力和存在性即存在方式和存在状态以及各种所面临的反存在力却又是不同的，其具体的行为方式和规律也各不相同，同时它们的异化方式也是各不相同的。这些特征表明，人并不是作为一元性的存在体而存在的，而是作为多元性的存在体以各种不同的存在方式和行为方式而在现实中存在的。

因此，人的存在体可以分为由个人构成的个体存在体，由一定数量的个体组成的群体存在体和由整个人类构成的类的存在体即人类存在体。

**（二）人作为各种存在体的属性**

个人是人的最基本单位，是人类群体和社会的最小单元。每个人都是由一个人组成的存在体，即每个人都是一个个体存在体。个体存在体也是数量最多的人的存在体。个体存在体可以成为群体存在体的最小单元，人的其他存在体即群体存在体和人类存在体都是由个体存在体所构成的，离开了个体存在体便无法存在其他的人的存在体。个体存在体可以加入不同的群体存在体，因此在个体存在体身上具有身份上的多样性和复合性。

与以个人构成的数量众多的个体存在体不同，作为存在体的人类只有一个并且是唯一的存在体。虽然历史悠久，在各种宗教中人类就是相对于各种神灵的一个类的存在体，但这种认知是建立在虚构基础之上的，只有在进入核时代之后，人类作为类的存在体的存在性、属性和独特性才真正突出地呈现了出来。

相比于个体存在体和人类存在体，群体存在体是更为复杂的存在体。它不仅数量众多，而且形式多样，具有时间上的动态性和形态上的多样性。从数量上看，群体存在体可由不同数量的个体存在体构成，这便泛化成了群体存在体在数量上的多样性；从组织性质上看，群体存在体可以指任何由众多的个人所组成的比较固定的组织实体的人的组合，包括氏族、部落、聚落、部落联盟、城邦、国家、帝国和文明等，并且这些组织的性质是随着时间和空间维度不停变动的。

（三）各种人的存在体之间的辩证关系

虽然个体存在体是群体存在体的基本构成单元，离开了个体存在体群体存在体便难以成型，然而，个体存在体与群体存在体的存在周期和存在状态并不等同，两者之间存在着复杂的关系。个体存在体的存在性并不是群体存在体的存在性，两者之间并不存在必然的和对等的互动关系，反之亦然。群体存在体的存在性可以对个体存在体的存在性产生直接的冲击和影响，在与其他存在体发生力的碰撞的时期，群体存在体的境遇还会直接决定许多个体存在体的存在性，然而群体存在体对于个体存在体的作用并不能同等程度地渗透到每个个体存在体之上，在每个个体存在体体现出同等的效能。

人类存在体是由无数的个体存在体和众多的群体存在体构成的，缺少了后两者人类存在体便无以存在。但是，在核时代，人类存在体的存在性却对每个个体存在体和群体存在体之间发生了根本性的变化。这种变化首先表现为前者对后两者的冲击和影响之上，直至决定其存在和死亡本身。

虽然人类存在体的存在性与个体存在体和群体存在体在核时代同样具有不对等性。但是，在核时代，人的类的存在体与个体存在体和群体存在体之间的存在性的差异在共同死亡之上得到了同一。人类行为模式上的异化不仅体现在个体存在体和群体存在体之上，最终也会体现在人的类的存在体之上。人的类的存在体的死亡必然意味着个体存在体和群体存在体的死亡，人的类的死亡是由所有的个体性和群体性的死亡构成的，不存在类的死亡之下还遗存个体性和群体性存在的逻辑和现实的可能性。也就是说，人类存在体的生成并不等同于个体存在体和群体存在体的生成，人类存在体的存在状态同样并不等同于个体存在体和群体存在在体的存在状态，但是，人类存在体的死亡却完全等同于个体存在体和群体存在体的死亡。在死亡上人类存在体和个体存在体和群体存在体之间具有不可动摇的同一性。

这就是随着核时代而出现的人类存在体给人的存在性带来的新的意义，这就是核时代对于人的类的存在体所带来的新的维度。

## 二 人的存在性的属性

人的存在性体现着存在的普遍性和共性。人作为存在体具有与其他存在体都截然不同的内在构成和外部行为方式，即所谓的人性。具有人性的人是特殊的存在体。在认知领域，人的存在决定其他存在体的存在，这是作为存在体的人的复杂之处。人是极其复杂的存在体，是具有多层面、多侧面和多种身份的复合存在体，是母存在体和无数的子存在体的统一体。

人的复杂性和复合性要求一个有效的哲学理论必须能够在理念中准确而深入地反映人的存在的共性、个性和独特性，将人的人性观和存在观建立在坚固的事实性基础之上，而不能只体现人的存在的一部分或者有选择的判断，将人的人性观和存在观建立在人的存在的个别、片面和虚假的事实性之上。从这个高度来衡量，作为人类最高思维形态的哲学仍然有很长的路要走。

## 三 存在主义对人的存在的误解

因为人是特殊的存在体，其复杂性不易被人理解和把握，因此在哲学上对其产生了误解和异议。比较典型的是西方的存在主义。存在主义对人的理解产生了广泛的影响，但存在主义对人的理解是十分不准确的，甚至是错谬的，容易产生误导性的结果。

存在主义的存在观的问题表现在以下三个方面。

首先，存在主义的存在是个体的存在。存在主义的存在指明是人的存在，但并不是人的群体存在和人的类的普遍性的存在，而只是个别的人在特定历史时期和个别国家的个体存在。存在主义将人的个别存在从人的存在的一般性中分离出来，不仅实际上是要将人的个别存在的个性与人的存在的群体性和普遍性对立了起来，并且要将人的个别存在的个性置于人的存在的群体性和普遍性之上。存在主义探讨个性存在的状况，而无视人的群体性和整体存在的一般性，这就无法正确和准确地理解人作为存在体的一般性存在，无法建立起哲学意义上的存在观。存在主义将人的存在的个性与共性对立起来，将其分离和对立，但这种分离和对立是人为强加的，无法客观地反映人的存在的群体性和整体性，更无法体现人类存在的真实状态和基本的事实性。

其次，存在主义对存在与本质的关系的理解产生偏差。存在主义的代表人物海德格尔和萨特都强调"存在先于本质"，认为人的存在（海德格尔的"此在"）没有先验的本质和规定性，人只具有"可能性"，只有在存在过程中才获得本质和规定性。这种说法违背了人的存在和行为的事实性，是值得商榷的。虽然人是复杂的复合存在体，但人作为生物的种类与其他物种一样是具有先验规定性的。人的尺寸感、距离感和时空观等与其他物种是不同的，人的生物存在力如体力、攻击力、认知力和智力等亦是如此，尤其是人的欲望更为复杂和丰富，具有层次性，而这是其他物种完全没有的。这些就是人的生物性先验规定性，它们规定着人认知和行为的方式，使人与其他物种具有完全不同的内在构成和质的差异。也就是说，人的先验的生物特征规定着人的认知和行为的方式和能力，是"本质决定存在"，而不是相反。人在现实中的行为不过是这些先验的本质和规定性的外化、表现和应用，是对先验本质和规定性的强化和修正。现代生物科学发现，人的生理特征和行为方式在很大程度上是受基因影响和决定的，基因便是人的先验性的规定者。

海德格尔的存在观集中体现在他的代表作《存在与时间》中。海德格尔认为：

（可能性是）此在的最原始最积极的存在论规定性。[1]

此在一向是它所能是者；此在如何是其可能性，它就如何

---

[1] ［德］Heidegger, Martin, *Being and Time*, translated into English by John Macquarrie and Edward Robinson, HarperSanFrancisco, 1962, p.176.

存在。①

此在总作为它的可能性来存在……此在在本质上总是它的可能性。②

在此，海德格尔试图说明可能性与本质之间的关系，但他所看到的这种关系显然是被主观性所扭曲了的。海德格尔所谓的可能性无法回避被这些先验性的规定，只是对先验性和内在本质的外化、实践和展开。

对此，存在辩证法认为，对于作为高级生物物种的人来说不存在不受先验性和本质所制约和规定的可能性。不受先验本质制约的可能性在现实中是不存在的，也是不可想象的。并且，从逻辑上讲，可能性本身只能是被规定性，不能是规定性。

最后，存在主义无法建立形而上学。由于存在主义无法建立正确的存在观，因此它便无法完成其所要达到的形而上学使命。在《存在与时间》中，海德格尔发现真正的存在是人的存在，是"此在"。但此在被规定为人的个体性的个别存在，而不是人的整体性的一般存在，这样此在便失去了作为本体论的主体的资格。作为个体的人是无法代表人成为人的存在的主体的③，而只能是人的存在的一个层次，人的个体存在体更无法成为哲学意义上的本体。海德格尔说要"重新肯定形而上学"，在没有本体的情况下是无法完成对形而上学的"重新肯定"的。

## 第十节　存在体的存在周期

对存在体的存在周期的性质和规律的认知和判断是存在辩证法的有

---

① ［德］Heidegger, Martin, *Being and Time*, translated into English by John Macquarrie and Edward Robinson, HarperSanFrancisco, 1962, p. 175.

② ［德］Heidegger, Martin, *Being and Time*, translated into English by John Macquarrie and Edward Robinson, HarperSanFrancisco, 1962, p. 53.

③ 关于个体与类的关系，可参考费尔巴哈的论述。他说："类在一个个体中得到完满无遗的体现，乃是一件绝对的奇迹，乃是现实界一切规律和原则的勉强取消——实际上也就是世界的毁灭。"（《黑格尔哲学批判》，王太庆、万颐安译，生活·读书·新知三联书店1955年版，第4页）

机构成。存在周期是存在体的存在性的核心组成部分。①

## 一 存在周期的哲学规定性

存在周期是存在体超越形式的内在规定性，是存在体的本质属性。对以存在和存在体为中心范畴的存在辩证法来说，对存在体的解析离不开对存在体的存在周期的形态和规律的辩证法探索。

(一) 存在、存在体与存在周期

存在辩证法认为，任何存在体都有存在周期。存在周期包括三个阶段：生成、现实状态和消亡。这三个阶段具有不同的内在规定性和规律。

存在辩证法认为，抽象的存在缺乏形式和内容，因此并没有关于存在的内在规定性，这样存在并不具有存在周期。然而作为存在的表现形式的存在体由于用了内在的存在力却具有存在周期，并且每个存在体都具有生成、成长和消亡的存在周期。缺乏存在周期无法构成存在体，不存在没有存在周期的存在体，因此存在周期是存在体的内在规定性的核心内容。在存在通过实体性即存在体加以表达之后，存在体就有了内在规定性，便可以在现实中存在，而存在周期是存在体的内在规定性的本质属性。存在体永动性地处在生成、成长和消失的运动过程和状态之中。

存在周期规定着存在体所呈现的时间框架和形式载体。正因时间和形式的存在，存在体才无法脱离存在周期而在现实中存在。同样地，对存在体的存在和行为规律的辩证法研究也离不开对存在体的存在周期的深入研究。对存在周期的研究是存在辩证法的有机构成，是存在辩证法不可或缺的重要内容。

(二) 人类思维与存在周期

由于存在周期是存在体的内在规定性，并且体现着存在体的内容与形式，因此存在周期不仅是存在体的本质属性，而且也规定着人类思维的本质和过程。不管采取何种具体的形式和在何种具体的领域内运作，人类的思维都离不开对存在周期的认知。事实上，人类的思维都是在不同的层次、侧面和领域，使用不同的方法和方法论，试图发现在存在体

---

① 存在性的另一个核心构成是存在状态。关于存在状态可见本书下一章的"存在状态"一节。

的存在周期内某一阶段的内容、运行方式、特征和规律。

作为传统思辨哲学的重要组成部分的认识论离不开对存在周期的思考。在许多重要的方面，认识论就是试图通过哲学思辨的方法探索和发现关于存在体的存在周期的各个阶段的内在属性和规律。

（三）存在辩证法与存在周期

存在辩证法则是从存在的高度和角度来看待和解析存在体的存在周期及其在各个阶段的内容、运行方式、特征和规律。存在辩证法不拘于特定的层次、侧面和领域，是以存在体的整个存在周期的规律为认知目标的，而摆脱了传统辩证法以辩证法要素为线索的辩证法形态。这不仅为发现存在体的存在规律提供了可能性，也为辩证法的发展打开了新的维度和可能性。

表现为生成、现实和消失的存在体的存在周期是存在体内在的本质的现象表达。这一系列的现象一方面体现了作为辩证法普遍规律的运动性/动态性，另一方面也展示着作为一种特殊运动的存在体的运动的方式和规律。对存在体的生成和消失的规律进行发掘正是存在辩证法的核心主题和立意的根本所在。

## 二 存在周期各个阶段的内在属性

不同的存在体虽然可能同属于一个存在周期，然而存在周期的各个阶段具有不同的内在属性和行为方式。存在体之间的差异性是由存在体在存在周期各个阶段的存在力和反存在力的实力差所决定的。

（一）存在体的目的性和外在转化

存在体的需求和目的性与客体的需求并不是一致的，与外部条件也未必是和谐的，其中蕴含着不协调甚至对立和对抗的可能性。也就是说，存在和存在体的目的性的出现对应着反目的性，必要性和合理性对应着反必要性和反合理性。因此，主客体之间对立的可能性决定了存在和存在体的目的性中具有对抗的必然性。可见，对于存在的目的性来说，必要性和合理性并不是共性，而对抗性却具有必然性。

存在体的目的性的根源是内生的和内在的，外在性是内在性能否在现实性中得到转化的必要条件。存在体的内在性的外化就是存在的目的性和内向维度转化为现实中的客观存在的过程，存在体的外向维度的必要性就是在这个过程中显现的。在存在体的内向维度向现实性转化的过程中取决于外部条件能否接纳其内在规定性,或者说存在体的内向维度能否符合外部条件或者迫使外部条件将其接受和接纳的过程。而这个接受和接纳的过程就是内在的存在力与外在的反存在力之间较量的结果。

存在能否转化为现实的存在体,取决于其内向维度对于自我实现的力的形态的选择以及对其力度的锻造,更取决于其内在的存在力与反存在力之间是否能够获得正实力差。只有存在的目的性能够成功地与外在性相连接,存在的目的性才能够展开向现实转化的过程,存在才有获得现实性的可能性。而只有获得正实力差才能够将可能性变成现实性,成为客观的现实存在,存在体才能够在现实中获得存在周期。

但是存在的目的性向现实的转化并不是具有必然性的过程,这个过程会是漫长而曲折的,存在的目的性有可能在这个转化过程中被抑制甚至被扼杀。这是因为实力差是个动态的要素,存在力与反存在力在博弈和较量的过程中会发生此消彼长的变化和逆转。

(二) 存在体的生成阶段

存在体的生成是指存在体向现实转化的可能性的培育阶段。存在体的生成和孕育阶段是存在体的内在规定性的诸要素的形成阶段,是潜在的存在体的各种存在力的形成阶段。这个阶段决定着存在体的性质和形态,是向存在的现实阶段过渡的准备阶段。存在体的内在规定性并不是自为的,而是母存在体赋予的。存在体的生成具有非选择性。对于自身的性质和先天的规定性,存在体是没有选择权的。存在体只能被动地去接受被赋予的结果和形式,而无权也无机会去参与被选择和被赋予的过程。在获得内在规定性之后,存在体能否生成还取决于是否能够完成向现实性的转化。虽然内在规定性的获得预示着向现实性转化的内在必然性和可能性,然而这种内在的必然性和可能性仍然是不确定的,能否完成向现实性的过渡仍然是有条件的和或然的。对于存在体来说,现实性是指潜在的存在体的内在规定性与时间性和空间性发生实在的联系,是对时间和空间的占有以及与外部环境之间的互动性的建立。

存在体的孕育阶段和现实阶段是密不可分的,这种转化是存在体的内向维度外化的过程。没有孕育阶段的成功完成潜在的存在体是达不到下一个阶段即现实阶段的。而潜在的存在体的这种向现实性的转化是有条件的。外在条件决定存在体的内在规定性能否展开转化的过程以及能否实现，也决定存在体的形态、状态和行为方式。一旦存在体失去了内在规定性，它便失去了存在的基础和根据，而内在规定性的变化也会造成向现实性转化的内容和方式的变化。其现实性便会受到威胁和削弱，这将直接决定其存在的时效性。

存在体的生成和孕育是其存在的第一个阶段，是存在体的内在规定性和内向维度形成的阶段。存在体的性质是由其内向维度所规定的，因此这个阶段是存在体的性质形成的阶段。存在体的内向维度体现在对于存在的目的性的主观的内在规定之上，是存在体在现实中存在的根据和依托。

存在体的目的性能否转化为现实性，要看目的性能否获得必要性和合理性以及在多大程度上获得必要性和合理性。存在的目的性和作为存在基础的必要性和合理性所体现的是主体性的需求，而并不是客体的需求。存在的目的性以及必要性和合理性决定存在的内向维度的范围的大小，决定能够将多少要素转化为内向维度的内在要素。存在体的目的性的根据是潜在的存在体的生长的冲动，对于生物尤其是人类来说就是将内在的欲望在现实中外化和实现的本能性冲动。

存在体的孕育阶段的结束意味着潜在存在体的内在规定性已经到位，其性质和内向维度已然形成，以及其存在力已经形成了"战斗力"，也意味着潜在的存在体向现实性转化的成功完成，代表着一个潜在的存在体完成了从非存在体向存在体的本质性跨越，完成了从无向有的过渡。

### （三）存在体的现实阶段

存在体的现实阶段又可分为三个亚阶段，即上升阶段、平衡阶段和衰落阶段。上升阶段是指存在力远远大于反存在力的状态和阶段，即存在值稳步增加，内向实力差稳步扩大，在此阶段的存在体处于稳定的成长、发展和上升期。平衡阶段是指存在体的存在值和内向实力差处于相对平衡的最大值的状态和阶段，在此阶段的存在体处于存在周期的最高点。衰落阶段是指存在体的存在值开始逐步变小，内向实力差也开始变小的双重变小的状态。

现实状态是存在体介于生成和消亡的中间阶段。现实状态的上升阶段与存在体的生成阶段在时间和状态上最为接近，处于稳步地向存在体的最高点迈进的过程中。现实状态的衰落阶段是从存在体的存在值和内向实力差从最高点逐步下落并一步步地迈向消亡阶段的过程。

存在周期的现实阶段是存在体在现实中充分呈现和表现自我的阶段，是存在体在现实中存在的实在性的直接的体现，是存在体的性质和内在规定性在现实性中的发展和展开阶段，是存在体的存在力实现和满足自身的目的性的阶段。现实阶段是对生成阶段的承接和延续，是存在体的存在力的展开和运作阶段，是向存在周期的下一个阶段即消亡阶段的过渡阶段。

在存在体的现实阶段，存在体的内在规定性化作需求开始系统地在现实中呈现，通过与外部环境的接触和互动过程中需求满足。内在的需求能够得到持续性的满足，存在体便可处于自我发展和充实的状态中，其内在的存在力便可得到维持和发展；而内在需求得不到持续性的满足，其内在的存在力便会处于衰落，存在体的发展便会不充分，并受到阻碍。

存在体在现实中的存在并不具有确定性，而存在体的消失却具有不可逆转的确定性；存在体的现实阶段是其生成和消失的过渡阶段。存在体的存在方式具有多样性，这体现着存在力与反存在力之间以及存在体与反存在体之间进行力的较量和博弈的过程和结果。也就是说，虽然存在体的生成是必然的，然而对于一个具体的存在体来说，其生成之后的现实中的存在却具有不确定性和或然性。

（四）存在体的消亡阶段

消亡阶段是存在体的存在周期的最后一个阶段，这个阶段意味着存在周期的终结。消亡是在存在周期的三个阶段中唯一具有确定性和必然性的阶段。任何存在体，只要能够在现实中生成就必然有消亡，必然会进入消亡阶段。对于存在体来说，消亡是唯一具有确定性和必然性的阶段。

消亡阶段意味着存在体的现实性的逐渐丧失。现实性的丧失是因为存在体的内向实力差逐渐减弱的结果。消亡意味着存在体的存在值和内向实力差皆归于零，是反存在力完全战胜存在力的阶段。无论存在体与时间以何种形式发生联系，存在体与时间的联系终将被斩断，无论它们联系的形式如何。也就是说，存在体的消亡是具有绝对的必然性的。

消亡意味着存在体的消失，也意味着作为存在体的存在的消失。消亡代表着存在体完成了从存在体向非存在体的本质性跨越，完成了从有向无的过渡。现实状态具有或然性和确定性交织的特征。存在体的生成并不意味着它能够确定地完成向下一个阶段即现实状态的过渡和转化。生成与消亡直接连接也是一个选择和可能性。现实状态对生成的承接是或然的，但向下一个阶段即消亡的过渡却是必然的、确定的。现实状态的性质、形式和方式并不影响存在状态的过渡性的地位，并不能阻止向消亡的递进。

在消亡阶段，存在体与现实性之间的联系是由其内在规定性的逐渐弱化和消失所造成的。存在体的内在规定性退出现实性是必然的，这意味着存在体的实在性的消失，也意味着存在体必然走向消亡。消亡意味着存在体在现实性中的消失，即其存在要素、内在规定性、性质、特征、行为以及它与时间和空间的关系的全部消失。

对于包括人在内的生物来说，消亡就是死亡。

### 三 人在存在周期的三个阶段的内在属性

存在体的存在周期的这三个阶段是存在体的三个里程碑。这三个阶段虽然都属于存在周期之内，并且相互之间具有无法割断的内在联系，却也存在着巨大的哲学意义上的差异性。三个里程碑的意义是完全不同的。

在动物界，存在体无时不处于生成和消失以及消失和产生的永动性的更替和循环之中。由于人类的屠杀和对自然生态环境的破坏，许多种类的动物被灭绝了，作为类的存在体彻底告别了地球。而随着科学技术的不断进步，深海中的鱼类，各种微生物等不断进入了人类的认知视野之中，成为人类认知领域中的新的存在体。

作为复杂存在体的人的命运典型地体现了存在体的存在周期。人的存在周期是存在辩证法探究存在体的生成和消失的规律的主要研究对象。人的存在周期的三个阶段就是诞生、生命和死亡。对于人来说，人对于自己的生成和诞生是或然性的，不具备任何选择权的。自己的父母以及诞生的时间、空间、种族、性别等属性都是被自己之外的存在体和力量所赋予的。人的内在规定性的生成只能是单向和单维的，人只能去接受被生成和生命的种种先天属性，而绝无权也没有任何机会去参与这个被生成和被赋予的过程。

在生命生成之后，如果能够活下来，就进入了生存阶段，就展开了为了生存而斗争的艰苦过程，就被迫投入了力的方程式的博弈之中。对于人的生命来说，存在周期并不能改变，而所谓的贫富、贵贱、生命的长短等都只是存在周期的外在的、非本质和非必要的存在状态的特征，这些外在的特征是对自身存在力的力度的反映，能够体现在一定时期内与反存在力的内在实力差，但是它们无法影响生命的或然性，更无法改变向存在周期的下一个阶段和最后一个阶段即死亡的确定而必然的迈进。

对于人来说，死亡不仅具有确定性和必然性，而且具有绝对性。死亡是唯一具有确定性的存在阶段。死亡是生命的终结，意味着人的存在周期的结束。人的存在周期都是通过死亡结束的，而且这是无法通过任何手段和方式改变的确定性。这种无可改变的结果的确定性和必然性就是死亡的绝对性。存在状态的特征可以改变死亡的特征和方式，却无法对死亡的绝对性做出任何修改。无论存在状态如何，都无法改变死亡的确定结果。

从人的类的存在的外向维度来看，在人类的认知和存在长河中，存在体也经历着激烈的变化，表现为以一定形态表现的存在体改变和消失了，而以另一些形态表现的新的存在体又产生了，如此循环往复。

对于人的群体存在体来说，在人类漫长的历史中，个体的人和各种形态的组织载体，如聚落、氏族、部落、部落联盟、城邦、国家、帝国和文明等都曾失去过存在体的地位。人的死亡意味着一个存在体的消失，一个新生命的降临意味着一个新的存在体的诞生，对于国家等组织实体同样如此。在核时代，人类的整体存在受到了现实的威胁，人的类的存在第一次成为一个实实在在的存在体呈现在人类面前，也第一次面临着类的毁灭的现实危机。

而从人的个体存在的内向维度来看，作为母存在体的人每天都有作为子存在体的无数的细胞在体内产生和消亡。作为非物质性存在体的意念存在体的欲望普遍地存在于人的母存在体中，人在每天都会生成诸多的欲望，也会经历诸多欲望的满足和消亡。人的一生会产生无数的欲望子存在体，这些欲望子存在体形成了人生命的连续不断的链条和网络，一旦链条被断掉和网络被割破，人这个母存在体的存在便会陷入困境和绝境。事实上，人的死亡正是子存在体无以为继的结果。

以人为重点的存在体的存在周期是存在辩证法的核心主题。存在辩证法就是围绕着存在体的存在周期展开的。存在周期的各个阶段的规律，尤其是人的存在周期的各个阶段的规律，是存在辩证法所要探讨的核心内容。

**四　人的存在的终极反存在力**

在存在体的存在周期中，消亡意味着存在体的消亡，是一切物质形态的终结。因此，存在体的存在周期所面临的最大或者终极的反存在力是能够导致其消亡的力量，或者说能够导致存在体消亡的力量是存在体所能面临的终极反存在力。

这种情况同样适用于人。在人的存在周期中，死亡具有不容辩驳的绝对性，它意味着人的"一劳永逸"的物质形态的消失。造成这种结果的是导致死亡的反存在力或者死亡所带来的反存在力。由此可以看出，死亡是人的存在的终极的反存在力。起码对于人的生命的物质形态是如此。

死亡是人的物质存在的终结。对于绝大多数人来说，死亡是人的悲剧和悲剧感的最重要的来源。

**五　存在体的终极目的**

对于任何有认知能力和行为能力的存在体来说，延长存在周期是其最终的目的，即终极目的。任何存在体都不希望存在周期结束，因为这意味着作为存在体的消亡和存在的终结。只要有一线希望，处在正常状态下的存在体都会不遗余力地延长自己的存在周期，阻止消亡阶段的降临。

这种延续存在周期的希望和努力并不是仅仅依靠意愿便能实现的。它意味着强化存在力，削弱反存在力，或者说获得和提供存在力的实力盈余。而要强化和延续存在力是复杂而困难的，不仅需要内生的存在力的持续强大和有利的外部条件，还需要反存在力能够被有效地遏制和控制，而这在存在体已然进入衰落阶段之后是越来越困难的。

从以上分析中可以看出，对存在体的存在周期的解析是离不开各种力的，而对力的各个层面的系统解析将在下一章中展开。

### 六 人的存在目的

作为复杂的复合存在体的人同样是以延长存在周期为终极目的的。人在存在周期中会生成无数的欲望，但是人的最大的欲望仍然是其最基本的欲望，那就是永生。永生意味着对时间的克服，意味着生命的无限期延续，意味着存在周期永远不会停止，只要人能够持续地存在下去就存在着提供各种希望和可能。然而，人对生命的眷恋是无法阻止死亡脚步的。这是人生的挥之不去的悲剧感的根源。

## 第十一节 存在体的内向维度和外向维度

存在辩证法认为，任何存在体都有两个维度，即内向维度（The Endogeneous Dimension）和外向维度（The Exogeneous Dimension）。内向维度和外向维度共同构成了存在体的本质，决定着存在体的行为方式和存在状态。

### 一 存在体的内向维度与外向维度的规定性

存在体的内向维度是存在体的内在要素和其构成方式，是存在体的性质、形态和存在方式的决定性要素。用存在辩证法的术语来表达，内向维度是指存在体的内在规定性和存在力的内在结构。存在体的内在规定性是先验的，它决定着存在体的构件，体现着存在体的内生性和内在性。内在规定性虽然会对存在力的内在结构产生重要的影响，却不是决定内在结构的唯一要素，外部环境和后天的存在状态也影响着内部的各种力的关系和结构的形成和改变。因此，存在体的内向维度是由先验性和后天因素共同构成和决定的。

外向维度是存在体的外生性和外向性，体现着对外部环境的规划以及与反存在体进行博弈的方式和力度。外向维度的核心在于存在枢机。存在枢机虽然会兼具内向维度和外向维度，然而在与反存在力的博弈中存在枢机在外向维度的表现可直接影响到存在体的存在性。因此，存在枢机对于外向维度具有重要的作用。存在枢机的外向维度的重要性体现在存在体能否选择存在枢机，能否选择正确的存在枢机，能否以正确的方式对存在枢机进行有效的构建，而对存在枢机的有效实施同样是外向维度的重要内容。

存在体的内向维度和外向维度是存在体不可或缺的两个方面、层次和维度，两者的关系不仅是一对对应范畴，也是不可分割的相互依赖的统一体。存在体的内向维度和外向维度的互动决定着存在体的行为方式、行为结构和行为模式。这种互动同时也决定着存在体的存在状态，也就是说，存在体的存在状态取决于内向维度和外向维度能否在良性互动中有效实施。然而，内向维度和外向维度的关系是错综复杂的辩证关系。

## 二 内向维度与外向维度之间的辩证关系

存在辩证法认为，作为一对对应范畴，存在体的内向维度与外向维度之间的关系是对应的，具有同向性，但两者之间并不是成正比例的，不具有同步性。两个维度的力度的相互传递和转化是个复杂的过程，两者之间存在着有效的过渡和转化的问题，这意味着两者会向相同的路向发展，但这并不意味着两者的力度会同步地传递和变化。这个规律适用于增长，也适用于衰弱。

存在体的内向维度和外向维度是存在辩证法关于存在体的重要的理念，可适用于对多个领域的问题的解析。

（一）内向维度是外向维度的根据

存在体首先表现为内向维度，其次才表现为外向维度。内向维度决定着存在体的性质和状态。内向维度的质料规定着外向维度的实力和潜力。虽然它并不是存在力的完全的直接表现，但它决定着外向维度的基础和力在各个方面的可能性，也就是说内向维度是存在体的存在力的来源，也是存在体的存在力与反存在力之间的实力差的基础。

对于生命这样的存在体来说，其内向维度是其生存的本能和质量。任何生命体不仅要适应复杂多变的外部环境，也要与其他生命体进行残酷的生存竞争。生命体拥有何种存在力，以何种行为方式，和选择何种力的形态来维持自身的生存就是其外向维度。动物界的外向维度是在生理上适应客观的自然环境，而与其他生命体之间的竞争则是共同选择了基于生理的物理能力的搏杀作为最重要的力的形态。

而对于最复杂的存在体即人来说生存的本能进化为更为复杂的欲望。各种欲望就是人的内向维度，而人对于外向维度则是多元的，针对不同的外部条件和竞争对手会选择不同欲化方式，尤其是力的形态来加以应对。暴力和战争是人的行为中重要的力的形态，道德也是力的一种非物质性的形态，金钱、权谋等也是如此。对这些力的形态的选择和应用决定了作为存在体的人的外向维度，决定了人对他人所采取的外在的行为方式。

（二）外向维度是内向维度的体现和表现

存在力的外向维度是以内向维度为根据的，内向维度决定着外向维度的内在构成和力度，外向维度无法超越内向维度的力的性质和状况。但是，外向维度仍然有一定的独立性和属于自己的运作空间，其发挥的方式和时机以及力度的释放虽然无法从根本上改变存在力与反存在力之间的实力差的正负值，却可以放大或者缩小实力差的差额，扩大或者缩小实力差所产生的效能和影响。

（三）内向维度与外向维度之间具有相互转化性

作为一对对应范畴，存在力在内向维度和外向维度之间也可以进行相互转化。但是这种转化并不是必然的，也不是具有对等性的。

1. 内向维度与外向维度可以相互转化

在每个存在体之内，无论是内向维度还是外向维度都存在着存在力和反存在力的博弈和对抗，并且其种类是具有多样性的。当然，存在力和反存在力的力度是可以增减的，两者的实力差虽然具有趋势性，也是处于动态的变化之中。在经过动态变化的积累基础之上，两个维度之间以及它们的实力差的性质也会发生变化。

2. 内向维度与外向维度相互转化的规律

存在体的内向维度与外向维度之间的相互转化性自有其内在的规律。两者互为基础，但同时其相互转化并不是具有必然的对等性的。

（1）互为基础

存在力在内向维度和外向维度之间的转化是可以双向进行的，即存在力可以从内向维度向外向维度进行转化，反之亦然。存在体的内向维度和外向维度的存在力是两个维度进行力的转化的基础，缺少原有的力就不存在转化的内容和可能性。由于内向维度的存在力源自存在体的本性，因此内向维度的存在力更具根本性。

总体来说，内向维度的存在力越大越有可能转化为强大的外向维度的存在力，反之亦然。然而，两个维度的存在力的相互转化并不是必然的，也不是经常具有对等性的。

（2）不对等性

存在力在两个维度之间的转化并不具有必然性。也就是说，转化的渠道并不一定存在，也不一定是畅通的，即使有一定的转化渠道，相互转化也是具有不对等性的。内向维度的存在力不一定能够全部转化为内向维度的存在力，反之亦然。存在力能在多大程度上完成转化要看两者之间是否存在有效的转化渠道、转化的渠道是否畅通以及是否存在能够促进这种转化的有效机制。而这些需要资源的持续投入和制度的不断建设、维护和升级。

清朝后期的中国虽然在军事和科技上落后于西方国家，却仍然可以称为是个地大物博的大国，经济实力仍然居世界前列，但是清朝统治下的中国并没有将庞大的经济实力以及天赋异禀的自然和社会资源充分地转化为有效的外向存在枢机，发展起近现代军事实力。清朝在入关夺得中原之后为了防止汉族人掌握强大的武力，实施了限制火炮等热兵器发展的国策，致使清朝的军力仍然依靠冷兵器时期的强弓烈马，而没有如西方国家发展近代的军事科技。这种选择等于是放弃了当时最有战斗力和潜力的外向存在枢机。这种选择和决策失误造成了中国与西方国家在科技军事化上的脱节，两者之间逐渐形成了强烈的反差，体现在军事上就是双方军事实力差的出现和日益扩大。在经历了从鸦片战争开始的一系列战场失败之后，清朝政府才有所惊醒，开始打造近代化军队即"新军"，但为时已晚。晚清的经历充分注释了国家的内向维度的存在力无法有效转化为外向维度的存在力的不对称性。

## 第十二节 存在体的外部条件

对于任何存在体来说，外部条件都是不可或缺的重要一环，它不仅是存在体所不得不面对的客观环境，也是决定存在体能否完成向现实性的转化和处于何种存在状态的重要的制约性要素。

存在体的外部条件是指存在体所处的外在环境及其相对于其存在体所提供的各种条件，是任何存在体在向现实性过渡的过程中所必须和不得不面临和面对的挑战。存在体通过外向维度来与外部条件进行接触、互动和博弈。外部条件分为有利的外部条件、中性的外部条件和敌对性的外部条件等种类。

## 一　有利的外部条件

有利的外部条件能够迎合甚至帮助存在体向现实性的转化，能够提供优化的转化方式和过程，能够为存在体向实现其现实性的存在以及为其进一步的生长提供便利和帮助。有利的外部条件就是能够提供使存在体潜在的存在力多于潜在的反存在力，也就是存在着潜在的正实力差的一种环境。显然，有利的外部条件对于存在体的存在状态具有促进作用，而在一些情境下有利的外部条件本身就是一种存在力。

胚胎是生命的孕育和生成阶段，对于胚胎来说，母亲的子宫是最有利的外部条件。事实上，子宫是如此地有利于胚胎的成长，其实也可以称为内部条件了。子宫提供了生命的孕育和生成所必需的一切营养和培育要素，母亲将自己的营养传递给胚胎，母亲为胚胎抵御和化解了来自外部的反存在力，创造了适合于胚胎生长的唯一的、最有利的外部条件。

原始社会时期的人类往往选择河流沿岸来居住，因为那里是对他们有利的外部条件，有着能够为他们提供生息繁衍所必需的各种要素，如常年不断的水源、丰富而种类繁多的动物资源、松软而肥沃的适合粮食蔬菜和水果生长的土地、丰富的植物资源和良好的气候条件，等等。正是因为早期的人类能够不断地发现有利的外部条件，人类的存在才可能得以持续性地保持下去并不断地进化和发展，一代代的繁衍才能够得以延续，人类文化才能够不断地丰富化和进步，直到人类的存在力能够弥补与自身和反存在力之间的实力差赤字，最终成为大自然的主人。

游牧部族逐水草而居是因为水草同样意味着他们所必需的各种生存要素，是有利的外部条件。当一个地方的水流干涸了，草原上的植被减少了，不适于牛马羊群的生长和繁衍了，即原来有利的外部条件变成了敌意性的外部条件，游牧部族便会迁徙而去追逐有利的外部条件即新的肥美的草场去放牧。游牧部族的生存习惯是建立在对有利的外部条件的寻找之上的，这是游牧文化的行为方式和游牧文化的行为基础。

## 二 中性的外部条件

中性的外部条件是指存在力与反存在力并存的外部条件，两者之间的实力差基本上处于平衡状态或者并不巨大。中性的外部条件虽然也会对存在体向现实性的转化提供一些阻力，但是这些阻力并非刻意和带有敌意，经过一定时间的磨合和相互适应不会对存在体向现实性的转化和存在构成巨大的限制。也就是说，中性的外部条件的潜在实力差趋向于零或者十分微小。在这种情境下，存在体的存在状态完全取决于自身对于力的设定和应用，取决于自身的存在力的大小。

对于在正常的家庭和社区环境中成长起来的成年人来说，一个安全而健全的社会环境基本上可以说是个中性的外部条件。在纷繁复杂的社会中，既存在有利于己的存在力，也存在时刻要毁灭自己的反存在力，成年人如何在社会中生存和追求自己所需要的和理想的存在状态在很大程度上取决于自己的选择，选择了于己有利或者适合自己的外部条件，那么他/她的存在力就会获得推进，自己的存在状态就会接近或者符合自己的理想，反之则相反。

## 三 敌对性的外部条件

敌对性的外部条件是存在体向现实性转化过程中所遇到的阻力和限制对存在体能够产生明显而巨大的影响，造成存在体向现实性转化的不顺利和存在状态的恶劣，甚至成为其存在本身的致命性的威胁。而在许多情况下，对于存在体来说敌对性的外部条件本身就是一种反存在力，而且是持续性的反存在力。这表明，敌对性的外部条件存在着明显的潜在或者现实性的负实力差，为反存在力的形成和发展提供便利和土壤，一旦潜在的负实力差全部转化为现实中的负实力差，而且这个值是相当大的，足以对存在主体形成持久而致命性的威胁。敌对的外部条件本身对于存在体的生成和发展会造成巨大的障碍，对于改变其存在状态也是个严重的阻力。

由于任何存在体都具有外向维度，而外向维度在与敌对的外部条件的接触就是存在力与反存在力的博弈过程，而这个博弈过程就是力的较量的过程，而这种较量的结果取决于存在力与反存在力之间的实力差和具体的博弈结果。

对于初生的婴儿来说，外部条件都是敌对性的。胚胎在母亲的子宫里生成为生命的最初的完整形态，形成了婴儿。当婴儿从母亲的子宫里生出来时，一个生命便诞生了。生命的诞生意味着婴儿外部条件的根本转变，从最有利的外部条件，即母亲的子宫，来到了充满敌意的外部条件，面对着一个完全陌生和充满不确定性的世界。婴儿的存在力完全是内向维度的，而这种内向维度的存在力又是极其脆弱的，婴儿不存在任何的外向维度的存在力，无法独自完成与外部环境的接触，因为它还没有任何意义上的力可言。因此，婴儿所面临的敌对性的外部条件本身就是致命性的反存在力，反存在力与存在力之间的实力差是绝对的。但是，由于母亲和人类社会的存在改变了相对于婴儿的外部条件的性质，父母变成了婴儿的外向维度的完美的替代品，为婴儿提供有利的外部条件。而在成熟而正常的国家中，各种社会机制和制度，如婚姻制度、医疗、婴儿食品、安保体系等使婴儿从一出生便处于有利的外部条件之内，这是他们在安全的条件下逐步发展存在力的外部保障。婴儿就是在这种外部条件下长大，能否长大成人和成为守法公民和有用之才在很大程度上取决于充满了敌对性的外部条件能否得到削弱和消除。

亚热带和亚寒带是适合绝大多数生物物种生存的外部环境，对于不同的物种它们要么是有利的外部条件要么是中性的外部条件，这也是地球上绝大多数的生物生存的自然环境。除了北极熊和企鹅等极少的物种之外，极寒的自然环境对于绝大多数的动物来说都是敌对性的外部条件，都意味着无法被克服和战胜的反存在力。

在由民族国家构成的国际关系体系中，对于大多数国家来说，它们所面临的外部条件都是有敌意的，都充斥着各种各样的反存在力和反存在体，都面临着相互冲突的国家利益诉求。国家要存在，要获得理想的存在状态就不得不直接面对敌对性的外部条件和在如此的外部条件中生存和争取去获得或者接近自己的意识形态所认定的国家存在状态，这是国家政治的最基本的命题和使命，容不得半点的天真、浪漫、轻信和想当然。

### 四 外部条件的转化性

作为辩证法的基本要素的运动性和变化性以及对应范畴相互转化的规律在外部环境中同样会得到充分的体现。

对于存在体来说，在其存在周期中，外部环境并不是静态的和一成不变的，而是经常处于变化中的动态过程，在某些情境下这种变化会是十分剧烈的，尤其对于人来说更是如此。不仅如此，各种外部条件的性质也是可以相互转换的。有利的外部条件可以向中性的外部条件转化，中性的外部条件也可以向敌对的外部条件转化，反之亦然。

人类所面临的外部条件和人类应对外部条件的方式是独一无二的。人类外部条件就是人类的生存条件，可分为两种：一种是自然条件，即大自然中的自然环境；另一种是人文条件，即由人类群体之内的个体之间的关系和条件所构成的社会条件。对于作为存在体的人和人类来说，无论是所面临的自然条件还是人文条件都是可塑的。而可塑性的重要形式和方面是外部条件的转化性。

### 五 人类对外部条件的塑造

作为特殊的存在体的人类在外部环境面前并不是被动的接受者，相反，人可以通过相互之间的行为来主动地改变外部条件，改善和优化人类存在的外部环境。人类对外部条件的塑造包括对自然条件和人文条件的塑造。人类能够对自然条件进行人为的塑造并且操作人文条件，这是人类独有的能力，也是人类与动物根本性的区别。

（一）人类对自然条件的塑造

对于人类来讲，外部条件的转化性主要体现在对自然要素的人为化的塑造之上。人类的特点在于能够根据自己的要求来彻底改变自然条件以打造出适于人类欲望实现即欲化和行为方式的自然条件。也就是说，人类所面对的自然条件是由两部分组成的：一部分是纯粹天然的自然条件，另一部分是经过人类改造之后的被人为化了的自然条件。

对于人类来说，自然要素是自然界提供的，但其组合方式和运行方法却是按照人类的要求来进行的，这是人类能够将自然界进行人为化改造的前提。例如，为人类提供粮食的农业所播种的是来自自然界的各种植物，但是粮食的生长品种、品质、规模和产量等却是根据人类的要求来选择、播种、培育、收割和食用的。畜牧业也是如此。而在更复杂的层次，人类可以利用自然要素根据自己的内在需要创造和生产出自然界并不存在的各种物品，简单的物品如各种陶器、房屋、刀剑等冷兵器，复杂的物品如人造卫星和原子弹，等等。这些自然界并不存在的物品对于改变人类生存的外部条件可产生决定性的影响。

因此，在很大程度上，人类进化的历史就是人类对于自然条件的人为化的塑造，创造出越来越复杂和越来越准确地适用于人类需求的对自然界进行改造的历史。

（二）人类对人文条件的塑造

人类对人文条件的塑造同样如此。人类的本质特征除了可以根据自己的欲望而发明和制造物质性的物品之外，还可发明各种精神性的工具，语言、文字、各种文化等都是人类存在所必需的载体。这些精神性的工具不仅是人性的表达本身，而且对于人类塑造自身生存的外部条件来说具有极其重要的意义。相比于自然界，人类更多地生活在被自己发明的各种物质性的和精神性的人为化的世界之中。然而，对于一个文明、国家、利益集团以及一种行为方式和行为模式来说，外部条件并不是固定不变的，是可以通过自身的行为加以塑造以改善和优化外部条件的，这就是人类社会的复杂性所在。

而同一种外部环境对于不同的存在体来说也是不同的。被强大的存在体视为有利或者中性的外部环境对于比较弱小的存在体来说却可能是无法克服的敌对的外部环境。

在动物界，对于猎豹来说大草原是个有利的外部条件，大草原中的诸多动物都是其潜在的盘中餐。对于弱小的动物来说，游窜着猎豹等凶猛的食肉动物的大草原却是个致命的敌对的外部条件，其生存时刻会受到它们的威胁；而更为弱小的动物的存在又为其生存提供了充足的食物来源，因此大草原对于中小动物来说是个中性的外部条件。而一旦狮子来到了这个草原，那么外部条件的性质便会发生变化。对于猎豹来说大草原原来有利的外部条件削弱了，在与更为凶猛有力的狮子直面相对的情况下变成了敌对的外部条件，对于其他弱小的动物来说其外部条件的敌对性变得更加恶化。

## 第十三节　存在体的主观性

存在辩证法认为，存在体和反存在体的划分是主观的。这种主观性来自对存在体的本体把握。所谓存在体的"正"和"反"的划定体现的是行为主体和观察者的本体视角，属于认识论的范畴，而不是存在体本身所固有的内在的属性。因此，存在体和反存在体的正与反随着认知视角的不同而会发生转化，而这种转化与存在体本身的属性和行为无关。

如同存在体与反存在体的划定是主观的一样，存在力与反存在力的划定也是主观的，这种主观性同样赋予了存在力与反存在力的划分以相对性。从存在力的角度看，任何要消除其存在的力都是反存在力；从反存在力的角度看，存在力变成了反存在力，反存在力变成了存在力。在力和力的反动的行为链条之中，存在力与反存在力之间的角色也可以相互转化，各为存在力，也互为反存在力。

# 第 六 章

# 存在辩证法关于力的理念和力的方程式

力（Force, Power, la puissance）是存在辩证法的一个核心范畴。存在体的生成及其存在性的变化在很大程度上就是力的起承转合的演绎过程。存在体对于力的选择、建设、运用和实施对于存在体起着至关重要的作用。而存在枢机则集中体现了存在体对于力的选择，这个选择对于存在体的生成、发展、状态和死亡等各个存在阶段都起着决定性的作用。

## 第一节 作为哲学概念的力

力在各个领域和学科屡有使用，如经济学中有生产力和购买力，政治学中有影响力，军事学中有战斗力，心理学中有动力，物理学中有引力和排斥力，等等。虽然在哲学观念史中也能偶尔发现力的痕迹，但无论是在中国古代哲学史中还是在西方哲学史中，力都还不是一个真正的哲学概念和范畴。

存在辩证法第一次将力视为一个独立的哲学概念，并且对其本质和功能做出系统和深入的解读和规定，形成了关于力的理论，这在哲学史上还是首次。

### 一 关于力的观念史

虽然力作为一个概念在中国古代哲学和西方近代哲学中古已有之，但力却从来不是一个真正的哲学概念。

1. 周敦颐关于力的观点

在中国古代哲学史上，早在一千年前的北宋的周敦颐是第一个对力有一定认识的哲学家。在其所著的《周子通书》中周敦颐阐述了他对于力的看法。①

《周子通书·势》载：

> 天下，势而已矣。势，轻重也。极重不可反，识其重而亟反之可也。反之，力也；识不早，力不易也。力而不竞，天也；不识不力，人也。天乎？人也。何尤！

周敦颐在此指出，天下事物只是势运行的结果。势就是力的力度。力度太大事物就没有被反动，认识到力度的大小才有可能进行反动。反动，也要靠力；人不能尽早地对力有所认识，对于力的把握便会变得不容易。使用了力而达不到目的，是天意；对力缺乏认识并且不知如何驾驭力，责任在人。是天意吗？是人。没有别的！

周敦颐这段话言简意赅地阐述了力的许多原则，如力是事物运动变化的根据；事物的状态取决于实力差；人的行为要根据力的原则来进行；人能否实现自己的目的完全在于能否对力有充分的认识和能否有效地驾驭力。

虽然周敦颐对力进行了分析，然而这种分析却是浅尝辄止的。周敦颐关于力的思想来得很突兀，与其他的观念并没有因果联系。周敦颐所论仍然是孔孟儒学的道德主体性思想，而这与力的观点恰恰是相对立和冲突的；并且周敦颐关于力的观点与其太极辩证法也没有发生任何逻辑上的关联。但这段没有来处的话却一语中的，点中了事物的运动和变化背后的动因，可谓是天外飞仙般的神奇。可惜的是，周敦颐并没有进一步地展开他关于力的观念，形成系统的理念，而后人则将注意力完全放在了他对于《太极图》的阐释和宇宙观之上，以至于他关于力的认识再也没有被继承和展开。

2. 牛顿关于力的观点

17世纪的英国物理学家伊萨克·牛顿（Isaac Newton）是科学史上第一个对力进行深入的研究并提出了系统的力的理论的科学家。但是，牛

---

① （宋）周敦颐：《周子通书》，上海古籍出版社2000年版，第39页。

顿关于力的理论只适合自然界和物理学，当他试图将其力的理论平移到人类社会时便出现了严重的"水土不服"的现象。

(1) 牛顿力学的空前成功

英国物理学家牛顿于1687年发表了《自然哲学的数学原理》，提出了力学的三大定律和万有引力定律，被认为是破解了大自然和上帝的秘密。牛顿的理论使自然科学得以建立在更可靠的新的理论基础之上，将自然科学的方法提升到了史无前例的高度，对欧洲科学界、哲学界、宗教界和社会产生了巨大的冲击，具有划时代的影响。该书的宗旨是通过对各种运动现象的研究来探索自然力，并用自然力来解释各种自然现象。

然而，牛顿的目标并不限于用自然力解释自然现象，他在该书的序言中写道：

> 运用控制天体运动自然力运转方式的"同一种推理"，最终能够使人们发现控制其他自然现象的力。[1]

虽然做出了在物理性之外探讨力的规律的陈述，但牛顿并没有试图将他的力学原理应用于对其他问题的解读，因此牛顿的力仍然是物理学的力。而试图将牛顿的力用于其他方面的努力则要由欧洲其他的学者来进行了。

(2) 将牛顿力学社会科学化的失败

在《自然哲学的数学原理》发表之后，欧洲一些哲学家便开始试图将"牛顿范式"推广至社会科学领域，用自然科学的方法来解决哲学问题。但是，这些努力都没有走通。这些结果表明，试图利用牛顿的力学方法来解决经济、政治、道德和哲学问题尤其是人性问题的尝试犯下了方法论和逻辑的错误。

试图将牛顿式的力学原则用于解决人的问题的方法将复杂的问题简单化了，进入了一个将作为复杂的复合存在体的人等同于自然物质和自然存在体的误区，混淆了两种不同存在体的本质，更为重要的是这种方

---

[1] ［英］牛顿、艾萨克：《自然哲学的数学原理》，曾琼瑶等译，凤凰出版传媒集团/江苏人民出版社2011年版，第5页。

法犯下了逻辑错误。作为复杂的复合存在体的人的存在力同样也是复杂、复合和多元的，它包括牛顿式的物理性的自然力，同样包括作为非自然力的意志力、道德力量和其他精神力量。人拥有意志力和精神力等非物质力量的根本原因在于人拥有复杂、复合和多元的欲望体系和建立在欲望体系之上的行为方式即欲化，这是自然物质所不具备的，也是与动物的简单的本能和行为方式完全不同的。人的行为永远处于与其他要素尤其是与各种反存在体和反存在力的互动之中，人在这种互动中不停地改变着自己的反应方式，调节着方向和分寸，虽然有时反应方式的变化很小。而自然物质则相对十分稳定，在基本条件不变的情况下，它们处于静止和惯性状态，自然物质的这种相对的确定性使科学实验变得可行和易行。因此，人和自然物质在行为方式上的不同决定了必须用不同的具有针对性的方法对两者性质不同的存在体进行认知和研究。

正确的逻辑是将牛顿式的解决自然力的方法视为解读人的视角、维度和方法之一，作为在某些基本和简单的情境下的方法选择以及作为其他更适合的方法论的辅助方法，而不是将其用作唯一的方法而排斥其他的视角、维度和方法。

正是因为犯下了本末倒置的逻辑错误，18世纪的西欧哲学家的观点和理论大都不得要领，无法完成牛顿通过力来解释"其他自然现象"的期待。[①] 其中最具代表性的是英国哲学家休谟和法国科学家和哲学家孔多塞。休谟试图借用牛顿的物理学方法研究人性，像牛顿破解自然的奥秘一样破解人的秘密，建立一门"关于人的科学"，为此他出版了《人性论》一书。孔多塞则走得最远，他提出了要把物理性和人的科学结合起来，建立"社会数学"。社会数学如果成功，那么道德、政治和经济等社会科学将形成一个类似物理性和数学具有"确定性"的可量化的新的综

---

① 除了休谟和孔多塞，还有一批做出同样尝试的哲学家。例如，法国18世纪哲学家孔狄亚克也试图以牛顿的方法研究人的心灵；同是法国18世纪哲学家的霍尔巴赫将人、道德、信仰甚至灵魂和上帝都视为自然实体，用牛顿的力学原则加以解释。但他们都远没有完成这个目标。他们没有认识到或者拒绝承认人是与自然性质完全不同的存在体，人的本质在于内在的精神，是精神主导着人的行为、存在和存在方式，而不仅是另一种自然物体。相比之下，亚当·斯密在经济学中更好地贯彻和体现了牛顿的方法。斯密的《道德情操论》和《国富论》的方法论根据正是牛顿主义。

合学科，形而上学和哲学也将在方法上和理念上彻底融入（自然）科学之中，人类的知识体系将发生根本性的变化。只是，休谟的人性论过于简单，远远没有达到他欲解释人性本质的目的；孔多塞的社会数学也停留在理想阶段，从来没有付诸有效的实施。

这些事实表明，虽然以牛顿的物理性方法为代表的自然科学方法在物理和化学等自然学科中取得了巨大的成功，但它在向心理学、政治学、经济学和伦理学等社会科学进行外溢和渗透的过程中却从未取得科学主义者设想的同等的成功，反而屡遭挫折，停滞不前。这种现象说明在18世纪弥漫欧洲的牛顿崇拜是有盲目性和不足取的，也证明了方法论的科学主义在应用和方法上是有限度的这个事实。

可以说，启蒙运动时期的哲学将人还原为物质是哲学史上的一个错谬，陷入了对人性和哲学认知的误区。

3. 其他哲学家关于力的观点

在牛顿之后，欧洲自17世纪末期以来陆续有其他的哲学家提出了关于力的观点。其中比较典型的有莱布尼茨、谢林和伯格森等。

（1）莱布尼茨关于力的观点

17世纪德国哲学家莱布尼茨在其单子论中也提出了力的概念。莱布尼茨认为，单子是具有独立性的实体形式，其本身具有能动的力，这个能动的力是促使单子进行运动和变化的内在动力。由于莱布尼茨认为单子是精神实体，每个单子就是一个力的中心，同时单子也是一种有生命的点，是灵魂的表现；如同灵魂一样，每个单子同样具有知觉和欲望，单子的能动的力正是来自欲望。虽然莱布尼茨的单子论是虚构的事物，在现实中是并不存在的，然而他关于力的阐述仍然具有一定的启发性。

（2）谢林关于力的观点

作为德国古典哲学的重要哲学家之一的谢林也提出了关于力的观点。谢林认为，人的肉身性并不简单是物体性的、空间性的存在，人拥有一种维护生命的力。这种力是一种动力学的东西，一种冲击力、爆发力和意志力，是由动力、冲击力和"欲求"所支撑的。这种力是构成人的行为的基本要素，也是人的本性的基本要素，它体现在血液中，体现在欲望的冲动中。① 谢林同时认为，事物的内聚原则是现实存在的根据。所谓内聚原则所要揭示的是事物内部强大的凝聚力。谢林也提出了反作用力，只不过谢林所说的反作用力只是观念的力量。观念的力量是"外张的"，向外流溢的力。观念的力来自精神/绝对精神。但在晚期，谢林改变了其关于力量的观点，将现实的力量和观念的力量进行了对调，观念的力量成为内在的凝聚力，现实的力量成了外张力。但谢林的基本理念没有改变，即存在只有在现实的力和观念的力的相互对立中才能存在。

谢林关于力的观点可以说是对人的本性和行为的一种仍然还很初级的观察，其事实性还很薄弱，观点仍显粗糙。但谢林观点的开放性正是德国古典哲学的创造力的源泉。可惜的是谢林关于力的观点并没有被黑格尔和西方哲学继承和展开。

(3) 柏格森的生命哲学

20世纪上半叶的法国哲学家柏格森提出了生命哲学。他的生命哲学是要对达尔文主义的进化进行哲学解读和反思，其目的一方面是要驳斥对进化论在哲学层面上的质疑，维护达尔文主义的进化论的基本正确性，另一方面则要对进化论进行补充，试图在更广阔的视野内对生命现象进行解释。

达尔文主义的核心是对生物进化的过程和方式进行生物学的解释，也明确了生命进化的动力和目的，那就是对生存的持续性的维持。柏格森哲学思考的主题是生命进化的结果。柏格森认为生命的进化对于结果是无法预定和不可预测的。柏格森哲学的主题就是要对达尔文主义进行哲学上的补充。

柏格森的参考系是机械论和目的论。通过论证生命的进化既不是机械论也不是目的论，柏格森提出了生命冲动理论。机械论和目的论都将事物的运动归结为简单而明确的因果关系（causality），认为一切运动都是具有确定性和必然性的，如此一来，时间便不再是过程，过去、现在和未来不再存在变化性、偶然性和曲折性。

但是，虽然与力发生了一定的关系，然而柏格森提出的生命的冲动

---

① ［德］谢林：《对人类自由的本质及其相关对象的哲学研究》，邓安庆译，商务印书馆2008年版，第21页。

观念并没有合理解释生命的本质到底是什么，无法解释生命冲动的背后的动力。

### 4. 马赫对牛顿力学的批判

牛顿力学构建起了经典力学，并且使其成为整个物理学的原则和方法的基础，直到19世纪末期一直"垄断"了物理性。当时的主流观点认为由于牛顿力学，理论物理学已经基本上没有了进一步发展的空间，所能做的只是将牛顿力学应用于具体的实践之中，进行量化的应用拓展。[①]在这种氛围之下，奥地利物理学家和哲学家马赫（Ernst Mach，1838年—1916年）却对牛顿力学提出了深刻的批判。

马赫认为牛顿的绝对时间概念并没有经验基础，是不存在的。同样地，牛顿的绝对空间和绝对运动的概念也应该取消。马赫批判了牛顿的三个运动定律，认为是没必要的同义反复。马赫对牛顿力学的批判的方法论基础是纯粹的经验论，试图将力学中的"形而上学"命题驱赶出去。他对牛顿力学的力学先验论和力学自然观的批判都是由此出发的。[②]

### 5. 马克思主义关于力的观念

在《自然辩证法》中，恩格斯从哲学的高度批评了物理学家关于力的概念，认为他们对力的定义充满了主观性[③]和片面性[④]，并且在物理学、化学、生物学等自然学科中对力的理解充满了"概念混乱"[⑤]。

然而，马克思主义并不排斥力的概念。相反，力是马克思主义的核心概念，在马克思主义的理论中得到广泛的应用。虽然马克思没有将力本身作为独立的哲学概念提出，然而通过间接地对力的表现的分析，力在马克思主义思想体系中还是占有重要的地位。在马克思主义中，这种对力的间接表现主要就是生产力。

马克思主义的政治经济学和历史哲学都是围绕着生产力运行的，生

---

① [奥] 恩斯特·马赫：《力学及其发展的批判历史概论》，李醒民译，商务印书馆2019年版，第4—5页。

② 参见[奥] 恩斯特·马赫《力学及其发展的批判历史概论》，李醒民译，商务印书馆2019年版。

③ [德] 恩格斯：《自然辩证法》，人民出版社2015年版，第145页。

④ [德] 恩格斯：《自然辩证法》，人民出版社2015年版，第146页。

⑤ [德] 恩格斯：《自然辩证法》，人民出版社2015年版，第150页。

产力被视为经济发展和历史发展的决定性力量。马克思主义认为，人类历史是在生产关系和生产力的互动中发展和进步的，阶级斗争体现了生产关系和生产力之间的矛盾；生产关系适应生产力时便对生产力起促进作用，反之则起阻碍作用。但生产关系必须适应生产力，不适应先进生产力的落后生产关系终将通过阶级斗争被生产力所淘汰，因为生产力才是决定社会发展和进步的最终决定性力量。生产关系和生产力理论是马克思主义的核心理论，许多理念都是从这个理论派生出来的。

虽然马克思主义并没有直接提出关于力的理论，但马克思主义的生产关系和生产力的理论是关于力的形而下和实际应用中的理论。在马克思主义看来，生产力就是一种力，一种庞大而有力、对人类社会和历史具有决定性的力。

**二 存在辩证法关于力的理论**

作为存在体的本质属性的力与存在体一样是存在辩证法的核心范畴。力具有多样性。力是个形而上学概念，也是辩证法的概念。

（一）作为哲学概念的力

存在辩证法认为，作为单字词的力有着十分丰富的内涵。存在辩证法对于力进行哲学层面的梳理时，对其性质和复杂性进行了重新规定。在一定程度上，存在辩证法对于力的重新梳理和规定与西方辩证法中关于内容与形式这对对应范畴具有相关性。由于存在辩证法是建立在唯实主义基础之上的辩证法，它对于力的解读和规定都更加符合存在体运行的实际方式和客观规律，是唯实主义的客观性、完整性和科学性原则的体现。

1. 关于力的规定性

存在辩证法认为，力是存在体的内在规定性的本质和属性，是决定存在体在现实中存在和其存在性的决定性要素。在很大程度上，存在体就是力的载体，存在体在现实中的存在就是存在体内部的力的表现的状态和过程，是各种存在力和反存在力相互博弈的体现。

存在辩证法认为，力是个事实。力不仅是个自然事实，而且是人类事实；力不仅是物理性事实，而且是精神性事实；力不仅是可被实证的事实，而且是非证伪性事实。也就是说，力以不同的形态和形式贯穿于各种存在体和事物之中。

力是个形而上学的概念，不仅普遍存在于各种存在体和事物之中，而且存在体和事物的存在性和存在过程皆是以力为根据的。力是事物存在的前提和基础，是事物存在、运动和变化的根据、表现和结果。没有力，存在体便无法被内在规定，便无法拥有性质，也就无法在现实中存在，无法运动和变化，也无法产生任何结果。

存在辩证法认为，力也是个辩证法的概念。力不仅是具体的，而且是抽象的，贯穿于存在体的所有存在过程之中。辩证法的观念史表明，任何辩证法的规律都是关于力的规律的认知、归纳和演绎。力与存在和存在体有着根本性的关联，是存在获得形式以及向存在体转变和过渡的契机、方式和根据。

存在与存在体之间的不同是力的不同。存在不存在力，因此是抽象的；存在具有了力，便有了获得存在体形态和形式的条件和可能性，便可完成从抽象向具体的过渡，完成从概念向实在的过渡，便可成为存在体。同时，存在体的消亡和死亡的根源在于支撑其存在的内在的力的丧失。随着内在的力的丧失，力的形态和形式也同时丧失，而这必然导致存在体的消亡和死亡。

虽然力是自然事实，是物理学上的力，而存在辩证法的力不仅是物理学上的力，而且是哲学和辩证法意义上的力。力具有物理性的特征和表现，又具有非物理性和精神性的特征和表现。作为具有物理性的特征和表现，力是可以被实证的，具有实证性；作为非物理性的特征和表现，力无法被实证，具有非证伪性。

2. 力是一元性、二元性与多元性的统一

存在辩证法认为，力是个具有多维性和多层次性的立体性的哲学范畴，是一元性、二元性和多元性的统一。

（1）力的一元性

存在辩证法认为，力的一元性体现在力的绝对性上。存在辩证法认为决定存在和存在体的生成、状态和死亡的根本原因是一元性的，那就是力。虽然能够对存在体施加各种影响的因素有很多，而且这些影响因素都是不容忽视的和重要的，但是真正对存在体起到决定性作用的因素却只有一个，那就是力，所有的影响因素都是力的不同的表现形式，都是力的不同形态和表现。

力之所以能被提升到哲学层面是因为力本身具有十分丰富的内涵和张力，在具有抽象性的同时也可表现为复杂而多元的形式和具体性。哲学层面的力具有抽象性和形而下层面上的多样性，这点与存在十分相似。

（2）力的二元性

力的一元性并不意味着力的运动是单元的、单调的和机械的。事实上，力是具有二元性的。力的二元性体现在存在力与反存在力的二元对抗性上，存在力与反存在力之间的二元对抗正是存在辩证法的核心范畴。存在辩证法的力的方程式就是对力的二元对抗的表达。

对力的二元性的进一步解析，可见在下文"力与传统辩证法"部分。

（3）力的多元性

如前所述，存在辩证法认为，力有不同的种类，同一种力的表现方式和形态也是具有多元性的。对于复杂的存在体来说，力具有多元性的事实表现得更加典型和明显。承认和重视力的多元性有利于避免将力的原理简单化和教条化的倾向，而根据力的客观性和事实性来看待力的运行、变化和转化的复杂性和多变性。

作为人类复杂的组织载体的国家，力具有典型的多元化的形态。国家之力体现在国家行为之上，国家行为有多种使用力的形式，如战争能力、经济力、政治力、道德力、外交力、宗教力、组织力和执行力，等等。

作为世界上最复杂的存在体的人，只有人类才真正具有驾驭力的多元性的智力和能力。对于国家来说，力的多元性必然促使力的格局的产生。力的格局包括力的系统和力的结构。力的系统和力的结构为国家行为提供了原则和规范，对于国家行为有着巨大的制约力和影响力。

对国家理论、国家行为理论和国际关系理论的研讨都离不开对于力的一元性、二元性和多元性的深刻理解。也就是说，存在辩证法关于力的理论能够对国家理论、国家行为理论和国际关系理论提供新的方法、视角和洞见，有利于对这些范畴和理论的进一步深入研究的展开。

（二）力的种类

存在辩证法认为，与存在体分为物质性和非物质性的形态相对应，力不仅包含物质之间的物理性的力，还包含非物质性的力即精神性的力。

力是一种事实，其事实性与唯实主义关于事实的划分是一致的。

力是可以改变事物存在性质和状态的力量。力可以来自事物内部，可称为内在的力；也可以来自外部，可称为外部的力。各种存在体，无论是生物、人，还是动植物和物体都有内在的力，这是存在体在现实中存在的内在属性，是存在力。外部的力就是来自存在体外部而作用于存在体的力量。它们可以是存在力也可以是反存在力。任何存在体只要在现实中存在就必然会遇到外部的力。

物理性的力可分为自然力和人为力。自然力就是自然界原生的力量，就是能量。能量通过各种自然现象表现出来，释放出力，例如风（大风、台风、飓风、暴风雪等）、雷电、地震、山崩、洪水、暴雨、暴雪、火山爆发，等等。人为力是人力制造的力量，包括人为的物理力量和通过化学创造出的能量和力量即化学力量。人为的物理力量又通过人的身体的运动而释放出的力量，通过使用工具而释放出的力量和通过操作机械而获得的力量。人通过身体部位的剧烈挥动可以产生物理力量，如拳头和脚的猛烈挥动而产生打击力量；人可以通过使用各种自然的和人造的工具来产生力量；人通过使用武器可以释放出来冷兵器的打击力量，如刀剑长矛的挥舞和砍劈刺所爆发出的力量。人为的化学力量是指人通过引起物质之间的化学反应而释放出的能量和力量，如蒸汽机、内燃机、电力和爆炸所产生的力量，尤其是在热兵器的引爆过程中所释放出的力量，如各种枪支、炮弹导弹、战舰和战机等武器放射出来的炮弹在爆炸中释放出来的力。

在核时代，由于核武器的出现人为力发生了质变，一种新的巨大的力量——核力量出现了。核力量是通过特定的元素（主要是铀和锆等）方式核聚变和核裂变而释放出的力量。核电站发出的能量可以转化为电力。核导弹所释放出的爆炸力所造成的毁灭是任何之前的热兵器所无法比拟的。在工业化时代，机械力达到了工业化的阶段，其释放的力量可以与最大的自然力相提并论。

除了这些表现为物理形态的各种力，人还具有精神性的力，如意志力和智力等。为了实现自身的目的，人在欲化过程中表现出了非凡的意志力。人的意志力在克服和战胜各种困难的过程中是至关重要和不可或缺的力量。人类获得知识的能力在自然界中是绝无仅有的。人类通过对自然事物的观察和行为过程中积累的经验能够总结出客观事物和人类自身的内在规律，获得知识，并且能够将知识用于其他事物之上。人类的意志力和智力极大地提高了人类的存在力，使人类的存在性得到了质的改善。

（三）力的普遍性

存在辩证法认为，力存在于所有的存在体之中，力具有普遍性。世界是由普遍的力构成的力的网络。力的普遍性是力的事实性的有机组成部分和重要表现。

世界是力的网络。包括自然界和人类世界的整个世界是由力组成的世界。不存在没有力的世界，没有力就没有存在体之间的联系，就构不成世界。力不仅是单一存在体的必然构成，也是各个存在体之间发生联系、进行互动和形成世界的方式和载体。力的互动网络是世界存在的网络，是存在体和世界存在的状态和证明。当一个存在体停止与其他存在体进行力的互动时就意味着这个存在体退出了世界的力的网络，也意味着这个存在体的消亡。

（四）力与生命存在体

存在辩证法认为，力是生命存在体的本质属性。生命系于力。人的认知的本质是关于力的认知，并且人的社会存在同样系于力。

1. 生命系于力

人类存在于由各种力构成的世界之中，不仅在存在周期的任何时刻都是力的受力体，同时也是力的发生体和施与者。人的生命的整个周期都处于对力的接受、反应、发生和施与的过程中。力不仅是生命的根据和内容，也是行为的构成；力的方向、方式和力度意味着行为方式。力不仅意味着力的实施，力的实施本身就是人的行为的展开。没有力就没有行为，人的行为就是力的实施。没有力的实施人就无法生成人的行为，无法将自己的内在目的外化，就无法与外部环境产生联系，就无法实现自身的目的。当人停止与外部环境进行力的互动时就意味着人的死亡。

作为复杂的复合存在体的人离不开力，其他的生命形态同样离不开力，虽然它们的力的种类和方式更为简单。

2. 人的认知的本质是关于力的认知

人的行为是以人的认知为先导的。人的行为不仅是物理性的力的实施，也包括精神性的力，即对自身和外部世界的认知。存在辩证法认为，人的认知是围绕着力而进行的，也就是说，人的认知的本质是关于力的认知。

人的认知的各种方式和各个阶段都是对力的不同种类、阶段、层次和侧面的总结。人的认知，包括对外部环境和世界以及对自身的认知，都是围绕着对力的认知进行的。人类的知识就是对力的运行现象的观察。科学就是对力的规律的系统性的认知和总结。各个学科都是围绕着对一种特定的力的认知和研究进行的，试图从不同的层面和侧面发现力的不同规律。自然科学自然不必说，所谓的社会科学也是如此。例如，作为代表着人的认知能力的最高水平的代表，哲学研究的是人类的思维能力和这种思维能力所发现的外部世界和自身的普遍规律，即对主导世界的最深层和最根本的力的本质和规律的研究。历史学是对历史事件的记录和研究，而历史事件是由人的存在力和反存在力博弈而形成的。经济学是对生产力和生产关系的研究，即人对各种消费品的生产方式、效率和消费的研究，这些都是人的现实存在力的重要方面。

有些学科直接提到了具体的力，如经济学中的生产力、政治学中的权力、军事学中的战斗力、心理学中的行为动力，等等，而很多学科和研究并没有直接提出力的概念。但是，这并不能改变力是各个学科研究的核心对象的事实。

### 3. 人的社会存在系于力

在对力的认知基础上，人类所发明的各种行为工具都是为了加强力的力度、丰富力的形式以及取得和扩大力的实施效果而进行的。从原始人类的第一个行为工具石块和棍棒到刀剑长矛等冷兵器，到枪炮等热兵器，再到原子弹，这些人类赖以征服自然界和击败敌人的武器都是以加强力的打击效果为目的的。而人类所发明的其他用于经济生产的各种行为工具都是以提高人类的存在力为目的的。在很大程度上，经济的发展就是以提高生产力为目的和前提的。从锄头镰刀到拖拉机、脱谷机到电脑、机器人等，这些都代表着经济性的行为工具在生产力方面的里程碑式的跨越。当社会关系妨碍了生产力的发展和有效实施时便会受到有识之士的反思和反对，通过改变生产关系来释放和发展生产力。这就是马克思主义的精髓。马克思主义的进步性就在于尊重力，并且要打破对进步的力的权力和制度束缚。

（五）存在辩证法是关于力的辩证法

存在辩证法充分认识到了力的普遍性和力对于人类的重要性，因此存在辩证法将力提高到哲学层次，形成了关于力的规律的辩证法。存在辩证法将力分为存在力和反存在力两个类型，通过这两种力的互动来解释存在体的存在性的本质和规律。

### 三 力的属性

存在辩证法认为，物理性的力只是力的一种属性，而除了物理性的属性之外，力还具有其他的属性。

（一）力的事实性

存在辩证法认为，力是一种事实。根据唯实主义对事实的划分原则，作为事实的力可以作为物理性事实的力和精神性事实的力。作为物理性事实的力是实物事实的特定形态，是具有实证性的事实；作为精神性事实的力是观念事实的特定形态，是具有非证伪性的事实。

（二）作为事实的力的独特性

虽然力是一种事实，然而与作为事实的其他存在体相比，力是一种特别的事实。力的独特性在于其无形性和有形性之间的辩证统一，是实证性和非证伪性的辩证统一。

一方面，力的特别之处表现在力是无形的。无形性是力作为事实的独特性。在力未被实施之前，力处于潜伏状态，具有无形性。无论是作为物理性事实的力还是作为精神性事实的力，都具有无形性的本质属性。对于自然力来说，具体的自然现象是可见的，具体的自然现象的力的表现也是可见的，然而力本身在为发作之前却是不可见的、无形的。

另一方面，虽然力本身是无形的，但是力的结果和后果却是有形的。力是有形和无形的辩证统一。这种统一性表现在以下三个方面。

首先，被力作用和打击后的存在体在形态和属性上会留下痕迹，而这些痕迹可能消失，也可能持续性地留存。在物理性方面，这些痕迹要么轻微，要么严重，要么被毁坏，要么被消亡；在精神性方面，要么无形，要么有形，要么是短期的，要么是长期的，要么是没有重大影响，要么是致命的。

其次，在被力作用之后，存在体的行为会发生变化。而行为变化可以以某种方式显现出来，也可以部分地显现出来，也可以以某种方式不显现出来。除了物理性的力会对存在体的行为造成改变之外，精神性的力同样会导致行为的改变，而且是巨大、长久和深刻的改变甚至是方向性的改变。这种情况对于作为复合存在体的人来说尤其如此。知识、宗教等精神性的力对于人的行为的改变是巨大而深刻的，不仅可以对其属性做出改变，而且会对其存在性甚至存在本身造成改变。

最后，存在体的存在性的改变是力的作用留下的另一种结果。在力的作用之下，存在体的存在周期的改变可以通过延长存在周期来体现，也可以通过缩短存在周期来体现。存在状态的改变可以是即时性的，也可以是隐秘性的；可以是短期的，也可以是长期而持续性的。受到存在力的作用之后，存在体的存在状态会改善和优化；而受到反存在力的打击之后，存在体的存在状态会发生负面的影响和冲击，导致其存在性下降、受到破坏甚至消亡。

(三) 力的客观性

在作为独立的关于力的理论中，力的客观性是存在辩证法的一个重要原则。力的客观性能站在更高的高地上看待存在体的力的辩证运动，而摆脱了具体的一种力和对力的道德和价值属性的束缚。

1. 力的客观性

存在辩证法的力是客观的力。力的客观性与力的事实性的必然属性，是力的事实性的客观反映。所谓客观的力是指力的存在不受人的主观性所左右的存在属性。除了不受主观性的左右之外，力的客观性体现在不局限于任何形态和具体形式的力，而且不带任何道德属性，不反映和附加任何价值判断。

但这并不是代表存在辩证法不重视道德和价值判断。存在辩证法认为道德和价值判断是存在体和其行为的特征，是决定和影响力的性质和强度的要素之一。存在辩证法同时认为，力的道德和价值判断与作为存在体本质的力是两个层次的问题。

存在辩证法关于力的客观性的规定是存在辩证法十分重要的原则之一，它能站在更高的高地看待存在和存在体，而不被一种具体的力所限定，不被存在体的道德特征所左右。在历史哲学领域，被具体的存在体的道德特征和先入为主地以某个价值来判断其他存在体正是历史学研究和历史理论的一个通病。

2. 存在辩证法的力与社会达尔文主义

社会达尔文主义（the Social Darwinism）是19世纪中后期在欧洲和美国，尤其是在英国盛行的一种历史哲学观点，是将作为生物进化理论的达尔文主义应用于人类社会和历史进程而产生的一种社会价值观。社会达尔文主义认为，人类社会在本质上与动物界是一致的，奉行的都是适者生存、优胜劣汰的丛林规则；一个人、国家和文明要发展和进步就必须成为强者，就必须要战胜其他人、国家和文明；强者战胜和征服弱者是天经地义的，是合理的，是人类存在和发展的自然法则。从本质上看，社会达尔文主义是为西方的殖民主义、种族主义张目的社会价值观，是为西方对非西方文明国家的侵略、掠夺和征服提供合法性的政治和历史哲学。

存在辩证法的方法论和理念与社会达尔文主义截然不同。存在辩证法是建立在唯实主义基础上的辩证法，其最高原则是事实性，而不站在任何利益集团的立场之上，唯实主义的不参与原则同样适用于存在辩证法。存在辩证法认为力是包括人类社会在内的存在体的最终决定性因素，但并不鼓励任何国家和利益集团通过力的实施来为一己谋私，更不提倡将力作为反作用力去通过人为的打击和毁灭其他国家和文明而谋得不道德的利益。存在辩证法的终极命题是关注在核时代人的类的存在，其最高范畴是存在力与反存在力，其最终目的是为人类纠正和克服人类整体异化提供解决方案，以便延续人的类的存在。

因此，存在辩证法是与社会达尔文主义在方法、理念和价值观上决然相反和对立的社会哲学思想。

3. 存在力是存在体的存在性的根据和本质

存在体在现实中存在的根据和基础在于拥有存在力，正是存在体内在的存在力的存在才使得存在体能够获得在现实中存在的根据和基础。存在力的消失意味着存在体在现实中存在的根据和基础的丧失，就意味着消亡，对于人来说就意味着死亡。

存在辩证法认为，不仅存在体的存在系于力，也就是说对于存在体来说，力意味着存在向存在体转化的可能性和现实性，并且存在体的存在性也系于力。存在力是存在体的存在性的根据，也是存在体的本质。存在体的存在性系于存在力的存在，存在力赋予存在体以存在的能力和状态。

从逆向来看，任何存在体的消亡/死亡都是其存在力的消失。而存在力并不会自行削弱和消失，存在力的存在和消失都是并且只能来自反存在力的反动和否定。因此，存在体的存在、其存在周期的长短和存在状态的好坏都取决于存在体的存在力与反存在力之间博弈和对抗的结果。

#### 4. 反存在力是存在力的反动

对于存在体来说，其存在性在于存在力；其死亡在于反存在力对存在力的反动。反存在力是对存在力的削弱和否定。存在体的存在性系于存在力与反存在力之间的以相互否定为目的博弈和对抗。

反存在力对应着存在力的存在而存在。如果说存在力是存在体的存在性的根据的话，那么反存在力就是一种针对存在体的反存在性的力。所谓的反存在性就是对存在性的否定，是对存在力的对抗和敌对的力。反存在力在性质上是能够对存在力造成根本性削弱和否定的力的形态。

对于作为复杂的复合存在体的人来说，人的生命系于生命力，而人的生命力在于存在力。相应地，作为否定存在力的力的反存在力就是能够对人的生命构成根本性威胁和破坏的力，是能够削弱和否定生命的力。也就是说，反存在力是生命力的反面，是对人的生命力的侵蚀和剥夺，是对生命的否定。

### 四　存在力与反存在力之间的辩证关系

任何存在体只要跨入了现实性的门槛，便证明了它是具有足够存在力支撑的实体，而具有现实性和存在力的存在体同样意味着它面临各种各样的反存在体，它的存在每时每刻都要与反存在力进行博弈。存在力与反存在力是一对对应范畴，它们之间的互动体现着存在辩证法的核心规律。

#### （一）存在力与反存在力是一对力的对抗范畴

存在辩证法认为，对于任何存在体来说，力是存在体的内容和内在属性，存在体要在现实中存在必须有力的支撑，并且通过力来实现和表现。

#### 1. 存在力和反存在力的共生性

存在辩证法认为，存在体离不开力，存在体的力不仅是存在力，而存在力的存在也意味着反存在力的存在。对于存在体来说，存在力和反存在力是一对具有共生性的对抗范畴。事实上，只要存在力存在，反存在力也一定存在。与反存在力的对应性是存在力的本质属性的组成部分，存在力与反存在力的对应性是存在力的恒定主题。

文艺复兴时期的意大利哲学家布鲁诺认为，每一种现象内部都固有一种消灭自身的力量。一切都含有自身灭亡的胚芽，但在毁灭、死亡、消失中又蕴含着新生命的萌芽。在任何一个事物内部都进行着生与死、产生与消亡两个对立面的斗争。[①]

布鲁诺此处所说的"消灭自身的力量"就是存在体内部的反存在力，所说的"两个对立面的斗争"就是存在力和反存在力之间的博弈和斗争。

2. 存在力与反存在力之间的对抗性

按其功能、走向和目的性，力可以分为存在力和反存在力，而存在辩证法就是关于存在体的这两种力的辩证法。存在力与反存在力是相互具有否定性的排斥力，并且这种排斥力是以对抗性来表达的互斥力。

存在辩证法认为，虽然功能、生成和层次不同，并且相互之间存在着否定性和对抗性，然而存在力和反存在力是存在体的共同基础；存在力和反存在力是能够决定存在体在现实中的存在及其存在性的唯一一对对抗范畴。存在力与反存在力对于存在体的唯一性是绝对的，是不可替代的。这是存在辩证法的基本理念之一。

对于特定的存在体来说，存在力是指存在体为了维持自身在现实中的存在和存在性所形成和能够调动的力；反存在力是指能够对存在体的存在和存在性造成打击和毁灭的现实中的力。存在力以存在体为前提而存在，只有在存在体存在的条件下才会有存在力的存在；失去了存在体，存在力便失去了存在载体，便会不复存在。存在体要存在、生长以及在现实中获得和保持理想的存在性就要依靠存在力，而存在体的削弱、理想的存在性的丧失和灭亡是反存在力的打击的结果。

存在体具有自在性，其存在本身便是其自在性的证明。而存在力只有在反存在力对其发生作用的时候才会体现出来，并且随着反存在力的停止而暂停和消失。虽然如此，存在力的维持和强化并不是间断性的，

---

[①] 汤侠生：《布鲁诺及其哲学》，上海人民出版社 1985 年版，第 119 页。

而是常态性的。存在力具有一定的隐性，并不会以充分的形式展现其力度和状态，只有当存在力受到反存在力作用才会表现出来，其力的力度和状态才会得以充分的展现。

存在体能否从自身规定的目的性转化为客观世界中的现实性存在，即存在的内在规定性能否获得外在条件的接受和接纳，取决于存在力与反存在力博弈的结果。虽然存在力的属性是由存在体的内在规定性所决定的，具有先验性，也就是说存在力对于力的形态并不具有自主的选择性，然而对力的力度的锻造则是在与各种反存在力进行持续性博弈和对抗的过程中逐渐得以强化的结果。

作为存在体的万物之所以能够生长，是存在力使然。万物在现实中皆面临着反存在力的阻挠和威胁。万物生长的过程就是存在力抑制和战胜反存在力的博弈过程。一旦存在力被反存在力所抑制和战胜，那么万物便会停止生长，开始萎缩和退化的过程，或者进入衰退状态，进入消亡和死亡的轨道。

### 3. 花的存在

花的存在力在于其基因的成长动力，内在生长的欲望。花的存在力的发挥要借助于有利的外部条件，即合适的阳光，适宜的有营养的土壤；花所面临的反存在力包括敌对的外部条件，缺少阳光，涝和旱的雨水状况，害虫、动物和人的摧残，化学品的毒害，空气的污染，等等。花的生长过程就是其存在力与反存在力博弈的过程，当存在力能够克服反存在力，即有正实力差时，花就能生长和盛开；当存在力无法克服反存在力，即负实力差逐渐加大时，花就会枯萎和凋落。面对季节的变化，花会进入冬眠期，以半枯萎的状态适应严冬严苛的自然外部条件，等待有利的外部条件，即春天的到来。这种状况并不是死亡，而是又一个存在周期的轮回。冬眠期是花积蓄存在力的时期，一旦积蓄的存在力大于反存在力时，花便会重新长出绿色的新叶，直到开花结果。

### 4. 人的存在性和存在

存在力是存在体的存在性的根据和本质。对于人类来说，存在力就是人的生命力。

#### （1）作为生物的人的存在

作为复合存在体的人的存在周期自然比花和其他的动植物要复杂得

多。人的存在力在于植入基因的生长动力，人体在不断获得所需要的蛋白质等营养的情况下人便会不断地成长，食物和营养是人最重要的存在力，它们的不断补充直接决定着人能否生存下去、持续地成长和保持存在状态。但是要稳定而充足地获得富含营养的高质量食物对于人类来说却是个极其复杂而艰巨的挑战，尤其是在原始社会，获得足够的食物是人类进化史上曾经所面临的最大的挑战之一，获得足够的食物不但是原始人类生活的几乎全部的内容，也是最重要的行为目的。这是因为作为一种动物人类自身在生理能力上实属一般，无法与具有强大生理攻击力的猛兽相抗衡，稍有不慎便会成为它们的食物。除此之外，人类所面对的反存在力十分强大，不仅种类繁多，其力度也极其强悍。除了各种凶猛的大型食肉野兽之外，大自然中的各种自然力对人类的生存也造成了巨大的威胁。风（台风、飓风、暴风雨雪等）、水（缺乏水源、洪水、干旱、被污染了的水源等）、火（各种无法控制的火灾）等至今仍是威胁人类生存而无法有效克服的自然灾害。因此，人的生命就是在自然和社会环境中依靠自身的存在力与来自各方的各种反存在力进行对抗和博弈的过程。

（2）行为工具和行为杠杆的功能

为了维系自身的生存，人类选择了集体性的存在方式，社会性成为人类不可或缺的存在方式，并且在个体之间的分工和协作的基础之上发明了各种行为工具和行为杠杆。行为工具包括从最初的棍棒、石刀、弓箭等发展到21世纪的电脑、5G互联网、精密机床和卫星等高科技产品；行为杠杆包括从最初简单的制造陶器、渔网等到21世纪的跨越国家和各大洲的全球化产业链等。行为载体的发明及在广度和深度上的不断改进极大地提高了人类的存在力，用以克服和抑制了来自自然界的反存在力。但是在人类社会内部，人仍然面临着各种反存在力。在一定的情境下，个体的人会成为自己的反存在体，这来源于各种犯罪，人为的疏忽、失职和对公共设施的管理无力，等等。

经过漫长的进化和探索，国家成为被人类所普遍认同和接受的高级组织形态。国家在极大地提高人类的存在力的同时，也成为一个巨大的反存在力和各种反存在力的来源。不同的国家之间成为彼此凶猛的反存在体，为了争夺有限的资源，人类之间的战争频繁发生，战争的方式、规模和杀伤力不断扩大，成为冲击人类存在状态的最重要和最经常的重大而致命的威胁。由于战争，在古代有时会使一个族群被另一个族群斩尽杀绝，而在核时代不同国家之间的战争已经升级到了可以大规模屠杀和种族灭绝的程度，可以造成上千万人类的死亡，整体人类即人的类的存在面临着被自己彻底毁灭的威胁。深陷于异化危机中的人类成为自身最大的反存在体，人类基于高科技的军事力量成为人类最致命的反存在力。

（3）个人的存在性的改变

存在辩证法关于存在力与反存在力的理论对于人生哲学同样是适用的。

个人即人的个人存在体的存在性同样系于存在力与反存在力之间的博弈。作为存在体的个体，人在存在过程中始终充满着存在力与反存在力及其相互之间的博弈和对抗，存在力与反存在力之间的相对状态和实力差决定着个人存在体的存在性。当存在力相对于反存在力具有实力盈余时，个人便具有较好的存在性，具有幸福感和成就感；而当存在于相对于反存在力存在实力赤字时，个人便处于较差的存在性，具有挫败感和不快感。

同时存在辩证法认为，存在力和反存在力之间是具有相互转化性的。对于个人来说，在一定的条件下，人的存在力和反存在力是会变化的，在一定情境下还会相互转化。顺境和逆境并不是固定不变的，而促使顺境和逆境相互转化的契机在于个人的努力。通过自己不懈的努力，存在力会提高，会逐渐压倒反存在力的阻碍，使自己的存在性得到改善和提高；相反，如果自己处在顺境时放松和放弃努力，居功自傲，存在力便可能削弱和丧失，甚至变成反存在力，从而使自己的存在状态发生逆转，陷入困境之中。这就是所谓的福祸相依、塞翁失马焉知非福、人无旦夕祸福、失败是成功之母等格言对个人的存在性发生转化的概括，而其背后的根据就是作为存在体的个人的存在力与反存在力之间的实力差的变化。

（4）国家的存在与存在性

作为人类主要的存在体的国家的存在与存在性同样取决于存在力与反存在力之间博弈的结果。存在力与反存在力之间的博弈决定着国家的存在与存在性的可能性、前提和基础。

国家的存在力是建立在其所占有的各种内部资源基础之上的，包括自然资源和人的资源，而人的资源是更为重要的资源，是存在力的核心和基础所在。如何将这些资源转化成各种有效的存在力是国家最根本的使命和功能。国家的存在力包括战争力、经济力、政治力、道德力、外交力、宗教力、组织力和执行力等种类和方面。国家的反存在力主要是来自敌对国家的反存在力，即以国家为行为体的、能够提供与自己的存在力同质或相应的各种反存在力。

当一个国家与反存在体之间的实力差有盈余时，国家处于安全的存在状态就有了基本的保障，实力盈余越大，国家的存在状态便会越稳固和安全；当一个国家与反存在体之间的实力差基本相等时，国家的存在状态基本是安全的，但是并不确定的保障，因为一旦反存在体的反存在力增加或者与其他反存在体结成合力时，本国便会出现实力赤字，国家的存在状态便会受到恶化；当本国与反存在体之间的实力差有赤字时，它的存在状态便会受到威胁，并且实力赤字越大，国家的存在状态和安全所受到的威胁就越大。虽然国家行为的具体实施可以增强或者削弱国家的存在力，然而这仅仅在一定程度上能够发挥作用，决定国家的存在性仍然是并且只能是国家的存在力。因此，国家的存在就是本国的存在力与反存在力之间所进行的博弈和较量的过程，容不得任何的侥幸和片刻的懈怠。

国家的存在力与各种反存在力之间的博弈和冲突的过程实际上就是国际关系最根本的行为方式以及规律和原则。

（5）战争的功能

战争是存在力与反存在力的博弈和对抗的最典型、最激烈也是最高级的形态。对于作为存在体的国家来说，来自其他存在体即敌对国家的针对自己的战争行为是反存在力的最高形态。在国家之间的关系中，反存在力代表着纯粹的毁灭力，它们能够将一个国家置于附属和亡国的风险之中。同时，对于任何国家自身来说，战争也意味着对于自己的存在和存在状态的最强大和最后的保障手段。对于某些国家来说，战争也是改变自身存在状态的最直接和最有效的捷径。无论是在毁灭还是建设哪个方面，战争都是无可替代的力量，能够在相对短的时间内改变国家的存在状态，这种功能是人类的任何其他行为方式所无法比拟的，这就是作为国家存在枢机的战争的本质属性和功能。

（二）存在力与反存在力在存在体内的对应性

如前所述，作为一对对应范畴，存在力与反存在力是具有对应性的。存在力与反存在力之间的对应性表现在两者之间的共存性和恒定性。只要有存在力就会有共存性，存在力和反存在力是无法单一地存在的；而恒定性意味着两者之间永远进行着力的博弈和对抗，直到随着存在体的消亡而消亡。只要有存在力存在便会有反存在力存在，同时只要有反存在力存在一定便会有引发它的存在力。虽然存在力是主动的一方，然而这并不能改变两者互为条件、互为因果的对应性。

但是，两者之间的对应性是以存在体的存在为前提和基础的，两者之间的共存性和恒定性是有条件的和相对的。没有存在体的存在就没有存在体，也不会有反存在体，也不会有两者之间的对应性、共存性和恒定性。因此，存在体的消亡意味着存在力和反存在力的消亡，也意味着两者之间的对应性、共存性和恒定性的消亡。

人们只是在一定的情境下看到存在力与反存在力的共存性，而没有意识到它们是一对以存在体的存在为前提和基础的具有恒定性的对应范畴，并且两者永远处于相互博弈和对抗之中，在此消彼长的斗争贯穿于存在体的存在周期，这两种力决定着存在体的存在性和生死。两种力的这种永不停歇的互动和博弈决定着存在体的存在性的不确定性，决定着存在本身的或然性。

存在辩证法认为，存在力和反存在力之间在存在体内部的对应性及其博弈和对抗是所有事物/存在体存在和运动/运行的方式。这与传统辩证法的矛盾论相似，然而其实并不相同。传统的矛盾论只是两种事物之间的对应性和冲突，而并不与存在体的存在和存在性发生关联。因此，这是存在辩证法对于传统辩证法关于事物的存在和运动方式上所做出的辩证补充和修正，是存在辩证法对辩证法认知方式的贡献之一。

（三）存在力与反存在力的相互渗透

如前所述，存在辩证法认为，一个存在体之所以能够在现实中存在，是因为它内部有足够的存在力在支撑，缺少存在力或者存在力不足即存在力相对于反存在力的实力赤字超过了必要的限度，这个存在体的生命便在现实中无法维系下去了，消亡和死亡就会到来。存在体的存在周期表明，在存在体的内部始终存在着的存在力和反存在力始终处于博弈、对抗和冲突的过程中，存在体的存在与消亡直接取决于这两种力较量的结果。从反向的角度看，作为存在体的对立面，反存在体的内部同样存在着反存在力和存在力这两种力。

存在体和反存在体内部共同包含存在力与反存在力的事实说明，存在力同存在体一样也可分为两个维度的力，即来自存在体内部即内向维度的存在力，和来自存在体外部，即外向维度的存在力，对于反存在体来说同样如此。在许多情境下，存在体与反存在体之间的较量也就是两个维度的存在力形成合力与两个维度的反存在力的博弈和对抗过程。

然而，存在力和反存在力的两个维度并不是固定不变的，而是具有一定的动态性，在一定的条件和情境下并无法进行绝对的隔绝，而是可以相互渗透的。

在战争中的策反任务是存在力与反存在力相互渗透中有典型的体现。任何军队都不是铁板一块，都存在立场相对模糊和意志力相对脆弱的少数，尤其是在战况紧迫的情况下，对这部分敌军的成功策反可以将反存在体中的部分反存在力转化为存在力，使之成为外向维度的存在力，而对于反存在体来说则出现了正相反的情况，于是便形成了存在力与反存在力相互渗透的形势，改变了双方的实力差状况，使战役甚至战争的结局发生突然的变化。战争中主动的投诚行为也是存在力与反存在力相互渗透的一种形式。

（四）存在力与反存在力的相互转化

存在辩证法认为，存在力与反存在力不但可以相互渗透，还可以相互转化。在存在力和反存在力的相互渗透超过了必要的量和程度之后，它们之间的转化便不可避免了。这种力的相互转化与存在体与反存在体之间的相互转化颇为相似。实际上，存在体与反存在体之间的转化是以存在力与反存在力之间的转化为前提的。只有存在力和反存在力之间进行了转化，存在体和反存在体之间的转化才有可能发生和完成，否则存在体与反存在体之间便不存在相互转化的条件和基础。

但是必须强调的是，存在力与反存在力之间的相互转化并不具有先验性和内在的必然性，而只是在特定的情境下的一种现象。这是存在辩证法关于存在力与反存在力的理念与传统辩证法关于阴阳观和矛盾观的重要区别之一。

关于这种差异的更多阐释，可见后文相关部分。

火曾经是人类的天敌，火灾对于远古的人类来说是个无法战胜的恶魔，每次火的燃烧都可能意味着一次灾难。但是经过人类的观察和实践，人类逐渐掌握了火的规律，能够主动获得易燃起火的物质，能够控制火的燃灭和规模，能够将火逐渐应用到人类生活的许多步骤，如烹饪、取暖等。将火应用于烹饪使人类从茹毛饮血的生食方式进化为吃熟食，这极大地改善了人类吸收蛋白质的效率和减少了细菌对人类的侵害，更为重要的是提高了人类的智力水平，因此，火由反存在力向存在力的转变标志着人类进化史上的一个质变。火终于被驯化，成为人类生存不可或缺的存在力。人类对于动物界的驯化同样是将反存在力转化为存在力的重要内容，对于改变人类的存在状态起着十分重要的作用。

将大自然中的反存在力转化为存在力是人类进化过程中的核心内容，人类正是在将大自然中的各种反存在力驯化和转化为存在力之后，才取得了进化史上的一次次质变和飞跃的。人类每一次将大自然中的反存在力转化成存在力都在改变着人类自身的存在力与大自然的反存在力之间的实力差，逐渐缩小两者之间巨大的、无法克服的实力赤字，终于发展成人类相对于大自然的占据绝对优势的实力盈余。

（五）存在力与反存在力的属性

存在力与反存在力之间的关系是一种二元对抗的关系，但这种二元对抗性并不表现为阴阳关系和矛盾关系。存在辩证法与以阴阳为核心概念的易辩证法和董学辩证法以及传统西方辩证法是不同的辩证法理论和方法。

存在辩证法关注的是存在体在现实中的存在，存在力与反存在力是依靠存在体而存在的，存在体在现实中的消亡意味着存在力与反存在力的消亡。存在力与反存在力虽然也具有阴阳和矛盾等对应范畴的特征，但是两者对于存在体的依存决定了它们与阴阳和矛盾都是性质不同的范畴。

1. 存在力与反存在力不是阴阳关系

作为阴阳辩证法的要素，阴阳关系是一对共存的对应范畴，两者之间关系的本质在于相辅相成性、零和性、转化性和封闭性。阴阳关系反映的是事物存在状态的变化，是存在体内向维度的关系即存在内的关系。

但是，阴阳观关于事物存在内的关系与存在体的存亡并无关系，也就是说阴阳观并不能反映存在体的整个存在周期和存在状态。

阴阳关系和存在力与反存在力之间的关系在本质上是完全不同的。阴和阳是对存在体的属性和特征的描述和表达，而存在力与反存在力则是存在体的内在本质，是决定存在体的存在和存在性的根据。虽然存在力和反存在力在一定情境下也可以通过阴和阳加以描述和表达，然而这并不能改变两者不同的本质。

另外，阴阳观是具有封闭性的，阴阳之间是此消彼长和物极必反的相互循环和转化的关系，是一种典型的斗而不破的对立统一关系，而存在力与反存在力之间的关系则截然不同。存在力与反存在力关乎存在体的存在状态和存在周期，虽然两者在一定情境下也存在着相互转化的关系，但它们之间是你死我活的零和博弈关系，两者并不存在必然和常态化的对立统一关系，尤其是不存在限度。存在力与反存在力的要点在于以存在枢机为轴心的零和博弈，任何一方的获胜意味着另外一方的消亡，虽然两者在特定的条件下有一定的相互转化性，但这只是一种特例和例外，是一种极其有限的现象，而远不是普遍状态。

再有，存在辩证法认为，在特定的情境下，存在力与反存在力之间的转化会形成异化，而异化在阴阳辩证法中是没有存在余地的，因此异化是存在辩证法与阴阳辩证法的重要的差异之一。阴阳互动是斗而不破的和谐统一关系，阴和阳都不能独立而生，即所谓的"独阴不生，独阳不生"（程颢语），而存在力与反存在力之间的异化则是建立在对自在本性的完全否定基础之上的，不存在和谐的统一关系和对立统一关系。

2. 存在力与反存在力不只是矛盾关系

存在力与反存在力之间存在着否定性的关系，这种否定性的关系通过相互之间的博弈和冲突可以表现为矛盾，在一定的情境下可以通过矛盾关系加以表达。但是存在力与反存在力的关系的内涵和意义又大于矛盾，外延也更广大。在存在辩证法中，存在力与反存在力之间的关系通过对抗性和冲突性要比通过矛盾性能够得到更符合事实性的展现和表达。如果矛盾之间的冲突对存在体的存在性构不成直接的威胁，那么这种矛盾还上升不到存在力与反存在的层次，而在每个存在力和反存在之内便都包含着诸多的矛盾运动的过程。

虽然力的运行和表现在许多情境之下会以矛盾的方式体现出来，虽然在一定的情境之下力与直接影响到存在体的存在性的各种矛盾会发生关联，但是力不是矛盾，两者具有不同的内在规定性、目的性和运动方式。黑格尔辩证法的矛盾论阐述的是矛盾的运行规律，被认为是普遍的规律，但矛盾论不是以存在和存在体为主题的关于力的规律。力的运行规律与矛盾论会有所交会，但两者并不重合。

对于矛盾论的最为经典的概括是对立统一关系和"一分为二"。根据矛盾论，看待任何事物都要有一分为二的观点：既要看到对立的一面，也要看到统一的一面；既要看到正面，也要看到反面；既要看到积极因素，也要看到消极因素；等等。然而矛盾论并不是存在辩证法的理念、规律和原则。存在辩证法之所以认为存在与矛盾论不存在必然的逻辑关系是因为作为存在体的存在周期中的有机组成部分的生命和死亡与矛盾并无直接的关联，更不会发生相互转化，而与存在力与反存在力之间"绝对的"有你无我的零和博弈直接相关，也就是说存在力与反存在力之间的关系是具有否定性的零和博弈关系，两者之间的对抗性是绝对的和具有压倒性的，零和博弈关系体现着存在力与反存在力之间的自在本性，是具有必然性和绝对性的；而统一只是两者之间关系中极为个别的现象，属于黑天鹅式的偶然性范畴。存在体的生成和消亡/死亡不存在对立和统一的关系，不适应一分为二法的分析，因为对于存在体来说，存在或者消亡/死亡只能是"一"，而无法被分为"二"。这种关系类似于形式逻辑中的排中律，在两者之间无法存在选择和折中的余地。

由此可见，一分为二的矛盾论不是存在辩证法的核心范畴。而在实践中，一分为二往往被滥用，在许多情况下仅仅是主观的妥协、臆测和自我安慰，并不符合唯实主义的事实性原则，无法准确地反映事物客观而真实的包括存在体的生成、现实存在和消亡/死亡在内的存在周期及其存在状态。

### 五　力的现实性和潜在性

力是决定存在体在现实中的存在及其存在性的最重要的要素。但是，力并不是经常处于锋芒毕露的表现状态和使用过程。事实上，潜伏状态才是力的经常性状态。潜伏状态下的力包括潜在的力和力的非呈现状态。

（一）现实的力和潜在的力

根据力的生成状况和性质，力可以分为在现实中得以展现的力，即现实的力，和尚未在现实中得以展现的力，即潜在的力。现实的力包括呈现的力和尚未呈现的力。呈现的力是指实现中的和实现过的力，是力的兑现和实施。尚未呈现的力是指尚未兑现和实施的现实的力。潜在的力是力的潜伏阶段，是力的生成、积蓄和发展的阶段，力也可能在此阶段削弱甚至消亡。

现实的力的力度和状态与潜在的力是密切相关的，前者是后者的力度和状态的顺延。也就是说，没有强大的潜在的力就无法拥有强大的现实的力，反之亦然。现实的力和潜在的力适用于存在力和反存在力，是两种力都具有的形态。

（二）潜在的力

任何存在体都拥有潜在的力，潜在的力具有先验性，是由存在体先天的内在规定性或者基因所赋予的内向维度的存在力。存在体的成长就是作为潜在的力的存在力向现实的力进行转化的过程，这对于包括人类在内的动植物来说尤其如此。潜在的力也可以是后天的，通过在有利的外部条件下培养起来的存在力。要将先天的潜在的存在力提高到一定的层次，在力度上有所强化，后天的开发和培养是十分重要的。对于反存在力来说，情况同样如此。

潜在的力有三种：积蓄和发展状态下的力，新开发出来的力和外来的力。积蓄和发展状态下的力是生成不久，尚处于上升曲线的力，由于力度和规模不够，故无法在现实中呈现出来而得到注意。新开发出来的力是一种新的力的种类，是在特定条件和情境下形成或被开发出来的力。与前两种内生性的力不同，外来的力并不是存在体内生的力，而是属于其他存在体的"借来的"合力。

在战争中，一个民族可以激发出先前难以想见的意志力和潜力，这种作为新开发出来的力对战争的走向可以施以重大的影响，甚至可以改变战争的胜负结局。中华民族在近现代曾屡遭外国列强侵略，在民族危亡的关键时刻民众却能焕发出勃然的力量，将平时没有表现出来的潜在的力充分发挥了出来，为了保家卫国而奋力抗击侵略者。而在中华民族抗击外国入侵的战争中，也会有外国借力中国，形成合力，共同打击侵略者，这种来自外国的合力就是作为潜在的力的外来的力。而在战争中开发出来和投入战场的新式武器作为新开发出来的力是层出不穷的。第一次世界大战期间开发和投入战场的坦克，第一次投入空战的飞机，第二次世界大战期间发明和使用的原子弹，等等，都是作为新开发出来的力而在战场上发挥了巨大的作用。

  人类具有多元化的潜在能力，随着成长，潜在的力不断被开发出来，变成了后天的力。后天对于力的开发和培训就是教育。教育的本质就是要强化先天的力，将潜在的力开发出来，增强力的强度。每个发育正常的男人都有一定的身体力量，这赋予了他以一定的打斗和实施暴力的能力，然而只有经过长期专门训练的男人才能够将自己的打斗能力提高到专业的高度，才能够成为武术家。普通男人通过训练成为武术家的过程就是人的潜在的存在力转化为现实的存在力的过程。

  每个国家都有诸多的自然和人的资源，国家越大它所占有的资源就越多，国家就越有可能成为一个大国。国家的资源可以表现为现实中的力，但许多资源还只是潜在的力，还没有被转化为现实中的力。国家重要的使命和功能之一就是要将自身所拥有的潜在的力转化为现实中的力，而这个过程就是强化国家存在力的过程，就是富国强兵和打造强国的过程。大国虽然占有更多的资源，但是如果不能将这些潜在的力转化为现实中的力，那么大国便不会成为强国。一些中等国家甚至小国由于能够将其潜在的力有效地转化为现实中的力，它们同样可以成为强国，国力会强于无法将潜在的力有效转化为现实中的力的大国。这就是国家间竞争和博弈的一个重要的、具有本质性的方面。

  （三）力的非呈现状态

  存在力与反存在力之间的博弈并不总是以针锋相对的直接对抗的方式进行的。根据现实的力的表现形态，力可以分为呈现状态和非呈现状态。力的呈现状态与非呈现状态和力的兑现和实施密切相关。呈现状态下的力是指力在直接发挥其存在与反存在的功能，是积极活动状态下的力，是兑现了的和实施了的力；非呈现状态下的力是指力并没有在直接发挥其功能，是处于构建、待命、休整或者闲置状态下的尚未兑现和实施的力。

  力的形态具有自然性，即力的状态的展现是自然发展的结果；同时，力的形态也是存在体主动选择的结果。在力的生成、积蓄和发展过程中自然没有必要也没有机会进行展现，而只能在"默默无闻"的状态下存在和发展。对于最为复杂的复合存在体的人类来说，非呈现状态的力除了这种自然而非选择性的力之外，还有因为故意选择而处于非呈现状态的力，也就是说，人类可以将现实中可以呈现的力隐藏起来，使其成为非呈现状态的力。将力置于呈现状态则往往是存在体的主动的战略选择，其目的是通过力的实施已达到目的的实现和对反存在体进行威慑，迫使其收敛和放弃对抗和敌对的行为。

作为一种对国家行为以及政治和军事谋略来说，选择何种力的呈现方式和将国家力量置于何种呈现状态体现了国家政治、国际关系和战争的战略和艺术，对于国家行为来说具有重要的意义。国家之间存在力与反存在力的实力差是客观存在的，但如何实施和何时利用实力差则是个复杂的命题。运用得好可以事半功倍，放大实力差，以小的甚至最小的成本达到本国的战略目标；运用得不合时宜则会事倍功半，将实力差打折扣，有可能在付出了不小甚至沉重的代价之后却仍然无法实现本国的战略目标。

在敌我实力对比悬殊的情况下，一个国家可以选择韬光养晦的战略，就是将国家的部分实力有意识地隐藏起来。韬光养晦可以避开作为反存在体的敌对和竞争国家的注意，在不进行公开和激烈的对抗的环境下默默地发展自己的实力，为自身创造比较平和的外部环境。中国古代有"扮猪吃虎"的计策，是一种战术上的计谋，就是把自己的实力隐藏起来装扮成愚蠢无能的猪，使敌人放松警惕，在条件合适的情况下突然对敌人发起攻击，瞬间战胜和消灭敌人。无论是韬光养晦还是扮猪吃虎都是主动选择非呈现的力的计谋，一旦运用得当可以起到事半功倍的奇袭效果。中国的《三十六计》中的"笑里藏刀"、"假道伐虢"和"暗度陈仓"等计策都是巧妙利用力的非呈现状态来迷惑敌人以出奇制胜的妙招。

在动物界将攻击力和实力隐藏起来的事例也是常见的诡计。有些凶猛的动物会花许多时间处于力的非呈现状态，将自己的攻击力隐藏起来，麻痹其他动物，而在猎物出现时可在瞬间爆发，将非呈现的力转入力的呈现状态，其动作之迅猛有效令猎物防不胜防。鳄鱼在湖塘中利用苔藓和海草掩护自己，一动不动地将自己混入自然环境之中，等待着猎物和合适的攻击时机的出现。而一旦机会到来，鳄鱼便会以迅雷不及掩耳之势从掩体中跳跃出来，猝不及防地扑倒来湖塘饮水的动物身上，瞬间便可将没有任何提防的猎物杀死，被捕杀的猎物往往来不及反应就成为它的盘中餐。有些蛇和深海动物具有与鳄鱼同样的能力，有的则在融入周围自然环境方面做得更好。凶猛的成年老虎并非总是处于撕咬和狩猎状态，而经常在绿叶、树木和灌木丛的掩护下处于观察和休整状态，一方面调整自己的状态，一方面监视和巩固自己的地盘，一方面寻找心仪的异性并且照顾幼崽等，同时也在密切观察着周围的外部条件，随时准备对外部条件的变化做出反应和应对，等待着狩猎机会的出现。作为强大攻击力的成年老虎能够很好地在力的两种状态进行转换，即捕猎过程中的呈现状态和休整、消化和享受美食的非呈现状态。这种技巧大概是老虎能够成为百兽之王的原因之一吧。

国家的军队是维护一个国家存在和保持其存在状态的最重要的力，是国家安全和命运最后的依托，正因如此军事力量永远是一个国家的存在枢机。然而将这个存在枢机总是置于战争状态并非最好的选择，在非战争时期将军队置于非呈现状态积蓄力量是更好的选择。事实上，对于国家军队尤其是强国的军队来说，非呈现状态是其更为经常的状态。军队的构建和训练是需要大量精力、时间和金钱来加以打造和磨砺的存在枢机，这些都要在军队的非呈现状态进行培育，强国的军队应该充分利用军队的非呈现状态积极地培育自身的存在力，发展一击毙敌的致命攻击力，所谓的"养兵千日用兵一时"说的就是这个道理。

冷战是第二次世界大战结束之后以美国为首的西方资本主义集团和以苏联为首的社会主义集团之间所进行的全面对抗状态。之所以称这种对抗为冷战是因为两大集团之间并没有爆发全面的大规模的战争即热战，但是它们却随时准备最后摊牌，时刻都在为大规模战争的爆发和全面核战争的爆发而运筹帷幄，积极备战。在冷战状态下，两大集团都在国家的各个层面和各个角落进行着核战争的各种准备，为此调动和投入了大量的国家资源。冷战的特征有很多，其中最突出的包括意识形态的全面对抗和军事政治经济同盟集团的形成，最典型的行为方式不是战争而是全面的战争准备和资源消耗，随时准备将军队的巨大的打击力从非呈现状态调整到呈现状态。因此，从国际关系层面上看，冷战是一种处于力的非呈现状态向呈现状态的转化点，是一种高烈度的力的非呈现状态，是除了直接向对方实施战争之外的最紧张和最全面的对峙状态。苏联在这场旷日持久的资源消耗战中突然解体表明力的非呈现状态同样可以如战争般在很短的时间内改变国家的存在状态和命运，这是现代国家在核时代不可忽视的一种行为方式。

（四）力从潜伏状态向呈现状态的转化

在特定的情境下，力可以完成从潜伏状态向呈现状态的飞跃式的跨越，即从潜在的力转化为现实的力，在很短的时间内将力的潜力挖掘出来并加以有效的呈现和实施。转化的方式、力度和充分性对于力的呈现具有重要的意义。

战争史总能提供力从潜伏状态向呈现状态转化的典型例子，也是对国家力量的转化、呈现和实施的充分说明。纳粹德国发明的闪电战是创造性地将空军和地面装甲师团进行协调配合，突然对敌人发动强力打击，迅速攻入和摧毁有效纵深的军事战术。闪电战将原本作为陆军辅助性武器而分散在陆军之中的坦克集中起来形成独立建制的坦克师团，利用坦克强大的火力、出色的防御能力和极佳的机动性在被侵略国意想不到的时间和地点对其发出突然的打击，并且迅速向纵深突破，将敌军分割，直指要害，直至将敌对国家征服和消灭。这个战法在纳粹德国突袭波兰和西欧诸国的时候大显神威，迅速地征服了德国多年的宿敌法国。闪电战也作为首要的突击战术被用到了对苏联的侵略之中，并在偷袭苏联的巴巴罗萨计划实施的初期把苏联打得措手不及、损失惨重，纳粹德国的钢铁洪流很快就兵临莫斯科城下，险些获得成功。

闪电战的理念就是在被侵略国的军事力量还处于非呈现状态的情况下就将其击溃和毁灭，从而在短期内取得决定性的军事胜利，不给敌国将实力从非呈现状态向呈现状态进行转化的时间和机会。虽然在道德上令人不齿，然而从技术上看闪电战实际上是对实力差原则的创造性利用，是对两国军事实力的一种人为扭曲，其目的在于压制对手的军事实力无法正常地呈现出来。希特勒的闪电战之所以没有成功是因为苏联在顶住了巴巴罗萨计划的攻击之后能够迅速地将其军事实力调整到了完全的呈现状态，并且在短时期内将其经济实力和潜在的军事实力转化为现实的力并且将其完全地呈现出来。正是由于这个跨越式的力的转化才使苏联打破了纳粹德国的闪电战，并最终战而胜之，赢得了"二战"欧洲战场的胜利。

同样的跨越式转化也发生在美国身上。在日本偷袭珍珠港之后，原本一心要回避参战的美国不得不对日宣战，加入到打击法西斯的战争中来。战争迅速唤醒了美国的战争潜力，将巨大的潜在的力转化为现实的力，也有效地将经济实力转化为军事实力，成为美国战胜德日法西斯的重要力量。

### 六　力的多元化和多元性①

力的多元化意味着力的种类的不同，如力可表现为存在力和反存在力两种截然不同的力的形态。而力的多元性体现着力本身内在的复杂性，也表现着存在力与反存在力博弈的多元性和复杂性以及人类行为的多元性、复杂性和复合性。

（一）力的多元性的表现

存在辩证法认为，存在体内的存在力是多元性的。存在力的多元性表现出的存在力并非只有一种，而是多元的；力的多元性体现在力的形式、形态和力度的多样性和变化性上，也就是说，对于一种存在力，其表现方式和形态也是具有多元性的。存在力的多元性对于复杂的存在体表现得更为典型。事实上，存在体越复杂其存在力的多元性倾向就越明显。事物的成长也就是存在力的多样性不断丰富的过程。存在力的多元性与反存在力的多元化是相对应的。正是因为反存在力时刻以多种方式威胁着存在体，存在体不得不以不同的存在力加以应对。在反存在力的多元性的作用和威胁下，作为其对抗范畴的存在力，存在力也不得不呈现出多元化，而这是促使力的多元性的一个重要的原因。

（二）人类的身体能力和智力

力的多元性在人类身上体现得十分充分和典型。力的多元性不仅体现出人类具有多种存在力，也反映出人类行为的多元性、复杂性和复合性。

---

① 多元化和多元性是两个相似的概念，在一些情境下可以混用，然而两者也有细微的差异。多元化是指在种类上的多样性，多元性是指在一个种类内部的多样性。

作为地球上的超然性存在的人类，其存在力的多样性是最丰富的，这是人类具有强大生命力的重要原因。拥有多元化的存在力使人类的生存能力极强，是人类能够战胜和驯服任何其他动物并且能够按照自己的意愿改造大自然的原因所在。人类的生理和身体的物理力量是一种最基本的存在力，虽然在力度上与许多动物种类相去甚远，但人类特殊的生理构造，如直立行走，极其灵活的双手，尤其是聪明的大脑赋予了人类巨大的潜力。也就是说，虽然人类来自身体的物理性的力是比较脆弱的，但是人类具有另外一种极其强大的力——智力，而人类正是依靠智力而不是单纯的身体的力量去征服动物界和整个自然界的。暴力是人类战胜和驯服动物界所依靠的最重要的手段，但是与其他动物不同，人类的暴力实施依靠的不是身体的力，而是通过包括武器在内的各种行为工具的发明和使用。依靠这些人类发明的武器和工具，人类的暴力实施达到了任何动物都望尘莫及的规模和力度，达到了战争的层次。

（三）战争是人类的力的多元化的体现

战争是体现人类行为多元性的典型的行为方式。各种规模的战争是以各种武器和工具的系统化和组织化的实施为基础的。在各种武器系统和工具的发明背后是科学技术，而在科学技术的背后是欲望，而在人类的欲望的背后则是人类的智力。

战争是不同的人类群体和利益集团之间获得生存资料（包括生产资料和生活资料）的重要方式；人类可以将科学和技术转化为存在力，利用自己发明的各种工具战胜大自然中敌对的外部条件、动物界和其他人类群体，从而摆脱了自身生理上的局限性；人类可以使用道德力量来感化和说服其他群体从而实现自己的利益；人类的智谋同样是一种存在力；等等。人类的这些存在力体现了人类存在力的多元性。人类历史的进程就是人类发展多元化的存在力逐步战胜大自然中敌对的外部条件、来自动物界的反存在体和敌对的人类群体的过程。近现代以来，作为存在力的科学技术的作用日益突出，已经成为存在枢机。

（四）国家行为是力的多元性的表现

作为复杂的人类存在体国家来说，国家行为是力具有多元性的典型体现。

国家之力体现在国家行为之上。国家行为的力就是国家作为存在体的力，国家的力有多种表现形式，包括战争力、经济力、政治力、道德力、外交力、宗教力、组织力和执行力，等等。由作为行为体的国家组成的国际关系就是多种国家的力相互交织、博弈和冲突的网络、体系和结构。

### 七 力的格局

对于复杂和高级的存在体来说，力是多元化的，多种力的交织和博弈并不是无序和盲动的，而是有规律的。

（一）作为力的格局的系统和结构

存在辩证法认为，具有规律性的不同的力的聚集必然形成力的系统和结构。力的组合方式就是力的格局。力的格局是通过力的系统和结构来体现的。力的系统是多种不同类型的力的横向交集和排列的网络。力的结构是多种力的纵向的和立体的排列架构。力的系统和结构决定着存在体的行为方式、存在力的实施和存在性。

力的格局的功能在于能够影响和左右力的呈现的方式和力度，能够影响合力和分力以及改变实力差。正因如此，力的格局对于人和人类的行为具有重要的意义，尤其是国家和国家行为是必不可少的核心内容。

（二）合力与分力

力，包括存在力与反存在力都是多元性的，存在体越复杂其力的多元性的程度越高。在此情境下，便出现了力的合力和分力的命题。

合力（the Combined Force）是指多股力和多种力在目的性、一致性基础上的凝聚；分力（the Divided Force）是指力的分散性和排斥性，即一股力或一种力分散成多股力或多种力，或者不同股力和不同种力之间相互排斥的状态和倾向。

合力可以提高力的力度，是力的性质的强化剂；在一定条件下，分力不仅可以削弱力的力度，在一定程度上和情境下还可以改变力的性质，即存在力可以转化为反存在力，反之亦然。力的合力和分力的出现意味着力的格局的变化。在存在力或者反存在力的一方处于定值的情况下，一方的合力和分力的形成会改变这一方的实力差。

合力往往是在面对强大的存在力或者反存在力的情境下出现。面对强大的反存在力，为了维持生存存在体必须借助其他存在体和存在力，以与其相结合的方式形成合力,不但要加强力的力度,还要形成于己有利的地位和态势,共同抵御甚至战胜反存在力。而原本强大的存在力如果内部发生了分裂或者分化,即形成了分力,那么存在体在面对反存在力时实力就会削弱,这将威胁到它的存在状态,甚至在直接对抗时直接威胁到它能否继续生存。

力的合力和分力原则对于作为动物的人和人类社会的形成具有决定性的意义。作为动物界的一员,人先天的生理和物理条件并不突出,其力量无法与动物界中诸多的具有强大生理性攻击能力的食肉动物同日而语,老虎、狮子、豹子、熊等都可以轻易地将本初状态下的即不携带武器的人在一对一的搏斗中变成盘中餐。但是人很少以单一个人的力量主动地与这些凶猛的动物对垒,而是以多人共同对付它们,这样一来,人往往成为博弈中的胜利者,人变成了捕猎者,凶猛的动物却成了人的盘中美食,狩猎成为人类维持生存的重要行为方式和谋生手段。这种逆转现象的形成得益于人能够主动改变力的格局,形成有诸多单一个体的力量组成的合力,合力的力度将变得大于动物的力量,从实力赤字变成了实力盈余。人类作为一个生理上相对脆弱,自身的物理力量不足的"食物"能够成为整个动物界的征服者,在动物界由被动存在状态改变为超然存在状态,与人能够结成社会、部落和国家等组织实体有着直接的因果关系。当然,人类能够成为动物界的征服者并且相对于动物界来说长期处于超然存在状态还有其他重要的因素,如对行为工具尤其是武器的使用,对科学技术的应用,对狗和鹰等动物的驯服以及对火的使用,等等。

狼在动物界同样是使用合力的典型代表。作为个体的狼,它以生理为基础的物理性攻击力在动物界并不突出,不是老虎等凶猛动物的对手,但是狼却不会轻易成为老虎的盘中餐。一个狼群一般由七八只狼组成,每只狼分工明确,有公有母,有领袖,有主要的攻击手,有副攻击手,有负责警戒和望风的,有专门负责生育和保护幼崽的,等等。一个狼群恰如一个功能齐全的人类氏族或者部落。反而会成为草原等地域的一支重要力量甚至主宰者。这是因为数只狼能够结成一个群体来统一应对敌对的外部条件及其各种反存在体。

### （三）力的系统

力的系统是指不同种类的力的排列方式，是由多种力的横向交集和排列而构成的网络。不同种类的力具有不同的排列方式，构成不同的系统。事实上，在存在体内部有不同种类的存在力，与此相对应，存在体的反存在力也有不同的种类。因此，存在力和反存在力的互动、博弈和对抗是不同的力的系统的互动、博弈和对抗，而在探讨存在力和反存在力的规律时，探讨和分析的对象也是其力的系统，而不会是仅仅针对一种力。

力的系统首先关乎力的种类，由不同的力构成的力的系统能够构成存在体的力的博弈之间的不对称优势，而这种不对称的优势往往是压倒性的，它所带来的实力差在短期内是难以弥补和克服的。力的系统决定着力的力度和有效性，能对合力的形成造成重要的影响。也就是说，在拥有相同种类的力的情况下，有些力的系统比其他系统更有利于形成合力。

力的系统直接和间接地根植于存在体的本质和属性，也就是说，力的系统是存在体内在规定性的表现。力的系统是存在体性质的体现。力的系统具有先验性，所以说它直接根植于存在体的本质和属性；同时力的系统也具有后天的可塑性，所以说它间接地根植于存在体的本质和属性。不同种类的存在体有着不同的存在力的种类即力的系统。力的系统的不同会引发不同种类的反存在力和存在力与反存在力互动和博弈的方式，也决定着不同种类的存在体具有不同的行为逻辑和行为方式，以及不同的力的方程式和辩证法。

动物和植物具有不同的力的系统，这是它们作为存在体具有不同的本质和属性的体现。由于力的系统的根本性不同决定了它们面对不同的反存在力和相互之间的博弈，以及不同的存在方式和行为方式。虽然没有动物和植物之间的差别那样大，但是作为不同的存在体的人与动物之间同样有着不同的力的系统，这决定了人与动物在具有一定程度上的相似性之外存在着巨大的行为逻辑和行为方式以及力的方程式和辩证法。

人类发明了行为工具，意味着人类可以依靠人为制造的武器而不再是自身的生理和物理能力来与其他动物进行博弈。从最初的石器武器，到棍棒，到各种金属冷兵器的发明和普及，人类形成了以工具为主的力量系统，其力度不断加强，有效性不断提高，从而使人类相对于动物界的实力差发生了根本性的逆转，从严重的实力赤字到绰绰有余的实力盈余，人类征服了所有的动物，成为当之无愧的生物界的主宰。也就是说，人类成为动物界的征服者的重要原因在于人类拥有了完全不同的力的系统。

如果把在战争中使用的各种武器看作一个系统的话，人类的战争行为能够典型地说明力的系统的作用。古代和中世纪的军队的武器是刀、剑、长矛和弓箭等各种冷兵器，而近代军队开始使用新的武器，即火器，包括步枪和炮等。火器就是一种新的军事力/毁灭力/杀伤力，由于这个新的军事力的出现，近代军队的力的系统便发生了质变，比古代和中世纪军队的力的系统更加丰富，其力度达到了质变和巨大的提高。由于力的体系的不同，使用火器的近代军队可以轻易地战胜旧军队，完成一系列的征服。军队的力的系统的不同成为人数不多的近代西方军队能连续击败非西方国家和文明的原因。

（四）力的结构

虽然都是不同种类的力的排列，然而力的结构与力的系统是不同的。力的结构指的是在力的系统之内力的多元化的立体排列组合方式。力的系统侧重于不同种类的力的组合，而力的结构则是关于不同种类的力相互之间的关系和排列方式。力的结构存在于力的系统之内，受到力的系统的约束和限制。力的系统决定了力的结构的构件和基本的组合要素。也就是说，力的结构不可能超出力的系统所提供的力的种类而形成力的结构。力的系统为力的结构通过了形成、存在和实施的架构。由于所提供的力的种类不同，因此不同的力的系统会导致不同的力的结构，然而相同的力的系统也可形成不同的力的结构。也就是说，在不同的力的系统之下，可以存在相同或相近的力的结构。

力的结构不仅能够影响力的力度，还能够影响力的表现方式，也能影响甚至决定行为体的行为方式和行为逻辑。因此，同力的系统一样，力的结构是探究力的方程式和辩证法的不可或缺的层面，而对于一些领域如国际关系，力的结构与行为结构更是密不可分，是发现国家行为规律的一把钥匙。具有相同和相似力的系统的行为体在结构上的差异会造成力在力度上的迥异的差别，形成或者放大实力差，而且行为方式也会有巨大的甚至根本性的不同。

力的结构的作用同样可以通过武器来加以说明。在第二次世界大战之后西方国家都有了飞机、坦克等新型武器，它们的武器系统中力的系统基本上是相同的。但是，相同的武器系统并不意味着相同的结构。德国在入侵波兰的战争之后，开始对军队的力的结构进行重组，创造性地将坦克从陆军中分离出来，组成了独立的坦克师，坦克不再是陆军士兵的副手，而是变成了一种可怕的机械化的攻击力凶猛的钢铁洪流，现代战争进入了真正的机械化战争时代。以坦克机械化师为基本的机动突击力量，配以大规模的空军力量和步兵的配合，形成了坦克和空军相互配合，炮兵和步兵迅速跟进的立体进攻方式，即闪电战战术，轻易地征服了传统劲敌法国和西欧诸国，几乎在进攻苏联的侵略战争中获得成功。可见，力的结构的调整可以给力的力度带来巨大的变化，从而成为决定行为结果的要素。

（五）不同种类的力之间的冲突

对于复杂的存在体来说，力的多元化和多元性是其重要的特征。力的系统的形成体现着力的种类的丰富和力度的增强，而建立在力的系统基础之上的力的结构的构建同样十分重要。如果力的结构构建得不恰当，各种力之间的关系便无法充分地协调起来并形成有效的合力，这对于力的力度和实施会产生负面的影响，还可能产生摩擦和冲突，在内部产生分力，而分力的形成反而会降低力的强度和有效性。因此，对于复杂行为体来说，能否防止和抑制各种力之间的不协调和冲突，进而形成有效的存在力的合力，是它能否战胜反存在力和在与反存在体的博弈中取得实力盈余和获得胜利的重要条件和基础。

在国家行为中，不同的力之间产生不协调和冲突的现象屡见不鲜。例如，在国家行为的实践中，军事与政治之间的关系容易出现相互摩擦和冲突的问题。军事力与政治力具有不同的行为逻辑，军人和政治家也具有不同的性格、能力结构、眼界以及思维和行为习惯，有时军人为了军事目的会忽略政治目标，军事上的胜利却成为政治上的挫折甚至失败，而政治家也会无力控制军队和将军。因此，如何将两者协调起来是一个国家必须加以解决的问题。德国军事家克劳塞维茨说军事是政治的延伸，就是认为军事是政治的手段，要将军事置于政治的控制之下，避免两者发生目的性上的冲突。当然这是克劳塞维茨对于军事和政治之间关系的理解。

毛泽东十分强调枪杆子里出政权的理念和党要指挥枪的原则，强调要取得中国革命的胜利就必须将军队置于党的绝对指挥和控制之下，为党的战略目标服务。中国近现代历史表明，这个理念不仅避免了政治和军事之间形成不协调和冲突，而且形成了十分有效的合力，是中国革命能够取得成功的秘密之一。

**八 力与势**[①]

由于力的复杂性，包括力的体系性、结构性、潜在性和认知的错位等，力的表现会造成其在表现与本质上的错位。力的表现的错位性体现为力与势的差异性之上。所谓的势是指力的表现所产生和造成的印象。在一定的情境下，真正强大的力可以体现出强大的势，令人印象深刻，可以对反存在体造成威慑，令其望而生畏。然而，能令人望而生畏的势并不一定都代表着真正强大的力。在一定的情境下，一些实力一般甚至较弱的力也可产生比真实的力大得多的势。反之亦然。

需要说明的是，势与潜伏状态的力和力的潜在性是不同的。潜伏状态的力和力的潜在性是潜在的力和非表现状态的力，它尚没有明确的目的性，既不寻求实施也并不刻意去寻求势；而势则更多的是力的一种表现状态，是一种有明确的目的性的力的呈现或者炫耀，它有意或无意地要让反存在体意识到它的力的强度，人为地制造力与势的错位性，以便让其做出于己有利的判断，甚至希望不通过力的实施或全面实施就能实现自己的某种预定的目的。

在人类的行为实践中，对力与势的辩证关系的使用是在不同国家和利益集团的政治和军事博弈中经常使用的战术。对势的成功运用在一定的情境下甚至可以达到不战而屈人之兵的效果。出色的战略家往往是深谙力与势的错位性的人。他们能够合理地利用力与势的错位性来造成假象，从而使反存在体对自己的真实实力产生误判，使局势向于己有利的

---

[①] 先秦百家的韩非子在其著作《韩非子》中曾经论述过力与势之间的关系。虽然两者关于力与势的概念不同，但仍可作些参考。

方向发展，甚至一举摆脱困境，重获生机。三国时期诸葛亮的空城计[①]就是利用力与势的错位性挽救蜀军于既倒的典型例子。

### 九 存在值

存在辩证法认为，存在体的存在力的总和构成了存在体的存在值。任何存在体要在现实中存在并且获得所需要的存在状态就必须有正的存在值作保障。对于存在体来说，存在值越大，其存在周期越长，可以获得越好的存在状态。因此，争取获得越来越大的存在值是所有存在体的终极目的。

存在值不存在负的层次，其最低值是零。当存在值是零时，该存在体的存在周期就达到了终点，即消亡/死亡。

存在值是个绝对的概念，也是个相对的概念。存在值的绝对性体现在两个方面。第一，存在体的存在必须拥有足够的存在值。只有拥有了足够的存在值，存在体才能够支撑其现有的存在状态和向更高的存在状态迈进的可能性。第二，存在值增值的方向是绝对的。对于存在体来说，存在的可能性、现实性和存在性的维持及改善都系于存在值的大小，而存在值增值只有正的方向，向反方向的变化都意味着存在力的削弱，都会对存在状态的维持和存在周期的长短造成威胁。

存在值的相对性表现在与其他包括反存在体在内的存在体的横向比较之上。与其他存在体进行比较便陷入了力的方程式的博弈之中，遵循力的方程式的规则，体现力的方程式的规律。

通过存在值与实力差的对比能够更明确地揭示存在值的本质。关于存在值与实力差的比较，可见后文。

### 十 力的历史功能

对于人类历史来说，力是决定历史进程的最终决定要素，是人类历史的走向、进程和性质的最终塑造者。不可否认，能够对人类的历史进程施加影响的要素有很多，在不同国家的不同历史情境之下，决定人类历史进程的要素是具有多元化的；但是，这种多元化都是现象层面的要

---

① 虽然空城计是否真的存在历史学上仍有争议，但这个案例仍不失参考价值。

素，因为它们都是力的形态，都是在以不同的方式来体现力。力是人类历史的最终决定要素。具体来说，人类历史的具体走向、过程和形态则是由处于领导地位的不同存在体之间的实力差决定的。

影响人类历史发展进程的力有多种，包括政治力、经济力、文化力等，但力对于人类历史的决定性最终要取决于军事力。军事力是人类各种力的形态中最有力量的一种力，因为它具有最强的力度，具有最强大的毁灭力量。对于不同历史时期的国家来说，军事力都是决定一个国家和文明能否在现实中存在和处于何种存在状态的决定性力量。当然，存在辩证法所说的军事力是个建立在经济力、政治力、文化力和道德力之上的体系性概念，而不仅是单纯的暴力。

关于力的更多分析，可见后文。

## 第二节　人的存在力的形而上学根据

存在辩证法认为，人与自然界中的物质是性质完全不同的存在体。物质有各自特殊的结构和存在方式，但没有精神，而人的本质在于内在的精神，是精神主导着人的行为、存在性和存在方式，而不仅是另一种自然物体。人的内在精神的本质就是欲望。① 作为存在体的人的存在力的根据是人的欲望，② 欲望是人的存在力的最根本的内在规定性，也是人的存在力的形而上学基础。欲望不仅是人的精神的内在本质，也是人的行为的内在决定者，因此，无论是在精神维度还是行为维度，欲望都是根本性具有决定性的存在。

人的欲望是个复杂而多层次的系统和结构，并且在系统性之上还有形形色色的结构性。人的存在就是生存的欲望的系统性和结构性在现实中的体现和展开。人的欲望是意念和行为的综合体。欲望是意念且存在于意念之中，欲望生成于意念，并于生成之后作为意识和潜意识在精神

---

① 用以表达欲望的词语还有需求、需要、欲求等。本书则用欲望一词加以表达。
② 关于人的欲望的观念牵涉到人性的本质的理论和哲学。本书此处只分析人性的外在的力的运作规律。对于人性的内在本质和结构的探讨过于庞大和复杂，将在另书中进行专门和深入的系统阐释。

领域中存在。但是，作为意念的欲望并不是欲望的等同物。欲望在生成之后会在适当的现实情境下通过行为来加以实现和满足，即欲望存在着从意念转化为行动的必要性。欲望是要被实现和满足的，其本质并不仅仅是作为意念的存在。在向实现的转化中，存在力便生成了，行动导致了（存在）力的产生。

行动力构成了欲望的另一个层面和内容。也就是说，存在力来自生存的欲望，是欲望外在的行为表现。源自欲望的存在力即生存能力是人固有的、先验的生物能力，如同动物的本能一样是被内在规定了的力。只要是生物和动物就拥有这种固有的力，人是最成功和最复杂的动物，因此人同样具有这种与生俱来的基本的存在力。[①] 人的生存能力的强度就是人的存在力的强度。与人的存在力针锋相对的反存在力的根本基础同样可以是欲望，是属于不同的存在体即他者的欲望。他者可以是不同种类的作为存在体的动物，也可以是作为同类存在体的人类。同种类的存在体的存在力与反存在力基于共同的基础，具有性质上的同一性。这种性质上的同一性是存在与反存在、存在力与反存在力能够成为对应范畴并成为辩证法的最终根据。

通过对人的存在力的剖析，我们发现欲望是最基本同时也是最高级的人性，欲望本身是人性的核心内容。这是欲望能够成为人的存在和作为存在体的根本根据的原因。从种类上看，欲望是非物质性的存在体，是从属于人这个母存在体的子存在体。人的无数个子存在体的链条、系统和结构便构成了母存在体本身。因此，从本质上看，人是欲望本身，也是欲望的载体。在此基础上，欲望是人的一切行为的来源和根据。欲望的生成、实践和实现/未实现是个系统的过程，决定着人的行为的生成和实践的整个系统过程，也决定着人的存在、存在性和死亡的最终根据。

与人一样，动物的存在力的根据也是欲望，不过动物的欲望没有人

---

① 这种与生俱来的存在力是任何物质所先天具有的力；生物和人的先天之力是为了生存，物质的先天之力是为了体现自己存在和特殊的性质。牛顿说道："vis insita，或称物体本身固有的力，是一种起抵抗作用的力。它存在于每一个物体之中。"（见其《自然哲学的数学原理》，曾琼瑶等译，凤凰出版传媒集团/江苏人民出版社2011年版，第2页）

的欲望的系统性、层次性和结构性，只停留在最低层次的本能层面上，是无法与人类相提并论的。

## 第三节　存在枢机

存在体的存在力具有多个种类，即存在力是多元化的。力的多元化赋予了存在体对于力的选择性。选择的根据在于力的有效性。而力的有效性在许多情境下取决于存在枢机。存在体对于力的选择结果意味着存在枢机的确定，而存在枢机的确定在很大程度上决定着存在体的存在状态的走势和命运。对于国家这样复杂的存在体来说，存在枢机直接影响着国家和国家之间的力的格局。因为存在枢机会影响存在体的力的系统的构成，尤其是力的结构的组合方式，而力的系统和结构直接和间接决定着存在体的实力状况。

### 一　关于存在枢机的观念史

在中西哲学观念史上，虽然并没有提出存在枢机的概念，但是对于存在枢机的理念和功能的探寻却一直没有停止过，虽然在不同的历史时期探寻的方式和逻辑各有不同。

虽然哲学史上并没有出现存在枢机这个概念和术语，然而却始终存在寻找存在枢机的哲学努力和探索。对于历史哲学来说，存在枢机体现在对于"历史发展的动力"的探寻。西方近现代哲学尤其关注对历史发展动力命题。进入20世纪之后，后现代哲学兴起，形成了对传统历史哲学的反动，然而对历史发展动力的探寻却没有中断，不同的历史和哲学学派仍然在不同的概念和视野中以不同的方式试图给出自己的答案。而在20世纪蓬勃兴起的文化和社会人类学中，更是试图从原始人类的文化以及社会的进化和发展中发掘和梳理出人类进化的最终动力要素。对原始社会人类文化发展的最终动力要素的发掘在现代人类学中被置于重要的地位。而具有代表性的是西方的所谓的历史决定论的历史哲学学派。这个学派将对历史发展动力的探索置于十分突出的地位。当代英国哲学家卡尔·波普尔的历史决定论认为，科技是决定历史发展的动力。

## 二 存在枢机的选择

存在枢机是一种存在力或者多种存在力的组合，是存在体赖以生存的具有关键性的和支撑性的力量。在存在体所拥有的多种存在力之中，存在枢机是其中最有力量，能够对存在体的存在性起到最重要的作用的存在力。存在体的存在性在很大程度上取决于对于存在枢机的正确选择和对于存在枢机的构建。也就是说，存在枢机的确定和其力度的不断增强直接关系到存在力的整体实力以及能否获得、维持和增大相对于外部条件和反存在力的实力盈余。

在动物界，对于处于食物链高端的动物来说，以生理优势为基础的暴力攻击是它们的存在枢机，而对于缺乏生理攻击优势的处于食物链低端的动物种类来说，其存在枢机就不可能是暴力了，而是快速而有耐力的奔跑能力，同类之间的合力性的防御和攻击，以及伪装等手段便是它们赖以生存的存在枢机。对于它们来说，对于凶猛野兽的赤裸裸的攻击所做出的对应手段的选择直接影响到它们是否能够维持其生存。生物进化的秘密就在于对存在枢机的选择和培养。

## 三 外向维度的存在枢机

如同存在体和存在力一样，存在枢机可以分为外向维度和内向维度两种。

存在枢机的外向维度或者外向存在枢机是用来与反存在力进行长期博弈的被视为最有效的存在力。虽然力是客观存在的，然而对于人和由人组成的行为体来说，外向存在枢机具有主观选择性。在其他种类的存在力不足以抵御反存在体的攻击而无法保持存在体的存在性时，外向存在枢机就是最后的依靠。而在外向存在枢机也无法抵御和战胜反存在体的情境下，存在体便要面临衰败和消亡的命运。因此在很大程度上，外向存在枢机是存在体在现实中的存在的最后依托。存在体的外向存在枢机最后的依托是武力，无论是在动物界还是在人类社会都是如此。基于存在力与反存在力的对应性，反存在力也具有存在枢机，其属性与存在力具有相关性。

存在枢机的理念能够为理解人类历史的冲突和进程提供新的洞见。

对于国家来说，外向存在枢机体现在军事力量之上。一个国家的军事力量不仅要有力的种类即力的系统和力的立体排列，还要在这些的基础之上拥有正确而强大的存在枢机。拥有了正确而强大的存在枢机不但是国家存在的基石，也是与反存在体和反存在力进行博弈的杀手锏；缺乏正确而强大的存在枢机不但无法克服反存在体和反存在力带来的冲击，还会在开战之后落败，损害国家的存在状态甚至危及国家的存亡。

外向存在枢机的重要性在军事准备和国家与文明之间的战争行为中表现得十分突出和典型。在中国历史上，生活在中原的农耕部族与占据北方的渔猎部族和游牧部族进行了长达几千年的军事对决，在这个过程中，军事力是决定国家存在状态和生死存亡的不可置疑的存在枢机。北方的渔猎和游牧部族往往是胜利者，而中原的农耕部族则饱受掠夺、侵略和屠杀，中原部族多次被入侵和征服而国破家亡。西周、南北宋、明朝等王朝，尤其是"五胡乱华"时期的中原政权走马灯般地更迭。这种历史现象之所以屡次发生就在于两者的存在枢机不同，中原政权是以农耕为经济基础而建立起来的国家，虽然也有常备军，但是以步兵为主的军队，少量的骑兵只是用来协助步兵使用的；而渔猎和游牧部族，无论是处于部落联盟、国家还是帝国等阶段，都是以战争为核心而构建的存在体，全民皆兵，尤其是其军队是以骑兵为主而建立的，对步兵往往具有巨大的甚至是压倒性的优势，步兵面对骑兵的机动性和冲击力往往无力应对，只能屡屡失败。西汉的汉武帝能够彻底击败匈奴的关键之一是汉武帝在强大国立的支撑下选择了与匈奴一样的骑兵作为主力部队与匈奴作战，汉武帝改变了中国军队的形态和作战方式，这种改变意味着国家军队的存在枢机的巨大改变。而在汉武帝和汉朝之后由于缺乏优良而充足的战马，中原王朝的强大骑兵便无以为继，只能再次陷入了对北方游牧民族的屡战屡败的无奈之中。

对于具有高度认知能力的人类来说，每个国家对于力的选择是不同的，选择哪种力作为外向存在枢机决定着一个国家能否在现实中存在和处于何种存在状态之下。因此，这个力的选择的本质就在于对外向存在枢机的选择。选择不同的外向存在枢机不仅意味着国家拥有何种力的系统，也意味着国家存在力的力度。在人类历史上，许多国家的崛起都是由于对外向存在枢机的正确选择而触发的；而许多国家的失败都是由于对外向存在枢机的选择失败，对外向存在枢机的建设不力或者对外向存在枢机的使用不当而造成的。

从理论上看，存在体对外向存在枢机的选择并不是一成不变的，而是要根据自身存在状态的变化、外部条件和反存在体的状况而做出不同的选择。对于人类这样的高度复杂的存在体来说外向存在枢机更不是一成不变的，人类会根据不同的反存在体、反存在力和外部条件的变化而主动且及时地调整外向存在枢机。这是人类存在力强大的表现，也反映了人类高度的认知和行为能力。

### 四 内向维度的存在枢机

内向维度的存在枢机或者内向存在枢机所指的是行为体内在的能够决定其存在性的关键存在力。内向存在枢机的形式要比外向存在枢机以力度为主要形式的表达有所不同，可以是某些能力、某种行为方式、某种机制和某种制度。

对于麋鹿等缺乏生理攻击力的动物们来说，奔跑能力是决定其能否存在的内向存在枢机。面对狮虎豹等凶猛动物的攻击，能否快速而灵活地逃离风险是决定其生死存亡的关键所在。一旦丧失这个能力它们就只能成为狮虎豹的美食。而对于狮虎豹来说，利齿利爪是其外向存在枢机，而狮虎豹以其他动物为食物的欲望和消化系统则是支撑它们的利齿利爪对其他动物进行攻击的内在动因，即其内向存在枢机。内向存在枢机为狮虎豹的攻击行为提供了行为根据，外向存在枢机则是其攻击行为的具体实施。内向存在枢机和外向存在枢机意味着它们围捕其他动物的生理功能，是决定其生死存亡的致命能力之所在。一旦丧失生理性的攻击力它们也只能成为其他攻击型动物的盘中餐。

健康是人的内向存在枢机，一旦失去健康人的存在力便无法削弱和消除来自反存在力的侵害和攻击，生命便会面临严重的衰落和退化的趋势，存在性便开始走下坡路。

对于以武力立国的霸权国家和帝国来说，军事力量对外是外向存在枢机，对内则是其内向存在枢机，因为军事力量的基础在于国家基于内部要素的实力构建和维持，保持与被征服国家和地区的军事实力差是维持其存在状态的关键要素。一旦其军事力量受到衰弱，它们就会面临被征服国家的反抗而无力将其平息，其社会的稳定和存在状态会发生巨大的恶化趋势，甚至从内部开始土崩瓦解。在冷兵器时代的蒙古大草原，不同的种族和民族各领风骚，他们建立的帝国此起彼伏，但这些强大的帝国绝大多数都是短命的，即使是成吉思汗创立的人类历史上最强大和最庞大的蒙古帝国在兴盛一时之后也较快地分崩离析了，蒙古大草原重新陷入了群雄逐鹿的混乱状态，蒙古军队通过战争掠夺的土地和人民又得而复失。造成这种现象的原因在于这些帝国的内向存在枢机的脆弱性。一旦具有感召力的领导者去世，由不同的部落组成的军事力量的合力便会变成分力，由此帝国赖以生成和保持其超然存在状态的军事力量便会不复存在，也就是说当草原帝国的内向存在枢机在受到削弱之后，作为存在体的帝国的存在性也会随之巨变，要么存在状态急速地恶化，要么帝国本身土崩瓦解即存在周期完结，陷入快速灭亡的宿命。

### 五 存在枢机的体现者

存在枢机可以是外向维度的，也可以是内向维度的。同时，存在枢机具有选择性，既可以是单一的，也可以是多元的。存在体越简单，存在枢机越简单，它对存在枢机的选择余地越小，其存在枢机的力度也越有限；存在体越复杂，存在枢机越复杂，它对存在枢机的选择余地越大，其存在枢机的力度越有潜力。这种选择性对于存在枢机的外向维度和内向维度都是适用的。对于复杂的存在体来说，存在枢机的选择性意味着存在枢机可以通过不同的存在力和载体来表现，也就是说可以具有不同的体现者。

国家力量的存在枢机具有不同的体现者。在不同的历史时期和在不同的文明形态中，人类的存在枢机的体现者是宗教力量、道德力量、经济力量和军事力量，它们可以体现在外向维度，也可以体现在内向维度，但无论是外向维度还是内向维度，无论在何种时代性和历史条件之下，军事力量始终是不可或缺的存在枢机。

### 六 存在枢机的体系

对于最复杂的存在体人类及其建立起来的各种组织来说，存在枢机是个体系。对于国家来说，存在枢机更是不可或缺的。存在枢机的体系是由存在枢机系统和存在枢机的支撑系统构成的。而同存在枢机体系一样，存在枢机的支撑体系也具有内向维度和外向维度。

外向维度和内向维度的存在枢机并不能够单独存在，它离不开多种力的支撑，即存在枢机支撑系统。各种不同支撑的力之间以及它们与存在枢机之间形成了相互支撑的系统，即存在枢机系统。作为人类组织高级形态的国家的功能就是要选定存在枢机并且建立起存在枢机的支撑系统，按照这个原则来组合和整合各种社会资源。这个组合和整合社会资源的总的原则就是国家意识形态。对社会资源进行组合和整合的过程会导致不同的利益集团之间的利益的分配和再分配。不同文明形态和不同国家会选择不同的存在枢机，拥有不同的存在枢机支撑系统，这意味着各个国家具有基于不同的意识形态的国家行为方式。

存在枢机与为其提供支撑的各种力之间组成的存在枢机系统存在着对应统一的关系。存在枢机是国家对于核心力量的选择，各种支撑力是为其提供帮助的辅助者，它们的功能要服从存在枢机的目的性，它们之间存在着对应的关系；同时，存在枢机又离不开各种力的支撑，它们共同组成了国家存在枢机系统，共同服务于国家对其目的性的规定，两者之间存在着统一性。

### 七　存在枢机的建设

存在枢机并不是更单纯的选择问题，对于外向存在枢机来说在做出了选择之后并不一定就具有足够的力度来弥补与反存在力之间的实力赤字和确保能够战胜反存在力的威胁或者进攻；对于内向存在枢机来说选择了行为方式、一种制度和一个机制并不意味着它们就能够充分地发挥其特定的功能。存在枢机要起到成功维持或者提高自身存在状态的目的，就必须对存在枢机进行建设。对于存在枢机的建设与对存在枢机的选择具有同等的至关重要性。在实际操作的层面上，对于存在枢机的建设要比选择存在枢机更加困难，不仅需要获得必要的资源，需要拥有理智而高超的认知能力和判断力，更需要艰苦而长期的努力过程。

在19世纪后期清朝掀起了洋务运动，其主要目的就是要打造一支近现代化的海军和陆军，表现为由李鸿章主导的北洋海军和袁世凯的小站练兵等行动。这是清政府在经历了两次鸦片战争失败之后所做的痛定思痛的明智的战略选择，标志着清政府对于近代的存在枢机已经有了比较客观和清醒的认识。所谓的"洋为中用""旧学为体，新学为用"就是这种战略调整背后的理念的反映。但是清朝政府并不懂得如何建设这个全新的存在枢机，认为只要从西方国家购买几艘先进的大吨位的铁甲舰就足够了，而不去从基本的科技层面进行深入的学习和研究，不去认真而系统地投资建立自己国家的现代化的兵工厂和造船厂，这是甲午战争完败的在军事层面的深度原因之一。相比之下，中国在 20 世纪后期提出的"四个现代化"之所以获得巨大的成就，就是成功建设存在枢机的一个范例。中国虚心地向发达国家引进和学习全面的工业化的生产和研发体系，进行认真的消化，最后经过再创新迅速地弥补了过去一百多年所欠下的科技和发展赤字，也在很大程度上消除了中国与西方国家的实力赤字，尤其是在经济和科技领域以及军事实力上的实力赤字。

**八 存在枢机体系中的关键点**

对于复杂的存在体来说，存在枢机是个包含诸多要素的力的体系，在其于不同层次的不同的体现者之中有关键性的存在枢机，这便是关键性的存在枢机的关键点，即存在枢机的关键点。所谓存在枢机体系的关键点是指具有平面、立体甚至全局意义的、能够起到关键性的决定存在体的存在性的要点。

对于处于军事竞争和对抗状态的两个国家来说，某一种先进的、具有巨大毁灭力而对方又暂时无法实施有效防御武器系统就是存在枢机的关键点。在正常情况下，处于全面军事对抗局面的国家自然会将军力设定为国家的存在枢机，但是在现代条件下存在枢机能否起到其应该起到的枢机作用往往取决于关键性的武器系统。

在第二次世界大战中，原子弹便是存在枢机的关键点，对于法西斯同盟国和反法西斯国家来说都是如此。作为反法西斯国家的美国率先研发出了原子弹并且将其有效地实施到了顽固的军国主义国家日本之上，对于战胜日本和结束第二次世界大战起到了促进作用。历史不容假设，但如果大胆设想一下纳粹德国或者日本法西斯先于美国研制出了原子弹，第二次世界大战的进程就会更加具有不确定性，人类或许会面临灭顶之灾。

在冷战时期，美苏两个超级大国都将核武器视为存在枢机的关键点，两国倾其国力研发制造出数以万计的核弹头，这些核弹头一旦投入使用可以将对方毁灭几百次，整个地球也将不复存在。这种非理性的国家行为在体现了两国的疯狂状态的同时也折射出了两国对于作为存在枢机的关键点的核武器的无以复加的重视。

在电子时代的国家间的军力竞争中，存在枢机的关键点在于其高科技性。隐形战机、军事卫星的高清晰度定位系统、超远视距的电子雷达系统、隐形变速高超音速核导弹和常规导弹、超静音核潜艇、潜射高超音速变速核导弹等都被视为是能够影响甚至决定未来战争胜负的关键点，是世界主要军事强国竞争的主要领域。

**九　作为存在枢机的军事力量**

对于国家这个极其复杂的存在体来说，存在枢机的选择可以是外向维度的，也可以是内向维度的；可以是一元的，也可以是多元的。但是，这并不意味着国家对于存在枢机的选择有自由度或者随意性。经济实力与军事实力之间存在着密切的关系，然而两者并不是对等的，两者之间的错位是一种常态。

（一）经济实力向军事实力的转化

经济实力是一个国家繁荣强盛的基础，具体表现在经济实力是军事实力的后盾和基石。国家的经济实力决定着国家军队的规模，武器系统的数量、种类和水平，军队和后勤补给的规模和机动性，等等。经济实力体现在军队的各个方面。在消耗战的情境下，经济实力直接决定了一个国家在战争中的力度和持续性，而这些因素直接关系到战争的结果。由此可见，在不同的发展阶段，一个国家可以以内向维度，如经济力量的发展等为存在枢机。

但是，无论在任何时代和对于任何形态的国家都绝不能不把军事实力列为存在枢机，放弃对这个存在枢机尤其是存在枢机的关键点的持续性的建设。对于国家来说，军事力量才是真正的和直接的存在枢机。这是因为以下肉点。

首先，经济实力并不等同于军事力量，两者之间存在着一个转化的问题。如果经济实力能够有效地转化为军事实力，两者之间的关系是正比例的和良性互动的。然而，经济实力向军事实力的转化是个复杂的机制，经济实力并不能完全体现为军事实力，前者向后者的转化往往会遇到很多问题。

其次，经济实力的存在和发展需要军事力量的保护，后者是前者存在和持续性发展的前提和保障。失去了军事力量的保护，经济力量的发展会受到制约、限制，甚至反存在体和反存在力的侵害。缺乏军事力量和政治力量保护的经济是缺乏自主性的经济，是脆弱的经济，是无法有效地转化为军事力量的。

近代以来，西方资本主义国家正是通过其坚船利炮来创立和维持其工业化的经济体系和国际贸易体系的。但是，虽然经济实力十分重要，但它却并不是一个国家的存在枢机，在任何时代和对于任何类型的国家形态来说，国家的存在枢机只能是军事实力。决定一个国家在现实中获得存在和处于何种存在状态的决定性力量是也只能是其军事实力。在战争到来之时，只有军事实力才是能够保家卫国的最后的依靠力量，保持国家在现实中的存在和存在状态，缺乏足够的军事实力，再强大的经济实力也无法取代军事实力所能发挥的功能。

近现代中国的工业化进程从洋务运动到国民党统治时期屡次受到外国侵略的打断和阻挠，始终无法建立起自己的工业化体系。只有在中华人民共和国成立之后，在强大的政治力量和军事力量的保护和保障之下，工业化才全方位地得以展开，经济实力向军事实力的转化才是有效和充分的。

不言而喻，经济实力对于国家军事实力具有十分重要的支撑功能，在有些情境下甚至是军事实力的前提和基础。经济实力向军事实力的合理转化是军事实力强大和发展的过程，而这个转化过程正是一个国家综合实力的核心构成。在经济实力与军事实力之间建立起平衡的转化机制是一个国家治国理政的核心内容之一。

（二）经济实力与军事实力之间的错位性

如前所述，国家的经济实力并不等同于军事实力，两者之间并不是完全成比例的关系。这表明，在国家的经济实力和军事实力之间存在着错位性。关于两者之间的错位性，参见后文"国家的内向权力与外向权力的辩证法"。

### （三）对军事与政治之间关系的修正

存在辩证法认为，不仅国家的经济实力与军事实力之间的转化是复杂的，是容易出现错位性的，军事与政治之间的关系同样是备受误解的区域。虽然在国家行为的实践中军事实力对于国家存在的功能和作用是不可低估的，然而在政治理论上，军事力量在国家存在中的地位和作用却一直受到低估和误解。事实上，军事与政治的关系应该得到新的评估和定位。

在国家政治、地缘政治和国际关系中，军事力量更是会起到巨大的作用。从表面上看，国际关系中的政治和经济关系是国家之间最经常的交往方式，而军事行为介入政治和经济活动的概率相对较小，于是便产生了政治居主导地位、军事手段是补充的说法。最典型的说法是德国军事理论家克劳塞维茨所总结的军事是政治的延伸的名言。这个结论在个别条件下是有道理的，但是并不准确和全面。在更多的情境下，军事实力决定着政治议题的选定，政治的方法以及政治结果的走向，也就是说军事力量在一个事件成为政治议题之前便对政治起着潜在的影响力。拥有军事实力差盈余的国家总是咄咄逼人地将一些牵涉别国利益和行为的事件纳入本国或者国际政治的议题，并且按照自己的方式试图加以解决，以便获取于己有利的政治结果；而军事实力差的国家则不得不被迫接受这些政治议题，在政治博弈中处于被动地位，往往不得不出卖自身的利益或者做出让步以便维持国家存在状态或者换取和平；在国际政治中，处于实力差赤字状态的许多国家的所谓国家利益和政治诉求是没有资格被提到国际政治日程上的，是无法成为国际政治的（重要）议题的，即使它们达到了国际政治的层面也是不会被满足的。所谓的弱国无外交说的就是这个道理。而一旦弱国不接受强国的政治讹诈和欺凌而走入军事对抗的层次的话，军事力量的作用则更加明显和直接。在这种情况下，军事力量是政治的保障，政治是军事实力的体现和表现方式。克劳塞维茨关于军事与政治关系的论断在此时才具有意义。

从更高的层次来看，国家能否在现实中实现和维持存在以及能够获得何种存在状态都要最终取决于军力的力度及其实施的结果。历史唯实主义告诉我们，在波诡云谲的国际关系中，军事力量，即军力，才是真正的存在枢机。中国古代的兵书《司马法》说"忘战必危"就是在强调军事力量要时时刻刻被国家奉为存在枢机，否则就会面临亡国或者受到侵犯的危险。军事实力是国家保证自身的现实存在以及达到和维持自身所认同的国家存在状态的最后的和最有力的保障。在中国历史和世界历史上由于忘战而导致王朝和国家覆灭的悲剧可谓是不胜枚举。作为西方世界的霸主，英国和美国的崛起都是通过一系列的战争完成的。英国是通过历时几百年的殖民征服实现的，依靠坚船利炮英国在世界五大洲都有殖民地，建立了"日不落帝国"。美国则是通过一系列与西方国家的战争崛起的。在奉行了近百年的旨在韬光养晦的门罗主义政策之后，美国开始争取世界霸权。从西班牙战争起美国开始逐渐击败西方传统列强，吞并它们的殖民地，尤其是充分利用了二次世界大战带来的机会，成为超级大国，建立起了世界霸权。

在和平时期，军事力量处于非呈现状态，其功能并不能够得以表现，其影响力也有限，但这只是一种"假象"。在工业化时期和信息化时代，一个国家的军事力量是一个体系，其建设是需要大量资源投入的长期的系统工程，和平时期恰恰是进行军事力量建设的黄金期，因为一旦国家间的政治关系恶化导致战争爆发，那么其时间表、规模和力度都不是本国可以有效控制和主导的，在战争爆发之前或者战争已经爆发之后再进行军事力量的建设便来不及了，这显然会导致极其严重的后果，直接威胁国家的存在状态甚至在现实中的存在。

同时我们必须看到，强调军事力量是国家的存在枢机并不是将军事力量单纯地视为军队，而是将军事力量视为一个由多种力量参与的庞大的系统。也就是说，存在辩证法所说的军事力量是个建立在经济力量、政治力量和道德力量之上的体系性概念，而不仅是军队中所孕育的单纯的暴力。

## 第四节　反存在枢机

与存在体的存在枢机相对应，同样存在反存在枢机。无论是何种反存在枢机，它对存在体的存在性和存在本身都构成了巨大和致命的挑战和威胁。

## 一 反存在枢机的本质

虽然反存在枢机经常存在于反存在体之中,然而它也可以存在于存在体之内。所谓的反存在枢机就是在存在体和反存在体所具有的对特定存在体构成最严重威胁的一种反存在力、反存在力的系统或者反存在力和反存在系统的关键点。

如果说存在枢机是维护存在体的存在性和存在的关键性的存在力的话,那么反存在枢机就是能够对特定存在体的存在性和存在造成严重的负面影响,甚至可以摧毁存在体的最有力度的来自存在体自身或者反存在体的反存在力。也就是说,与存在枢机一样,反存在枢机也是决定存在体的存在性和存在的关键性力量。

## 二 反存在枢机可以决定存在体的存在性和存在

由于存在枢机和反存在枢机具有对应性,存在枢机所具有的性质和特征在反存在枢机同样可以得到体现。存在体与反存在体以及存在力与反存在力之间的对抗、博弈和冲突集中体现在存在枢机与反存在枢机之间的对抗、博弈和冲突。而由于存在枢机与反存在枢机的关键性,它们之间的实力差决定着存在体与反存在体的存在性和存在,包括其走势、结局和命运。当存在枢机相对于反存在枢机拥有实力盈余时,存在枢机便可以取得优势,在发生激烈的正面对抗和冲突之后可以重创和战胜反存在枢机,对反存在体的存在性造成重创甚至促使存在体的灭亡;但存在枢机相对于反存在枢机存在实力赤字时,反存在枢机就会拥有优势,在激烈的正面对抗和冲突之后会受到重创和失败,从而导致存在体的存在性受到重创甚至存在体的灭亡。

对于国家来说,军事实力永远都是存在枢机和反存在枢机。在不同的历史时期,经济和政治甚至文化力量也可成为反存在枢机。

## 三 存在体自身的反存在枢机

反存在枢机可存在于反存在体,也可存在于存在体。存在于存在体自身的反存在枢机就是存在体自身发生了逆力悖反的现象。

存在辩证法认为,逆力悖反是发生在存在枢机之上的严重的异化,是异化的高级形态。逆力悖反分为两个类型，即原发性逆力悖反和后发性逆力悖反。反存在枢机在核时代发展到了顶点，成了威胁人的类的存在的终极反存在力。

对存在体的逆力悖反的系统解析，可见下文。

## 第五节 实力差

实力差是存在辩证法的一个至关重要的概念。存在体的存在性取决于存在力与反存在力之间的实力差的性质和程度。事实上，实力差揭开了存在体的存在和存在性的真正的运行方式和规律。

### 一 关于实力差的规定性

根据其性质，存在体的存在力与反存在力之间的实力差可分为实力盈余和实力赤字以及介于两者之间的均衡状态几种情况。

（一）实力差的定义

实力差是两个存在体之间或者存在体的存在力与反存在力之间在实力上的差异性。实力差具有综合性，是力的系统及其层次和侧面在实力上的总体反映。力的种类、力度、力的体系的规模和存在枢机等力的要素都体现在实力差之上。实力差可分为正实力差、负实力差和零实力差即力的均衡。正实力差是特定的存在力的力度强于与其进行博弈的反存在力的力度，这个正的差额就是正实力差，或称实力盈余。负实力差是特定的存在力的实力弱于与其进行博弈的反存在力的力度，这个负的差额就是负实力差，或称实力赤字。当存在力与反存在力之间的实力相等或者十分接近时，实力差便为零或接近于零，两者处于实力的均衡状态。

（二）两种实力差

存在辩证法认为，根据存在体的参考对象的不同，有两种实力差对于存在体是至关重要的，它们是内向实力差和实体实力差。内向实力差是指存在体之内的存在力与反存在力之间的实力差；实体实力差是指存在体与反存在体之间的实力差。由于两者之间存在着诸多的共性和对存在体发挥着相同的或者相似的功能，故本书并不刻意强调两者的区别，只在特别分析内向实力差之时以"内向实力差"加以表述，其余地方则使用"实力差"对实力差进行表述。

关于内向实力差的进一步说明，可见下文"存在值与内向实力差之间的辩证关系"部分。

（三）实力差对于存在体的决定性

实力差对于存在体的存在和存在性具有决定性意义。存在体的存在和存在性取决于存在体相对于反存在力和反存在体拥有足够的实力盈余。缺乏足够的实力盈余，存在无法完成向存在体的现实转化，存在体的存在性会处于弱势地位。

1. 存在体强大的根据

存在体的强大意味着其存在力的强大，意味着其存在力相对于反存在体的反存在力存在着巨大的实力盈余。只有拥有强大的存在力才能够获得相对于反存在力的实力盈余，才能够拥有限制、削弱和战胜反存在体和反存在力的实力基础。因此，获得内在的存在力对于存在体来说是具有决定性的，是获得相对于反存在体和反存在力的实力盈余的前提和基础。同样地，存在体的弱小意味着存在力的弱小，意味着其存在力相对于反存在体的反存在力存在着巨大的实力赤字。

存在体的存在性并不是由存在力能够直接决定的，而是取决于存在力与反存在力之间的实力差。存在体的实力盈余越强大意味着存在体拥有越强的存在性，意味着拥有克服和战胜反存在力的力量，意味着越长的存在性，意味着越强大的存在体。

强大的国家不仅在于其拥有内在的综合国力，更在于它相对于其他国家拥有更大的实力盈余。秦始皇能够统一六国建立起中国历史上第一个大一统的国家所依靠的正是在持续了两百年之久的持续的战争行为中形成的超强的军事力量。为了在战场上获胜，秦国完全接纳了商鞅的治国之道，实行了彻底的商鞅变法，将全国的资源集中到了战争这个关键的行为方式之上，使秦国的战争力度在战国时期首屈一指，获得了相对于其他六国的巨大的实力盈余。商鞅变法是成功的，因为商鞅看到了力，尤其是看到了战争之力对于国家存在和统一六国中的决定性作用。相反地，那些强调以儒家的道德来治国的国家在现实政治中尤其是在金戈铁马的战争面前则显得不切实际而屡次遭到摒弃，其原因正在于看不到军事力在富国强兵中的决定性作用。

遭受强大的敌国侵略的国家更是要把自己的实力全部调动和发挥出来，要以铁拳和坚强的意志进行抵抗和自卫才能够获得胜利，而与别国结盟的外交策略虽然有助于提高自身的存在力，但是却并不是始终都可靠的策略，这种借来的别人的力只可作为短期的辅助手段加以使用。在国家间的力的较量中，也会有国家慑于敌国的强大实力和与自己的巨大实力盈余而选择了放弃和投降。这种在没有经过力的正面较量和反复博弈的情况下就不战而降的行为就是投降主义，是国家力量的实力差过于悬殊而对国家行为造成的一种极端的行为方式。

2. 生命力在于存在力的实力盈余

存在体能否在现实中存在而获得存在性和获得怎样的存在性取决于存在力与反存在力之间的博弈中能否获得实力盈余。如果说存在力是存在体的存在性的根据，那么存在力的实力盈余决定着存在体的现实可能性和存在性。在存在体的存在性得到确立之后，存在体面临着存在的持续性和存在状态的博弈，而这同样取决于存在力的实力盈余。可以对存在体的存在性发生影响的要素是很多的，但唯有力才是能够决定存在体存在性的最终的根本要素。无论是对于简单的存在体还是对于复杂的存在体来说，都是如此。

自然界食物链的秩序的排定唯一的依据是动物体的存在力的强度和实力盈余，而与任何其他的要素无关。形形色色的动物的特征在力的面前都是次要因素，孔雀羽毛的美丽、鸟儿啾鸣的动听、长脖鹿脖子的颀长，等等，都不如狮虎的利爪剑齿更有意义。对于习武之人来说，各种套路可以练得令人眼花缭乱，但最后打击的力度才是能够击倒对手和赢得打斗的决定性要素。有了力的强度，可以一击制敌；缺少了力的强度，再多的套路也是花拳绣腿，再多的击中也不会造成具有决定性的打击从而击垮对手。

对于国家来说，同样如此。一个国家可以拥有灿烂的文化，复杂的礼仪，高尚的道德水准，等等，但是这些要素和特征都不足以保证国家在现实中的生存和获得所要的存在状态，只有军事力量才能保障国家的生存和理想的存在性，文化和道德水准只有在军事力量的强健基础之上才有意义。力作为存在体的决定性要素的性质和功能是穿越历史和文明形态的，贯穿于国家起源以来的历史，虽然其表现形态和直接相关性会有所不同。

### 3. 死亡的真相

如果存在体丧失了相对于反存在力的实力盈余，即它与反存在力之间的实力差趋于零，那么它的存在性就失去了根据，意味着消亡或死亡。也就是说，死亡就是存在体的实力盈余的丧失。

虽然反存在力作为存在力的反动和否定的性质是反存在力不变的内在规定性，然而反存在力的表现形式是多元的，其对存在力的实施可以是渐进而柔和的，也可以是突然而猛烈的。癌症在人体内可以静静地潜伏，默默地滋长蔓延，悄悄地侵蚀着人的生命力，经过很长时间之后才会对人的生命造成致命的威胁。而武器，如刀剑等冷兵器和枪炮等热兵器，则是突然而猛烈地作用于人的身体，如果击中了人的要害部位，可以瞬时便消灭人的生命力，造成不可逆的伤害，很快地夺去人的生命。

武器的杀伤力体现了存在辩证法的崩溃原则。存在体在受到武器的打击力的实施之后，存在力在瞬间崩溃，反存在力即可获得相对于存在力的实力盈余，促使存在体在很短的时间内便消亡/死亡的事实。

## 二 实力差是个变量

实力差并不是个静态的要素和结果，而是个动态的状态。实力差的动态意味着它始终处于无时不在的博弈和较量过程中。存在力和反存在力都处在经常性的变动之中，两者的实力差更会根据两种力的此消彼长而发生变化、逆转和再逆转。

### （一）母爱的本质

存在辩证法认为，实力差揭示了存在体尤其是生物成长的本质。对于生物来说，存在力的实力差的改变体现了成长的意义，也揭示了母爱的本质。对于动物界和人类、幼崽和婴儿是没有任何存在力可言的，即其存在力为零；不仅如此，它们处于敌对的外部条件之中，面临着反存在力的包围之中，其存在是极为脆弱的，它们向现实的存在体的转化处于严重的不确定性之中。幼崽和婴儿无力抵御任何形式的反存在力，其与反存在体之间存在着巨大的负实力差，负实力差的大小取决于反存在体的反存在力的大小。因此，它们是任何反存在体的"盘中餐"。对婴儿来说，成长意味着它们的存在力的逐步增强，意味着它们与反存在体之间的负实力差的逐步缩小和依靠外力的帮助来获得存在力和相对于各种反存在力的实力盈余，而此时的存在力只能由父母来提供。父母的养育之恩的功能就在于为脆弱的婴孩提供存在力，母亲的奶水和呵护正是婴儿的生命力的源泉，也是父母舐犊之爱的真正意义。

当婴孩获得了足够的存在力之后便会离开父母，走向大自然和社会，开始依靠自己的力量来维持自身在现实中的存在，成为独立的存在体。动物和人在进入存在周期之后，它（他）们与反存在力之间存在着正实力差，其实力盈余在壮年时期达到顶点。在度过了壮年之后，它们（在生理上）的存在力便开始逐渐衰落，重新出现负实力差，在进入老年后负实力差衰落加速，直至无力再抵御外来的各种反存在力，实力盈余最终再次归零，这便意味着其存在周期的结束，意味着死亡的到来。

（二）生物进化的本质

实力差的理念体现在生物进化之上可以揭示生物进化的本质。存在辩证法认为，生物进化的本质在于提高自己的存在力，动态性地减少与反存在体之间的负实力差和提高实力盈余，以延续和延长自身的生存能力和存在性。

达尔文的生物进化理论，即所谓的适者生存实际上就是生物为了提高自身的存在力而对生理和身体上的外在特征进行不断的修改，甚至进行基因改进和改造，这显然是以减少自身的存在力与外部的反存在力之间的负实力差和提高自己的实力盈余为目的的。

（三）科学的本质

实力差的概念揭示了科学的本质以及人类依赖科技进步的真正原因。人类提高自身存在力并不单纯依靠提高生理和身体上的能力，而更在于提高自己的认知能力和个体之间的社会分工协作能力。

科学技术的进步便是一种极其强大的提高人类存在力的手段。近现代以来科学技术的几何级数的进步极大地提高了人类的存在力，从根本上扭转了人类与大自然长期存在着巨大的负实力差的被动状况，随着科技的每一次进步，人类相对于大自然的实力盈余都会有一次巨大的提升，如今人类可以按照自己的意愿来改造自然，按照自己的想象创造出物品。也就是说，科学的本质正是在于提高人类的存在力，削弱与来自外部条件的反存在体和反存在力之间的负实力差和不断扩大正实力差，从而能够从根本上战胜自然，改变人类的存在状态。

（四）医学的功能

医学是救死扶伤、治病救人的学科和实践。实际上，医学的本质就是削弱和消除人的反存在力，提高存在力，以延长人的生命周期和提高生存状态。各种医学知识和理论以及各种医疗手段和仪器都是为了这个目的服务的。只是在提高人的存在力和消除反存在力这两方面的侧重点和具体的方法不同而已。西医侧重于以直接而彻底的方法消除病患即反存在力，而中医则侧重于培养存在力，通过提高存在力与反存在力的实力盈余来抑制反存在力，因而中医提倡全方位的"养"，而西医提倡直接实施手术的"治"。然而，中西医的差异只在于方法之上，其目的都是消除人体内的存在力与反存在力之间的实力赤字，提高实力盈余。

### 三 实力差原则之下的战争规律

国家是人类最主要的组织存在体。国家是原始部族之间战争的结果，而国家自从产生之后又将战争提高到了新的高度。战争成为国家存在的不可或缺的行为方式和手段。

（一）实力差原则与战争的动因

不同国家之间明显的实力差是战争爆发的重要原因。国家之间的实力差是决定相互间战争的重要原则之一。战争的动机、实施和结果都受到实力差原则的主导。这是因为，作为一种具有双向毁灭力的有组织的极端暴力行为，国家间的战争在对敌对国家造成巨大损失的同时，也会对自身造成损失，只有战胜敌人才能够在领土、资源和财政等方面对这种损失带来一定的补偿，战争才有利可图。

对于任何行为正常的国家来说，在没有确定的获胜把握的情况下都不会去主动地或者轻率地侵略他国和发动战争。但是，当一国确信对于潜在的对手和敌人享有巨大的实力盈余的情况下，对于急功近利和信奉强权的国家来说，它们便会受到战略诱惑，发动侵略战争的可能性便会大大增加。

历史事实表明，几乎所有的侵略战争都是在某个强国确信相对于被侵略国享有充分的实力盈余的情况下发动的。西方国家之所以在过去几个世纪里不断发动针对非西方文明国家的侵略战争，并且大肆掠夺其资源，正是因为西方国家确信它们享有巨大的实力盈余。实力差原则对于西方文明国家内部的战争同样是一个决定性的因素。两次世界大战都是以强国侵略临近的小国引发的，第一次世界大战是奥匈帝国侵略塞尔维亚，第二次世界大战在亚洲战场是日本法西斯侵略中国东北，在欧洲战场是纳粹德国侵略波兰。正是为了弥补受侵略国家巨大的实力赤字，其他强国才纷纷加入弱国阵营，形成合力，试图阻止强国的脚步，从而导致了世界大战的全面爆发。可见，实力差原则始终主导着国家的战争行为，是国家进行战争决策的最重要的要素之一。

（二）实力差原则与冷战

同样地，国家之间的实力均衡是遏阻战争爆发的重要因素。历史上许多公开敌对的国家或者国家集团并不会轻易爆发战争，这是因为双方的实力始终处于均衡状态，没有出现明显或者充分的实力差。近现代最典型的例子是冷战。以苏联为首的华沙集团与以美国为首的北约集团从20世纪第二次世界大战末期便开始公开对峙，都公开声称要消灭对方，但是在意识形态喧嚣和军事战略对抗之余，两个军事政治集团之间的激烈对峙却始终停留在冷战阶段，全面的热战并没有爆发。这是因为两大军事集团之间的军事实力基本上处于均衡状态，无论是在核武器方面还是在常规武器方面，两者之间都没有形成明显的实力差。更何况双方都拥有在理论上能摧毁对方几百遍的核武库，核恐怖也对双方的战争冲动产生了一定的震慑和遏制作用，限制了它们实施战争的行为。

（三）实力差原则与中国近现代的屈辱

中国近现代饱受外国侵略的历史的根源在于与列强之间存在着明显的实力赤字。从1840年的鸦片战争开始，中国在与西方列强的冲突和战争中都成了失败的一方，在甲午战争败于日本之后，中国人对自身文明的自信受到沉重打击，开始逐步削弱，直到1949年中华人民共和国成立之前中国文明饱受西方列强和日本的蹂躏、侵略和屠戮。中国人民在近百年中所遭受的深重苦难的根本原因在于中国与西方列强和日本的实力差出现了严重的赤字，尤其是在具有决定性的存在枢机之上落后于人。中国在清朝后期仍然可以称为是个地大物博的大国，经济实力仍然居世界前列，但是清朝统治下的中国并没有将庞大的经济实力以及天赋异禀的自然和社会资源充分地转化为有效的近现代军事实力。后金和清朝是靠军事力量击败明朝赢得天下的，但是清朝入关之后却开始了限制火炮等热兵器发展的国策，致使清朝的军力仍然依靠冷兵器时期的强弓烈马，由此而逐渐与近代的军事科技的进步脱节。这种选择等于是放弃了国家的存在枢机。这种选择和决策失误造成了中国与西方国家在科技军事化上的脱节，两者之间形成了强烈的反差，体现在军事上就是双方军事实力差的出现和日益扩大。在经历了一系列战场失败之后，清朝政府才有所惊醒，开始按照西方的原则建立近代化军队，即"新军"，但为时已晚。在清朝覆灭之后，中国陷入了军阀混战时期，虽然军阀会从国外购买枪械，还建立起了个别的军工厂，但他们无法建立起系统的近代军工体系，也无法实现近现代军队的建设。这就为日本军国主义入侵中国提供了实力基础。日本在当时的世界上并不是最先进和实力最强的国家，相较西方列强仍然具有巨大的实力赤字，但是相对于军阀混战的中国则享有决定性的实力盈余，这种巨大的实力盈余就是日本军国主义敢于悍然侵略中国的根本原因所在。

当然，近代中国累计了巨大的军事实力赤字的原因是综合性的，并不单单是军事上的失败。意识形态的落后、政治上的保守、文化教育上的脱节、经济上工业化的缺乏等都使中国的军事实力无法形成体系，更无法成为可靠的存在枢机。所以，中国近代的衰败的根本原因在于中国近代国家行为模式的失败，是国家行为各个层面的落后，是全方位的衰败。只有在中华人民共和国成立之后，这种全方位的衰败的存在状态才逐渐开始扭转。在经历了"大跃进"，反右运动，尤其是"文化大革命"的弯路之后，中国开始实施改革开放的国策，中国国家行为模式的建设才翻开了新的篇章，中国文明的伟大复兴才真正开始踏上了新的征途。

（四）"荣复仇"背后的实力差原则

荣复仇是作为董学（董仲舒的哲学）组成部分的公羊学的重要战争理念。鼓励和褒奖复仇，即荣复仇，是在《公羊传》中的一个被反复强调的观念。董仲舒认为，复仇是一种美德，因此要"荣"，即盛赞和发扬光大。然而，董仲舒对于荣复仇理念进行了严格而复杂的限定。从复仇的种类来看，复仇有个人复仇和国家复仇。从复仇的方式来看，个人复仇是要从肉体上消灭仇人，而国家复仇则是国家行为的一种，是由国家发动的战争行为。董仲舒的荣复仇主要指的是作为国家行为的荣复仇。

这种由恰当而审慎行使的国家复仇行为而引起的战争是一种正义战争。

在董仲舒看来，对于国家来说，荣复仇是十分必要的。复仇不仅是对于所受到的巨大伤害的报复，是对所遭受的耻辱的雪耻行为，也是对邪恶势力的合法回击和征讨。如果不通过自己的努力和行为来对曾经伤害过自己的势力进行有效的报复，那么这个邪恶势力和侵略势力对于受到伤害的个人、国家和民族仍然是个巨大的威胁，个人的安全和尊严以及国家和民族的存在仍然无法得到保障；如果不对这个邪恶势力和侵略势力进行剿灭，那么它同样会伤害其他的个人、国家和民族，对于人身安全、国际环境和和平仍然是个重大的威胁和隐患，战争和新一轮的伤害也就无法避免。因此，无论是于己和于他、于个人还是国家，荣复仇都是必要的。

荣复仇并不是盲目的和情绪性的，而是建立在充分的国家实力基础之上的理智选择，是能够确保取得预期胜利的复仇之战。荣复仇的要点是要将国家复仇的战争体现在行为结果之上。所谓的行为结果是指要彻底击败敌人，对施暴国进行惩罚，而不仅仅是表现在口头上的谴责，或者启动了无法确保预期后果的行为。也就是说，为了完成复仇的大义，国家首先要卧薪尝胆，要韬光养晦，在相当长的时期内将精力集中在国家实力的强化之上，只有拥有了强大的国家实力，才谈得上荣复仇，才获得了荣复仇的前提和基础，荣复仇才能取得预期的行为结果。不去刻苦地发展自己的实力，而单凭意气用事，在仍然处于实力赤字的情况下贸然去打击强大的敌人，是不会取得复仇的行为结果的。如同对于怯懦者不存在荣复仇的意志一样，对于羸弱者和失败者来说同样是不存在荣复仇的。可见，荣复仇的理念是存在辩证法的实力差原则的具体表现和典型体现。国家为了复仇而卧薪尝胆、韬光养晦，其目的正是要发展军事力量系统和国家的综合实力，将军事力量的发展和建设作为国家的存在枢机，迅速提高国家全方位的存在力，不但要消除与复仇对象的实力赤字，还要获得和最大化实力盈余。

荣复仇是受害者的自主性行为，把握着对于时间性的主动选择。荣复仇的时机选择最重要的是要仰赖于自身实力的强化，而抓住于己有利国际形势也会影响到时间性的选择。荣复仇的最佳时机是天时地利与人和，要一击而溃之。荣复仇对于复仇时机的选择则体现了存在枢机从非呈现状态向呈现状态的转化，使存在枢机在最有利的情境下加以实施。

### 四 实力差的不可预知性

存在体与反存在体之间的实力差是客观存在的现象和状态，是一种不以人的意志为转移的事实。然而这种事实是要通过人的认知来了解和体现的。如同人对事实性的认知一样，人对不同存在体之间的实力差的认知与事实性本身是存在差距的，人的认知要与事实性达到同一性是一个漫长而艰苦的过程。作为复杂的复合存在体的人类和国家常常将自身的实力进行掩盖和伪装或者扩大和炫耀，即将自身的实力置于非呈现状态或者进行人为的虚张声势，这就为其他存在体对它的认知造成了不易克服的障碍。

缺少对外部环境和反存在体的认知是对自身存在的一个威胁。无论在何种情境下，对于反存在体的实力的了解和对相互之间的实力差的认知是任何存在体都必须时刻要做的必修课，虽然这种认知经常是不够准确的。

由于存在力与反存在力之间的实力差是主观性和客观性的结合体，唯实主义原则的应用成为关键点。主观性体现在行为发生之前，是造成对实力差认知的不可预知性的最主要的表现。而在行为发生和完成之后，各个存在体才能够对相互之间的实力和实力差有个更加客观和准确的认知。存在力与反存在力之间的实力差虽然客观存在，但是对于存在体而言是否存在实力差和实力差有多大却常常处于潜伏状态，在很大程度上是事先不可知的，而只有在两者较量之后才会被知晓，也就是说实力差是通过行为来体现的，而对其的认知是具有滞后性的。实力差的不可预知性体现了行为和实践的重要性，是大千世界的丰富性和不可知性的内在动因。这点对于人类来说尤其如此。

对实力差的判断的不可预知性在战争行为的认知上有典型的表现。在战争爆发之前，主观性更多地表现在对战争对手的实力的评估和预测上，这种评估往往是不准确的，要么夸大实力盈余，要么夸大实力赤字。评估的不准确性往往会造成对战争准备、战争的战略和战术以及战争结果的误判。而在战争结束之后，各方的实力基本上已经处于充分的呈现状态，战争的结果也明了了，各个行为体的实力作为事实已然呈现出来。战争的参与者会对战争进行各种复盘，对于各方所表现出的实力进行以事实为依据的再评估和再判断。而战后的基于事实的再评估和再判断往往与战前的评估和预测大相径庭。

间谍之所以在国家间政治博弈和战争之前和战争过程中能够起到十分重要的作用，就在于间谍们可以通过"非正常"的渠道，采取"隐蔽"的手段来获得关于对手的真正实力和意图，将敌对国家处于非呈现状态的实力挖掘出来，能够使政治和战争决策更加接近事实性，以保障已方的下一个行为更具有针对性，增加将要采取的行为的获胜概率。著名的苏联间谍佐尔格在纳粹德国于西线疯狂对苏联发动闪电战的关键时刻获取了德国在亚洲的法西斯同盟国日本不会北进的情报，使斯大林做出了将据守于西伯利亚的大量作战力极强的远东军团调往西线参战的决策，从而迅速弥补了猝不及防的苏联军队相对于装备精良的纳粹军队的实力赤字，在莫斯科战役和斯大林格勒战役的关键时刻挽救了苏联军队于溃败，为最终战胜法西斯作出了杰出贡献。

历史学对于人类来说是个极其重要的学问和学科，这是因为历史学起着回头看待人类行为事实的作用，将事实性带入人类行为的决策之中。在此历史学的重要作用可分为两个层次：一是在行为体采取行动之前，可降低存在力与反存在力之间的实力差的不可预知性，使对事物的判断更加接近事实性，甚至有助于建立起相对准确的人类行为的事实性链条，使自己对形势、反存在体和反存在力的评估和判断更加合理和有效；二是根据事实链条在行为体的决策行为与行为结果之间建立起有效的因果关系，从而增加对行为结果的把握性。以此为基础，历史学会在一定条件下起到以史为鉴的功能，督促行为体在进行下一次决策时避免再次做出同样历史上已经出现过的错误决定。

在个人层面，对于实力差的判断同样具有不可预知性。对于许多病人来说，尤其是在古代，他们并不知道某种致命的病因，如肺痨、癌症等已经在体内迅速地生成和壮大，在日复一日地侵蚀着他们的存在力，直到疾病突然发作他们才恍然大悟自己已然病入膏肓、不可救药了。现代医学手段可以对病人进行体检和诊断，其目正是在于要尽早发现反存在力的存在与否以及其存在状况，以便及时采取措施进行有针对性的治疗，有效地遏制反存在力的滋生和壮大，也就是说现代医学的重要功能正是在于削弱人体内反存在力的不可预见性。

实力差的不可预知性在动物界同样是普遍存在的。动物界秩序的建立并不是靠抽象的力量对比而建立起来的，食物链条的形成是靠存在力与反存在力之间无数次的实战结果而确定下来的。当狮子和水牛第一次在大草原相遇时，它们并不知道谁是强者，并不知道是狮子的尖牙利齿还是水牛的犄角更为凶悍，结果无数次的搏斗、反抗和博弈之后，皮糙肉厚的水牛不得不接受更凶猛、同样有力和更懂得攻击技巧的狮子是无法战胜的征服者，于是与其他被狮子征服了的动物之外接受了狮子置于水牛上端的在食物链条中的地位。只有通过无数次的实战才能够打破力的不可预知性，才能够确立不同动物之间的实力差状况，正因如此狮子才最终成为动物界的王者而置于野生动物界食物链条的最高端。

**五 实力差的量化**

实力差具有不可预知性之外，能否对实力差进行量化也是对于实力差的认知的一个重要方面。在某些方面，对实力差能否进行量化是与实力差的不可预见性相关的，是后者的一种表现形式。

如果能够对存在力与反存在力之间的实力差在完成行为决策之前就加以精确的量化，那么存在体和反存在体所作的决策的准确性和科学性则会大大提高，能够避免或者减少行为决策的失误。但事实上，对存在体之间的博弈中实力差加以量化是通过力的实施过程和行为结果来表现的。也就是说，对实力差的量化具有滞后性。只有在存在体和反存在体在进行力的实施过程中和相互较量完成之后，双方才能对彼此的实力有清醒和准确的认识，才能比较明确地了解双方的实力差并对其进行量化。在实践中，对已经发生的行为事实进行事后的复盘和分析中，将存在体与反存在体之间的实力差进行量化是必须进行的一个重要方面，即所谓的总结经验和吸取教训。

只有人类这样的最高端和最复杂的复合存在体才有对实力差进行量化的能力和需求。而对实力差进行量化正是人类所追求的重要目标之一，而这种努力与科学技术和方法论的进步直接相关。然而，并不是所有的力都能够进行量化。在理论上，只有在相同性质的力之间才能够对力进行有效的比较和量化；而对于性质不同的力则难以进行有效的比较和量化。实际上，许多的力和实力差在通常情况下表现为质量上的差异，是不具备量化特征的。如此一来，对力和实力差的判断便无法通过量化的方法进行衡量和比较，而正是力和实力差的不可量化性和不可预测性体现了存在辩证法的必要性和价值。

即便如此，科学技术的进步仍然在一直不断地促使人类对国家间的实力差进行量化的努力，这是因为假如人类对于敌对国家之间的实力差能够进行正确和准确的量化，那么人类就会更加合理地发挥和利用趋利避害的本能，大大降低决策过程中的不可预测性和犯错误的概率，国家各项决策的准确性便会大大增加，这也是在核时代人类降低异化程度的一种技术性方法。科技，尤其是电脑技术的发展极大地提高了人类认知的准确性，在大数据的综合、梳理和分析中发现事物的状态和行为规律，会避免许多因为盲从、无知和误判而导致的错误的行为和灾难性后果。例如，通过大数据等电脑技术来模拟大国之间全面战争的惨烈结果，事先可以比较准确地预知战争的成本和代价，这在核时代可谓是关乎人类存亡的大事。

社会科学、数学和自然科学的功能之一就是要根据对一些现象和数据的分析来发现"规律"，以便能够降低实力差的不可预见性，争取在采取行动之前提高进行量化能够得"科学的"结论，做出符合事实性的决策，而大数据和5G等先进电子和数码技术的应用可以在一定程度上提高分析和判断的准确性。但是，事先的各种预测都是建立在假设基础之上的，电脑技术仍然无法代替行为本身，具有事实性的量化只能在行为实施之后才能真正完成。也就是说，"科学的"预测方法仍不足以改变对实力差量化的滞后性。

### 六 力的实施

力的实施对于产生行为结果是必要的和不可或缺的。力的质量、力度和效果只有通过实施才能得以展现，才能取得预期的行为结果。力的实施存在充分性和有效性的问题，这也是取得行为结果的重要一环。

（一）最后的必要环节

力的系统和结构与存在枢机的选择和建设是对力的准备，它们功能的发挥是要通过力的实施来完成的，力的实施是力的功能发挥过程中十分重要的一环，是取得行为结果的必不可少的一步，也是最后一步。再强大的力如果无法在现实中得以实施，力便无法产生直接的效果，无法取得预定的行为结果。

力的实施的重要性还体现在力在实施过程中会改变力的力度和方向，甚至会改变力的性质，造成力的反动，形成异化甚至逆力悖反的现象。因此，虽然力要在力的整个链条中来加以建设和认知，然而这并不能削弱力的实施是个具有独立性的环节的重要性。

(二) 力的呈现与力的实施

虽然都是力的状态，然而力的实施与力的呈现是不同的。力的呈现是暴露出来的状态，是能够直接被感知和被观察到的力。力的实施则是将力行动化，被实施的力包括呈现出来的力和非呈现的力。

(三) 力的实施的充分性和有效性

力的实施并不是一蹴而就就能完成的，而是个复杂和充满变数的过程，在必然性中充斥着偶然性以及意想不到的奥秘和玄机。也就是说，力的实施存在着充分性上的差异，由此也会导致其有效性的不同。

如果得不到恰当而充分的实施，即使是享有巨大的实力盈余的力和存在枢机也是无法得以体现，无法完全发挥其功能和起到其应用的作用，无法转化为现实的结果。同样地，一个并不强大的力的系统和存在枢机如果能够以恰当的方式加以充分地实施，那么它所起到的作用会超过实力差的表面的表现和衡量，起到预想不到的结果。也就是说，力的实施关乎力的体系和存在枢机的效能，是它们发挥效能的催化剂；力的系统和存在枢机的最理想的情境，即其最大化，是在实施中得以展现和完成的，同样地，力的体系和存在枢机的最差情境，即其最小化，也是在实施过程中表现出来的。

无论是在自然界还是在人类，以弱胜强，以小博大的例子比比皆是，其原因在于处于实力赤字地位的弱者能够在特定的时间、特定的地点和以特定的方式将自己相对有限的实力放大甚至最大化，一举战胜比自己强大的对手；而相对于强大的对手，它之所以失败是因为其实力盈余没有在实施过程中展现出来，即出现了实力被弱化甚至最小化的情况。这些现象与实力差有关，也与力的实施密切相关。

狮子相对于狼是绝对的强者，存在着巨大的实力盈余，但是这并不意味着狮子永远会战胜狼。当狮子处于过于饥饿的状态，过于大意或者处于于己不利的情境下遇到状态正佳的独狼或者狼群的时候，狮子也会被狼所击败。再以狮子和野牛的博弈为例，当面对凶猛扑来的狮子时，野牛面临着力的选择，它可以单独与狮子进行正面的力的较量，可以联合其他野牛联合起来，即形成合力，与狮子进行较量，可以逃跑，也可以先逃跑，隐藏起来，根据狮子的状态再选择逃跑或者反击和偷袭狮子。一旦做错了选择，那么它便会很快丢掉性命，而要继续维持生命就只能选择最恰当的力并加以果断的实施。所以，对于受到狮子攻击的野牛来说对于力的选择和实施是决定它能否继续存在的关键所在。

对于充满智慧的人类来说，力的实施更是充满了玄机。在人类战争史中，军事力量的实施尤其充满了智慧和奥妙。在军事实力相同或者接近的情况下，如何选择力的实施方式能够起到存在枢机的功能，也就是说力的实施是能够影响整个战局和战争结果的关键。军事战略和战术之所以极其重要其原因正在于它们关乎军事力量的实施，关乎能否将自己的军事力量放大化和最大化，而将敌人的军事力量缩小化和最小化，从而以较小的代价战胜敌人。智慧地选择力的实施方式是毛泽东军事思想的精髓。毛泽东的游击战之所以高明正是因为它在实施环节的极度审慎和有效，是知己知彼、因地制宜和以弱胜强的典范。由于自身的实力与国民党军队存在着实力赤字，红军只能选择游击战作为自己战斗的主要方式，而毛泽东的军事思想的精华就是能将自己有限的军事力量放大化和最大化，能够回避强敌的锋芒，选择对敌人最不利的时间和地点以伏击的方式狠击其最薄弱的环节，从而战而胜之。

（四）力的实施的复杂性

对于最为复杂的复合存在体人类来说，对于力的实施更是表现出十分多样的选择性和层次性。人类的行为必须有力地实施，否则便不构成行为本身，或者行为是不完整的。然而，力的实施并不是机械的和必然的，而是人类进行复杂的判断的结果。

对于特定的情境，国家可以选择进行或者不进行力的实施，可以打一场实与虚的心理战；可以选择力的实施的时机和场合；可以选择以对何种力加以实施，可以选择用一些小的行为技巧来试探对方的实力和意图；可以选择加以实施的力的力度和角度，如发动信息战、心理战、意识形态战、经济战和战争，而在战争的实施上也有战争规模、性质和力度的不同选择；可以与其他行为体结成合力，通过结盟的方式共同采取行动；可以主观规定力的实施或者不实施的目的，并为这个目的而创造条件；可以选择对力的实施的效果和后果加以限制和控制，等等。

可以说，在很大的程度上，人类行为的奥秘就在于对力的实施的种类、力度和层次的把握之上以及对力的实施的结果的有效控制之上。人类的政治斗争，尤其是国家间的关系即国际关系等在战术层面就是体现人类行为体之间的力的实施的艺术和科学的典型领域。

### 七 力与力的反动

力的实施意味着力实施直接的作用力，进行直接的力的打击，而这则会引发力的反动即反作用力，造成存在力和反存在力之间的直接对抗，这是力的重要行为特征。

力的实施的这个特性对于人和人类社会这样的复杂存在体来说同样如此。存在力与反存在力之间的直接冲突会带来力的作用与反作用的连锁性的互动关系。当实施过程中，当一种力的力度增强时，另一种力便会相应地增加自身的力度，并且一种力的变化程度越大其在另一种力上所引发的反作用力也越大。力的作用与反作用的关系使存在力与反存在力之间的博弈力度总是处在日益强化的趋势之中。力度的不断增加来自力图形成、扩大和抵消存在力和反存在力之间的实力差。也就是说，主导力的作用与反作用的根据在于力的实力差原则。

物理学意义上的作用力与反作用力是可以量化的，行为意义上的力与力的反动，即存在力与反存在力之间的冲击与反冲击则是不可以完全量化的，反作用力可以与作用力相等或相似，也可以远远大于作用力。因此，对人类行为的实力差的判断还需要考虑人的意志力和精神性要素。

反存在体对存在体的力的打击必然会引发存在体对它所发生的反作用力，反作用力将引发反存在体的新的反作用力，如此一来，存在体与反存在体之间的力与力的反动力之间的相互打击便形成了力的对抗和冲击的链条，这个链条构成了一个独立的行为链条，力的实施及其反动便成为行为体之间的行为逻辑。在这个力和力的反动的行为链条之中，存在体与反存在体的角色的相互转化更为明显。它们各为存在体，也互为反存在体。

存在体与反存在体之间因直接冲突而产生的作用力与反作用力是一种普遍的现象。反作用力的力度取决于存在体的状态、意志和存在力的力度。但实力差原则也会产生一方无法产生反作用力的情况。当存在力与反存在力两者之间的实力差过于巨大，处于巨大的实力赤字一方的存在体无论如何加强自己的实力都无法削弱实力差时，它便有可能放弃产生反作用力，它所能做的要么是求助于其他存在体或者反存在体的力量，与自己形成合力来共同对抗反存在力，要么便是放弃力的打击等待自身存在状态的巨大改变、选择向对方投降，或者直接被消亡。

动物学告诉我们，动物界中的不同动物之间的冲突会引发报复行为，它们之间的厮杀并不完全是为了争夺食物。当狼的幼崽被豹子吃掉之后，狼群便会想方设法对豹子进行疯狂的报复，直到将其杀死吃掉为止。

同样地，人与人之间、人群与人群之间存在恩仇相报的行为，而在国家与国家之间也存在报复行为，直到完成复仇或者复仇的意念完结为止。对力的发动的回避从反面说明了对力的发动的应对方法。而对于曾经受到侵略和掠夺的意志力强大的国家行为体来说，那些施暴的个人和国家最终都会成为复仇的对象，受到力的反动的惩罚。人类历史上充满了这种行为事实，它们从正面体现和印证了力的反动的规律。当然，为了避免力的反动，要么避免实施违背道德原则的力，要么在实施时就要彻底，彻底地消灭存在体，存在体消失了反存在力便不存在了。

不仅在中国漫长的历史中力与力的反动的例子比比皆是，在其他文明形态之中这个规律同样适用。在西方国家之间，相互复仇的历史事件则更加惨烈。在19世纪后半期崛起的德国与传统的"霸主"大英帝国之间开始进行激烈的国家间竞争，终于导致了第一次世界大战的爆发。战败了的德国被迫签订《凡尔赛条约》，不仅丧失了大片领土和海外殖民地，还背上了巨额的战争赔款。"一战"之后的德国认为凡尔赛体系是个奇耻大辱，一直耿耿于怀。希特勒和纳粹党正是利用了德国普遍的复仇情绪引导德国踏上了复仇之路，很快便导致了第二次世界大战的爆发。

## 八 存在值与内向实力差之间的辩证关系

虽然两者都是反映存在体的存在力的概念，然而存在值与内向实力差是两个密切相关而又不同的关系，它们从不同的角度表达着存在体的不同状态。两者之间既有密切的相关性，又有明显的差别。

（一）两者的相关性

存在值是指存在体的存在力的总和。内向实力差是指存在体的内向维度的存在力与反存在力之间的差额。两者都是存在体的存在性的根据，只是存在值表达的是存在力的绝对值，而内向实力差表达的是存在体内部的存在力与反存在力之间的差额。

存在值和内向实力差都是对存在体的存在力相对于反存在力所进行的状态表达，后者具有比较性并且都可以通过比较而产生的差额进行衡量，因此两者是密切相关的，在一定的情境下两者是可以互换的。存在值和内向实力差具有正相关的趋势。一个具有更大存在值的存在体具有更强的存在力和更理想的存在性，更可能和容易产生实力盈余，反之亦然。

虽然两者具有正相关的趋势，然而存在值和内向实力差却是不同的概念。

（二）两者的差别

内向实力差是即时而具体的，是相对于反存在力通过实力比较而产生的差额；而存在值则是对自身的存在力的总体衡量。内向实力盈余就是存在体内部的存在力大于反存在力的状态；内向实力为零就是存在体内部的存在力与反存在力大约相同的状态。内向实力差可分为内向实力盈余和内向实力为零。需要指出的是，与存在体之间的实力差不同，存在体的内向实力差不存在负实力差或实力赤字。也就是说，存在体的内向实力差只能是正的和零。存在体的内向实力差指的是内向实力盈余的大小和两者平衡的状态。在特定的时刻和情境，实力差和存在值是不同的，内向实力差并不是存在值的准确反映。

内向实力差并不是固定的，同时也不是单一的，而是具有动态性和多样性的。在不同的时间段和情境下，同一个存在体的存在力与反存在力的内向实力差会是不同的。相对不同的存在体，一个存在体的内向实力差是不同的。相对于不同的存在体，同一个存在体的实力差可能是正的，也可能是负的或者为零。

同时，一个相对于其他存在体具有较大实力差的存在体并不意味着它具有更大的存在值；反之亦然。内向实力差是针对存在体内部的存在力与反存在力之间进行比较之后而得出的差额，它并不是存在体的存在力的直接表达。也就是说，实力差在一定程度上能够说明一个存在体的总体的存在值的强弱，但并不能说明存在体的存在值的大小。

（三）两者的具体关系

具体来看，内向实力差与存在值之间的关系可分为以下两种基本状况。

1. 内向实力盈余与存在值

当内向实力差是正数时，存在值也是正数，存在体的存在可以得到确立，存在体可以在现实中存在；存在体可以达到或者保持与自身的实力相匹配的存在状态。

实力盈余与存在值之间存在着一定的正比例关系。也就是说，存在体的实力盈余越大，其存在值的正数越大，其于现实中存在的挑战和阻力越小和可控性越高，其存在性越有保障。在内向实力差与其存在状态产生反差的情境下，存在体的存在性会发生向上的巨大而激烈的变化，会导致存在平衡的破坏，向于己有利的方面倾斜，直到新的存在平衡得到确立。然而，这种正比例关系并不是绝对的，而是相对的。

在一定的情境下，实力盈余的增加并不能促使存在值的同比例增加，也不等同于存在值的正向增值。

2. 实力差为零

当实力差为零时，这并不意味着存在值也为零。实力差为零表明存在体的存在力与反存在体的反存在力处于均衡状态，即消亡和死亡状态。然而，这种表面上的均衡意味着存在体的脆弱性，已然无法应对反存在力的正向增长。为了应对自身即将趋零的局面，存在体只有一种选择，即不断加大自身的存在力，通过扩大存在值来重新获得相对于反存在力的内向实力盈余。

## 第六节　存在性

存在性是存在辩证法的核心概念。从广义上看，存在辩证法就是探讨存在体的存在性的辩证法。故此，探讨存在体的存在性的属性和规律是存在辩证法的重要构成。

### 一　实在的现实中的存在体

存在辩证法所指的现实中的存在是存在体存在的方式，也是唯一的存在方式。这就是存在和存在体的实在性原则。存在辩证法是建立在唯实主义基础之上的辩证法，因此任何存在体都是存在于现实中的体现，都是现实中的存在，而不是虚拟的存在。存在体的现实性是存在的实在性的表现。事实上，不存在不具备实在性的存在体，也不存在缺乏现实性的存在体。而存在的现实性表现为事实性。没有事实性基础的存在性不是现实中的存在，现实中的存在体必须和必然拥有事实性。

存在辩证法认为，存在体的实在性是从其生成中便被赋予和规定了现实性的。生成是存在体必须经过的必要阶段，任何存在体都有一个生成的过程，生成就是具有特定属性的事物从潜在性向现实性过渡的完成，是潜在的存在体的存在力形成的阶段。生成是一个实在的现实的过程，是从存在体的可能性的孕育阶段向自在本性在现实中转化的过程。

对于生物来说，生成就是生命的各种要素为了向现实性的转化而做准备的过程，生成过程就是生命诞生的过程，存在周期就是生命周期。对于人类组织的实体来说，生成就是人对于某个组织和机制进行规定从而形成一个新的存在体和行为体于现实中的实现。

人的生命周期典型地体现了现实阶段的变化。对于人来说，新生儿的诞生起源于处于生育年龄的男女之间的性欲和性交，一旦此事发生那么就意味着一个潜在新生命的胚胎的形成，这就是新生儿的孕育阶段。当女人怀孕之后，新生儿便进入了形成时期，标志着他/她已经处于进入现实的准备阶段。婴儿的诞生标志着一个新的生命和存在体的形成，他/她便正式进入了存在阶段。在存在阶段，这个新生命开始不断地发育和成长，在发育到顶点之后生命便进入了衰落时期，随之而来的便是不可避免的死亡阶段。死亡阶段可以很短，也可以是个较慢的过程。

人的生命周期同样适用于动物界，只是时间跨度或长或短。事实上，任何其他形态的存在体都有存在阶段，上到星星、星系和宇宙，下到细胞，都有存在状态，只是它们与人类的生命周期在时间跨度和存在特征上的差异会极其巨大。

## 二 存在体的存在性

存在辩证法认为，存在体的存在性由存在体的存在周期和存在状态构成。存在周期和存在状态由存在体的存在性的两个核心构成。

### （一）存在周期与存在状态的辩证关系

存在周期和存在状态都是存在体的存在性的本质构成。两者之间的相关性是必然的。然而，它们之间仍然存在着辩证的关系。

存在周期对于存在体具有绝对性和不可或缺性，是任何现实中的存在体都拥有和包括避免的内在规定性。因此，从哲学的高度来看，存在周期在存在性中更具根本性。

存在状态是依附于存在周期的，是存在周期在各个阶段的存在值和内向实力差的反映和折射。虽然存在状态并不是存在体和存在周期的根本属性，然而它对于存在体和存在周期仍然可以产生影响，不但可以表达存在体的存在特征，还可以影响存在周期的质量和形式，甚至长短。

### （二）存在周期

存在辩证法认为，任何存在体都不会是永恒的和恒定不变的，都有一个从无到有和从有到无的起承转合的存在周期。存在周期的每个阶段是一个过程，都是具有不同特征的存在状态。在存在体的存在周期中，现实阶段的时间是最长的，其表现方式和行为方式是最复杂多样的，也最能体现出存在体的本质属性和行为规律。

关于存在周期，可见上文关于存在力的章节。

### （三）存在状态的类型

现实性和相对性是存在体的存在状态的重要特征。根据这两个标准来衡量，存在状态表现为超然存在状态、自由存在状态、被动存在状态和濒危存在状态等。

1. 存在状态具有相对性和现实性

相对性来自存在体与自身历史的纵向对比和与其他存在体尤其是反存在体的横向对比。与反存在体的横向对比是决定存在体的存在状态的关键要素和衡量标准。

存在体的存在状态是存在体的存在周期的某个阶段所体现出的现实性的存在。而存在的现实性必然具有相对性，存在状态的相对性是相对于自身的历史和反存在体而言的。对于存在体来说，与反存在体的相对性对于其存在状态的形成和维持具有决定性作用。因此，存在体的存在状态在很大程度上是指存在体相对于反存在体所处的状态。

2. 超然存在状态

超然存在是指存在体相对于反存在体和反存在力拥有在可见的时间内无法超越的存在值和内向实力差的状态。处于超然存在状态的存在体就是超然存在体。

超然存在状态是一种具有支配性的存在状态，不仅其行为完全由自己的意志所决定，自己的意志是决定自己行为的唯一决定要素。超然存在状态的基础是存在体拥有相对于反存在体、反存在力和外部条件绝对的或者巨大的正实力差，这个正实力差是如此之大以至于外在的反存在体和反存在力不足以构成其改变行为的重要因素。处于超然存在状态的主体对于其他存在体和外部条件具有支配性的影响力，可以改变和塑造其他存在体的行为和行为方式，能够使其他存在体服从和屈从自己的利益和意志，能够经常性地将自己的利益最大化。

在正常情况下，处于超然存在状态下的存在体可以在基本上没有外在阻力的情况下完成自身的内向维度向现实性的转化，而来自外部的其他的反存在体和反存在力的干预和干扰不足以对其行为做出重要的改变。

超然存在是存在体能达到的最高状态，代表着独领风骚的情境，因而是存在体都会争取达到的目标。

对于动物界来说，雄踞食物链顶端的动物，如老虎、狮子、鲸鱼等，就是处于超然存在状态。它们能够依靠自己的捕猎能力俘获各种动物，使其成为自己的食物，而不会因为遇到猎物的反抗而改变自己的捕猎方式。

在体育界，一些极其优秀的选手能够在一段时期内战胜所有的对手，垄断冠军和各项纪录，如牙买加短跑运动员博尔特，美国篮球运动员迈克尔·乔丹，美国重量级拳击运动员麦克·泰森，阿根廷足球运动员马拉多纳和梅西等，在各自的黄金期内他们就处于体育界的超然存在状态。对于他们来说，对手的竞争和挑战只是促使他们更好地发挥的促进因素，而不会对获得胜利构成障碍。

对于国际关系体系来说，综合国家实力超群的国家即所谓的超级大国就能够处在超然存在状态之中。这些国家能够根据自己的意愿来选择满足实现国家利益的手段，且能够将其最大化，并且为此经常性地将自己的意志凌驾在其他国家之上，而不会受到任何其他国家的威胁。春秋时期的五霸，尤其是齐桓公在管仲辅佐之下的齐国、战国后期的秦国、成吉思汗创立的蒙古帝国等就是超然存在状态的一种体现。"二战"后成为世界霸主的美国也是如此。

3. 自由存在状态

自由存在状态是指存在体可以根据自己的意志来支配自己的行为的状态，而不完全受制于包括反存在体和反存在力在内的其他存在体和外部条件。处于自由存在状态的存在体就是自由存在体。

自由存在状态的基础是存在体拥有相对于反存在体、反存在力和外部条件一定的正实力差，其存在值和内向实力差处于相对优越的存在状况之下。处于自由存在状态的存在体虽然其正实力差不足以对其他存在体施以支配性和主导性的影响，却能够施以一定程度上的辅助影响。自由存在状态虽然无法依靠自己内在存在力经常性地将其利益最大化，但是其利益能够基本上得到满足，只要不与其他存在体，尤其是超然存在体发生激烈的冲突，便不会对自身的存在状态、存在值和内向实力差造成重大的威胁和经常性地受损。

自由存在状态具有行为的自主性和行为的自由。其行为的自由通过两种方式表现出来，即行为的自由和对行为方式的选择的自由，即行为方式选择的自由。

在动物界，豹子、鳄鱼、狼等动物处于自由存在状态。对于比它们凶猛强悍的动物它们可以避而远之，对于比它们弱小的动物它们可以全力攻击获得食物，也就是说针对不同的对手它们有选择的自由，具有行为的自主性。

在人类社会，具有一定经济实力和社会地位的"中产阶级"相当于自由存在状态。这个阶层虽然无法支配别人的行为，却享有自己的行为自由。

在国际关系体系中，有一定实力的"二流"国家，只要采取明智的政策便可以处于自由存在状态。而一些拥有负实力差的弱小国家只要能够相互帮助，结成真正的战略同盟以形成合力，也可以处于自由存在状态。

### 4. 被动存在状态

被动存在状态是指存在体常态性地无法完全根据自己的意志来支配自己的行为，而要受制于包括反存在体在内的其他存在体或者外部条件的状态。处于被动存在状态的存在体是被动存在体。

相对于其他存在体，被动存在体是弱势的存在体；而对于反存在体来说，被动存在体则是打击和欺凌的对象。被动存在状态的基础是存在体拥有相对于反存在体、反存在力和外部条件的负实力差，或者其存在枢机要较反存在体更弱。被动存在状态不具有行为的自主性，不具备行为的自由，其行为决策经常性地要仰赖于更为强大的行为体的意志和利益。

在动物界，许多动物种类尤其是素食动物没有强悍的生理条件，如兔子、羊等，相对于许多动物拥有实力赤字，为了生存只能东躲西藏，缺乏根据自己的意志进行选择的自由，它们因此处于被动存在状态。

在国际关系体系中，一些弱小国家相对于许多国家都拥有实力赤字，没有行为的自主性和行为的自由。在此情况下，为了保持国家的存在不得不忍气吞声，无法按照自己的意志为自己做出行为决策和选择自己的行为方式，处处受制于其他国家，这些就是处于被动存在状态的被动行为体。

### 5. 濒危存在状态

存在辩证法认为，任何存在体都会经历濒危存在状态。濒危存在状态是存在体消亡和死亡的前奏，是存在体必须经历的一种存在状态。

（1）濒危存在状态的定义

濒危存在状态和毁灭存在状态都是存在体在迈向消亡和终结时所处的存在状态。濒危存在状态是迈向存在体终结的确定过程，是对消亡和死亡的现实准备和过渡；毁灭存在状态则是存在体在消亡和死亡的实施过程中的状态，是存在体在存在周期的最后阶段所呈现的最后状态。处于濒危存在状态的存在体就是濒危存在体，处于毁灭存在状态的存在体就是毁灭中的存在体。

濒危存在状态是指存在体处于消亡和死亡边缘的状态，其内向实力差处于迅速缩小的过程中。濒危存在状态与存在体的消亡和死亡只有一步之遥，是消亡和死亡的准备阶段。濒危存在状态是被反存在体和反存在力彻底战胜的结果。在此阶段，存在体的残存的存在力已不足以支撑与反存在体和反存在力进行博弈和对抗，已失去了实现存在的目的性的力量和能力，已无法生成有效的内向维度的存在力，其相对于反存在力和外部条件的负实力差已然过于巨大而无法挽回和逆转。

濒危存在状态是处于被动存在状态的存在体受到了反存在体和反存在力的攻击下被战败和征服而面临存在消亡的临界状态，是处于被动存在状态濒临危机的处境之中。受到攻击而受伤的动物，因各种原因即将死亡的人，受到其他国家的侵略而被击败和征服或者因各种原因而面临破产的国家等，都是处于濒危存在状态的存在体。

对于人类来说，同样存在着濒危存在状态，这就是核时代。在核时代，人类处于核逆力悖反的全面危机的危险之下，面临着类的灭亡。

（2）人类存在体的濒危存在状态

作为个体和群体的存在体来说，人类都会陷入濒危存在状态，这是生命的必然性的体现。而作为类的存在体，人类在核时代第一次整体性地坠入了濒危存在状态。

①异化存在状态

对异化存在状态的阐述和解析，见后文"异化"部分。

②逆力悖反存在状态

对逆力悖反的阐述和解析，见后文"逆力悖反"部分。

③核时代

对核逆力悖反的阐述和解析，见后文"逆力悖反"和"核时代"部分。

6. 毁灭存在状态

毁灭存在状态是存在体处于存在周期的最后阶段即消亡阶段，即存在体在消亡、死亡的过程中所处的状态。毁灭存在状态完成之时就是存在体彻底消失之时。处于毁灭存在状态的存在体就是完成周期了的存在体，就是消失了的存在体。

毁灭存在状态有快速和慢性之分。快速的毁灭存在状态是猝死，缓慢的毁灭存在状态是慢性毁灭状态。作为快速的毁灭存在状态，猝死是死亡的非自然方式。猝死来到时包括人在内的生物的生命在主观上无法体会或者充分体会死亡的过程，在一瞬间或者很短的时间内存在值便消失了，存在体的一切便都结束了。虽然疾病的剧烈暴发可以导致猝死，但绝大多数的猝死都是由外向的反存在力的实施造成的。激烈拼杀的战场上是由外向的反存在力打击而造成的猝死的主要场所。

但并不是所有的死亡和消亡都会以猝死的方式迅速完成。更多的死亡和消亡是在慢性毁灭存在状态中完成的。所谓的慢性毁灭存在状态是一个或长或短的过程，在这个过程中存在体的存在力被反存在力一步一步地消灭，直到被彻底毁灭。在慢性毁灭存在状态，死亡和消亡是个逐渐展开和到位的过程。处于慢性毁灭存在状态中的存在体可以在主观上体味生命的一步步消失和死亡的逐渐到来。困在病床上的各种病人则能够体会到死亡的过程和状态。而非生命形态的存在体所经历的消亡更有机会处于慢性毁灭存在状态，在一个逐渐展开的过程中艰难地涉过整个毁灭存在状态。

（四）*存在状态发生变化的动因*

存在体以何种状态在外部条件中存在并不是个静态的情境，而是个动态的过程。但是存在体的存在状态的动态转化并不会自动发生，而是取决于一定的条件。不具备一定的条件，存在体的存在状态就会处于静止状态。也就是说，存在体的存在状态不会发生机械性的和自动的改变，并不会为了变化而变化。

导致存在体的存在状态发生改变的特定条件就是存在体的存在力与反存在体的反存在力的实力差出现了变化。存在体的存在力取决于存在体的内向存在值，反存在体的反存在力与外部条件的实力取决于反存在体的实力和存在状态。存在体的存在状态发生变化的关键因素是存在枢机的变化，存在枢机的变化会导致存在体的存在值和内向实力差的变化，而这是导致存在体与反存在体之间的实力差变化是关键点。

### 三 存在体的力的方程式

存在辩证法是对存在体的存在性的规律的概括和总结,存在性的规律通过认知成为存在辩证法的规律,这些规律尤其直接体现在存在辩证法的核心范畴之上。存在辩证法的核心范畴的规律是对存在体的事实性所总结出来的,是建立在唯实主义基础之上的深层认知。

力的方程式体现了存在体存在和博弈的方式、过程和规律,是存在辩证法关于力的辩证法的规律。力的方程式包含着关于存在和博弈的不同原则,既包含物理性的力学规律,也包含精神性力量的展现和实施的规律。

存在辩证法关于存在体的存在性的辩证法集中体现在力的辩证法之上,而力的方程式则是对力的辩证法的规律和原则的系统表述,因此力的方程式也就是存在体存在和博弈的方程式。

力的方程式是关于存在体与反存在体之间的存在力与反存在力的实力差的计算和衡量公式。力的方程式虽然具有量化的形式,但是它对于存在力与反存在力之间的实力差的评判并不局限于量化,对于力的质和趋势的判断同样有效。

力的方程式包括几种情况,即单一的存在体与单一的反存在体之间,单一的存在体与诸多的(两个或两个以上)反存在体之间,诸多的存在体与单一的反存在体之间以及诸多的存在体与诸多的反存在体之间。

1. 单一的存在体与单一的反存在体之间的力的方程式

对于单一的存在体与单一的反存在体,它们之间的力的方程式为:

实力差 = 存在力(内向存在力之和 + 外向存在力之和)* X * Y − 反存在力(内向反存在力之和 + 外向反存在力之和)* X * Y

2. 单一的存在体与诸多的(两个或两个以上)反存在体之间的力的方程式

对于单一的存在体与诸多的(两个或两个以上)反存在体,它们之间的力的方程式为:

实力差 = 存在力（内向存在力之和 + 外向存在力之和）*X*Y - [反存在力 a（内向反存在力之和 + 外向反存在力之和）*X*Y + 反存在力 b（内向反存在力之和 + 外向反存在力之和）*X*Y……]

如果在诸多的反存在体之间能够形成统一的认知，那么 X 系数是相同的，在这种情况下力的方程式为：

实力差 = 存在力（内向存在力之和 + 外向存在力之和）*X*Y - [反存在力 a（内向反存在力之和 + 外向反存在力之和）*Y + 反存在力 b（内向反存在力之和 + 外向反存在力之和）*Y……] *X

如果在诸多的反存在体之间能够形成统一的实施方式和能力，那么 Y 系数是相同的，在这种情况下力的方程式为：

实力差 = 存在力（内向存在力之和 + 外向存在力之和）*X*Y - [反存在力 a（内向反存在力之和 + 外向反存在力之和）*X + 反存在力 b（内向反存在力之和 + 外向反存在力之和）*X……] *Y

如果在诸多的反存在体之间能够形成统一的认知和实施方式和能力，那么 X 和 Y 这两个系数都是相同的，在这种情况下力的方程式为：

实力差 = 存在力（内向存在力之和 + 外向存在力之和）*X*Y - [反存在力 a（内向反存在力之和 + 外向反存在力之和）+ 反存在力 b（内向反存在力之和 + 外向反存在力之和）……] *X*Y

### 3. 诸多的存在体与单一的反存在体之间的力的方程式

对于诸多的存在体与单一的反存在体，它们之间的力的方程式为：

实力差 = [存在力 a（内向存在力之和 + 外向存在力之和）*X*Y + 存在力 b（内向存在力之和 + 外向存在力之和）*X*

Y……] − 反存在力（内向反存在力之和 + 外向反存在力之和）*X*Y

如果在诸多的存在体之间能够形成统一的认知，那么 X 系数是相同的，在这种情况下力的方程式为：

实力差 = [存在力 a（内向存在力之和 + 外向存在力之和）*Y + 存在力 b（内向存在力之和 + 外向存在力之和）*Y……] *X − 反存在力（内向反存在力之和 + 外向反存在力之和）*X*Y

如果在诸多的存在体之间能够形成统一的实施方式和能力，那么 Y 系数是相同的，在这种情况下力的方程式为：

实力差 = [存在力 a（内向存在力之和 + 外向存在力之和）*X + 存在力 b（内向存在力之和 + 外向存在力之和）*X……] *Y − 反存在力（内向反存在力之和 + 外向反存在力之和）*X*Y

如果在诸多的存在体之间能够形成统一的认知和实施方式和能力，那么 X 和 Y 这两个系数都是相同的，在这种情况下力的方程式为：

实力差 = [存在力 a（内向存在力之和 + 外向存在力之和）+ 存在力 b（内向存在力之和 + 外向存在力之和）……] *X*Y − 反存在力（内向反存在力之和 + 外向反存在力之和）*X*Y

**4. 诸多的存在体与诸多的反存在体之间的力的方程式**

对于诸多的存在体与诸多的反存在体，它们之间的力的方程式为：

实力差 = [存在力 a（内向存在力之和 + 外向存在力之和）+ 存在力 b（内向存在力之和 + 外向存在力之和）……] *X*Y − [反存在力 a（内向反存在力之和 + 外向反存在力之和）+ 反存在力 b（内向反存在力之和 + 外向反存在力之和）……] *X*Y

5. 单一存在体的力的方程式

需要指出的是，力的方程式同样适用于单一存在体，适用于对存在体内部的存在力和反存在力之间的实力差衡量，只是对于单一存在体只需进行内向存在力和内向反存在力之间的估算。然而，对于单一存在体，X 和 Y 的系数是仍然要考虑的，它们同样是影响力的力度的重要因素。

因此，单一存在体的力的方程式为：

单一存在体的实力差 =（内向存在力之和）* X * Y －（内向反存在力之和）* X * Y

6. 对力的方程式的说明和解释：

（1）公式中的 X 是对力的认知和判断的不可预测性，Y 是对力的实施。X 和 Y 是两个变数，是系数，对于不同的存在体和反存在体来说，X 和 Y 是不同的系数。X 和 Y 两个系数会对心理和在正面冲突时的结果产生影响，甚至重大的影响，但是它们还要依附于实力，不能脱离实力本身而独立发挥作用。因此除非在极端的情境下，X 和 Y 的系数值不能太大，一般只能介于 1 和 1.5 之间，是不应该超过 2 这个最高值的。

（2）力的方程式反映了存在力与反存在力之间的实力差状况，体现的是存在辩证法的实力差规律和原则。实力差原则决定着存在体的存在性和存在本身。

虽然采用了量化的方式，然而力的方程式其目的和功能是质的，而不是量的。力的方程式是揭示存在和存在体的本质和规律的工具，并不是进行精确的量化的方程式。

（3）力的方程式体现着存在辩证法关于力的多元化的理念。存在体自然就是自身，在一定的情境下存在体可以与其他实体结成存在同盟，形成由不同的实体组成的多元化的存在体，判断其他实体是否能够成为与自身形成多元化的存在体的标准是否具有共同的关乎自身生死的广泛而深刻的根本利益；同时两者的存在力是否能够形成合力，这种合力是否能够提高自身的存在力或者以某种方式促进自身存在力的增加。同样地，反存在体也可以是多元化的，判断一个实体是不是反存在体的标准是它的存在和行为是否会对自身的存在状态和存在构成威胁，尤其是系统、持续而深刻的威胁；同时不同的反存在体是否能够形成合力，这种合力是否能够提高针对自身的反存在力或者以某种方式促进针对自身的反存在力的增加。因此，力的方程式体现了存在辩证法关于合力与分力的规律和原则。

（4）在确定存在力和反存在力时，首先要确定的是力的标准以及存在枢机，而根据行为的目的和性质，存在枢机的权重是不同的；在确定了力的标准之后要明确存在体的内部的哪些力可被视为存在力即内向存在力，哪些力不是存在力和反存在力即内向反存在力。对于人类存在体来说，力的标准在不同时代和不同国家是不同的，对存在枢机的权重也不尽相同，因此在不同时代和国家对于存在力的衡量标准、权重和方式是不同的。

# 第七章

# 存在辩证法的存在规律和原则

力的方程式体现了存在体相对于反存在体的实力差的决定和变化的规律，是存在体的实在性的现实性和事实性的反映，因此这些规律也是存在辩证法的原则。力的辩证法是建立在对存在体存在的规律的归纳基础之上的存在原则，这也是所有存在辩证法的存在原则的共同属性。存在辩证法的存在原则来源于存在体的实在性，同时又可对存在体的行为方式具有认知、辨识和预见作用。

存在辩证法的存在原则包括存在的危机性原则、反作用性原则、对抗性原则、决定性原则、限度原则、崩溃原则、相对性原则等。

## 第一节　存在的危机性原则

存在辩证法认为，存在体于现实中的存在时刻对应着反存在体和反存在力，这使存在体无时不在面对风险和危险，这种无所不在的危险性使存在体的存在性无时不处于或然性之中。任何存在体都处于存在危机之中，所有的存在体、存在和存在性都不具备先验而确定的必然性和合理性，而存在周期和存在状态更不是一成不变和一劳永逸的。所有的存在体、存在和存在状态都是或然性的，或者是必然性的或然表现。因此，存在的危机性原则也就是存在体始终存在于或然性之中的原则。

无论是自然事物，还是人的形态，其存在虽然具有先验性，但是先验性的呈现，或者向现实性的过渡是没有必然性的。先验性的存在意味着存在只是可能性，这个可能性要转化为现实性则是个或然性的过程。也就是说，虽然具备先验性赋予的可能性，但是存在体在现实中的存在是没有确定性的，而这个或然性的过程随时可能终结和被终结。

在缺乏确定性庇护的条件下，由于存在力与反存在力以及其博弈和对抗的共存性，存在体的存在始终处于与反存在的博弈过程之中。存在性与反存在性的共存性及其博弈决定了存在周期的存在，也决定了存在体的存在的状态，即存在体始终是在与反存在体的博弈过程中或然性地存在的。

存在的危机性原则反映了存在体在现实中的存在性保持着或然性的状态。需要强调的是，存在体的危险性不仅来自反存在体的反存在力，同样来自内在的反存在力，包括异化了的存在力。而对于处于逆力悖反之中的存在体来说或然性的表现更为强烈。

## 第二节　存在的反作用性原则

力在实施之后会发生反作用力，这是物理学的基本规律和原则。对于人类来说，除了物理性的力之外，还有以多种形式出现的力，如心理之力、意志力等精神性的力，而精神性的力同样会产生反作用力。

事实上，存在辩证法的存在力与反存在力的对应性就是力的反作用性原则的一种体现。存在力的生成、发展和实施必然会伴随着反存在力的生成、发展和实施，形成力的对应性。对于人类来说，反作用力的种类、发生作用的方式要比物理性的力更加丰富和复杂。

与物理性的反作用力和作用力相等的情况不同，存在辩证法的力并不一定具有反作用力与作用力之间的相等原则。对于人类来说，人对作用力的回应是主观选择的结果，对于反作用力来说同样如此。人在受到力的作用之后一定会产生影响，做出回应，然而在反作用力的方式、方法和力度等方面则面临着多样性的选择。人可以选择以对等的力度回应，也可以缩小或者扩大反应的方式和力度，造成力的反作用力与作用力不对等和不对称的情况。

## 第三节　存在的对抗性原则

存在辩证法认为，存在体与反存在体以及存在力与反存在力之间的排斥性就是哲学意义上的否定。而否定的结果是由对抗来表现和实施的，而对抗的实施就是力的实施，这则是由相互之间的实力差决定的。也就是说，存在的对抗性原则是存在体和反存在体以及存在力与反存在力之间的否定性关系的激烈的体现方式。虽然存在体与反存在体之间的关系不只是否定性的关系，但是两者之间的相对的存在性则是由对抗性原则决定的。

由于反存在体、反存在力和敌对外部环境的存在，所有存在体都处于危险当中，这就是存在的危险性原则。而为了存在和持续性地存在，存在体只能采用博弈和对抗作为其主要的行为方式。也就是说，存在体在现实中的存在的常态是与各种反存在体和反存在力的博弈和对抗，是否定性的关系。否定性是存在的反作用性原则的一种更彻底的体现方式。存在体存在于对抗之中，对抗贯穿于存在体的整个过程，而存在体之间的否定性是通过存在力和反存在力之间的博弈来体现的，这就是存在的对抗性原则。

存在的现实性取决于存在力和反存在力之间进行否定即相互较量、博弈和对抗的结果，其结果决定着存在自我规定的目的性能否被外在条件所接纳，即存在特定的内在规定性。对于生物尤其是人来说就是一个本能、欲望和冲动能否会成功地转化为现实性，获得正的存在值，从而转化为现实中的客观存在。

存在辩证法认为，存在体与反存在体之间的相互否定是通过力的博弈来实现的。存在体的目的性通过何种力的形态加以外化和力的形态的力度和强度决定着存在体的存在性，它们规定着存在体的存在力与反存在力之间进行博弈的形式和烈度。在此，力的实力差便成为决定存在是否具有现实性和存在状态的决定性力量。在现实中，只有存在力的正实力差才能够赋予存在体以存在值，才能使存在体的内在规定性转化为存在体，才能使存在体进入存在周期，才能使存在体获得理想的存在状态。

具体来看，存在体的存在值与实力差之间具有直接的关系。当存在力的力度大于反存在力的力度时，即存在体具有了正的实力差之时它才获得了存在值，其存在便会获得充分的现实性基础，存在体的实力差越大，其存在的现实可能性越大，便越有可能处于理想的存在性；当其存在力的力度与反存在的力度相当时，即两者的实力差趋近为零或者差距很小时，虽然存在仍然可以获得现实性，但其存在性并非处于理想状态；当存在力的力度小于反存在的力度时，即存在体具有负的实力差时，其存在的现实性便会受到威胁，即使仍然具有现实性，它也会以弱者或者服从者的状态存在，而负的实力差越大，其自由度越小，其存在失去现实性的可能性就越大。

由此可见，存在能否完成向现实性的转化和以何种状态在现实中存在取决于存在力和反存在力之间的实力差。在存在体的存在力相对稳定的情况下，反存在的力度和外在条件是决定存在是否具有现实性的极其重要的要素。外部条件的恶化意味着存在体的存在环境的改变，也意味着存在体更容易进入衰落阶段和消亡阶段。也就是说，在这种情况下，外因要比主体的内在动力对于存在体的存在和存在性更为重要。

对于人类以国家为存在体的存在来说，战争的本质就是以人类国家和利益集团为形式的存在体与反存在体之间最直接和最激烈的博弈和对抗，是存在的对抗性原则的典型体现。国家间以战争形式对抗的目的只有一个，那就是要消除敌国的存在值，削弱其存在性，使其变成按照服从于自己意志的被动性存在体或者濒危的存在体，甚至消灭其在现实中的存在。战争的目的也必定会通过战争的结果反映出来。当然，在复杂的国际关系体系之下的战争并不只是两个国家之间的对决，而是会导致诸多国家的参与，其结果除了明确的胜负之外还会妥协。但妥协并不会削弱战争对于存在的对抗性原则的意义。

## 第四节 存在的决定性原则

存在的决定性原则是关于存在体的性质和行为的原则。存在体的性质和行为是探讨决定存在体的存在值、存在性时的重要方面。存在体的性质和行为的决定因素是有原则和规律的。这个原则和规律就是力的方程式。

### 一 存在体性质的自我决定原则

存在的自我决定原则反映的是存在体的性质。决定存在体的性质的要素是内在的，包括存在体的内在规定性和内在合理性。存在体的内在规定性和内在合理性都属于存在体的内向维度。

存在体的内向维度是由存在体的内在规定性和力的结构决定的。力的结构性主要由存在力构成，同时也包括内在的反存在力和异化的力。存在体的性质也关乎存在体的内在合理性。内在合理性与内在规定性密切相关，同时也是个二元对立的范畴，因此存在的内向维度是否具有合理性会影响存在体的性质。

存在的根据和理念是否具有合理性也是力的方程式的组成部分。也就是说，是否具有合理性是影响甚至决定存在体和存在力的性质、力度和方式的一个要素，是力的方程式中的一个不可忽视的方面。合理性对于力的影响体现在存在体内在的存在力和反存在力的种类，尤其是它会影响到力的异化。具有合理性的存在体能够获得更多的存在力或者为获得更多的存在力创造有利的外部条件和环境，造成力的异化的可能性会受到抑制；而不具有合理性或者合理性不充分的存在体获得存在力的机会和可能性是有限的和会受到制约的，更不利于创造于己有利的外部条件和环境，会为力的异化提供土壤和更高的可能性。

对于人类这样复杂的复合存在体来说，对于自身性质和状况的自我确认会在很大程度上影响到其存在性质，这也是存在性质的自我决定原则的一种表现。例如宗教的产生。在原始时期，人类的存在力是极其有限的，对于当时的人类来说外部环境充斥着反存在力，整个自然界基本上是个难以战胜的反存在体，双方存在着无法逾越的实力差。面对大自然，原始人类的存在值是很小的。在此情况下，原始人类认为自己的存在是极其脆弱的，时时刻刻会被大自然所终结，只有向大自然表现出臣服和崇拜才会得到它的原谅而使自己的存在能够得以延续。于是原始宗教便应运而生了。原始宗教的产生不仅体现了人类对于自身存在的性质和状态的认知，也深刻地决定了人类的行为方式，以至于在人与自然的实力差发生了逆转的情况下，人类的一部分仍然受困于严重的宗教情结。

## 二 存在状态的决定原则

存在体的存在值和存在性是具有动态性的，而它们的动态性是由存在力与反存在力之间的实力差所决定的。

当存在力基本不变的情况下，存在体的存在状态由反存在力的变化决定。当反存在力基本不变的情况下，存在状态由存在力的变化决定。当两者都处于变化的情况下，存在状态由正实力增长较大的一方决定。

对存在状态的决定原则的具体解析可见后文"内因与外因的辩证法"部分。

## 第五节　存在的限度原则

限度原则是针对传统辩证法的所谓的核心范畴和理念而发的。虽然这种观点属于认知领域，然而由于认知是行为的内在根据，因此也被划入行为性原则之内。

存在辩证法认为，传统辩证法对于许多辩证法（对应）范畴的解读，如矛盾论和对立统一、必然性和偶然性、内因与外因、进步和退步等，并不是"放之四海而皆准"的普遍规律，而是在特定的情境之下才会发生作用，是有限度的。这是因为，这些理念过度地侧重概念的演绎和纯粹的思辨，这使得传统辩证法对这些范畴的解读脱离了事实性，深入不到存在体的本质，始终如隔靴搔痒，无法令人信服。而如果将存在辩证法的存在力与反存在力之间的规律即力的方程式应用于对这些范畴的理解之中，这些范畴的真相和规律便会显现出来，许多理论问题和谜团便可迎刃而解了。

例如，在一定的情境下，存在力与反存在力是一对矛盾，两者之间的互动在一定限度之内可以体现为对立统一规律，而当存在力与反存在力的博弈威胁到存在体的存在时存在力与反存在力之间的矛盾被化解了，也就是说，由于辩证法要素的消失，原先的矛盾及其对应性也不复存在，这样所谓的对立统一规律便失去了意义。也就是说，在存在辩证法看来，传统辩证法的对立统一规律只在一定的限度之内和一定的情境之下才是适用的，而并不是对所有事物"全天候"的概括和对适用于所有情境的规律。对于包括人类存在体来说，这个限度便是存在体的存在周期。

再如，对于存在力与反存在力来说，所谓的必然性是某一方面的力相对于另一方具有巨大的、不可逆转的实力差所造成的结果和所形成的局面，这使得背负巨大实力赤字的一方始终无法改变其存在方式和状况。偶然性则是指存在力与反存在力之间的较量出现了偶尔的、非典型的表现，但这种表现是非常态的和不可持续的。当偶然性变成经常性或者偶然性超过了原有状态下的限度时，便意味着两者之间的实力差发生了重大的变化，原来的必然性有被偶然性取代的可能。也就是说，对于存在辩证法来说是不存在具有先验性的必然性的，所谓的必然性只是存在力与反存在力之间的实力差的相对固化的状态和表现。

## 第六节　存在的崩溃原则

崩溃是一个存在体的存在力被反存在力骤然之间所否定而导致的存在值急速下降的状态。崩溃的出现表明一个存在体的存在状态的被反存在力在短时间内打破，存在体原有的存在性发生恶化和突变的状态，是存在的危机性原则的一种典型和极端的形式。崩溃原则是存在的限度骤然发生巨变或者被突然打破时所造成对存在体的存在值发生激烈的减值状态的一种反映。之所以要将崩溃原则单独列出是因为它是存在体的存在性的崩溃，是存在体的一种比较常见的突发状态，具有典型性，因此它成为存在辩证法所重点强调的一个要点。

一个存在体的存在和存在性能否在现实中得以维持和改善取决于存在力与反存在力之间博弈的结果，取决于两者原有的实力差仍然被保持和限制在一定的限度之内，这决定了存在体在现实中的存在在一定的限度内始终保持着具体而动态的力的平衡，这种具体而动态的力的平衡并没有对存在体的存在和存在状态造成根本性的危险，不具备可导致其存在性严重恶化和衰亡的必然性。然而，这种力的平衡也意味着存在体始终面临着反存在力的冲击，随时面临着被打破的危险，存在体仍然时刻处在危险之中，存在的危机性原则仍然在起作用。

而逆力悖反是存在体面临衰亡威胁的一种典型状态。处于逆力悖反状态之下的存在体面临着反存在力的强烈抵制和反击，如果存在力抵御不了其攻势，便会在很短的时间框架之内发生崩溃式的衰亡。

崩溃原则在现实和历史中可谓比比皆是。例如，患有严重的心脑血管疾病和癌症等重病的病人承受着巨大的内向反存在力的攻击，其存在值已经十分微弱，对病源的管控和治疗稍有不利，内向反存在力即导致疾病迅速恶化的要素便可以迅速扩大，致使病人在短时间内以崩溃的方式瘫痪甚至死亡。

处在全面战争状态下的国家是典型的崩溃原则的受害者，时刻面临着崩溃式的亡国风险，可以在很短的时间内亡国。这是因为如果以直接的军事手段为表现形式的反存在力能够击溃维护国家存在的自卫力量即存在力的话，那么两国之间的实力差会迅速放大，大到可以在极短的时间内便可减少其存在值并且消灭国家在现实中存在的地步。

深处于内忧外患的国家同样处在崩溃原则爆发的边缘，一旦那些积蓄已久的内向维度和外向维度的反存在力骤然得以爆发，这个国家便会以崩溃的方式迅速亡国。历史上这样的例子屡见不鲜。

## 第七节　存在的相对性原则

存在辩证法认为，力的方程式的运行和实施是具有相对性的，而这种相对性体现在对存在体的确认之上。也就是说，虽然对于每个存在体来说，力的方程式都发挥作用，力的方程式适用于所有的存在体，然而在不同的存在体上或者对于处在不同时间维度上的同一个存在体来说力的方程式发生作用的方式、体现的功能和造成的后果和影响是有差异性的。因此，对于存在体的确认的不同会导致力的方程式的运作和实施的方式和效果的差异。

相对性原则的要点在于，针对不同的存在体和在不同时间维度上的同一个存在体，存在体的存在力与反存在力以及存在体的内向维度和外向维度之间可以进行相互转化，即原来的存在力可以转化为反存在力，原来的内向维度的力和存在枢机可以转化为外向维度的力和存在枢机，反之亦然。

对存在体类型以及存在体的个体和整体的分类和判断是对存在体的相对性进行判断的重要根据。对于个体存在体是存在力的力，对于群体存在体和类的存在体来说却可能是反存在力；对于个体存在体是内向维度的力，对于整体来说却是内向维度的力；反之亦然。在分析个体存在体时将某种力视为外在的力，而从整体的视角来审视这种力却可能就是内在的力的一种。

国家间的战争对于参与国家来说是来自其他存在体的外来的反存在

力，属于作为个体存在体的国家的外向维度，而从整个国际关系体系或者整个人类来说，它们又是内在的力的实施和对抗，属于作为整体存在体的国际关系体系和人类的内向维度。

对于某些人类行为模式来说，特定的存在枢机是具体国家的外向维度，而对于其所在的文明类型来说，它又是内向维度。

相对性原则对于存在体的异化和逆力悖反现象的认定具有重要的意义。

## 第八节　存在的异化和逆力悖反原则

存在辩证法对异化进行了重新规定，针对自反性提出了逆力悖反的哲学概念。异化和逆力悖反是存在的重要原则。核时代，人类已经进入了系统性的逆力悖反危机之中，已经完全处于异化和逆力悖反的非功能化和自反性的戕害之下。

存在的异化和逆力悖反原则与存在的下两个原则即行为管控原则和革命原则密切相关，形成了因果关系。

对于这两个概念的进一步的分析可见下文的异化和逆力悖反的章节。

## 第九节　存在的行为管控原则

存在辩证法的存在原则是基于存在体的事实性基础之上的，是对存在体的存在状态的事实性的认知和反映。存在辩证法的原则还包括行为性原则。所谓的行为性原则是指存在体为了保持和提高存在状态而针对自身和反存在体所采取的行为措施，是行为体的主观认知和行为的反映。存在辩证法认为，从根本上看，行为性原则在于对行为体的行为进行有效的管控，即对自身行为的管控是存在辩证法的行为管控原则的根本。由于人类具有最高级的认知能力，因此存在辩证法的行为性原则主要是指作为存在体的人类。

存在的危机性原则、对抗性原则和崩溃原则表明于现实中存在的存在体是十分脆弱的实体，时刻处在反存在体和反存在力的威胁和攻击之下，时刻面临着存在值受损和实力差锐减的情境。为了持续性地在现实中存在下去，存在体就必须强化存在力，增加存在值，赢得、扩大和维持相对于反存在力和反存在体的实力盈余。为了做到这些，存在体需要管理和控制各种危机，削弱和消除反存在体和反存在力，使自身处于理想的存在状态之下。而管控危机的存在危机的根本途径和方法在于管控自身的行为方式。

管控原则是力的原则的延伸，因为有效的管理和控制只能通过加强存在力和有效控制力的实施来实现。行为管控原则是对危机性原则和崩溃原则的回应，是避免危机和崩溃爆发的主动和积极的应对措施。

## 第十节　存在的革命原则

革命原则是存在体自我拯救的原则，是针对作为存在体的人类的。

关于存在辩证法的革命原则，见后文的逆力悖反部分。

# 第八章

# 存在辩证法对一些传统哲学范畴的解读

除了集中阐释存在体与反存在体、存在力与反存在力、实力差和力的方程式等这些核心对应范畴之间的辩证关系之外，存在辩证法对传统辩证法中的诸多对应范畴也给予特别的关注。存在辩证法通过与唯实主义的有机结合，对包括运动和变化，进步、退步和循环，对立统一观，必然性和偶然性，绝对性和相对性，内因与外因等传统辩证法中的对应范畴给予了新的解读。

存在辩证法是以唯实主义为方法论基础，以存在体为核心和以对力的博弈为主轴的辩证法，在哲学理念、原则和具体的方法上与传统辩证法皆有所不同。因此，存在辩证法对于这些对应范畴的理解和解读与传统的中西辩证法也是不同的。存在辩证法认为，传统辩证法中的对立范畴并不一定是存在体具有普遍意义的运动规律，而是更多地属于人类的思维领域，体现了人类认知对于一些要素的运行方式进行反思和总结的努力。因此，包括必然性和偶然性等范畴在内的一些传统对应范畴只是存在体运行的一种表象，它们都是各种存在力与反存在力之间所进行的博弈和较量的结果，体现着存在的规律和原则。

## 第一节 对应范畴

存在辩证法对于哲学意义上的范畴是开放和接受的[①]，将其视为必要

---

[①] 虽然范畴的观念从古希腊的亚里士多德哲学中便已被系统地应用于哲学思辨之中并且一直得到了延续，但从19世纪末期开始，并不是所有的哲学流派都接受它。语言哲学和后现代哲学便拒绝接受和使用范畴的概念。

的和必备的哲学概念。接受了范畴就意味着与哲学观念史发生了观念上的联系，有利于在历史层面上对传统的哲学观念加以承继和扬弃，也是进行进一步哲学和辩证法探讨的概念载体和观念线索，是观念事实的重要组成部分。

### 一 对应范畴的分类

在对待对应范畴的立场上，存在辩证法与传统的中国古代辩证法和西方辩证法一样，是接受和重视对应范畴的。而在对对应范畴的理解和定位上，存在辩证法与传统辩证法却是有所不同的。

存在辩证法认为，对应范畴是具有内在逻辑关联性的两个或者几个范畴的比较广义的称谓。对应范畴的关系既包括合作也包括博弈。传统的对应范畴将重心放在合作和转化之上，而对博弈关系则重视不足。事实上，存在体在现实中的存在是始终充满危险的，存在辩证法的存在危险性原则是始终适用于存在体的。而当存在体面临反存在体时，两者的对应关系则体现为博弈性。对应范畴之间的博弈性可分为对立和对抗两种方式，这也是存在辩证法将对应范畴进一步细分为对立范畴和对抗范畴的事实基础。

对应范畴的对应性说明的是具有相反特质的事物所具有的相互依存性和相互转化性的特质。这也说明了存在辩证法是关于对应范畴的基本特征和属性的辩证法。对立范畴是指处于博弈状态下的对应范畴。而对抗范畴则是指处于互不相容的较量状态下的对立范畴。

### 二 对立范畴

对立范畴是指具有两个相反特征而在本质上却相同或者相近并且发挥着相同或相似的功能的对应范畴。传统辩证法中的矛盾论是一种典型的对立范畴之间的关系。对应范畴所体现的可以是存在体在量上的不同，也可以是在质上的差异。

虽然中国古代辩证法还没有将矛盾作为一个辩证法范畴加以使用，但其中的萌芽和对其的使用已经产生。中国古代辩证法中的阴阳就是一对典型的矛盾。阴和阳虽然在属性和特征上有所不同，然而两者却是密切相连并且无法单独存在的。阴和阳的关系既有差异性，也有相似甚至相同性。

中国古代和西方不同的辩证法思想中具有不同的对应范畴。例如，易辩证法、董学辩证法和太极辩证法中的阴与阳；老子辩证法中诸多的对应范畴，如动与静、无和有、福与祸、偶与奇、长与短、多与少等；古希腊赫拉克利特辩证法中的生与死、冷与暖、潮与燥、干与湿等；西方黑格尔辩证法中的普遍矛盾等。

### 三 对抗范畴

对抗范畴的概念虽然在辩证法的观念史中并没有出现，然而已经有了对其理念的相关讨论，如古希腊的巴门尼德哲学中所提出的存在和非存在，亚里士多德所总结出的思维的三个规律，即同一律、矛盾律和排中律，虽然属于形式逻辑范围，实际上也是对概念和思维领域内的非此即彼的对抗范畴的一种应对和处理方式。然而，对抗范畴之间的关系并没有在传统辩证法的范畴观念中受到足够的关注，更没有获得独立的存在空间。

存在辩证法认为，对抗是存在体和反存在体以及存在力与反存在力之间进行排斥的激烈形态。而排斥和对抗都是哲学意义上的否定的表现形式，只是对抗在力度上更强，在实施上更为系统并且目的性更强。

对抗是否定的表现和实现。对抗范畴是指两个或多个相互对立的范畴在本质上处于有你无我的对立和斗争状态，两者之间的关系是零和性的博弈关系，是否定性关系的行为化和"实战化"。存在与反存在，存在体与反存在体以及存在力与反存在力之间的关系正是两个对立范畴所表现出的博弈关系。通过对抗范畴来解释一些事实的方法是对抗范畴观。在哲学史中，古希腊的巴门尼德是第一个指出对抗范畴的哲学家。他提出了存在与非存在的概念，并将两者之间的关系确定为无法并存的对立关系。虽然巴门尼德对时空进行了割裂，提出了时空点化论，无法根据事实性的原则来建立起合理的存在观，但他关于存在与非存在之间的关系即对抗范畴关系的论断是切中要害的。

生与死是存在与反存在的一种典型形态。说生与死之间是对立统一关系显然具有狡辩的嫌疑，因为生与死是一对不折不扣的对抗范畴。对于一个生命来说，至少在生物的意义和层面上，生与死是决然对立的，两者只能存其一而无法共存，有生就意味着没有死，死亡就意味着不再有生，两者始终处于绝对的否定状态，不存在任何中间地带。

存在辩证法首先提出了对抗范畴的观念。对抗与否定密切相关，然而却是揭示和展示不同行为和状态的不同的概念和范畴。对抗概念的提出除了既要在哲学和辩证法层面上对对应范畴进行进一步的观念层面上的整合和细化，对否定进行深化，也要在哲学层面上对其给予更充分的重视。作为存在辩证法的核心对应范畴的存在与反存在，存在体与反存在体以及存在力与反存在力，就是几对密切相关的对抗范畴。作为存在状态的一种形态的逆力悖反同样是一种对抗范畴，它反映了存在体即将跌入崩溃状态的一种极端的存在状态。

存在与反存在、存在体与反存在体、存在力与反存在力以及逆力悖反是对抗范畴，这是由它们独特的内在规定性所决定的，与中西传统辩证法中的诸多对应范畴具有本质的不同。存在与反存在、存在体与反存在体、存在力与反存在力和逆力悖反之所以是独特的对抗范畴，是因为它们之间的对抗关系是绝对的，各对立面之间是零和博弈的关系而并不是对立统一的关系。虽然对抗范畴之间的运动和博弈过程仍然具有辩证法的一般特征和属性，如对立统一、相互转化性等，但是对抗范畴的目的性决定了它们与众不同的运行方式，而要完整而深刻地展现出其运行规律需要有与之相应的辩证法，这就是存在辩证法产生的根据和合理性之所在。一旦存在辩证法被成熟地阐释出来，它便会成为一种具有独立的逻辑和生存空间的辩证法和哲学方法论。（存在辩证法关于对抗范畴与对立范畴之间关系的进一步讨论可见下文关于"对立统一观的有限性"部分。）

### 四 对立统一观与辩证法

对立统一观是古老的辩证法观念。在中国古代辩证法、古希腊辩证法和黑格尔辩证法中都有明确的体现。然而，不同的辩证法思想对于对立统一具有不同的理解，形成了不同的对立统一观。

（一）对立统一规律与中国传统辩证法

对立统一规律是黑格尔辩证法的核心规律之一，与矛盾论互为表里，两者在逻辑上具有统一性；同时对立统一观也是中国古代辩证法思想和理论中的一条主线，无论是先秦的阴阳观、董仲舒的阴阳辩证法、北宋初期的太极辩证法还是老子辩证法等，对于对立统一观都有明确而系统的体现和阐述。因此，对立统一观可谓是中西辩证法理论中的一个交会点和共性。

（二）对对立统一的两种认识

如前所述，在西方哲学史中对立统一的观点从古希腊哲学时期便已经出现了。在西方哲学史中存在着两种对对立统一的解释。

第一种解释是两种在性质和特征上相互对立的事物的统一。这种对立统一观认为，在性质和特征上相互对立的事物是能够相互转化的，在否定之否定的基础之上能够达到统一。这种观点起始于古希腊哲学，在黑格尔辩证法中得到了典型的体现和演绎，成为黑格尔辩证法的三大规律之一。这种事物的对立要素相互转化的对立统一观被认为是更能体现辩证法精神的对立统一观。

第二种解释是两种相互对立的事物并不是表现在事物本身的性质和特征之上，而是体现在看待事物的视角的不同。如果转换视角，事物的对立性便会削弱或者消失，便会得到统一。这种观点的代表人是文艺复兴时期的意大利哲学家布鲁诺。在《论原因、本原与太一》中，布鲁诺论证了圆和直线的关系，认为圆越大就越加接近直线，因此看起来完全不同的圆和直线实际上是"对立面吻合于一"。类似的对立统一关系还存在于冷和热、爱和恨、美与丑等。布鲁诺认为爱就是恨，恨就是爱，因为对反面的恨就是对正面的爱，对后者的爱就是对前者的恨。[①] 因此，对立面的统一在于人观察的角度和立场不同而已。布鲁诺进而认为，对立面能够统一的原因在于太一（the One），太一为所有事物的存在提供了一个共同的本原。太一是物质的，太一为所有事物的存在提供了共同的物质基础。

（三）存在辩证法的对立统一观

存在辩证法认为是存在对立统一观的，但是对立统一观并不是事物/存在体的普遍规律，而是一种与存在体的存在性密切相关的一种状态。

---

① ［意］布鲁诺：《论原因、本原与太一》，汤侠声译，商务印书馆1984年版，第132—133页。

对存在辩证法的对立统一观的进一步阐述可见下文"黑格尔的辩证法规律与存在辩证法"部分。

## 第二节 运动和变化

事物是运动和变化的，这是包括存在辩证法在内的所有辩证法思想的基本观点。虽然在中国古代哲学和古希腊哲学的辩证法思想中便有关于运动和变化的丰富表述，但是运动和变化的真正动因和内在本质仍然有待被进一步挖掘和揭示出来。

### 一 中国古代哲学中的运动观

早在先秦时期，中国古代哲学便有了比较成熟的运动观。这种运动观集中体现在阴阳观中。由于前文已经进行了介绍，此处不再赘述。需要指明的是，阴阳观中的运动观是围绕着阴和阳的相互转化而进行的，基本上是一种循环论，即当事物运行到阴或阳的极限点时便会向相反的方向回归，如此因循往复。循环论的运动观从先秦时期一直延续在中国哲学史中，到宋代的太极哲学也是如此。

### 二 西方古代哲学中的运动观

相比于中国古代哲学，古希腊哲学探讨运动的视角更加丰富，也更有反复波折。赫拉克利特的哲学强调运动，认为世界的万物都处在运动之中，运动观从此成为其西方辩证法的一个重要组成部分。

亚里士多德同样认为世间万物处于运动之中，并进一步探讨了万物运动的动力问题，这是中国古代哲学中所缺乏的。亚里士多德认为，既然万物处于相互运动之中，那么一定会有一种力量首先推动了物质的第一次运动，而这个第一动力只能来自事物之外。

亚里士多德的运动观在中世纪与经院哲学产生了共鸣。托马斯·阿奎那认为世界万物的第一动力只能来自上帝，除了上帝之外没有任何力量能够具有如此的能力。如此一来，亚里士多德的哲学便与托马斯主义进行了无缝连接，进而成为中世纪经院哲学的形而上学基础。

亚里士多德和经院哲学的运动观在文艺复兴时期受到了意大利哲学

家布鲁诺的反对。布鲁诺认为，事物由于外力而产生的运动确是运动的一种来源，但却是偶然的运动，自然运动具有"内在本源，它本身推动事物向着应该的方向运动"①。这样，布鲁诺便彻底否定了上帝对物质世界运动的第一动力的观点。那么，在布鲁诺眼中，事物运动的内在本源是什么呢？就是事物的对立面的相互作用。② 这种观点来自布鲁诺的对立统一的辩证法思想，在今天看来仍然是具有合理性和先进性的。

在 19 世纪后期，恩格斯对运动进行了进一步的概括：

> 运动，就它被理解为物质的存在方式、物质的固有属性这一最一般的意义来说，涵盖宇宙中发生的一切变化和过程，从单纯的位置变动直到思维。③

恩格斯在此确认了运动是物质的固有属性，并且是包括物质和思维在内的所发生的一切事物的存在方式。这是传统辩证法对运动的普遍性的最高级的哲学概括。

### 三 存在辩证法的运动观

在这些方面，存在辩证法给出了新的视角，做出了新的解读。

（一）运动与变化的差异性

存在辩证法认为存在体的运动与变化是不同的，两者体现的是存在体的不同侧面。运动是指存在体是动态性的而不是静止的，然而动态性并不意味着变化，因为变化是指存在体在形态、特征、状态等方面的量和质上的改变。运动是具有永动性的，运动虽然会带来变化的可能性和契机，但运动并不一定会带来变化，只有达到了一定的量的积累的运动才能促使变化的产生，也就是说，变化是运动积累的结果。运动为外力的介入提供了机会和可能性，为存在体在状态、形态和质量上的变化和突变提供了契机。

---

① ［意］布鲁诺：《论原因、本原与太一》，汤侠声译，商务印书馆1984年版，第128页。
② 汤侠生：《布鲁诺及其哲学》，上海人民出版社1985年版，第118页。
③ ［德］恩格斯：《自然辩证法》，人民出版社2015年版，第132页。

存在辩证法认为存在体始终是运动的，但存在体并不是始终变化的，也就是说存在体并不存在变化的必然性，而是不变与运动变化的统一。从存在与存在体的关系的视角来看，存在超越具体的存在体和存在方式，是不变的；而作为存在的具体表现形式的存在体则是处于不断的运动和变化之中。

（二）存在体的运动和变化的根本动因

存在辩证法认为存在体的存在是不变与运动和变化的统一；存在体的运动的动因既来自外在因素，也来自内在因素，外在因素也是要通过内在因素来运行，因此存在体内部的动因是运动的根本动因；存在体存在力与反存在力之间的实力差是存在体运动变化的真正的内在动因。

存在辩证法认为，存在体的运动和变化都是存在力和反存在力之间的实力差的变化所带来的现象和结果。也就是说，当存在体没有改变现状的内在动力和有足够力度的内向维度以及反存在力没有变化的情境之下，存在力与反存在力之间的实力差处于相对均衡的状态，存在体会发生运动，但并不一定或者足以带来变化。

## 第三节 黑格尔辩证法三个规律的适用范围

黑格尔辩证法的三个规律，即对立统一规律、量变质变规律和否定之否定规律，是黑格尔辩证法的核心内容，也是从近代以来西方辩证法的重要内容。

黑格尔的对立统一规律是不是存在体的规律，这个问题的答案我们要通过唯实主义的检验才能做出。根据唯实主义的归零重启法的原则，我们从存在体本身的事实性出发，而不是从绝对精神的推演出发来对对立统一规律进行纯概念性的判断。

### 一 对应范畴与辩证法

相关内容可见上文相关部分。

### 二 黑格尔的辩证法规律与存在辩证法

作为要素辩证法的黑格尔辩证法与以存在和存在体为核心的存在辩

证法是不同的辩证法理论。黑格尔辩证法的三个规律与存在辩证法的内在关系是不能回避的问题。由于两者具有不同的研究对象、核心概念体系和逻辑思路，黑格尔辩证法的三个规律并不适用于存在体，无法应用于存在体。

(一) 黑格尔的辩证法规律与事实性

需要加以明确的是，黑格尔辩证法中的对立统一指的是矛盾之间的相互依存和相互转化的关系，而这种关系的本质是对应性，而并非对立性。除非在十分特殊的情境之下，真正的对立性是不可能以相互转化为基本特征的，相互转化性只是对立性中的一种偶然性，而并非一种常态的状态、运动规律或者逻辑。存在辩证法的对抗范畴指的正是不具备相互转化性的真正的对立，是两个范畴之间互为代价的和相互否定的零和博弈关系。

黑格尔辩证法认为任何事物都处于矛盾之中，任何矛盾都要经历肯定—否定—再否定的发展规律。但是，这种观点并不具有充分的事实性，并不适合存在体的存在性。也就是说，黑格尔辩证法的对立统一规律违反了存在体的存在性的事实性。

既然对立统一观并不适用于所有的存在体，那么在逻辑上就要重新审视作为对立统一观的概念核心的对立观。我们发现，存在体之间的关系并不是传统的对立统一关系，而是以对立和对抗为主要形式的博弈关系，其准确的哲学认知和表达方式，是通过存在体与反存在体以及存在力与反存在力来表达的对应范畴中的对立范畴和对抗范畴。对于作为存在体的人类来说，对抗范畴在辩证法和普遍的哲学认知中并没有被置于应有的地位，而补充这个对对抗范畴的回避和忽略的现象是存在辩证法的目标。

对立统一规律并不适用于作为人的存在体的国家之间的关系。对立统一规律和否定之否定规律尤其不适用于全面战争状态的国家行为，而通过对抗范畴观却可以得到解释。处于全面战争状态下的国家间关系是完全的敌对性的国家关系，是你死我活的零和博弈关系，处于全面战争状态下的两个国家只有对立的关系，没有统一的关系。

对立统一规律和否定之否定规律更加不适合核战争。在核战争之下，战争的发动者同样是受害者，战争的发动者和被打击者都是受害者，已然没有了战胜国和战败国的区别，因此在核战争情境下只有对立，而没有统一，只有共同毁灭的共性，而没有统一性的侥幸。核战争会造成作为存在体的国家的彻底灭亡，从而摧毁了否定之否定的可能性。全面的核战争是对抗范畴的极端表现，是对抗范畴的一种异化现象，也是一种逆力悖反现象。

根据唯实主义，我们发现对立统一并不是存在体的规律，更不是普遍规律。因为它只有部分的事实性，并不具有完全的事实性，这是不符合唯实主义关于事实性的三个标准的。黑格尔辩证法中的对立统一是个具有洞见的观点，但这并不代表所有的存在体都是符合对立统一观的，对立统一观并无法覆盖所有的和大多数的存在体，而只适用于少数和个别的事物。也就是说，黑格尔辩证法的对立统一观是无法有效说明所有存在体的所有存在性的。

对立统一观在中国古代哲学中也有所体现，阴阳观就是其典型的体现。阴阳辩证法深刻地体现和演绎了阴和阳之间的对立统一关系，但是这同样也不能代表阴阳辩证法的全面性。实际上，阴阳观只能覆盖部分的事实性，而并不具备全部的事实性，其局限性已经被近现代科学的进步所揭示无遗。虽然不能将阴阳观的不足平移到对立统一观之上，但是两者却分享了不具备完全事实性的同样弊端。

（二）对立统一规律与存在体

如前所述，存在辩证法认为，任何存在体都具有生成、发展、衰落和消亡这四个基本的存在阶段。存在体的这四个基本的存在阶段是对所有存在体的事实性的反映和概括，是存在体的存在周期的内容构成。但是这四个基本的存在阶段并无法体现出黑格尔辩证法的对立统一规律。相反，存在体的存在状态和存在周期体现的是力的方程式，体现的是存在力与反存在力在存在体内的博弈和对抗过程。

如果将黑格尔辩证法的矛盾视为存在体的存在力和反存在力的话，在一定程度上是说得通的。矛盾论体现了存在体的存在内的存在、共处和博弈形式和方式，将重心置于对应和对立的关系之上。但是，由于存在辩证法认为存在体的存在力和反存在力之间的关系的本质在于对抗性的博弈关系，并且两者之间的博弈不仅来自存在内而且来自存在外。因此，矛盾论只能部分地解释存在体内部的力的存在和博弈。

如果将黑格尔辩证法的三个规律用于对存在体的存在力与反存在力的解释的话，这种解释就更加有限了。故而，存在辩证法认为，与存在体的存在相关的辩证法是存在辩证法，而不是黑格尔辩证法，包括其三个辩证法规律。

（三）量变质变规律与存在辩证法

量变与质变规律是适合于存在体的；对立统一规律可以体现存在体内部的存在力与反存在力之间的博弈和共存关系，但不能反映存在外的关系；而否定之否定规律则基本上无法覆盖存在体的存在性，因为它不符合存在体的实在性和事实性。

应该说，黑格尔对量变质变规律的阐述是其三个辩证法规律中最具合理性的。这个规律对于存在体也是适用的，与存在辩证法也是契合的。只是这个规律并不是黑格尔的原创，如前所述，量变与质变的关系在董学辩证法中早已有了明确而系统的阐述。

（四）否定之否定规律

虽然黑格尔辩证法的否定之否定规律可以用于对某些存在体的运动方式的解释，但是它并没有充分和普遍的事实性基础，并且有先验论和独断论之嫌，因此对这个观点不应加以泛化和滥用。

存在辩证法认为，无论存在力是来自存在内还是存在外以及存在体之内和之外，对于存在体来说都不存在一个黑格尔意义上的先验的和预定的"再否定"或者"合"。存在力与反存在力的博弈贯穿于存在体的整个存在过程，其最终的结果只能是非存在或者无，即消亡/死亡，而"再否定"和"合"则是一种特例。

（五）黑格尔的辩证法规律无法解释异化

黑格尔辩证法的三个规律无法解释存在体和存在力的异化现象，而对于人类在核战争所处的全面异化危机更是束手无策。然而，通过存在辩证法的对抗原则可以对各种异化现象做出合理的解释，也正是传统辩证法的整个理论空白促使了对于存在体和存在性的哲学思考并促使了存在辩证法的产生。

从逻辑性和事实性上看，如果存在力与反存在力这对对立的范畴之间具有统一性的话，那么它们就不会出现系统性的异化了。异化是对自在本性的否定，异化正是建立在对统一性的彻底否定基础之上的，是向异己性的性质的根本改变，已经超越了对立统一观的内涵和所能覆盖的外延范围。异化这种自身向反存在力的转化的现象是对抗范畴的一种极端表现，异化的存在体不具备对立统一的关系，同样只有否定、对立和对抗而没有统一，其生成、存在是典型的对抗范畴之内的运动方式。

对异化的进一步解析，可见下文。

**三　黑格尔的辩证法规律的适用范围**

实际上，存在辩证法的对抗范畴和黑格尔辩证法的对立范畴是不同的规律的原因在于两者研究的主题不同。对抗范畴着眼于存在体的存在性，包括整个其存在周期，即生成、现实中的存在和消亡/死亡，以及各个阶段的存在状态；而对立范畴的研究对象则是存在体内部的要素，而不是存在体及其存在性。

存在辩证法认为黑格尔辩证法的三个规律不是存在体的普遍规律，并不意味着它否定它们仍然适用于某些对应范畴和在一定情境下的对立范畴。虽然这三个规律并不适用于存在体和反存在体以及存在力与反存在力等对应范畴之间的对抗，并且对于存在体并不具有普遍性，然而它们作为一种辩证法观念是具有观念史意义的，并且对于一些情境下的存在状态也是具有适用性的。也就是说，相对于存在体和反存在体之间的互动和博弈，在那些性质相同或相似的不同的力之间，相向性是主要的，这就是它们具有相同性质的原因所在，但它们之间也仍然存在着排斥性，是相向性和排斥性的对立统一。在这种情境下，黑格尔辩证法的三个规律是具有适用性的。

作为存在体内部的要素之间的运动方式，黑格尔辩证法的三个规律对于如存在枢机及其支撑体系之间的关系以及相同性质的力之间的关系是适用的。在国家内部，存在枢机与其支撑力之间组成的存在枢机系统存在着对立统一的关系。存在枢机是国家对于维持其存在和存在状态的核心力量所做出的选择，各种支撑力是为其提供帮助的辅助者，其功能要服从存在枢机的目的性，它们之间存在着对应的关系；同时，存在枢机又离不开各种力的支撑，它们共同组成了国家存在枢机体系，共同服务于国家意识形态对其目的性的规定，两者之间存在着统一性。在这些互动之中，量变与质变的规律显然是适用的；国家存在枢机的不同子存在体之间的关系具有矛盾性；而在不同子存在体之间的通过不断否定自己的进化过程中，达到否定之否定式的进步也是一种可能的情境。

## 第四节　必然性和偶然性的本质

　　必然性和偶然性是西方传统辩证法被经常讨论的一对对立范畴。西方传统辩证法将这对辩证法范畴视为揭示事物运动规律的重要视角。

　　西方传统辩证法认为必然性是事物内部的根本矛盾所规定的确定不移的趋势。[①] 这种观点是不全面的。事物内部所规定的趋势并不能转化为必然性，缺乏了对于反存在力的克服，事物便无法转化为现实性，即无法在现实中生成、成长和存在。而缺少了现实性意味着必然性失去了前提和基础。存在辩证法认为，必然性是指在存在力和反存在力之间的实力差比较明显的情境下而导致的具有较高的可预测性的力的较量的结果，这种结果不仅体现在存在体的内部而且也体现在外部。

　　西方传统辩证法认为偶然性是受过程中的非根本性矛盾的影响所致；偶然性的根据在于过程内部的非根本的矛盾和其他过程对于主要过程的影响。[②] 这种观点都没有捕捉到事物运行的关键点，即力的博弈和对抗。西方传统辩证法关于必然性与偶然性之间的关系的看法是纯粹的概念之间的演绎和逻辑推演，缺乏事实性基础和存在的视角。存在辩证法认为，偶然性是指在存在力和反存在力之间的实力差很小或者难于进行比较的情境下而导致不具有较高可预测性的力的较量的结果，或者是结果并没有准确反映出实力差对比状况而出现的一种现象。

　　存在辩证法认为，偶然性是必然性的变数，是对实力差变化过程中的不确定性、不稳定性和不可预测性的反映。因此，必然性和偶然性只是存在力和反存在力之间由于实力差的差异而导致的对于结果的反映，它们只是存在体运行的一种表象，真正主导事物运动过程的正是存在力与反存在力之间的实力差的此消彼长和由此而带来的对存在体与反存在体之间关系和存在体的存在性的变化。存在辩证法认为，必然性和偶然

---

[①] 参见李达主《唯物辩证法大纲》，武汉大学出版社 2007 年版，第 306—315 页。
[②] 参见李达主《唯物辩证法大纲》，武汉大学出版社 2007 年版，第 306—315 页。

性两者之间的关系所体现的实际上都是现象，作为现象的必然性和偶然性都是存在力与反存在力的实力差这个本质的反映和折射。也就是说，力的实力差是本质，建立在力的实力差之上的因果关系，即必然性和偶然性，是体现存在体内部的实力差所表现出的现象。

明了了必然性和偶然性的本质便可以理解两者之间并没有性质的区别，两者的差异仅在于实力的量的差异，而量是动态的，因此必然性与偶然性是可以相互转化的，转化的根据就在于存在体之间实力差的变化。

"种瓜得瓜，种豆得豆"所表达的是存在体的内在规定性对于结果的决定性，这种决定性就是一种必然性。但是，这个谚语是建立在一个重要的前提之下的，那就是瓜和豆能够克服敌对性的外部条件和各种反存在力而得以正常生长。各种自然灾害，如过冷和过热的土壤和天气、旱灾、涝灾、虫灾等，都是瓜和豆所面临敌对性的外部条件中所孕育的反存在力。对于任何一颗瓜和豆的种子来说都无法确认自己一定能够破土而出，能够顺利生长和开花结果。只有在有利的外部环境的培育下尤其是在人类的呵护下，生物内部潜在的存在力能够有效地消除和抵御这些反存在力，其内在的规定性才能转化为存在力，生物才能够顺利地在现实中得以体现，进入存在周期，才能够生长和开花结果。

对于更为复杂的复合存在体人类来说，其行为是多种力量相互交织，形成各种合力和分力，是其互动和博弈的结果。各种力的相互冲击和影响使人类的行为变得极其复杂，在绝大多数情况下是很难预测人类行为的结果的。只有在行为结果出现之后，人们才能对所谓的必然性和偶然性进行概括和总结，利用倒推法进行复盘和总结。例如，没有人能够经常性地准确预测当天和未来的股市和期市，而在收市之后形形色色的专家才可能对它们的走势进行"精彩的"评述。股评家们可以认知到市场中发生功能的各种力，却无法预知各种力博弈的结果，这种状况典型地折射了存在辩证法关于必然性和偶然性之间的绝对性与相对性之间的关系。

但是，人类的行为还是有规律可循可依的，这就是对行为方式的认知、把握和控制。例如，"得道多助，失道寡助"是人们在总结人类行为规律的时候所发现的一种因果关系，这句格言所体现的实际上就是在一定的情境下人类行为的必然性和偶然性的本质。这句话虽然看上去像是一种道德评价，却包含着对人类行为规律的一种总结。所谓得道是指一个存在体的言行符合大多数人的意愿，能够得到大多数人的帮助，也就是说这个存在体的存在力形成了由多种力量组成的合力；相比之下，所谓的失道是指一个存在体的言行违背了大多数人的意愿，没有得到大多数人的帮助，大多数人不但没有形成合力，反而加入了反存在力，形成了反存在力的合力。如此一来，两个存在体自己的力量对比便发生了变化，得道者的实力大增，而失道者的实力相对被削弱，两者之间的实力差发生了重大的变化或者逆转。在这种实力差之下，拥有实力盈余的得道者必然会战胜处于实力赤字状态的失道者，两者博弈的结果也就出现了得道者胜而失道者败的必然性。在第二次世界大战中，拥有强大实力的纳粹德国和日本军国主义之所以惨败，就是因为它们是失道者，其暴行激起了受到侵略和残害的世界绝大多数国家和人民的反抗，这些国家结成了反法西斯联盟，其合力要远大于法西斯阵营的实力，相对于法西斯阵营形成了巨大的实力盈余。如此一来，热爱和平与正义的世界人民能够战胜法西斯便具有了历史必然性，也成为"得道多助，失道寡助"这句格言的一个最典型和最有力的注脚。

有人将战争分类为正义战争和非正义战争的逻辑也在于此。这个分类是对战争的道德性的判断，并不是参战方军事实力的反映。然而这个分类指出了战争中的一种政治力量和军事力量的走向，而这种力的走向对于战争结果的确定却是有影响的。正义战争是得道者所进行的自卫和弘扬正义事业的战争，能够得到大多数国家和人民的支持，容易通过形成合力而使正义战争的参与者的实力大增；而非正义战争的发动者则失去了道德支撑，受到大多数国家和人民的反抗，实力会因此而相对削弱，形成实力赤字，并最终在与正义战争的参与者的较量中战败。正因如此，许多发动非正义战争的国家也会为了占据道德高地而设计各种阴谋，将自己打扮成受害者。这样做不只是为了制造发动战争的借口，也是为了阻止其他国家与被侵略者结成合力，以确保自己始终处于拥有实力盈余的状态。

但是正义战争和非正义战争的划分并不代表战争结果的必然性。在人类历史中，许多非正义的侵略战争却攻城略地，能够屡屡征服进行自卫的正义战争的参与者，这是为什么呢？这是因为侵略者的实力远远大于自卫者的实力，前者相对于后者所拥有的实力盈余过于庞大以至于自卫者虽然能够获得一定的合力却仍然无法弥补巨大的实力赤字。这种情况的出现恰恰说明了人类历史的运行不是由理念和道德所主宰的，而是由实力所决定的。

自然科学中的公式同样体现了存在辩证法关于必然性和偶然性之间的关系。这些公式成立的前提条件都是将反存在力进行了有效的控制，将科学家所要研究的存在力在人为的情境下来运行，是一种非自然条件下建立起来的各种自然力之间的因果关系。也就是说，科学中的必然性是可控制条件下的必然性，是经过人类设计的固定结果。要使这些科学公式被成功地应用于实践之中，就必须创造出人为的环境，将各种反存在力消灭或者控制在预定的程度上，否则各种科学公式就不具备现实意义。

## 第五节 绝对性与相对性的本质

存在辩证法认为，在对应范畴中存在着绝对性与相对性的双重性。绝对性和相对性是具有对应性的两个方面，即力的形式和力的排斥性。

### 一 关于力的形式

存在辩证法认为，存在的绝对性是力的原则，力是存在的绝对原则；相对性则是存在体在现实中的存在性相对于力的原则的形态、状态和走向。对于个别的存在体来说，力作为存在的决定者的地位和功能是具有绝对性的，而具体的力的形式、形态、力度和对其的使用则是处于变化之中的，是具有相对性的。

### 二 关于力的排斥性

如前所述，存在辩证法认为，存在体与反存在体以及存在力与反存在力之间的排斥性就是哲学意义上的否定。而否定的结果则是由相互之间的实力差决定的。

存在辩证法认为，虽然存在力和反存在力之间并不总是以否定这种激烈的方式表现出来的，相互之间也存在平和的互动形态，但是这并不能掩盖和否定两者之间的排斥性和对抗性是绝对的和必然的规定性，两者之间的关系最终还是零和博弈的关系，其相互之间的转化性是相对的和偶然的。因此，存在体之间的关系始终是充满着危险性的，存在的危险性原则无时不是存在体的存在方式。

对于相同性质的不同的力来说虽然其间的相向性是主要的，相向性是力能够结成合力的根据。但即便如此也仍然存在着相互之间的排斥性，因此存在体在现实中的存在可以说始终是相向性和排斥性的对立统一。

由此可见，存在体在现实中的存在就是力的绝对性与相对性的双重表现，是两种属性的平衡和综合。

## 第六节 存在辩证法与阴阳观

如前所述，阴阳辩证法中的阴阳观是中国古代辩证法的核心。阴阳观反映了阴和阳两种对立范畴即存在力与反存在力之间的博弈和转化以及存在体的存在状态的形成和变化。阴阳观的这些表现与存在辩证法存在相似性。但是，阴阳观与存在辩证法却存在着很大的差异。

### 一 阴阳辩证法与实力差

阴阳辩证法是关于阴与阳这两个要素之间相互作用和转化的辩证法，这与存在辩证法的存在力与反存在力之间的博弈关系有相似之处。但是，阴阳辩证法并没有回答阴阳互动的根据和动力的问题，在各种看似颇为繁复和多样化的哲学化阐述的表层下面仍然只是对事物现象层面的观察和在观察之上所做的简单的归纳和总结，仍然没有深入事物的本质之中。相比之下，存在辩证法的力的方程式和实力差原理则阐明了阴阳之间互动的内在根据和外在动力，指出了事物运动和变化的决定因素。

### 二 阴阳辩证法是关于要素的辩证法

如前所述，阴阳观不是关于实体或存在体的观念，作为中国传统辩证法的阴阳辩证法也不是以存在体为主体的辩证法。阴阳辩证法的主体是阴和阳，而阴和阳是两种要素，也就是说，阴阳辩证法是一种关于要素的运动和变化规律的辩证法。阴阳辩证法的这个本质特征与黑格尔辩证法等传统的西方辩证法以矛盾为主体的辩证法是十分相似的，属于同一类的辩证法即要素辩证法。因此，阴阳辩证法反映的不是存在体与反存在体之间的对抗和博弈。由于缺乏以存在体为载体和支撑，阴阳辩证法中的阴和阳虽然也是两种相互排斥又相互依存的力，但它们并不是存在辩证法中的存在力与反存在力。

### 三 阴阳辩证法是单维度的辩证法

作为单纯要素的阴与阳缺乏存在体的依托，因此是不存在内向维度和外向维度的。阴阳辩证法下的阴与阳之间的博弈是在实体内部进行的，只表现了内向维度，是单维度的对应关系。阴阳辩证法的单维度性在周敦颐的作为阴阳辩证法较高形态的太极图中体现得淋漓尽致。相比之下，存在辩证法不仅关注存在体的内向维度，同样重视外向维度，并且将存在体之外的威胁到自身存在的各种反存在体和反存在力皆纳入了对存在规律考察的有效视野之中，这在力的方程式中有充分的体现。

### 四 阴阳辩证法与存在性

董学辩证法中的阴阳观是以阴和阳之间的变化和演绎为主线的辩证法。阴和阳的相对性和变化关乎存在体的存在状态。然而，阴阳观新的存在体的存在状态只受制于阴和阳之间的演绎，仅在内向维度展开，缺乏开放性和外向性。

虽然《易传》中有"一阴一阳谓之生"的观点，但并没有关于死亡的观点，也就是说易辩证法是有生无死的辩证法，是没有存在周期的辩证法，因而是不完整的辩证法。也就是说，阴阳辩证法中的阴阳观的主体是阴和阳两种要素，只能覆盖存在体的部分阶段，只能描述存在体的部分存在状态，并没有覆盖存在体的全部存在过程。阴阳辩证法是不包括实体或存在体的消亡和死亡的辩证法。

因此，虽然阴阳辩证法涉及存在体的存在性，然而却是不全面的，无法真正阐明存在体的存在性的整个周期和要点。

缺乏关于死亡的辩证认知表明阴阳观中的阴阳的相互博弈只在这个相对成熟的现实状态下进行，这也决定了实体内部的阴和阳两种力只有斗而不破的博弈状态，因此还并不是存在体和反存在体之间通过存在力与反存在力来体现的以存在和死亡为代价和目的的生死博弈和冲突。

#### 五　阴阳辩证法与限度观

所有的存在体都在存在周期内存在，也就是说所有的存在体都会消亡/死亡，任何存在体都是以消亡/死亡为结局的。这个事实表明，存在力与反存在力之间的博弈和转化并不是如阴阳辩证法所描述的那样只在一定的限度内进行，存在力与反存在力之间的博弈并不会受到限度的约束，而一旦限度被打破，两者的相互转化性也不存在了。而这种情境只能在存在辩证法中得以捕捉、表述和总结。存在力与反存在力之间的博弈并不会受到其各自载体的制约和限制，它们的对抗随时准备着打破限度和载体的制约，赢得博弈的胜利，或者给其相互间的互动画上句号。因此，阴和阳之间的"温文尔雅"的互动游戏并不完全适用于存在体内部和外部的整体的对抗和斗争图景，更不适用于存在体在博弈中消亡的情境。

综上所述，阴阳辩证法可以被视为存在辩证法在一定限度内运行的一种情境，而存在辩证法的视野要远较阴阳辩证法广阔和复杂。这种状况表明，阴阳辩证法表述的只是事物的部分的过程和事实性，而存在辩证法表述的则是存在体存在的全部的过程和事实性。

## 第七节　内因与外因

内因与外因是传统辩证法的一对对应范畴。存在辩证法根据存在体的两个维度和力的方程式的理论对这对传统范畴进行了新的解读。

#### 一　内因与外因的辩证关系的两个层次

内因与外因是传统辩证法的一对重要对应范畴。这对范畴之所以重要是因为它们所揭示的是事物发展变化的动力问题。

（一）针对实力差的三种情境

莱布尼茨哲学的单子论认为事物运动变化的动力在于单子内在的力，因此事物运动变化的动力只能是内在的，而绝不会是外在的。同样地，黑格尔辩证法认为，事物运动和变化的根本原因在于内因，并且内因决定外因，外因只是内因起作用的外在条件。

存在辩证法认为，这个结论是不准确的，它只说明了内因与外因关系中诸多情境中的一种，而只有以实力差为逻辑中轴才能对内因与外因两者之间的关系进行全面而合理的覆盖和说明。根据存在力与反存在力之间的实力差的原则，内因与外因哪个维度会起决定性作用并不是先天注定的和具有机械性的，哪个维度起决定性作用取决于两者之间的实力差关系。内因与外因之间的实力差关系可分为三种情境：第一种情境是内因相对于外因具有实力盈余，这就使得内因的作用要大于外因，内因的实力盈余越大，它的作用越大，内因就越有可以起到决定性作用；第二种情境是内因相对于外因存在实力赤字，这就使得外因的作用要大于内因，内因的实力赤字越大，外因的作用越大，外因就越有可能起到决定性作用；第三种情境是内因与外因之间的实力相当，没有明显的实力差，这就使得内因与外因处于相对均衡的状态，存在体的存在状态便不会发生明显的变化，这样并无法断定哪个维度会起到明显的决定性作用。

在这三种情境下，人们可以以内因为依据来解释内因与外因之间的关系，这样的思维方式不失为一种分析视角，但只强调主观性而看不到客体状态的分析方法显然并不符合存在体存在和运行的事实性，对于辩证法来说在逻辑上是有缺陷的。存在辩证法以内因与外因之间的实力差这个中轴来看待和分析问题，既看到了主体，又兼顾到了客体，同时将分析的重点落于中性的实力差之上，不仅更加全面，也更加客观，更能体现事物运动和变化的事实性，更有利于做出准确而科学的判断。由此可见，存在辩证法对于内因与外因之间关系的解析显然更具有科学性，能够全面而客观地体现事物运行的规律，这是与唯实主义关于事实性的绝对性的原则相一致的。

一只迷途的羚羊被饥饿的狮子吞食了，如果说羚羊的命运是由它的内因所决定的，这就等于白说，就等于否定了羚羊存在的必要性。这不是代表着人类最高等级的认知能力和思辨水平的辩证法所应该得出的结论。羚羊的命运是由羚羊与狮子的实力差所决定的，这种实力差是先验性的，是它们各自类的自在属性。对于这样的结果我们只能说当羚羊遇到狮子时，它的命运是由外因决定的。同样地，从狮子的角度来说，它之所以能够将羚羊作为当晚的美食，是因为它遇到了一只迷途的羚羊，这也是由它与羚羊之间天生的作为动物种类的实力差所决定的。

一个国家饱受其他国家的欺凌和侵略，这种状况不能简单地被概括为是由该国的内因所造成的，而要从该国与其他国家的实力差中去寻找答案。如果只看到内因的因素，人们会发现即使经过艰苦的努力该国的实力有所提升，但这并不意味着它会改变其存在状态，相反它的存在状态有可能进一步恶化，因为它的邻国或者其他列强的实力有可能会以更大的幅度增加，两者之间的实力差不但没有缩小反而会进一步扩大。只强调其发展水平不高的内因便无法看到该国存在状态恶化的真正原因所在。

（二）存在体的内向维度和外向维度之间的转化性

存在辩证法的内向维度与外向维度的关系类似于西方辩证法中的内因与外因这样一对对应范畴。但事实上，两者是不同的。

如前所述，存在辩证法认为，存在体的内向维度与外向维度之间是具有相互转化性的。

在每个存在体之内，无论是内向维度还是外向维度都存在着存在力和反存在力的博弈和对抗。存在力和反存在力的力度是可以增减的，在经过动态变化的积累基础之上，两个维度之间以及它们的实力差的性质也会发生变化，这种动态的内向维度和外向维度之间的实力差决定了内因和外因之间相互转化的基本态势。

存在力在内向维度和外向维度之间的转化是可以双向进行的，即存在力可以从内向维度向外向维度进行转化，反之亦然。存在体的内向维度和外向维度的存在力是两个维度进行力的转化的基础，缺少原有的力就不存在转化的内容和可能性。由于内向维度的存在力源自存在体的本性，因此内向维度的存在力更具根本性。

总体来说，内向维度的存在力越大越有可能转化为强大的外向维度的存在力，反之亦然。然而，两个维度的存在力的相互转化并不是必然的，也不是经常具有对等性的。

存在力在两个维度之间的转化并不具有必然性，这也决定了存在体的内因与外因之间的转化也不具有必然性。也就是说，内因与外因之间相互转化的渠道并不一定存在，也不一定是畅通的，即使存在转化渠道，它们相互之间的转化也是具有不对等性的。内向维度的存在力不一定能够全部转化为内向维度的存在力,反之亦然。存在力能在多大程度上完成转化要看两者之间是否存在有效的转化渠道、转化的渠道是否畅通以及是否存在能够促进这种转化的有效机制。而这些需要资源的持续投入和制度的不断建设、维护和升级,以及存在体所面临的反存在体和反存在力。

故此,存在体的两个维度之间的相互转化性说明,从根本上看,存在体的运动和变化的动因是二元的,既可以来自内因也可以来自外因,具体的运动和变化的决定因素取决于存在体的内因与外因之间的态势、存在体的存在性以及存在体所面对的反存在体和反存在力的力度。

**二 对几种内因与外因之间的相互转化策略的解析**

存在辩证法对内因与外因关系的解读可以解释许多历史现象。

(一) 国家兴亡的根据

国家兴亡的根本在于国家综合实力的强大,这是常识。但是这个常识是笼统和不准确的。根据存在辩证法,国家兴亡的根据在于与反存在体之间的实力差状况。国家之间的实力差的体现既有内因的要素也有外因的要素,但又不是单一的内因或者外因能够决定的,决定要素在于它与作为反存在体的敌对国家之间的实力差状况,其中既有内因也有外因,是多种因素根据力的方程式进行比较的结果。

在这个力的方程式中,反存在体可以是其他敌对的国家和国家集团、敌对的文明形态以及各种非政府组织等。当一个国家的存在力相比于反存在体的实力处于平衡或者拥有实力差盈余时,只要应对得当,那么国家的存在和即有存在状态的保持基本上是无虞的;当其存在力与反存在力相比处于下风,拥有实力赤字时,它的存在状态会受到挑战。

对于存在状态处于激烈变动的国家来说,它与反存在体之间的实力差一定在短期内发生了剧烈的变化。由于一个国家的存在力在短期内出现快速增长或者由于其主要的反存在体的实力突然快速下降,该国的实力盈余会在短期内迅速飙升,这种实力盈余一旦通过战争或者政治、经济和外交等和平方式得以体现和宣示,那么它的国家存在状态便会发生积极的向上的突变,即该国实现了崛起;而由于一个国家的存在力在短期内出现快速的衰落或者由于其主要的反存在体的实力突然快速增长,该国的实力地位便会发生变化，当出现实力赤字或者实力赤字迅速扩大时，一旦通过战争或者政治、经济和外交等和平方式被体现和暴露之后，那么它的国家存在状态便会发生消极的负面的突变，即该国出现了衰落。

战争是作为存在体的国家之间进行实力宣示的最直接的行为方式，也是体现国家之间实力变化的最激烈、最快速和最充分的形式。虽然会有操作层面的误差出现，但国家在战争中的表现基本上能够体现该国的实力状况。也就是说，战胜国基本上都是拥有实力盈余的国家、国家集团和文明形态，战败国基本上都是拥有实力赤字的国家、国家集团和文明形态。战胜国的国家存在状态会获得突然的提升，一些国家实现了崛起，一些国家的存在状态得以巩固和加强，而战败国的国家存在状态会突然跌入谷底，出现迅速的衰落。第一次世界大战标志着作为战败国的奥匈帝国、德意志第二帝国、奥斯曼帝国和沙皇俄国等传统帝国的土崩瓦解，标志着作为战胜国的美国突然间崛起为世界性强国以及英国和法国等国家强国地位的巩固。第二次世界大战标志着包括由德国、日本和意大利等国所组成的法西斯集团的覆灭，标志着美国和苏联两个超级大国的崛起以及中国的国家存在状态的大幅提升，而许多之前被法西斯国家奴役的国家获得了解放。

当处于战争状态的国家之间的实力相当时，胜负便取决于对国家军事实力应用的效率，于是战略和战术便会扮演重要的角色，这就是兵法历来被国家所重视的原因。在战役层面，实力处于赤字状态的一方也会取得胜利，这也要归功于对战术的合理使用。"二战"时日本偷袭珍珠港，纳粹德国突袭苏联，都曾取得战术层面的胜利，但真正决定国家之间胜负的仍然是国家的存在力，短暂而个别的变奏并不能改变这个规律。

存在辩证法也会告诉我们什么才是真正的国家崛起。所谓的国家崛起并不是国家实力的绝对增长，而是相对于其他国家尤其是反存在体的国家实力差状况的由负转正和正数的大幅提升。国家自身的实力的增长只是纵向的增长，是内在性的增长，如果其他国家尤其是反存在体的实力也在增长甚至其增长速度和幅度要大于自己，那么这种内在性的纵向增长是无法改变自身的存在状态的。只有横向的外在性的增长才能够带来国家崛起。当然，横向的外在性的实力增长是要由纵向的内在性的增长为前提和基础的，没有了后者前者便无法实现，所谓的国家崛起只能是空中楼阁。如果与其他国家的实力赤字进一步扩大，那么该国不但没有崛起，反而是在衰落。

因此，在判断一个国家是否在崛起时，切不可在内部取得了一些成绩便沾沾自喜，而要保持冷静的头脑，要把眼光盯在本国与其他国家尤其是（潜在的）敌对国家之间的实力差的变化之上。

（二）对几种国家行为的存在辩证法解析

内因与外因之间的相互转化在政治领域内可以表现为在内向权力和外向权力之间的相互转化。在政治和国际关系领域内，这种转化是项十分复杂和苦难的工作，是考验一个国家的领导人的执政能力的重要方面。妥善处理两者之间的关系能够成就国家领导人的伟大，更能使国家成功地战胜反存在体对自身的存在威胁和挑战，而一旦处理不好便会给国家带来极其严重的后果。

1. 韬光养晦策略解析

当一些国家自身的存在力并不强大而周边却存在着诸多强大的反存在体的情境下，它们可能会选择与其发生正面的对抗以维护国家的利益不会受损，它们也会选择不去与它们进行正面对抗，以丧失一部分国家利益来换取自身存在的权力和机会，虽然这种存在状态并不是它们所希望拥有的，而待国家存在力增加到一定程度之后再去索回那些受到损害的国家权益，这后一种策略就是韬光养晦。

采取韬光养晦策略的逻辑是要致力于国家的存在力在不受打扰或者外部干涉之下得到快速和充分的发展。在国家的存在力相对于反存在体处于明显的实力赤字的情况下，如果采取正面的冲突去维护和索要某些国家权益，那么不但无法保持或者获得这些权益，反而会威胁到国家存在本身，要么使国家的存在状态进一步恶化，要么会危及国家的存在本身，因此在国家拥有实力赤字的情况下其与强大的反存在体进行正面冲突并不是明智的策略。一个国家在处于实力赤字的状况下贸然采取与强大的反存在体正面对抗策略往往与判断失误有关。对国家实力的判断并不是简单的工作，对自身和反存在体的实力出现判断误差是经常出现的事情，一个国家在这种情况下应该采取明智的策略，而不要想当然地抬高或者低估自己的实力。

第二次世界大战时期的日本是典型的失败例子。美国对日本所采取的禁运政策使正在亚洲进行大肆侵略的日本在石油的供应上捉襟见肘，为了获得西方国家在东南亚地区的油田，日本决定采取南进战略，与欧美国家开战。日本认为美国的经济实力虽然远在日本之上，但这并不等于其军事实力也同样强大，并且美国人的战斗意志无法与奉行武士道精神的日本军队相提并论，对美国突然施以沉重打击有可能促使美国人向日本妥协让步甚至投降。日本人的判断错误出现在对美国的内向维度向外向维度进行转化的能力之上，也就是说日本完全低估了美国将内向维度的经济实力转化为外向维度的军事力量和战斗力的能力。以这种判断为依据，日本悍然偷袭了珍珠港，对美国太平洋舰队造成了重创。与日本的期待相反，美国不但立即对日宣战，还迅速将庞大的工业体系完成了向军工化的过渡，其军事实力迅速形成了相对于日本军队的无法弥补的实力盈余，这种实力盈余成为美国领导全世界反法西斯同盟最终战胜德日法西斯的重要保障。可以说，就是因为拒绝韬光养晦，日本军国主义在疯狂了几年之后便彻底灭亡了。

与此相反，一些国家因审时度势地选择了韬光养晦的策略而能够渡过难关，不仅维持了国家的存在，也为日后的崛起奠定了坚实的实力基础。在10世纪末期，粟末靺鞨因为参与了契丹人发动的营州之乱而被迫东奔。在大祚荣的领导下，这支粟末靺鞨人在东牟山建国，创立了渤海国。初创时期的渤海国四周被诸多强大的反存在体所包围。北方有后东突厥国在再次崛起之后虎视眈眈，其军事实力十分强大；西方有强大的唐朝，粟末靺鞨人因为参与了反叛而亡命天涯，自然不敢再次得罪；南方有唐朝的藩属国新罗，当时的实力也在渤海国之上；东方的靺鞨其他部落如黑水靺鞨等也骁勇善战、不容小觑。在这种四面楚歌的情境下，大祚荣选择了韬光养晦策略，降低身段，四处称臣纳贡，目的是使新兴的渤海国能够维持存在，即使其存在状态不尽如人意也在所不惜。果然，四方的反存在体并没有对这个新兴国家发动军事攻击，容忍了它的存在。在创造了和平的外部条件之后，渤海国的实力不断增长，在武王大武艺执政时期已经比较强大。大武艺改变了韬光养晦策略，开始四面出击，依靠武力改变了过去委屈的存在状态，使渤海国逐渐发展成东北亚地区一个强大的存在，成为"海东盛国"，渤海国存在了229年（公元698

年—926年），是历史上在东北亚存在最长的藩属国。① 渤海国之所以能在如此长的时期保持国家的持续存在，与大祚荣在建国初期所采取的韬光养晦策略直接相关。如果大祚荣在立国之初采取了与实力远在自己之上的周边各个反存在体正面冲突的策略，那么渤海国很有可能在建国几年之后便会在突厥铁蹄和大唐的远征军的军事打击之下亡国了。

2. 危机性原则和忧患意识

存在辩证法认为，作为存在体的国家始终处于诸多的反存在体和反存在力的对抗、威胁和伏击之下，稍不留神便会使自己的存在状态发生重大的变故，也就是说，存在的危机性原则时刻都在发生作用，因此无论国家现有的存在状态如何，都必须居安思危，具有忧患意识，保持一种战战兢兢和如履薄冰的警觉。自鸣得意、想当然的安全感和优越感都会使国家麻痹而放松警惕，当反存在体突然发难时措手不及和无力应对，使国家利益受损。

---

① 参见魏国忠、朱国忱、郝庆云《渤海国史》，中国社会科学出版社2006年版。

# 第 九 章

# 存在辩证法与其他学科

作为新的辩证法理论和思想，存在辩证法具有广泛而深刻的理论适用性，可以应用于一些传统的社会科学学科中，为其带来新的思路和解读。

## 第一节　存在辩证法的新思维[①]

存在辩证法对于其他社会科学学科能够带来新的思维，能够以新的辩证法和方法论以及新的视角对传统学科带来新的发展和探索的动力。除了哲学之外，存在辩证法的基本方法、理论和原则对于历史哲学、人类学和国际关系学等都会带来新的思维和启示。

本书旨在阐述存在辩证法的基本理论和原则，存在辩证法对其他学科的新思维并不在本书范围之内，需要专门的文案进行深入系统的发掘和阐述。在此仅就存在辩证法对国际关系学中的一些理念的新的解读做些介绍。

## 第二节　存在辩证法与国际关系学

从广义上讲，国际关系是国家之间所发生各种关系的统称。国际关

---

[①] 所谓新思维是指存在辩证法对一些传统的哲学命题的重新解答和解析。由于存在体是广泛和普遍存在的事实，因此以存在体的存在规律为主题的存在辩证法也广泛而普遍地适用于存在体之中。

系学就是研究国家之间的关系或国际关系的学科的总称。国际关系理论则是专门揭示国际关系发展和运行的规律和原则的学科。

1. 国际关系的本质

存在辩证法认为，国际关系是作为人类组织性存在体的国家之间的各种存在力与反存在力的互动、博弈和冲突，体现着存在体与反存在体以及存在力与反存在力之间的运动规律。也就是说，国际关系是力的运动场，是力的方程式进行充分展示的大舞台。

国际关系学就是研究国家之间的关系学科，是以国家之间的存在体和反存在体以及存在力和反存在力的互动、博弈和冲突的规律为主要研究对象的学科。可以说，在诸多的社会科学学科中，国际关系学是存在辩证法关于力的规律的最典型的展示场所之一。

虽然国际关系每时每刻都在发生，但迄今为止国际关系学却仍然处于比较低级的发展阶段，仍然严重滞后于国际关系的进程。在国际关系领域，人类的"行"在前，而"知"远远地落在后面，两者距"知行合一"相去甚远。这种状况为存在辩证法在国际关系和国际关系学中的应用提供了广阔的理论空间。

2. 对一些传统国际关系策略的解析

在古今中外的国际关系实践中，有一些策略被经常使用，它们构成了国际关系学的基本实践、策略和原则。

（1）均势战略（the Balance of Power）

自从西方民族国家在1648年的威斯伐利亚会议产生以来，在西方国际政治中形成了一个十分重要的外交观念和策略，那就是均势（the Balance of Power）。均势指的就是国家之间在综合实力尤其是军事实力基本上处于对等的一种状态。所谓均势战略就是通过在存在体之间采取力的合并和分离的方法来抵消某个存在体的实力盈余，以形成存在力与反存在力之间的相对平等即均势状态，从而有效地阻止该存在体的扩张和崛起的外交战略。均势战略所依据的原则正是存在力与反存在力之间的实力差原则。根据存在辩证法均势就是存在力与反存在力之间的实力差趋于零，任何一方都不占明显的实力盈余或者实力赤字，存在体与反存在体处于相对平衡状态。

西方国际政治家认为，均势是保证国家间和平的重要前提和基础，而均势一旦受到破坏则意味着地缘政治的动荡和战争的出现。在不同国家之间建立和维持均势是西方列强处理国际关系的最基本的原则之一。作为相对独立于欧洲大陆的老牌强国，英国借助于其自身相对强大的实力，在近现代时期一直致力于在欧洲大陆建立不同形态的均势战略，实行所谓的"光荣孤立"策略，即英国在置身于欧洲各国事外的同时，根据各国实力的强弱进行不断的排列组合，建立起不同的同盟集团，有效地阻碍了某个大国在欧洲大陆独占鳌头，起来挑战英国的地位。均势战略是英国在近现代指导性的策略之一，在近代国际关系中英国将这个策略运用得炉火纯青，在欧洲大陆合纵连横、纵横捭阖，成功地将欧洲各列强拖在欧洲的内斗中，使英国能够将大部分的资源和精力投入在全球各地进行的殖民扩张之中，终于建立起了空前庞大的"日不落"的殖民帝国。

拿破仑失败之后以奥地利、俄国和普鲁士等国建立起的维也纳体系则是国际关系中较为成功的均势体系，在19世纪初期的大约三十年的时间里保持了欧洲大陆的和平。而当德国完成统一和崛起之后，欧洲大陆的政治和军事平衡状态被打破了，形成了以英国和法国为首的老牌国家集团与以德国为首的新兴国家集团。两个国家集团进行了长达几十年的全方位的国家之间的竞争，最终导致了第一次世界大战的爆发。

存在辩证法认为，均势是一个国家为了平衡与其他国家之间或者利用其他国家之间的实力差而采取的一种实力平衡策略，其目的是避免国家之间因为实力差的出现而发生战争或者出现于己不利的国际政治态势，其方法是与实力较弱的国家结盟或者促使实力较弱的几个国家结盟，形成合力，形成与实力较强的国家或者国家集团的实力平衡。历史事实表明，建立和维持均势并不是英国或者欧洲国家的策略，而是适用于所有国家的具有一般性的和通用的地缘政治战略。一旦一个地区存在着国家之间明显的实力差现象，这个地区的地缘政治便会失去稳定，便会存在动乱和战争的直接和间接的诱因，并且在地缘政治的博弈和交往中处于劣势和被动。正因如此，许多国家加强国力建设，尤其是国家军事实力建设的目的正是与周边国家，尤其是与具有敌意和处于竞争关系的国家在实力上保持均势以及缩小或者扩大实力差。当仅凭本国之力无法（在短期内）弥补与邻国的实力赤字时，一个国家可以选择与强大的域外国家进行结盟或者加入国际组织，通过与其结成合力来弥补自身的实力赤字，达到维持和平和保护自身国家存在状态的目的。

应该看到，所谓的均势是战略家对不同国家之间的实力状态的认知，并不是实力差本身。国家的实力状况具有不透明性、不确定性和不可预知性，真实的国家实力状况只有在战争爆发之后才能展现出来，才有可能进行量化。尤其重要的是，一个国家的实力是动态的，也就是说国家之间的实力状态和实力差是经常处于变化之中的，而均势战略并不能有效遏制国家间实力状况的改变。因此，均势战略并不是对国家间实力状况的真实把握，因此均势战略并不能保证能够真正地削弱、弥补或者平衡国家间的实力差。

（2）分而治之（Divide and Rule）策略

分而治之策略是对合力与分力原则的应用。通过将合力转化为分力，对抗国家之间的实力差状况便被改变了，原来相对均衡的实力状况和实力差便被打破和扩大了，这就为各个击破铺平了道路。

英国殖民统治所惯用的一个策略，对于拒不接受其殖民统治的国家，英国经常会采取计谋分化反对力量，最终各个击破，达到征服的目的。英国殖民者对分而治之策略"最成功"的应用在英国殖民帝国第二次世界大战之后对原殖民地的政治安排。英国在非洲、中东和南亚等地区不仅人为地扶植出多个政府，还对各自的边界进行人为的划分，并且在许多地段故意含混不清，为日后在这些新兴国家之间挑起纷争埋下了种子。英国这样做的目的是将这些新兴国家拖入相互争端的泥潭之中，从而防止它们形成合力，向英国"讨回公道"。这种策略实际上是对分而治之策略的"创造性"应用。从"二战"后国际关系的发展来看，英国埋下的这些分而治之的地雷是非常成功的，不仅保证了英国从大量殖民地能够"全身而退"，更是成功地将诸多新兴国家忙于内斗而无力在国际关系中形成合力，反而英国能够利用这些内斗继续在这些国家赚取大量的政治和经济利益。

（3）合纵与连横策略

合纵与连横策略是中国古代外交史上一段著名的佳话。在战国晚期，强大的秦国统一中国的趋势已经变得不可避免，为了保持本国的存在，著名的纵横家苏秦说服了六国实施了合纵策略，通过结成合力来共同对抗秦国。之所以是合纵是因为燕国、赵国、齐国、韩国、魏国和楚国等六国自北向南排列，形成了一个纵向的对秦国的包围圈。面对六国的联合进攻，秦国听从了纵横家张仪的建议，采取连横策略进行应对。所谓的连横就是秦国与六国的每个国家进行结盟，只要该国答应退出合纵队伍秦国便承诺不对其发动进攻，并保证其存在，秦国与各个国家之间的联盟自西向东排列，恰如横向展开的扇形打击面。在秦国的威逼利诱下，一些国家开始犹豫，一些国家与秦国结盟，合纵最终被连横策略破解了。

合纵连横策略是对存在辩证法中的合力与分力原则在国际关系领域的实际应用，一方决意要结成合力以抵消相对于秦国的巨大的军事实力赤字，另一方则巧妙地破解了这种合力的形成，保持住了秦国相对于其余六国的巨大军事实力赤字。合纵连横不仅为战国后期各国外交博弈历史写下了浓墨重彩的一笔，尤其重要的是合纵的失败是六国没有阻挡住秦国统一步伐的关键。事实上，合纵和连横策略始终被用于古往今来的国际关系的实践中，是国际关系的基本原则之一。

（4）修昔底德陷阱

修昔底德是古希腊历史学家，在其著作《伯罗奔尼撒战争史》（*History of The Peloponnesian War*）中提出的关于国家之间关系的一种观点。修昔底德认为新崛起的国家对已成的强国必然会构成威胁和发起挑战，两者之间的冲突和战争是不可避免的。后人将这个观点归纳为修昔底德陷阱。

修昔底德陷阱实际上是对由于国家之间的实力差发生剧烈改变所带来的对国家存在状态的改变需求的一种描述。修昔底德陷阱并不是修昔底德个人或者其他人的一种想象，而是修昔底德对历史现象的一种分析和归纳，是具有历史事实根据的。修昔底德陷阱不仅在古希腊时期有所体现，在其他地区和其他时代同样有诸多的实例。

修昔底德陷阱在游牧国家的发展历史中有着典型的体现。对其他部族和国家进行暴力掠夺是游牧部族的重要行为方式，是其获得生产资料和生活资料的重要手段，而不同的游牧部族之间的相互实力差的存在是发生战争的根据，而不同部族之间的实力差的变化导致新崛起的部族不断向现有的居于统治地位的部族发起挑战，由修昔底德陷阱所引发的冲突和战争处在经常性爆发的状态中。

修昔底德陷阱在西方文明中同样有典型的体现。每一个实力突然提升力的西方列强都会希望迅速改变和提高自己的存在状态，都希望在一定程度上挑战现状（the status quo）即现有的国际秩序，都存在挑战现有霸主的冲动。这种改变现状的冲动导致了无数次西方列强之间的摩擦和战争，最激烈的是两次世界大战的爆发。在 19 世纪后期凭借第二次工业革命而迅速崛起的普鲁士在统一了德意志诸邦国之后对宿敌法国发起了挑战，普法战争爆发。这场战争重新排列了法国和德国的地位，赢得了普法战争胜利的德国在俾斯麦领导下成为西欧最具实力和影响力的国家，促使德国与当时世界上最强大的国家英国展开了政治和军事上的激烈竞争。作为现状维护者的老牌世界霸主英国自然不会轻易退居第二，将手中的领导权拱手相让，而德国则认为自己的实力已经超过的英国，要取代英国成为世界第一霸主。这种激烈的竞争关系终于导致了以英法俄为核心的协约国以及以德国和奥匈帝国为核心的协约国之间的大规模战争的爆发，这就是第一次世界大战。第一次世界大战是典型的修昔底德陷阱所导致的惨烈战争。第二次世界大战的爆发同样源自战败了的德国的实力在短时期内巨大的恢复和发展所带来的西方列强之间的实力差的巨大改变，同样源自修昔底德陷阱。希特勒领导下的德国不仅军事和政治实力突飞猛进地得到提高，其意志力也十分高涨。这种意志力来自对在第一次世界大战中战胜和羞辱过自己的西方列强进行复仇的冲动，在战争的初期德国的硬实力和软实力都要超过其在欧洲的主要对手法国和英国等国家，成为导致第二次世界大战爆发的重要的精神动力。

# 第三部

## 存在辩证法与核时代

# 第三部

## 古代社会とは何か

# 第十章

# 存在辩证法的异化哲学

存在辩证法是核时代的辩证法。作为核时代的辩证法，存在辩证法所关注的核心命题之一是异化哲学。

异化是西方哲学的概念。在西方哲学史中，不同时代的西方哲学家对异化有着不同的理解，这导致异化的内涵、意义和功能存在着分歧。在20世纪中期，异化在西方得到了普及性的使用，也造成了对其误用和滥用。鉴于异化一词与存在辩证法所要表达的理念十分契合，存在辩证法借用了异化的概念，根据存在辩证法的原则对其内涵进行了新的规定，在中性的哲学意义上加以改造，形成了存在辩证法的异化概念和异化哲学。也就是说，虽然在概念的表象上是一样的，由于是建立在不同的哲学理念和内在规定性之上，存在辩证法与西方哲学的异化存在着体系性壁垒。

从哲学观念史以及哲学与辩证法互动的视角来看，存在辩证法首次将异化纳入了辩证法，完成了异化观与辩证法的有机结合，形成了异化哲学。这也是存在辩证法与传统辩证法的一个重要的差异。

存在辩证法表明，存在体都存在于力的方程式之中，这使得存在体的异化只有通过力的方程式才能够展示出其真正的本质，也才能为消除异化找到根本的方法和途径。如前所述，存在力具有一种自我否定和自我扭曲并且转化为反存在力的趋势，这种趋势存在于所有的存在体之中，当这种趋势转化为存在状态以及无法通过自身的力量加以克服时，这个存在体便产生了异化，便处于异化状态。处于异化状态的存在体内部包含着存在体与反存在体两个亚存在体，这就是处于异化状态的存在体与处于非异化的存在体之间的区别。

对于人类个体和群体来说，异化是存在体的自我否定趋势所发生的激烈变异，是向自我毁灭的反存在体的转化和固化。在核时代，异化发生了质变，达到了最高级、不可调和和最后的阶段，也就是说，核时代的异化已经控制了作为类的存在的人类整体的存在。异化已经变成了逆力悖反的强大力量，人类的整体存在因为异化和逆力悖反而站在了自我否定、自我崩溃与自我死亡的悬崖边缘。

## 第一节　异化的观念史

在西方哲学史中，异化是个悠久的历史和跨领域的特征，同时异化也是一个内容十分多元化的范畴。

### 一　异化的神学根源

在英文和法文中，异化（alienation，l'anienation）有三个意思，即权利或财产的转让，对原先融洽的人际关系产生的疏远和分离以及精神错乱。而哲学意义上的异化产生于西方的宗教哲学，最初是一个基督教神学概念，是指人对于上帝的"疏离"，这种疏离是人的原罪的体现，因为疏离和原罪人类被驱逐出了伊甸园。虽然异化被认为与原罪直接相关，然而提出原罪论的奥古斯丁却并没有使用异化的概念。

虽然异化在西方哲学的观念史中具有悠久的历史，也是一个内涵十分多元化的范畴，然而异化并不是西方哲学史中的重点和要点，虽然有个别的哲学家会提及，但始终只是个处于主流哲学边缘的概念。在20世纪四五十年代，异化在西方得到了大众化的普及使用，成为一个"流行词"，不仅在哲学和神学中得到更多的使用，也成为社会学、文艺批评和精神分析等学科的基本名词，然而其内涵也越发多元化和混乱，甚至成为政治口号和各种陈词滥调的大杂烩。这种现象的产生与西方哲学界发现青年马克思在其早期未发表的著作《1844年经济学哲学手稿》中使用了异化一词有关。该书于1932年被发现和出版。青年马克思曾在多种含义上使用过异化，然而其出发点是来自黑格尔哲学的自我异化[1]，而重点

---

[1] 参见陆梅林、程代熙编选《异化问题（下）》，文化艺术出版社1986年版，第78—79页。

是人的劳动的异化。

虽然西方哲学界对于异化的内涵和使用产生过争论，但却无法忽略它，这也从侧面证明了异化是具有生命力的概念。虽然被误用和滥用，然而异化的本质是指明了一种异己性和自反性的状态，而异己性对于存在体来说是一种存在的异常状态。因此，在进行严格的规定和规范的前提下，异化作为哲学概念是可以有效地加以使用的。存在辩证法便是在这个意义上对异化进行了改造和再使用，将存在体的异己性状态和趋势推向了新的高度和领域，使其成为存在辩证法的有机组成部分和存在辩证法对核时代进行剖析的利器。

### 二 异化在社会科学中的应用

17世纪荷兰法学家格劳秀斯在《战争与和平法》中用异化来表述权利的转让。同期的英国哲学家霍布斯和洛克虽然没有使用异化这个名词，但也从契约论的角度表达了类似的思想，探讨了个体的权利让渡。这表明他们赋予了异化以政治学的内涵。英国哲学家洛克从经济学和法学层面上也使用了异化。洛克关于异化的观点被法国启蒙思想家卢梭所继承。卢梭在《社会契约论》中认为人类在脱离原始社会之后异化就产生了，因为权利让渡（异化）会成为异己的力量，从而使人与人相互疏远。

异化作为哲学理念在卢梭的思想中得到了含蓄的表述。卢梭对于欧洲近代文明持批判和否定的态度，认为欧洲的进步方式是以道德的堕落为代价的，这实际上是一种退步，因此卢梭认为欧洲近代文明的所谓进步实际上是在走向自己的反面。虽然没有使用异化一词，但卢梭的观点所表达的内涵实际上就是异化的观念，因为异化的本质规定性正是异己性。

### 三 作为哲学范畴的异化观念史

在西方哲学史上，虽然卢梭对异化的认知带有了一定的哲学性，然而作为哲学概念的异化首先出现在黑格尔哲学之中。

#### （一）黑格尔哲学的异化观

从概念上看，黑格尔哲学的外化直接来自费希特的外化观，只是黑格尔赋予了外化不同的内涵，使之成为其绝对精神理念的一个重要的逻辑环节。因此，在德国哲学观念史上，外化是个具有体系性壁垒的概念。

费希特的外化观包括两个层次：其一是人的道德规则外化为上帝，自我外化为客体，上帝是外化的结果，是相对于自我的客体。可以看出，到此宗教的起源与人性的关系已然呼之欲出，只是费希特没有进一步彻底捅破这层窗户纸。其二是理性外化为客体，主体"让渡"为客体，理性成为人类认知的重要方式。

黑格尔虽然借用了外化这个概念，但他并没有继承费希特知识学的外化理念，黑格尔使用了与外化有密切关联的另一个概念，即异化。在黑格尔哲学中，外化与异化的关系比较复杂，两者之间存在着黑格尔哲学所特有的模糊和混乱的逻辑关系。在以绝对精神为核心概念和理念的黑格尔哲学中，一方面异化是绝对精神的外化的一个环节和表现，另一方面两者也被当作同义词加以混用。

(二) 费尔巴哈的异化观

19世纪初期的德国哲学家费尔巴哈的异化观同样受到了费希特外化观的影响和启发，甚至可以认为费希特的异化观直接来自费希特的外化观，是其得以层次外化观的延伸。通过异化观，费尔巴哈第一个提出了宗教的起源，认为宗教实际上是人的内在精神的外化。

费尔巴哈对宗教的这个剖析为包括马克思等哲学家所接受，从此异化便成为人本主义与人道主义的范畴。

(三) 马克思的劳动异化观

异化概念是马克思在青年时期特别关注的一个概念。青年马克思的异化概念基本上是继承了黑格尔和费尔巴哈的异化观的主要理念。然而，与黑格尔不同，马克思将其异化观完全转向了政治经济学领域，将异化改造为马克思主义辩证唯物主义的一个概念，形成了劳动异化观。

1. 以劳动为核心的异化观

其实黑格尔已经将目光投入了政治经济学领域，认为包括经济活动在内的人的活动产生了异化，认为劳动产生了异化。然而黑格尔认为劳动所产生的异化只是人类的活动所产生的具有普遍性的异化的一种，是异化在政治经济学领域的一般性体现。相比之下，青年马克思则将异化的焦点置于政治经济学领域，指出了异化的劳动本质。马克思并不认同黑格尔的普遍异化观，而是更加强调人在劳动过程中与其所生产出的产品之间所产生的异化，在对异化的内涵进行重新整合的同时，也限定了异化的外延，提出了劳动异化观。

2. 特指资本主义生产关系

马克思认为异化并不是人类的一种普遍现象，而是由劳动所产生的一种特殊的现象。在早期思想里，马克思将分工看作阶级产生的基础，也是异化的根源。马克思后来强调劳动异化是在资本主义的生产关系之下所产生的一种对人的扭曲现象，认为异化在于劳动者与他所生产的商品和他所处的生产关系之间的扭曲现象。如此一来，马克思的劳动异化观就是指在资本主义生产关系下的作为生产者/劳动者的人的异化。

因此，在马克思看来，异化并不是如黑格尔认为的那样是人类的无法克服的永久现象，而是起源于特殊的历史时期即资本主义社会的特殊现象，而当资本主义的生产关系被取代之后，异化就被消灭了。

3. 马克思劳动异化观的贡献

马克思对黑格尔的异化观的扬弃使得马克思的劳动异化观更具有针对性，也更具有理论力量。以资本主义生产关系为条件的劳动异化观是马克思对于黑格尔的异化观所做出的补充和改变，也是对异化概念所作出的最主要的贡献。

在马克思青年时期的著作《1844年经济学哲学手稿》中，异化成为核心观念，可惜该书直到20世纪30年代才得以出版，这反映出成熟时期的马克思对于自己年轻时期的思想存在严重的保留。然而，从哲学观念史的角度来看，马克思的劳动异化观不仅仍然值得关注，而且它也能够融入马克思主义的理论体系中，成为唯物主义辩证法的一个理论和逻辑环节。

无论是费尔巴哈、黑格尔还是马克思，他们对异化的理解基本上是对原本目的的偏离，人对内在欲望和目的的外化变成了异己的事物。然而异己并不是自反性，也就是说，费尔巴哈、黑格尔和马克思虽然在异化的对象上有所差异，但是他们的共性在于异己而非自反。也就是说，他们对异化的认识还没有到达自反性的层次。

（四）异化的批判性

在马克思之后，异化观念便在西方哲学史中陷入了沉寂。这种沉寂直到20世纪中期才被真正打破。尤其是通过1968年西方马克思主义者卢卡奇所著的《历史与阶级意识》的发表，异化概念才在法国再次流行起来，并与法国学生发动的"五月风暴"发生了直接的联系。五月风暴对资本主义制度进行了猛烈的抨击。

由此可见，从黑格尔到费尔巴哈和马克思再到以卢卡奇为代表之一的西方马克思主义，这可谓是西方哲学中关于异化问题的三个高潮。从马克思开始，异化变成了西方哲学对于工业化/现代化和资本主义进行批判性反思的思想。

虽然异化是个西方哲学的范畴，然而由于人与工业化和资本主义的关系问题是个世界性的命题，因此非西方国家同样关注对异化问题的探讨。中国文化界在20世纪80年代掀起了探讨异化问题的热潮就反映了异化范畴具有世界性的意义。

存在辩证法认为，在人类进入核时代之后，异化问题变成了无法回避的命题，异化所涉及的范围早已超过了人与现代化之间的关系的语境。正因如此，存在辩证法在对异化概念进行重新规定的基础上，对异化与人类行为和核时代进行了深入的再思考和系统的再反思。

（五）对异化的误解

事实上，如前所述，无论是在西方还是在中国，无论是在过去还是在现当代，人们对于异化的理解往往失于松散，缺乏准确性。最常见的误用是将异化与对立范畴相等同，认为异化就是某些对立范畴中的对立性，将异化理解为身心和主客体之间的差异，具体表现为近代西方哲学曾经探讨过的对立范畴如人与自然、先验与经验、自由与自然和普遍性与个别性之间的对立。[①]

存在辩证法认为，对立甚至对抗是自然界和人类社会中的普遍现象，是其存在和发展的方式。不同存在体之间的对立性并不是异化，也就是说，异化只能在存在体的内部发生，是存在体在内向维度内的要素出现失衡和危机的一种方式和状态，而不会通过外向维度在存在体之间发生。内向维度的内在对抗体现在异化之上，而外向维度的对抗体现在存在体与反存在体之间的博弈和对抗之上。那种认为不同存在体之间的对抗性就是异化的观点并不理解异化的本质，是对异化的误解。对异化的误解

---

[①] 参见张严《"异化"着的"异化"》，山东人民出版社2013年版，第29页。

只会导致异化的泛化，最终会使这个概念失去哲学价值和意义。

## 第二节 异化的本质

从对异化的观念史的梳理中可以看出，在西方哲学史中异化从来不是一个辩证法的范畴。异化并不是传统的西方辩证法的诸多对立范畴的组成部分，并且它与传统辩证法的理念也不存在和无法发生逻辑上的联系。同时，异化也是一个相对独立的范畴，与其他西方哲学的主要概念和理念没有建立起深入的内在逻辑关系。

### 一 异化概念的时代性

存在辩证法认为，异化反映了存在体内部的一个重要的现象，是个与时俱进的概念，是个与时代性密切相关的概念。

时代的变化，人类各种危机的出现和不断深化为异化概念的"复兴"提供了必要性，然而传统的异化概念和异化观并无法应对这种新的必要性。因此，有必要赋予异化以新的内涵和重要性，作为认知人类当代所面临的存在危机的思维载体，并为探寻解决存在危机的出路提供答案。这是在这种时代和哲学背景之下，异化成为存在辩证法的一个核心概念，异化哲学成为存在辩证法的核心组成部分。

### 二 存在辩证法的异化概念

鉴于对异化存在着各种理解，为了澄清理念上的混乱，存在辩证法认为有必要对异化的基本规定性进行规范，并在此基础上确定异化的定义。

（一）异化的定义

存在辩证法认为，存在体的自在本性是指存在体被先天赋予的性质，是存在体成为该存在体所被赋予的先验的内在规定性，这种先验的内在规定性决定了存在体的内在性质，也决定了存在体的行为方式的必要性和必然性。异化意味着存在体内的存在力的性质发生了非功能化的转变。所谓的非功能化就是存在体内的存在力丧失了其自在的功能，表现为存在力无法或者拒绝发挥其自在功能的现象和状态。这种非功能化具有严重性，因为这是引发功能的向逆向转化的前奏，不但其生成本身已经是对存在体的存在值和存在性的自我削弱，而且预示着明确的恶化的趋势。也就是说，异己性的出现削弱了存在体内在的存在力，为其在一定情境下会转化为反存在力打开了可能性的大门。

存在力是支撑和维持事物存在的自在本性的最终根据，是存在体作为存在体在现实中存在的力的保障，这是存在体和存在力的本质的规定性，是其得以在现实中存在和保持其存在性的原因、根据和目的的依托。如果存在力违背甚至否定了这个本质规定性并且丧失了作为存在力与反存在力进行抵御和博弈的功能，存在力便发生了异化，也将存在体的存在推入了异化状态之下。

因此，存在辩证法的异化是指存在体的自在本性的非功能化所造成的一种自我削弱存在力和存在值的状态。异化是存在体内向维度的一种存在力的行为异己性。异化的产生意味着存在体存在状态的恶化，是对存在体的存在性潜在和现实的系统性威胁。异化的出现不是偶然的，它意味着对于存在体的自在本性的系统性否定；异化意味着存在力出现了针对自己的自在本性的趋势和可能性。

事实上，存在体的反存在力也会具有异己性，并且由此而具有转化为存在力的潜在可能性。也就是说，作为力的异己性行为，异化可同样体现在存在力和反存在力之上。然而，在现实中，发生和体现在存在力之上的异化会更加直接地作用于存在体，对存在体的存在状态和存在性造成更大的冲击和影响，因此存在辩证法主要集中于存在力进行异化分析。

对于个体存在体来说，异化行为意味着存在目的在不同程度上的丧失，意味着存在变成了自身痛苦的来源和根据。对于群体存在体来说，异化行为意味着自身存在力的削弱和潜在的反存在力的增强，意味着存在性受到了来自自身的非功能性的威胁。

（二）异化的基本特征

存在辩证法认为，异化具有基本的内在规定性，这是对异化进行准确使用的前提和基础。而异化的本质是存在体内部的存在力发生了异己性。

1. 异化是存在体的一种存在状态

存在辩证法认为，异化是存在体内部的一些要素开始出现非功能化的一种存在状态。存在体的内部出现了异己性的现象意味着异化正处在生成的过程中。当异化表现为行为或者说异己性的倾向外化为行为之后，异化才真正地生成了。

异化是存在体罹患的一种疾病。作为存在体的一种疾病和非正常状态，异化也有生成的过程和被治愈的可能性。当异己性出现时异化的趋势被形成了，而当异己性得到纠正时异化便被治愈和克服了。

2. 异化是存在体的一种行为属性

异化离不开存在体，也就是说，异化具有实体性，而并不仅仅依附于纯粹的理念和观念。同时，异化也离不开力，离不开力的自反性。异化是力的一种异己性的表现。存在体是所有行为的载体，有了存在体的实体性，包括异化在内的行为属性才有了现实的载体，异化才能具有实体性。也就是说，异化是存在体的一种异己性的行为。异化离不开行为。存在体的行为是异化的现实体现方式。

3. 异化的多种形态

存在辩证法认为，不同的存在体有不同的内在规定性和行为属性，不同的存在体有不同种类的力和不同的力的系统和结构，同时复杂和复合的存在体内部有不同的子存在体，而在每个子存在体之内也有不同的力的种类以及力的系统和结构。存在体内部的存在力的复杂性和多样性决定了其异化也具有复杂性和多样性，也就是说，异化具有多种形态。

存在辩证法认为，异化的本质是存在体内部的异己性的表现，然而这并不能决定异化只有一种形态，也并不能决定异化一旦出现它便是固定不变的；相反，异化是具有多种形态的，并且其形态和表现方式是随着存在体和时代性而变化的。

对于人类来说，个体存在体的异化与群体存在体的异化形态是不同的。个体存在体的异化发生在个体存在体之内，群体存在体发生在群体存在体之内，两者的具体内涵和行为方式是不同的。作为群体存在体一种形态的国家，其异化表现为国家行为的异化，这与个体存在体的异化形态是完全不同的。这些都可通过异化的多样性表现出来。

哲学史上被讨论过的纷繁不同的异化实际上就是异化的多样性的折射。异化可以表现在神学中人与上帝的疏离关系之上，可表现为人与劳动成果的分离之上，可表现为人与自然界的关系的改变之上，等等。

### 三 存在枢机与异化的维度性

异化虽然生成于存在体的内向维度，具有内生性，然而异化也可以体现在存在体的外向维度。异化能够发生在存在体的外向维度，是通过内向维度向外向维度的转化而形成的。通过内向维度向外向维度的转化，内向维度的异己性可以转化为外向维度的异己性。

当异化从内向维度转化到外向维度意味着异己性的存在力有与存在体之外的反存在力和反存在体结合而成的合力的可能性，虽然这种结合并不具有外在的攻击性，对存在体的自在本性和存在性所构成的威胁还是潜在的。虽然各种存在力都有可能发生对自在本性的违背、否定和逆转，但只要当这种违背、否定和逆转足以改变事物的自在本性以及威胁到存在体的存在性时，异化才会发生。

存在枢机对于异化具有决定性的作用。如果存在体的存在枢机不发生异化，那么异化便不会从根本上改变存在体的存在性，存在体的自主性便不会受到根本性的威胁。而如果存在枢机发生了异化则意味着作为存在体的最重要的支撑的存在力得到了非功能化，这对存在体的存在值是个巨大的削弱和打击，同时如果存在枢机发生了从非功能性向自反性的恶化，即存在枢机从异化上升为逆力悖反，那么存在体的存在性将受到根本性的系统性的威胁，其存在本身也有堕入崩溃状态的现实危险。

对于异化和逆力悖反的关系以及后发性逆力悖反的进一步解析，可见后文。

# 第十一章

# 存在辩证法的逆力悖反理论

在西方哲学史上,对于力的自反现象在古希腊时期就有所观察,赫拉克利特隐约提出了"二力背反"的理念。在德国古典哲学时期,康德在其先验哲学中提出了二律背反的概念,将认知的自反性引入了认识论领域。存在辩证法在存在力的原则、异化和自反性的基础上提出了"逆力悖反"的概念,并使之成为存在辩证法的一个核心概念和理念。

## 第一节 关于自反性的哲学观念史

古希腊哲学家赫拉克利特的辩证法思想中包含对立统一或"二力背反"的观念,认为事物的内部包含着矛盾的对立面,对立面之间存在着相反相成的关系。这是西方哲学史上对力的自反现象的最早的哲学观察。

(一)赫拉克利特发现了二力背反现象

赫拉克利特的古希腊辩证法的重要贡献之一便是加深了对对立统一观的认识。虽然并不是第一个观察到了对立统一观的古希腊哲学家,然而赫拉克利特对对立统一观的理解要更为深刻,阐述也更为犀利和独特,以至于对立统一观成为赫拉克利特哲学思想的标志之一。

赫拉克利特对于力的相悖状态有创新性的理解,可以说最早发现了"二力背反"现象。虽然含蓄和缺乏系统性,然而赫拉克利特的这个发现在其《残篇》中有所表述。

弓和竖琴是赫拉克利特用来表述二力背反现象的例子。在《残篇·51》中载道:

他们不理解，为何在有所差异的同时，它又与自身一致。就像弓和竖琴那样，存在一种反弹式的关联。

赫拉克利特发现，在弓和竖琴上，存在一种反弹式的关联，即在拉弓和拉弦的同时有一种反方向的力，实际上就是张力。赫拉克利特认为，这两种力是不同的，又是一致的，在弓和竖琴上是统一的。在弓和竖琴之外，赫拉克利特赋予了这种建立在二力背反之上的现象以普遍的适用性，认为它贯穿于自然、动物、人和神的世界，并且也是人类伦理的内容。

从《残篇》中可以看出，赫拉克利特的力首先是物质之力、物理之力，表述的是力的物理特征。在此基础之上，赫拉克利特将力的背反现象泛化成普遍性，用来描述多个领域甚至整个世界。

理解赫拉克利特的二力背反需要厘清另一种关系，即如何理解斗争性和统一性之间的关系。

赫拉克利特是强调斗争性的，认为"战争是一切之父，一切之王"（《残篇·53》）。同时他也强调对立面的统一性。其实，赫拉克利特是将斗争性融入其对立统一性之中的，对立面之间的斗争性终归要服从于同一性。这表明，赫拉克利特的二力背反的观点看到了事物内部含有对立面，但它更强调事物内部的对立面的统一和和谐性，二力背反被置于了对立统一观之中。这表明，虽然赫拉克利特强调斗争性，然而人为地限定了冲突性和对抗性的范围。

赫拉克利特对于对立面的这种处理方法对于传统西方辩证法具有重要的意义。这种处理方法开创了西方传统辩证法的对立统一观的基本图式，包括黑格尔辩证法在内的后续的西方辩证法都是采取同样的方法来处理对立面/矛盾之间的关系的，西方传统辩证法也因此都成为要素的辩证法，无法跳出要素的逻辑来看待存在体的存在和行为方式。

（二）康德的二律背反

虽然并不明确知道康德对于赫拉克利特的哲学认知，然而从哲学观念本身来看，赫拉克利特的二力背反是康德的二律背反理念的先声。

二律背反是康德批判哲学的重要概念，它不仅是康德批判哲学的核心概念，而且是康德先验辩证法的重要逻辑纽带，也是整个康德批判哲学的一个关键点。康德是第一个提出二律背反概念的哲学家,二律背反因为康德哲学而呈现在哲学观念史之中。但是,如前所述,康德哲学意义上的二律背反即先验辩证法的二律背反是一个认识论领域的概念,表达的是两种排他性命题的互反。

康德哲学的二律背反具有严格的实体限定性,也就是说它必须服从康德理性批判的逻辑,必须建立在康德批判哲学的理性限度和命题互反的前提和基础之上才具有哲学意义。这样的限定性使康德哲学的二律背反在西方哲学的辩证法观念史上的应用范围始终受到了掣肘,始终是一个受到束缚的不具备普遍适用性的概念,其先验辩证法也始终难以形成西方传统辩证法的一个主要的分支。

## 第二节 存在辩证法的逆力悖反理论

逆力悖反是存在辩证法的一个重要的概念。逆力悖反以逆向的方式凝结了存在体中关于存在力与反存在力以及力的方程式的逻辑和理念,是理解人类在核时代所面临的全面的系统性危机的一把钥匙。

### 一 从二力背反和二律背反到逆力悖反

逆力悖反是对历史上的关于自反性的概念进行扬弃和根据存在辩证法的原则进行重新规定的新概念。

(一) 哲学观念史中的自反性理念

存在辩证法的逆力悖反是建立在对哲学史上关于自反性现象所做的思考和探索基础上所做出的进一步的再思考,是对二力背反和二律背反进行了系统性的扬弃的结果。虽然在自反性之上具有相似性,然而存在辩证法的逆力悖反与之前关于自反性的概念和理念是不同的,与其具有严格的体系性壁垒。

我们在赫拉克利特的《残篇》中并没有发现二力背反的概念,只是在其中注意到了赫拉克利特对于力的自反现象的多处阐述,二力背反是后人(包括本书作者)对其观点的一种概括和总结。从《残篇》中可以看到,赫拉克利特虽然注意到了力的自反性现象,却将其纳入了统一性之内。赫拉克利特对于自反性的这种处理方法在奠定了西方哲学观念史上的对立统一观的基本逻辑走向的同时，也磨去了这个理念的棱角和进一步拓展的空间。

德国哲学家康德是第一个将自反性概括为一个哲学概念即二律背反的哲学家。然而，康德的二律背反在强调概念的背反性的同时却偏离或者丢掉了作为问题/命题的主体的力，完全将其纳入认识论的范围而斩去了其他方面的存在和拓展的空间和可能性，可谓是本末倒置或者"丢了西瓜捡芝麻"，没有反映出作为力的普遍现象的力的自反性规律。

逆力悖反则纠正了两种偏向。一方面，逆力悖反突破了赫拉克利特将力的自反性限定于对立统一观的做法，将力的自反性恢复到了力的普遍性之中，成为认知存在体的存在规律的重要概念和方法。另一方面，逆力悖反恢复了康德的二律背反对于力的忽略，将自反性作为力的运行现象和规律提炼出来并将其置于存在体之内，突破了康德为自反性设置的认识论的狭隘的藩篱。

(二) 对自反性理念的再规定

存在辩证法认为，存在体的内在和内部的存在力具有转向自己的反面即反存在力的自反性现象。存在力的自反性所引发的存在体的存在力和反存在力之间的实力差的变化以及这种变化对存在体的存在值和存在性的巨变和这些巨变所带来的趋势是十分尖锐和深远的。存在体的这种由于自反性而引发的存在体在内向维度的存在力和反存在力之间的冲突和博弈是个不可忽视的现象和事实。

赫拉克利特的二力背反和康德的二律背反捕捉到这种现象说明它们是具有哲学合理性的，但同时也表明无论是赫拉克利特还是康德对自反性的概括、表达和应用仍然是不充分的。作为辩证法概念的自反性的功能还有更大的潜力，应该得到进一步的哲学挖掘和扩展。要做到这一点就需要对哲学观念史上的重要的自反性概念进行重新梳理、扬弃和再规定，既要纠正赫拉克利特偏于强调和谐性而淡化冲突性和对抗性的倾向，也要打破康德对于二律背反的使用范围的限制，不仅要对其内涵进行重新界定，也要冲破认识论对它的禁锢，为其找到广大的发展和应用空间，使自反性不但升级为一个成熟而应用广泛的哲学概念，也要成为一个有力的辩证法范畴。

存在辩证法认为，自反性同样适用于对存在体的存在状态的分析，因为作为存在体的一种特定的存在状态通过逆力悖反可以得到准确的表述，它对理解存在与反存在以及存在体与反存在体之间的冲突和对抗能够起到重要的哲学和辩证法支撑。因此，在对其内涵进行重新规定的基础上，存在辩证法将逆力悖反纳入了自己的核心概念体系之中，将其视为存在辩证法的一个重要概念。

在存在辩证法中，逆力悖反不再是赫拉克利特式的对对立统一的一种表述，也不再是康德批判哲学层次上的逻辑枢纽和认识论的概念。同时，作为辩证法概念的逆力悖反得到了新的规定性，存在辩证法的逆力悖反与赫拉克利特的二力背反和康德批判哲学二律背反两者之间存在着明确的体系性壁垒，发挥着不同的功能，具有完全不同的哲学功能和意义。

## 二 逆力悖反的定义

逆力悖反是存在体内在的存在力对其自在本性的自反性的攻击，也就是说，存在体内在的存在力已经转变成了自身的反存在力。

存在辩证法认为，异化的异己性如果得不到有效的遏制和克服，异化就有恶化和升级的现实可能性。而异化的恶化和升级的结果就是逆力悖反。如果说异化标志着存在体内在的存在力开始对存在体的自在本性的异己性和自我否定倾向的话，那么逆力悖反就是存在体内部的存在力从自我否定的异己性完成了向自在本性的反面和对立面的全面转化，即自反性的出现，而存在力的自反性的出现意味着异己性的异化已经进入了自反性的逆力悖反阶段。

如果说异化的非功能化还不具备对存在体的自在本质的攻击性的话，那么逆力悖反则通过自反性对存在体的自在本质构成了攻击性，甚至是致命性的攻击性。而这种对存在体的自在本质的逆向的攻击性正是逆力悖反导致存在体深陷自我危机的根源。

存在体的异化表现为存在力的非功能化，非功能化对存在体的自在本性进行否定和促使存在值的削弱。逆力悖反则超越了存在力的非功能化和异己性，意味着存在体的危机已经到了足以威胁到存在体自身存在的系统性的阶段，即自反性阶段。自反性的出现意味着针对存在体的逆向的系统性的自在危机。

作为一种特殊的行为方式，逆力悖反状态并不会在所有的存在体内发生。但是，逆力悖反一旦发生便意味着存在体内在的系统性的内在危机的出现。

### 三　异化与逆力悖反

异化与逆力悖反状态都代表着来自存在体内部的对自在本性的否定，自我否定性是两者的共性。共同的本质意味着两者之间是存在着内在的逻辑性的。虽然异化的出现并不必然性地导致逆力悖反的发生，然而没有异化的存在便不会有逆力悖反的生成。因此，异化是逆力悖反形态的培育器和先声；逆力悖反虽然出现在异化之后，但却是建立在异化的前提和基础之上的，意味着来自存在体内向维度的自我否定达到了足以威胁到存在体的存在性和存在本身的内在危机阶段。

虽然异化会造成对存在体内部的存在力的削弱和其存在状态的恶化，然而还并不能构成对存在性本身的颠覆和全面否定，异己性在本质上是去功能化，对存在体的存在值的削弱是被动性的，其力度还不足以威胁到存在体的存在本身，还不具备攻击性，还不会对存在体的存在性构成重大的威胁，并且异化对存在体的冲击和影响尚不具备系统性。相比之下，逆力悖反则意味着存在力已经从异己性和非功能化的被动性升级到自反性的主动性的攻击，对存在体的否定达到了全面性和系统性的危机阶段。存在体所受到的影响不仅在于存在力因非功能化而受到削弱，并且存在力向自己的反面即反存在力转化，这意味着存在状态的恶化和其存在性到达了崩溃的边缘。

### 四　逆力悖反与力的方程式

处于逆力悖反下的存在体的内在存在力与反存在力并不是指一般力度的普通的力，而是指具有系统性的、作为存在体本质的一部分或者具有本质属性的力，也就是说，作为和接近作为存在枢机的存在力的自反才能构成存在体的逆力悖反。只有这样的处于逆力悖反之下的具有自反性的力才能分离和割裂存在体，才能使存在体内部形成对抗，才能对存在体的向生和向死两种趋势产生重要的影响。也就是说，处于逆力悖反下的存在力与反存在力是零和状态的力的博弈和对抗。

在正常的情况下，存在体的内在的存在力的增强意味着内在的反存在力的减小，这就是存在体向生趋势的力的依据；内在的反存在力的增强意味着内在存在力的减小，这就是存在体存在向死趋势的力的依据。而处于逆力悖反下的存在体则是这样的一种情境：内在的存在力的增强在为内在的反存在力的增强积蓄力量，从根本上看意味着内在的反存在力的增强；而内在的反存在力的增强则直接意味着内在的存在力的减小。也就是说，存在体内部一旦出现了逆力悖反，其内部的存在力便处于绝对减小的轨道中，即使是存在力的增强也同时意味着反存在力的同步增强。在逆力悖反的情境下，存在体内部的存在力和反存在力之间是不会出现良性的互动关系和转化的，它所处在的唯一的情境就是存在力的削弱趋势，也就是说，逆力悖反之下的存在体永远处于由生加速向死的零和博弈的状态下。

正因为如此，存在辩证法认为逆力悖反与矛盾论和对立统一规律是不同的力的博弈形态，拥有不同的力的逻辑和不同的力的方程式。

### 五　存在枢机与异化和逆力悖反

存在枢机的异化意味着后发性逆力悖反产生的潜在可能性。当后发性逆力悖反发生，存在力便发生了足以威胁到存在体的存在的威胁。作为以存在枢机的自反性为本质的逆力悖反能够极大地改变存在力与反存在力之间的实力差，能使存在体的存在力由实力盈余转化为零实力差。

也就是说，存在枢机的逆力悖反本身意味着存在体已经进入了濒危存在状态。一旦后发性逆力悖反生成，存在体会受到根本性的系统性的威胁和冲击，不仅它的存在性会极大地恶化，甚至启动崩溃原则，随时会面临崩溃和死亡的威胁。

### 六　逆力悖反对于人类存在的意义

存在辩证法的逆力悖反具有特别重要的哲学意义。对于包括人在内的生命体来说，逆力悖反揭示了生命中向生和向死两种趋势之间的零和博弈过程，揭示了生命存在的本质和过程。同样地，人类所创造的各种组织、机制和模式如国家形态和文明形态同样受制于逆力悖反的影响甚至主宰。对于国家行为模式和文明行为模式来说，是否存在逆力悖反现象和机制是辨别其性质和行为方式的重要标准,对于国家行为、人类文明、存在性和存在本身具有重大的意义。

因此,无论是在个人层面还是在国家和文明层面,逆力悖反都是决定着存在体的存在性、行为模式和存在本身的一种决定性力量。

## 第三节 逆力悖反的类型

由于反存在力时刻威胁着存在体,为了保持在现实中的存在,存在体不得不依靠以存在枢机为核心的存在力才能够保持存在体不至于在瞬间或者短时间之内崩溃和消亡/死亡。同样地,处于逆力悖反之下的存在体在现实中的存在也必须和只能依靠存在枢机的不断进化和有效运作才能得以维持,缺乏存在枢机或者存在枢机无法有效运作都会使逆力悖反加剧,并在一定情境下爆发,促使其存在濒于崩溃和迈向消亡/死亡。

### 一 逆力悖反的两个类型

根据爆发逆力悖反的存在枢机的性质的不同,存在辩证法将逆力悖反分为两个类型,即原发性逆力背反和后发性逆力悖反。

原发性逆力悖反也可称为内向逆力悖反,是指在存在体生成之时其重要的存在力便蕴含着逆力悖反的基本要素,并且随着存在体的成长而变得日益严重化并呈现出来;原发性逆力悖反保持自身存在的存在力是内生、自发和先天的,一定的条件和时机促使了逆力悖反的生成和爆发。原发性逆力悖反更有可能长期处于潜伏状态而存在体主观上对此并不明确地知晓。由于在内向维度的存在力之中存在枢机是最具力度和影响力的,因此原生性逆力悖反主要是指存在枢机形成的逆力悖反。

后发性逆力悖反也可称为外向逆力悖反,是指具有向外向维度转化的存在体的存在力或者存在枢机。由于这种转化性,后发性逆力悖反所造成的自反性的破坏在力度、效果、所带来的冲击和影响上更为复杂和具有破坏性,其发生作用的方式也与原发性逆力悖反有很大差别的。

作为力的一种自反性的特殊形态,逆力悖反也具有力的一般性和普遍性的属性、表现方式和规律。在表现形式上,逆力悖反可处在潜伏状态和呈现状态。潜伏状态是指逆力悖反的危机还没有爆发或者充分爆发或者已经爆发只是存在体并没有明确的主观感知的状态。呈现状态是指逆力悖反已然爆发，存在体处于自反性危机之中，并且存在体在主观上已经认识到了危机的爆发的状态。

人是个深陷于逆力悖反中的存在体，无论是处于潜伏状态还是呈现状态，从生成阶段开始逆力悖反的种子便被根植于人自身之中，成为一生都无法摆脱的生存危机。作为处于逆力悖反之下的存在体，人永远在有限性和无限性之间，在存在与非存在之间进行着挣扎，生命就是存在力与内在的反存在力之间进行零和博弈的过程。对于正常的人来说，人经常性地处于原发性的逆力悖反之中，人体是存在力和内在的反存在力进行博弈的载体。

**二 原生性逆力悖反的属性**

原生性逆力悖反的根据在于存在体先天的要素，也就是说在规定存在体本质的先天要素中已经有了自反性的种子和可能性。这些要素在存在体向现实性的转化中最初表现为存在力，而在存在周期的某个阶段和在一定情境下发生了向自反方向的转变，成为反存在力的一种。对于原生性逆力悖反来说，发生了自反性的要素的存在本身就是逆力悖反的表现形式。因为在原生性逆力悖反之下，这种要素的存在本身意味着其自反性的发作，而自反性的力的发作就是对存在体的存在力的侵蚀和攻击，就成为反存在力。

人的身体是展现自反性的典型存在体。人的肝脏是作为个体存在体的人的核心存在力，人的存在性和存在本身是以肝脏发挥正常功能为前提的。然而，当肝脏出现了病变并变得严重之后，它就成了对于人来说致命的反存在力，不仅可以削弱人的存在性，更时刻威胁着人的存在本身，成为导致死亡的直接原因。发生了病变的肝脏就是发生了自反性的人的先天要素，受肝病困扰的人就是生活在原生性逆力悖反之下的存在体。

处于破产边缘中的企业同样处在逆力悖反的状态之下。它们所面临的逆力悖反的两种形式都有。原发性的逆力悖反指的是企业从成立之时就开始面临着存在力不足的问题，不足以克服敌对性外部条件所带来的各种反存在力，不足以在与各种反存在体，即竞争者的博弈中取得优势和获胜。企业的存在力是其提供的服务，生产的产品等是否能够和在多大程度上被市场所接受；其反存在力是市场对于其服务和产品的不予接受或者接受的程度不够，不足以消化其成本和带来盈利。在与竞争对手的竞争中，公司的产品和债务不但不再是自身的存在力，反而成为企业亏损和负债的原因，成为被外部打击的对象，实际上变成了企业的反存在力，成为导致自身破产和崩溃的突破口和原因。企业的这种由于自身的竞争力的不足而导致的困境和破产危局就是由原发性逆力悖反所致。

### 三 后发性逆力悖反的属性

相比于完全地体现在存在体的内向维度的原发性逆力悖反，后发性逆力悖反则表现在存在体的外向维度之上。后发性逆力悖反分为两类：一种是作为外向维度的存在力的自反性，另一种是从内向维度的存在力转化为外向维度的反存在力。

如前所述，存在枢机是对于存在体的存在和存在性具有重要影响的关键性的存在力，它决定着存在体的存在和与反存在力对抗和博弈的结果，因此不论起源如何，存在枢机都表现出鲜明的外向性，通过外向维度加以表现和表达。而当外向维度的存在枢机转向成为针对存在体的有力的反存在力时，后发性逆力悖反便生成了。也就是说，后发性逆力悖反要依靠存在枢机的外向维度的自反性变向。这种存在枢机的外在的自反性的变向可以直接威胁到存在体在现实中的存在，在有些情境下后发性逆力悖反是造成存在体崩溃和消亡的直接的反存在力，在有些情境下后发性逆力悖反的存在是存在体崩溃和消亡的前提条件。

典型的后发性逆力悖反的例子是战士的武器。战士是作为群体存在体的国家等人类组织的十分重要的存在力，是国家的存在性和存在的最后保障。战士必备的刀剑等兵器是其存在力的表现，它们不仅体现着战士的本质功能而且是维系其存在性和生死的存在枢机。可是，当刀剑成为自杀的工具或者在被敌人夺取后成为伤害自己的武器时，其功能便具备了致命的自反性，由作为存在力的武器转而成为反存在力的利器。这种情况就是后发性逆力悖反。还有另一种情况同样是武器成为后发性逆力悖反的情境，即反叛的士兵。原本用来保护自己的存在和保障自己的存在性的武器，在反叛士兵手中成为打击原来军队和国家的反存在力，成为后发性逆力悖反。

有些内向维度的存在力在一定的情境下可以转化为外向维度的反存在力，这种情况对于拥有多样性力的系统的复杂和复合存在体并不鲜见。对于依靠胁迫、暴力和征服等手段形成的帝国尤其是游牧帝国来说，其不稳定性正是来自这种由内在的存在力转化而成的外向的存在力的后发性逆力悖反。一个被并入帝国的被征服部族在与征服部族存在着明显的实力赤字时是无力反抗，而在征服部族实力削弱或者被征服部族实力增强而导致两者之间的实力差剧烈缩小或者出现倒转时，被征服部族便会揭竿而起，不但会宣布独立还往往会与其他国家进行密谋联合，共同打击征服部族和原来的宗主国，由此这个反叛独立的部族便成了游牧帝国外向维度的反存在力，而游牧帝国便出现了后发性逆力悖反。这种反戈一击的自反性打击往往会出其不意地对征服部族和帝国造成巨大的打击，往往成为国运由盛而衰的转折点。游牧帝国的国运往往难以长久，其根源正在于此。柔然帝国、辽帝国和元帝国等都是这个原因造成的。

后发性逆力悖反中的存在力的生成和发展是由存在枢机向存在体的逆向传导而形成反存在力的存在枢机而获得的，这与原发性逆力悖反的由内而外的传导方向是不同的。后发性逆力悖反明显地处于呈现状态，异化危机表现为显性的形态。相比于原生性逆力悖反，后发性逆力悖反更为复杂和有力，这些体现在后发性逆力悖反的结构之上。

## 第四节 存在枢机与后发性逆力悖反的结构性

后发性逆力悖反的核心是存在体的外向维度发生了系统性的存在枢机的逆力悖反。由于复杂和复合存在体的存在枢机的形成和构成是具有结构性的，这导致了后发性逆力悖反具有结构性的必然属性。

### 一 后发性逆力悖反的结构性

存在枢机、各种存在力和各种反存在力之间的力的组合形态构成了后发性逆力悖反的结构。在很大程度上，结构性是后发性逆力悖反的本质属性。这是因为处于逆力悖反之下的存在体的存在性受制于一种逆向的结构性的力的反动。

对于后发性逆力悖反来说，作为外向维度运作的存在枢机是存在体在现实中生成、发展和壮大的前提条件和重要基础。也就是说，主要在外向维度运作的存在枢机是后发性逆力悖反的本质构成。这种外向维度的存在枢机是连接存在体的内向维度和外向维度的结构性桥梁，凝聚着各种存在力的合力，其运作的有效性取决于存在力的力度和结构性的合理性。这样的存在枢机承担着抵御反存在体和来自反存在体以及敌对性外部条件的反存在力的责任，对于维持存在体的存在性和保持存在本身发挥着极其重要的功能。如果说存在枢机的有效性取决于存在体与反存在体和反存在力的实力盈余的话，那么存在枢机的结构性的合理性会放大或者削弱存在力的力度和存在力与反存在力之间的实力盈余，对维持存在体的存在性和保持存在本身起到结构性保障的功能。

存在枢机直接影响和决定着存在体的存在性，同样地，存在枢机的结构性也发挥着同样的功能。虽然存在枢机主要在外向维度运行和发挥功能，然而存在枢机的生成是存在体内部的结构性的产物，是其内在的存在力凝聚成的合力，因此存在枢机的结构性是联系存在体的内向维度和外向维度的桥梁。存在枢机将存在体的内向维度和外向维度连接成为不可割裂的有机整体。

存在枢机的这个桥梁属性决定了后发性逆力悖反与存在体的内向维度有着必然而深入的联系，决定了后发性逆力悖反的结构性来自存在体内向维度的力的结构性，同时也揭示了后发性逆力悖反的出现为何会对存在体的存在性和存在本身带来如此深刻和系统性的冲击和影响。

## 二 后发性逆力悖反的运作方向

当存在枢机能够有效运作，能够克服敌对性外部条件以及外在的反存在体和反存在力时，处于后发性逆力悖反之下的存在体中的内在的反存在力才能够得到有效抑制，其存在力会处于强势，这样才能有效地削弱和限制其内在的反存在力，存在体才能够在有利的外部环境中生存、发展和壮大。也就是说，后发性逆力悖反的发展路向是由外至内的，与原发性逆力悖反的由内而外的发展路向是相反的。而当存在枢机无法有效运作，无法有效克服敌对性的外部条件以及外在的反存在体和反存在力时，内在的反存在力便会有巨大的发展空间，甚至可居于强势地位，会抑制和削弱存在力,当其力量超过存在力形成实力差时,存在体便会在内耗下开始萎缩,存在体的向死趋势开始得到剧烈而充分的展现,形成和强化致命的系统性的异化危机,直至在自我崩溃中灭亡。

与原发性逆力悖反的由内至外的路向不同,后发性逆力悖反的结构决定了当逆力悖反危机爆发时的路向是由外向内的,两种逆力悖反的路向决定了存在体的存在性的损耗以及存在体的存在本身的破坏的方式。存在枢机失效和失败的程度决定着异化危机爆发的烈度和方式。当存在枢机无法抑制外在的反存在体和反存在力时,后发性逆力悖反的系统性的危机便会爆发。而当存在枢机逆转成了反存在力时,这对存在体的存在性的冲击是巨大的,而对存在体的存在性的打击会直接威胁到存在体的存在本身。存在枢机的逆转会引发存在体内在的反存在力的能量和力度的剧增,从而壮大反存在力和强化反存在力的结构。反存在力的结构的形成标志着反存在力不仅在力度上大大加强,更为重要的是体现着反存在力的成熟化和体制化,这会对存在力的内部造成严重的冲击和挑战,从而改变存在体的存在状态,缩短其存在周期,甚至能够快速地动摇和摧毁存在体在现实中的存在。在后发性逆力悖反之下,作为结构性的反存在力,存在枢机对存在体的侵蚀和削弱会是崩溃式的,也会采取渐进的方式。而渐进性的衰弱同样会带来本质性的损耗,会引发存在体渐进性的削弱,并最终导致其崩溃,在一段时间和历史时期内完成存在状态的转变或者消除存在体在现实中的存在。

### 三 后发性逆力悖反的力度

后发性逆力悖反是由存在体的存在枢机的自反化而形成的。这个本质属性不仅决定了其方向性,也决定了其力度。后发性逆力悖反的力度取决于存在枢机作用于反存在体和反存在力的力度,力的反作用力原则典型地适用于此。

逆力悖反发生于对存在体至关重要的存在枢机出现了自反性,尤其是逆转性二力背反的产生对于存在体的存在性和存在本身更具有根本性的威胁。然而,逆力悖反对存在体的威胁性仍要取决于其力度。也就是说,虽然逆力悖反的力度已然比较大,但这并不是说逆力悖反一出现就会给存在体在短期内带来致命的威胁。这种情况也适用于较原生性逆力悖反具有广大力度的后发性逆力悖反。虽然后发性逆力悖反可以对存在体的存在性和存在本身造成根本性的威胁，但要使存在体陷入崩溃状态，迅速通过自反性将存在体消亡，则仍然要取决于力度的大小。

有些病重的病人所处的逆力悖反不再是原发性的，而是后发性的。对于人的现实存在来说，严重的疾病和外力对人的生命的严重威胁，重病和有致命力度的外力打击足以使人失去生命。病人的存在力是其求生的本能，自己的身体素质，治疗的手段和质量，包括手术、药物和护理等；针对病人的反存在力是疾病的性质和严重程度。该病人能否克服二力背反继续生存下去取决于存在力与反存在力之间的实力差。如果病人的存在力能够克服其反存在力，那么病人便会得救；如果存在力不足以抵御反存在力，那么病人就会死亡。但是，单纯依靠人体自身的存在力是不足以抵御重病和外力的打击的，人要继续生存就只能依靠存在枢机，那就是外力的干预，包括各种药品和手术等来自专业医生和医疗体系的有效干预。而这种外来的干预是以消耗人的内在的残存的存在力为代价的。也就是说，单纯依靠外来的存在力的干预是无法从根本上消除反存在力即疾病的，当病人内在的存在力被消耗殆尽时，人的死亡仍然是不可避免的。相比于缺少外向维度存在枢机的动物物种来说，由于医疗这个外向维度的存在枢机的有效干预，人可以避免夭折，还能够长寿，这就是外向维度的存在枢机对于处于逆转性二力背反下的存在体所能起到的具有决定性的作用。

## 第五节　作为特殊存在状态的逆力悖反

存在辩证法认为，逆力悖反是存在体的一种特殊的存在状态，是一种处于经常性的系统的异化危机下的存在状态。

### 一　逆力悖反的尖锐性

存在辩证法认为，只要存在体在现实中存在，其存在力与反存在力之间的博弈就会激烈而持续地进行，无法停止，这是存在体的规律。在博弈中，两种力都有可能占据上风，而一旦反存在力占据上风，存在体就会面临着存在性的迅速恶化甚至崩溃。这就决定了存在体经常处于受到受到威胁和危机的状态之下；而对于处于后发性逆力悖反之下的存在体来说，其能否继续在现实中存在的关键取决于存在枢机的有效性。考虑到外部条件的复杂性以及反存在力和反存在体的不可预知性和不可掌控性，处于后发性逆力悖反之下的存在体的存在状态更加不稳定和不可预测。

存在辩证法的危机性原则对于存在体是普遍适用的，而处于逆力悖反之下的存在体所面临的危机更为尖锐和深刻。所谓的战战兢兢、如履薄冰，随时可能在逆力悖反的危机中崩溃是对处于逆力悖反之下的存在体的存在状态的形象而准确的描述。

### 二 逆力悖反的相对性

逆力悖反是存在体的一种特殊形态的存在状态。逆力悖反具有相对性。其相对性表现在对存在体划分和确认的相对性之上，也就是说，存在辩证法的相对性原则是适用于逆力悖反的，逆力悖反也是存在辩证法的相对性原则的体现。

由于相对性原则的存在，根据对存在体的确认，原生性逆力悖反和后发性逆力悖反之间的界限并不是绝对的，而是随着不同的存在体视角发生变化，即对于一种存在体是原生性逆力悖反而对于另一种存在体则是后发性逆力悖反；一种逆力悖反对于子存在体是后发性逆力悖反，而对于母存在体则可能是原生性逆力悖反。在这个转变中，原来属于存在体的内向维度的力和存在枢机可以转变为外向维度的力和存在枢机，反之亦然。

## 第六节 对逆力悖反的克服

处于逆力悖反状态之下的存在体能否和如何持续性地在现实中存在，只是一个根本性的命题。由于逆力悖反会导致存在体处于濒危存在状态之中，而濒危存在状态会导致存在体坠入崩溃状态，因此逆力悖反的出现意味着存在体要保持自身的存在性和存在本身就要有效地克服逆力悖反。

## 一　逆力悖反的根源的隐含性

要克服逆力悖反就必须首先知道逆力悖反产生的根源。而这牵涉到了逆力悖反的根源的隐含性。

事实上，对于两种逆力悖反来说，其根源常常根植于其内向维度，甚至于其先天的规定性之中，只是存在性掩盖了其特征的呈现。也就是说，逆力悖反的根源具有根植于内向维度和先天规定性的隐含性。虽然在具体和现实的表现上，后发性逆力悖反主要体现在存在体的外向维度，然而在更深的层次上其根源可能早已根植在其内向维度和先天规定性之中，至少在前期它们处于隐秘状态，并没有在现实中表现和爆发出来而已。对逆力悖反的根源的溯源考察最终会打破其根源的隐含性，揭示其内在性的根据。

## 二　克服逆力悖反的两种方式

存在辩证法认为，除非放弃自救的努力，存在体要消除逆力悖反有两种方式，即自我革命和被其他存在体消灭。

### 1. 革命

存在体对自身的逆力悖反进行主动的革命即自我革命是存在体的选择，也是存在体应该优先考虑的选择。

事实上，对于人类来说，在现实中，巨大的、颠覆性的变化都可称为革命。而由存在体主动引发的自上而下的改弦更张即深入而彻底的思想方式和行为方式的改革便是通常认为的革命。人类历史的事实反复证明，原生性和后发性的逆力悖反则是触发革命的重要和主要的动因。

虽然革命的理念在逻辑上是个十分简单的判断，但是对于人类来说却并不是简单的认知，更不是易行的行为。

### 2. 被消亡

在存在体无法做出进行自我革命的选择，或者无法完成自我革命的情境下，那么消除逆力悖反就只能在存在体受到来自其他反存在体的反存在力的打击和作用之下才能被消亡。存在体受到反存在体的反存在力的作用可以更直接、更有效和更彻底的方式完成对存在体的内向本质的改变。这种来自其他存在体的外在方式会使存在体遭受反存在力的巨大的打击，如果力度够大便会导致存在体本身的消亡。也就是说，克服存在体的逆力悖反的一种有力和有效的方式是存在体本身被反存在体所消亡的情境下完成和实现的。

### 三　克服逆力悖反的困难性

由于逆力悖反，尤其是产生于存在枢机的自反性的后发性逆力悖反，由于存在枢机具有复杂的结构性，并且由于逆力悖反的根源在于存在体的内向维度和先天规定性之中，因此存在体要通过自我克服来有效地克服逆力悖反意味着对存在体的本质进行彻底的改造，而这是十分艰巨和困难的。

而通过其他存在体来克服逆力悖反则意味着存在体与其他存在体之间的全面的直接的以消灭对方为目的的对抗。这意味着，对于人的群体存在体，如国家等组织载体来说，战争是实现自我革命的重要甚至必要手段。

### 四　逆力悖反与革命的必要性

虽然面临着极度的困难，但是从根本上看，要有效地克服逆力悖反需要对存在体本身的构成进行彻底的改造和重建，就要进行革命。

（一）关于革命的哲学观念史

革命是个具有很长历史的观念。不仅在中国先秦文献中古已有之，而且在古希腊哲学中便成了一个哲学概念。中国先秦文献中的革命概念与古希腊哲学中的革命观是十分相似的。在先秦文献中，革命是指通过战争手段完成改朝换代，是一种通过系统的战争行为实施和完成的政治行为。而在古希腊哲学中，革命只是一种哲学概念和理念。

1. 中国古代典籍中的革命

在中国古代典籍中，革命一词最早出现于《周易·革卦·彖传》中。该处载道：

> 天地革而四时成，汤武革命，顺乎天而应于人。

可见，中国先秦典籍中的革命在字面上是指变革天命，其政治意义在于改朝换代，天子受天命而称帝，是一个典型的董学的政治理念。而所谓的汤武革命，即夏朝末年汤武领兵推翻夏桀而建立商朝，是在中国古代史学中的一个有影响力的典故。

2. 西方哲学史中的革命观

革命的理念在古希腊哲学中便存在了。古希腊哲学家们眼中的革命代表着改变，不同的哲学家看到了在不同领域发生的改变。与中国古代相一致，柏拉图和亚里士多德将政权的改变称为革命，也就是说他们眼中的革命发生在政治领域，是指政权的更替。柏拉图将城市国家的政府的自然演变称为革命。亚里士多德认为革命是民众通过暴力手段改变政府：富人推翻旧政府后会建立起寡头政权，而穷人推翻旧政府后会建立起民主政权。

古罗马历史学家波利比尤斯（Polibius，公元前203年—公元前121年）认为受理智支配的人类事物在达到极端之后会进入周期的另一个阶段，这种变化就是革命。

3. 马克思主义的革命观

革命观是马克思主义的重要组成部分，是辩证唯物主义和历史唯物主义的逻辑链条中的不可或缺的一环。马克思主义的革命观打破了西方传统的理解，为革命观注入了全新的内涵和功能。

马克思主义认为，在阶级社会里，革命是阶级斗争的必要手段，是社会进步的阶梯。历史上曾有奴隶阶级反抗奴隶主的革命，农民阶级反抗地主的革命，同样也有无产阶级反抗资产阶级的革命。在针对资产阶级的阶级斗争中，革命是无产阶级夺取政权，实现自己的使命的重要手段。为了使资本主义腐朽落后的生产关系适应生产力的发展，无产阶级必须和只有通过暴力革命推翻资产阶级政权，建立起无产阶级专政的社会主义政权，才能使生产关系重新适应生产力的发展。因此，在马克思主义看来，没有由无产阶级发动的革命便无法推翻资产阶级政权，无法建立社会主义，便无法顺应历史潮流使生产关系与生产力相适应。

由此可以看出，马克思主义提倡的革命主要发生在政治和经济领域，同时也是涉及广泛的社会革命。同时，马克思主义提倡的革命是通过暴力手段进行的，暴力是实现革命的必不可少的工具。对于马克思主义，革命与暴力是不可分割的，无产阶级的所有理想都要通过暴力手段来实现。

马克思主义的革命观被列宁主义继承了下来。列宁所著的《国家与革命》一书凝缩了马克思主义的革命观,更加突出了革命中的暴力色彩,使暴力革命成为领导俄国进行无产阶级革命实践的理论指导。

(二) 存在辩证法的革命原则

针对逆力悖反,存在辩证法在逻辑上引导出了革命的理念。然而,存在辩证法的革命不同于中西哲学观念史上的传统革命概念,也与政治和意识形态上的革命不同,是根据存在辩证法的内在逻辑而生成的。革命是存在辩证法的力的方程式和存在原则的有机组成部分和表现形式。也就是说,存在辩证法以新的视角审视和重新规定了革命,提出了存在辩证法的革命观。存在辩证法的革命观在具有自身的内在规定性的同时,也与传统的革命观存在着体系性壁垒。

在存在辩证法之中,革命原则是存在辩证法的存在原则之一,是存在辩证法的逻辑链条的一个重要环节。

1. 革命的本质

存在辩证法认为,革命是对存在体的性质和本质构成的体系性的和结构性的根本改造和整合。存在辩证法的革命是为了消除自反性的反存在力而进行的对逆力悖反的再次自反,是针对自反的自反,是针对自反性的自反性。革命就是要有效地克服存在体的逆力悖反,重塑自身的本质,使存在体获得在现实中持续存在的可能性。

与一般的反叛(rebellion)不同,革命包括两个层次、阶段和过程。在第一个层次,革命意味着摧毁存在体内旧的存在力、观念和行为方式。在这个层次,革命与暴力、毁灭与暴乱不乏共同之处。虽然如此,但却是革命不可或缺的组成部分,是革命的第二个层次的前提和基础。而在第二个层次,革命则意味着对新的存在力、观念和行为方式的生成和重建。这个层次才是革命最艰巨和困难的阶段,才是体现革命的精髓的过程,也是革命的真谛所在。对旧存在体进行破坏是相对容易的,而要重建和重新规定新的存在体则更加艰难。

根据其发生的方式,革命包括存在体的自我革命和外来革命。自我革命是发生在存在体内向维度的革命,是存在体主动采取的自我拯救的革命。自我革命往往采取自上而下的路径,也有可能是自下而上和自上而下两种方法的相互结合。而外来革命则是由其他存在体对存在体的外部打击,是促使存在体消亡/死亡的一种方式。外来革命由其他存在体发起和实施,然而其中也不排除有内向维度的要素的配合。在多种反存在力的合力打击之下,处于濒危状态下的存在体会迅速坠入崩溃状态下,存在体迅速消亡/死亡的概率是极大的。

由于革命与存在体的崩溃状态紧密相连,因此,与崩溃原则是存在辩证法的存在原则一样,革命原则是存在辩证法的存在原则之一。

由于革命是对逆力悖反的自反性的克服,这实际上也是一种否定之否定。在形式上与费希特的自我理论和黑格尔辩证法的否定之否定规律是契合的。

## 2. 革命的必要性

存在辩证法认为,为了自救,存在体进行自我革命是十分必要的。存在就是革命的目的,也孕育着革命的必要性。

作为对存在枢机的革命性的结构性重建,革命从来不是靠主观的努力便能生成的巨大变革。革命只能在特定的情境下生成。对于作为复杂的复合存在体的人类来说,只有存在体在陷入了崩溃情境之下才能够促成进行革命的内在自救的动力,来自外向维度的反存在力才能够形成革命性的打击和促成革命性的变革。也就是说,由存在体的异化尤其是逆力悖反而引起的崩溃状态才能够赋予存在体内向维度和外向维度进行革命的必要性,而在这种必要性中也孕育着必然性。

这种必要性就是:不对存在体的性质和本质构成进行主动的干预和重建即进行革命就无法铲除逆力悖反产生的根源;而要彻底消除二力背反就只能从本源上开始,重建存在体的性质和本质构成,即进行自我革命或者外来革命。

## 3. 革命的效果

革命意味着存在体在消亡之前获得了一个自我重塑的现实可能性和最后的机会。在很大程度上,在经过艰辛的自我改造之后,革命成功之后的存在体是能够以新的身份延续自身的存在的;但是,革命之后的存在体能够拥有怎样的存在性却是未定的。革命之后的存在体在新的存在环境之下有着新的存在和行为逻辑。因此,新的存在体的存在性取决于新的力的方程式重新演绎和博弈的结果。

革命无法保证新的存在体不存在新的逆力悖反。经过革命性的改造而重建后的存在体或许仍然会孕育自反性的根据，在一定的情境下产生异化和逆力悖反，但起码可以消除和避免已经被证明足以导致对其存在性和存在本身构成根本威胁的逆力悖反，尤其是后发性逆力悖反。

对于处于崩溃存在状态即消亡和死亡边缘的存在体来说，革命是唯一的维持自身存在的机会和现实可能性。虽然革命并不能保证存在体完全获得新生，但是不革命就只能意味着存在体的迅速消亡和死亡。也就是说，如同在做了一个大手术摘除被癌细胞侵蚀的器官一样，革命或革命性的自我重塑是彻底消除存在体的逆力悖反的唯一有效的方式和手段。

发生在人体之上的逆力悖反如癌症和器官性的不治之症，不采取革命性的措施，不进行器官摘除手术和下猛药对其进行彻底的根除是无法从根本上将其根治的。心脏、肾脏和肝脏等主要器官的移植手术都是为了彻底消除人体上的逆力悖反而采取的革命性措施。虽然器官移植并不能确保人的生命会恢复旺盛的生命力和持续性的生存，但是不进行革命性的手术却只能意味着人的迅速死亡。

**五 逆力悖反的表现形式**

如前所述，逆力悖反是存在力转化成反存在力的自反性现象；逆力悖反是力的一种状态。作为力的自反性状态的逆力悖反的表现形式既有物质性的表现形式，也有精神性的表现形式。由于物质性的逆力悖反已在前文论述中有所举例，此处重点阐释观念存在体的逆力悖反。

（一）观念存在体的异化与逆力悖反

存在辩证法认为，存在体的复杂性和复合性越高，其出现非功能性和自反性即异化和逆力悖反的概率就越高。

对于作为复杂的复合存在体的人来说，自反性是比较普遍的现象。异化可以发生在物质性的存在体中，也可以发生在精神性的观念存在体中。同样地，逆力悖反存在于物质性的实体存在体中，也存在于精神性的观念存在体中。

观念存在体的异化和逆力悖反虽然在性质上是相同的，但是在力度上和后果上却是不同的。异化可以篡改观念存在体的本性，影响其存在性，却难以如逆力悖反一样对存在体的存在性造成重大的系统性和结构性的冲击和改变，尚不会对存在体的存在本身构成直接的威胁。因此，观念存在体的异化是可以修复和克服的，但是除非发生革命，观念存在体的逆力悖反则是难以修复和克服的。

(二) 观念逆力悖反的种类

存在辩证法认为，人的观念包括欲望、情感和理念等。欲望、情感和理念代表了观念的不同侧面和层次。

1. 欲望逆力悖反

从本性上看，作为观念存在体的欲望是存在力的具体表现。人的人体、群体和类的存在力都是通过作为无数个具体的子存在体的欲望的生成和实现来体现、实施和落实的。同时，人类实现欲望的方式的进化和改进标志着人类行为方式的进化和进步。但是，欲望同样可以发生自反，转化为反存在力。事实上，欲望的逆力悖反是人的行为方式的常态，成为人陷入崩溃状态和突然崩溃/死亡的直接原因。

为了获得一些具体的利益，满足一时的欲望，会形成人的行为与其存在性甚至存在本身的剧烈冲突，从而造成存在性突然崩溃和丧失生命的结果。人为了获得每个欲望物而置自己的存在于极度的危险之中，结果伤害甚至丧失了自己的生命，这就是人的存在性和存在本身的逆力悖反的典型表现。暴力是作为个体的人的存在体的欲望逆力悖反的典型表现。而作为暴力的升级版的战争是人的组织存在体的国家的欲望逆力悖反的典型形式。

在常态化的社会中，作为社会性存在体的人的欲望的逆力悖反的另外的常见表现方式是欲望与法律的冲突。人往往会铤而走险，采取非常规和极端的手段来达到目的，而结果这些欲望发生了激烈的自反，成为强有力的反存在力在短时间内削弱存在性，甚至造成死亡。许多抢劫、杀人、强奸等刑事犯罪都是欲望逆力悖反的典型事例。

2. 情感逆力悖反

人的情感发生激烈的自反，形成逆力悖反，同样是人的一种行为常态。被辜负和背叛的情感付出容易产生强烈的挫折感，而这种挫折感容易导致恨意，当恨意强度大到一定程度尤其是通过行为来加以表达时，情感逆力悖反便爆发了。

因爱生恨，即由爱情不遂而导致的恨意，为了发泄恨意而采取的极端行为，从而对人的存在性造成巨大的负面冲击甚至造成死亡是情感逆力悖反的典型例子。因爱生恨的情感逆力悖反我们不妨称之为爱情逆力悖反。爱情逆力悖反是人生痛苦和悲剧的一个重要原因，它可以强烈地影响人的存在性，甚至存在本身。因为为了爱情殉情而自杀和他杀事件在现实生活中是屡见不鲜的。需要强调的是，因爱情而对自己采取的自戕行为而造成自己的存在性的巨大转变和恶化甚至死亡，同样是一种爱情逆力悖反，是针对自己的爱情逆力悖反。

爱情是美好的，是人的存在力的一种积极的表现。但是，由于各种原因，爱情却会转化为它的反面，造成强烈的恨。为了避免爱情逆力悖反的产生，不要把被辜负和背叛的情感付出转化为恨，或者当恨产生之后不要付诸行为，这是避免爱情逆力悖反生成的关键点，是避免人生因爱情逆力悖反而坠入崩溃状态和造成人生悲剧的必要的自救措施。

爱情逆力悖反能够对人生造成强烈的冲击，剧烈地影响人的心理、情感和存在性，因此古今中外的文艺作品都有大量关于爱情悲剧的描写。实际上，文艺作品中的爱情悲剧绝大部分都是对爱情逆力悖反的客观描写、理性反思和情感梳理。

3. 理念逆力悖反

在思维和观念中形成一定的理念是人所特有的精神性活动，是人的高智商的独特表现。理念能够赋予人的行为以目的性并指导人的行为按照一定的目的性进行。因此，理念是人的存在力的有机组成部分。但是，有些理念却具有自反性，成为自我损害的一种方式，也就是说，理念可以转化为反存在力，形成异化，并进而形成理念逆力悖反。

纳粹德国的种族主义是典型的例子。希特勒以种族主义的意识形态看待苏联和苏联人，认为斯拉夫人、犹太人和亚洲人等都是劣等的种族，他们不堪一击，只能做优秀的日耳曼人的奴隶，他们占据的广阔的"生存空间"理应属于高贵的德国人。希特勒据此制订了"巴巴罗萨计划"，对苏联发动了大规模的征服战争，对苏联人进行了残忍的屠杀。但是，作为"劣等人"的苏联人民的抵抗却远远超出了希特勒和纳粹分子的想象，苏联人民在自卫战争中所体现出来的意志、智慧、素养和献身精神等在各方面都超出了"优秀的"日耳曼人，使希特勒和纳粹德国的主力部队绝大部分都葬身于苏联红军的炮火之下，希特勒本人和纳粹德国也在苏联人占领柏林的炮火之中彻底崩塌。

虽然希特勒的失败可以从许多方面进行解读，但是纳粹版的种族主义的破产是其中浓墨重彩的一个重要方面。存在辩证法认为，以希特勒的种族主义为代表的种族主义是一种典型的理念二力背反。在惨败的耻辱中自杀了的希特勒便是被埋葬在作为理念逆力悖反的表现的日耳曼种族主义的一个活生生的历史教训。

（三）行为的异化和逆力悖反

人的观念和行为是紧密相连的。观念的异化和逆力悖反必然导致行为的异化和逆力悖反。

1. 观念和行为

对于作为复杂的复合存在体的人来说，其观念与行为是相辅相成和密不可分的。进入文明阶段之后的人类的群体行为已经在很大程度上摆脱了本能的无意识，主观的意识对其行为起到了越来越大的主导作用。意识在不断的实践中锤炼形成了经验，经验的凝聚和检验形成了具有明确性的观念。观念赋予行为以目的性和方式方法，在很大程度上成为人类行为的主导。因此，如果人的观念发生了异化和逆力悖反，那么观念主导下的行为同样会发生异化和逆力悖反，形成行为异化和行为逆力悖反。也就是说，各种形式的观念异化和逆力悖反都是要通过行为来表现的，都要转化为行为的异化和逆力悖反。

2. 行为的异化和逆力悖反

作为相对简单的存在体，动物并不存在观念，动物的行为并不存在观念异化现象。异化和逆力悖反是指人的行为的异化和逆力悖反。行为异化是指本来作为存在力的行为发生了非功能化，无法再作为存在力发挥其既定的功能。行为逆力悖反是指作为存在力的行为发生了自反性，存在力已然转化为反存在力，对存在体的存在性和存在本身造成了威胁。

存在辩证法认为，行为的异化和逆力悖反包括行为方式的异化和逆力悖反以及行为模式的异化和逆力悖反。

（1）存在体的行为目的的唯一性

行为是力的实施和现实表现。落实为行为的力才是被实施了的力，才是可以产生效果的力，才是能够在现实中得以体现的力。行为和力之间的关系表明了对人类行为进行深入和系统的研究的重要性。

从行为与力的关系上可以看出，行为的性质可以分为体现存在力的行为，即存在力的行为，和体现反存在力的行为，即反存在力的行为。

从主观上看，存在体的行为都是为了维护和保护自身的存在性和存在而采取的，即存在体的行为从本初的目的性上都是存在力的行为。存在体采取行为只有一个目的，即维护存在体，这个目的可以通过加强自身的存在力和打击反存在力。也就是说，存在体在正常情况下是不可能采取在目的性上可以对自己的存在性和存在造成打击的行为的，即存在体的行为在主观上是不具备自反性的。为实现自身的目的服务是存在体的行为目的的唯一的出发点和根据。

（2）行为方式的异化和逆力悖反

但是，行为在实施过程中并不能完全保持其目的的唯一性。自反性会发生在行为的实施过程中，而成为反存在力。也就是说，行为会发生异化即丧失预定的功能性，并且异化可以恶化，在违背行为目的的同时，可转化为作为自反性的反存在力的一种，与其他反存在力一起形成反存在力的合力，对存在体的存在性进行打击。如此一来，便出现了行为的逆力悖反层次和阶段。

行为的逆力悖反经常性地体现在行为方式上。对于人的个体存在体来说，暴力和违背刑法的犯罪行为等都是行为的异化和逆力悖反。

典型的个人行为的逆力悖反是吸毒行为。吸毒者吸毒的主观意愿是满足自身欲望的一种行为，这与行为目的的唯一性是符合的。但是，吸毒的成本和代价是十分巨大的，其所引发的一系列行为更是具有严重的自戕效果，这些都使吸毒行为构成了足以严重损害个人存在性和存在本身的逆力悖反行为，足以在短时期内造成个人存在的崩溃，甚至死亡。同样地，贩毒行为也是一种个人的逆力悖反行为，只是贩毒所造成的毁灭性影响不仅在于自己，更会包括那些吸毒者。

而对于作为群体存在体的国家来说，战争是国家行为的逆力悖反行为。作为国家行为的战争是通过实施本国的军事力量对反存在体和反存在力进行暴力性的毁灭打击，是以自身的存在力对反存在力进行正面的直接打击的一种极端的行为方式。实施战争的国家的主观意愿同样是与行为目的的唯一性相符合的。只是战争是一种赌博的行为。获得胜利固然能够在一定程度上弥补战争所造成的损失和毁灭，但是对于战败国来说，战争可以迅速将国家推入崩溃的边缘，其存在性和受到巨大的打击，甚至会在战争中亡国灭族。因此，对于国家来说，战争行为是一种具有赌博性质的逆力悖反行为。

(3) 行为模式的异化和逆力悖反

行为方式的异化和逆力悖反体现的是单一的具体的异化和逆力悖反行为，相对来讲是比较容易改变、修正和克服的。而行为模式的异化和逆力悖反则更为复杂，是更加难以改变、修正和克服的。要改变、修正和克服行为模式的异化和逆力悖反将必须对行为体的存在枢机和行为结构进行系统的调整，而这会直接牵涉到对行为体的性质和结构构成的调整，也就是说需要通过革命才能真正克服行为模式的异化和逆力悖反。考虑到革命的复杂性和艰巨性，要对行为体的行为模式进行革命和根本性的改变是十分复杂和困难的。

对于吸毒者来说，如果偶然的吸毒行为是异化行为，上瘾了的吸毒行为就是逆力悖反行为了。虽然逆力悖反的吸毒行为可以对个人的存在性和存在本身造成毁灭性的打击，但还不是最严重的自反性行为。最严重的逆力悖反行为是已经成为行为模式的吸毒行为。当吸毒者屡教不改，无法摆脱吸毒行为而将整个生活都寄托在吸毒之上时，他便进入了行为模式的逆力悖反，是不可救药了。

# 第十二章

# 核时代与核逆力悖反危机[①]

根据存在辩证法的理念、原则和标准，人类所处的核时代标志着人类已经进入了逆力悖反时代，处于崩溃存在状态的边缘。核逆力悖反是对人的类的存在本身的致命威胁。[②]

## 第一节 人类进入核时代的方式

核时代是人类进化和发展历史进程中的一个崭新的时代。也可能是人类所经历的最后一个时代。这个特别的新时代具有人类之前的各个时代所不曾有过的新特征。

### 一 核武器打开了核时代的魔盒

与任何科学发现一样，核能的发现对于人类来说具有良性和恶性的两面性。在良性方面，作为新的能源形态在科学的开发和管理之下核能能够为人类提供充足而洁净的能源，有助于改善人类的存在性；在恶性方面，作为新的武器的核能是一种最具破坏力的自反性的毁灭力，能够被制造成人类迄今为止所能发明和制造出来的最具毁灭力的"绝对武

---

[①] 存在辩证法是核时代的辩证法，其核心在于解析人类在核时代所面临的核逆力悖反危机。本书的目的是阐释存在辩证法的理论体系。由于牵涉的理论视野的广阔性和复杂性，本书在对核时代的哲学本质等一系列问题进行深入的挖掘和定性的同时，对于如何化解核时代的整体异化危机和核逆力悖反危机并没有涉及，待留给另书再进行系统的阐述。

[②] 本书对核时代的解析是唯实主义哲学方法论的应用。无论是对异化和核逆力悖反现象的描述，还是对核战争所能对人类造成的行为后果的分析都是建立在事实性基础之上的。

器"，其大规模的使用可以毁灭人类的存在本身。不幸的是，恶性远远大于良性。是恶性和毁灭性的核武器，而不是良性和建设性的核能，将人类带入了自我毁灭的核时代。

（一）作为终结者和开启者的核武器

核武器是在文明时代最大规模的机械化战争中使用的。核武器的使用帮助结束了一场在人类历史上规模最大和最惨烈的机械化的世界大战，同时将宣告了一种更残酷更具毁灭力的战争形态的降临。

虽然从第二次世界大战后期的进程上看，原子弹的使用因挽救了更多的人在惨烈的战争中伤亡并加速了一场世界大战的结束而具有一定的道德性，但是这并不能掩盖和削弱核武器具有空前的毁灭性的本性。人类进入核时代的方式注定了核时代具有自反性的本质，也就是说，对于人类来说核时代的本质将是个自我毁灭的时代。而后来在核大国之间进行的激烈的核军备竞赛为这个本质做了充分的阐述和注解。

（二）核武器代表了国家行为的逆力悖反达到了极致

两次世界大战都是以国家为行为体而进行的世界范围内的战争。参战各方不但调动了国家所能控制和调动的所有资源以任何可以实施的方式参战，并且参战各国皆以彻底毁灭对方为国家行为的目的。也就是说，国家之间的冲突和战争在两次世界大战中达到了最激烈最残酷的层面，这是国家行为的逆力悖反的典型体现。

如果说两次世界大战所采用的大规模机械化战争形式还没有掌握足够的毁灭力并不足以毁灭全人类的话，那么作为主导这两次世界大战的国家行为则走到了尽头，而作为战争行为体的国家的价值也陷入困境之中。

核武器的出现和使用是国家行为逆力悖反的延续和进一步的恶化。这种恶化具有严重的任何国家和整个人类都无法承担的后果。也就是说，核武器则将国家行为的逆力悖反推向了极致。核时代是一个人类的自反性达到了顶点的时代。

## 二　核攻击宣告了一个新时代的降临

作为第二次世界大战主要参战国的美国对第二次世界大战的主要发

起者和参与者的日本的两个中小城市广岛和长崎分别投下了一颗原子弹。然而，这两颗原子弹却宣告了人类历史的新纪元的到来。新纪元的到来并不是偶然的，而是根植于人类整个文明时代的行为方式本身，是人类一路上积累的一切异化和逆力悖反的必然结果。

作为新时代的核时代具有其他时代所不具备的诸多特点。

1. 传导性和全球性（Globality）

核时代的传导性和全球性不仅体现在科技之上，更体现在核灾难的后果之上。

人类形成类的存在体意味着人类的行为要素在全球范围内形成了迅速的传导性，形成了全球性。而传导性和全球性成为人类行为的本质特征。人的类的特征在核时代正式形成，因此传导性和全球性是核时代的本质特征。核时代的传导性和全球性主要是指核时代人类依靠科技力量而发展起来的毁灭力所具有的传导性和全球性，尤其是双重逆力悖反对人的类的自我毁灭性。

传导性和全球性的形成是从工业化开始的一个过程。随着工业化时代的到来，人类的行为方式受到科技发展的主导和主宰。在工业时代，科技是人类行为体的存在枢机。科技扩展了人类的视野，也使人类行为的触角达到了前所未有的广度和高度，极大地促进了不同的人类存在体之间的传导性。人作为类的存在体的一切基本要素在工业化时代逐一形成。随着人类认知范围和深度的扩展，人类认知的视野在地理范围、时间维度和空间维度逐渐扩大、拉长和拓宽，在空前发展的传导性的促进下，最终全球性出现了。核时代突破了工业时代的各种临界点，传导性获得了更强烈的强化，促使人类进入了全面的全球化时代。

在核时代，传导性和全球性不只是人类认知的新视野。核时代也标志着人类在认知方式上和行为方式上进入了传导性和全球性阶段。而更为重要的是，在核时代人类的行为结果具有传导性和全球性，而毁灭性是核时代人类行为结果的最典型的代表，也是最突出的能力。

如果说有些科技成果可以迅速在全球扩展、普及和传导，从而使人类的生活变得更为方便和舒适的话，那么核时代的人类行为的全球性的负面后果，即核毁灭，则是人类无法承担的传导性和全球性的灾难。这也将是人类所面临的最后一个灾难，最后一个毁灭。

## 2. 核时代的本质特征是自我终结性

核时代是自我终结性的时代。人类从原始社会到文明社会所追求的一切物质的和精神的目标，在核时代都将自我否定和终结。

如果大规模的核战争爆发或者核武器得到持续性的使用，那么核时代是人类进入近现代以来的行为方式和行为模式的终结，就是人类几百年来孜孜以求的物质、物质创造、物质条件和物质消费的终结。同时，核时代也是历史的终结；也是道德的终结；也是哲学的终结；也是文明的终结；也是人类欲望的终结；也是人性的终结。也就是说，核时代是人的类的存在的自我终结。

在核时代的毁灭到达之前，人类可以假装终结性并不存在而继续靠惯性存在和生活在"安全"中。但同时，核时代为人类中的理性思想者提供了一个从终点回看人类一步步迈向终点和毁灭的历程的机会，对人类的存在和非存在进行最后的反思。这是哲学和辩证法，也是人类呼吸的最后的机会。

## 3. 终结性以人的类的毁灭为结果

全球性的出现标志着人的类的存在体的诞生。只不过最能体现核时代的全球性性质的是人类的行为结果。而最能充分地体现核时代人类的行为结果的是核武器的毁灭性。也就是说，随着全球化而来的人的类的存在体的出现是通过核武器所带来的人的类的毁灭的现实性来实现的。

### 三 希特勒与核时代

希特勒是积极开发原子弹的战争狂人。由于拥有一批世界上领先的优秀核物理学家，纳粹德国已经拥有了核技术，希特勒千方百计要率先掌握制造出原子弹，并将原子弹作为彻底消灭对手、实现其战略计划的杀手锏。最后美国通过"曼哈顿计划"的成功实施，首先掌握了原子弹，使希特勒的核计划没有得逞。

但是，希特勒与核时代的到来仅有一步之差。希特勒于1945年4月30日自杀，美国于1945年7月16日试爆成功第一颗原子弹，1945年8月6日在广岛投下了第一颗原子弹。希特勒与核时代的到来仅相差了有100天，可谓是擦肩而过。

对于人类历史来说，这100天具有深刻的意义。如果是希特勒将人类引入核时代，那么可以想见，原子弹将被滥用，也就是说，人类将通过一场不受节制的核战争的方式进入核时代。人的类的存在或许在人类跨入核时代的门槛之初便遭受了毁灭性的核打击。核时代与希特勒擦肩而过实属人类在不幸中的万幸。

虽然避免了以毁灭性的方式进入核时代，但是人类仍然是通过核打击在一场世界大战中进入了核时代。这绝不是人类之幸，而只是自我毁灭的缓期执行而已。况且，在深陷于核二力背反而无力自拔并且愈演愈烈的核国家竞争之中，无法排除类似希特勒的疯狂政客再次出现的现实可能性。

## 第二节　核时代人类毁灭的机理

核武器具有超强的毁灭力，大规模的核战争足以毁灭人类，这是关于核时代和核武器的基本认知。但是，对于核武器和核战争毁灭力的机理却并不是所有人都有准确而深刻的理解。尤其可怕的是，一些身居高位和具有影响力的人却选择对核武器和核战争的毁灭力的机理回避或者视而不见。而这正是核时代的最致命的危险所在。

### 一　核战争的发展和毁灭机理

科学的发展路线是不可预测的，充满了可能性和惊喜。但是，在异化和核逆力悖反之下，科学的发展和进步却意味着核武器的毁灭力迅速增加。也就是说，核技术的发展促进了核逆力悖反的深化，加速了核毁灭的到来。

（一）核武器的发展过程

事实证明，自从人类踏入核门槛，进入核时代以来，核武器没有一天不在被重点研制和发展的过程中。如今，在核技术的大力推动下，核武器的发展即将进入第四代。核武器在代级更新的背景下也在不断地扩展新的领域。而天空的核武化将使核武器对人类的致命威胁带入新的更危险的维度。

第一代核武器即原子弹的毁灭力是通过特定物质（如铀等）内部产生的核裂变在瞬间产生的巨大的放射性能量来实现的。

第二代核武器即氢弹是通过放射性物质的核聚变的原理来实现的，所产生的能量比原子弹有几何级数的提高，毁灭力可以提高上千倍。

第三代核武器表现在运作工具的多样性和机动性以及核弹头的小型化之上。第三代核武器可以通过路基、海基和空基发射，而其发射的核弹头在体积大大缩小的情况下其爆炸当量却获得大幅提高。目前，美国、俄罗斯和中国等核大国都已进入核武器的第三代，拥有三维的立体核打击力量。

目前，主要的核大国正在为进入核武器的第四代而运筹帷幄。第四代核武器是以金属氮为核物质的核武器系统。金属氮的核聚变和核裂变在不产生大量核辐射的情况下能够产生更大的爆炸当量。也就是说，第四代核武器可以进一步提高核武器的直接毁灭力，而大幅减少间接毁灭力。

另外，核武器发展的另一个突破口是天空领域。在将天空军事化的基础上将天空核武化是核大国另一个竞争的领域。从在太空飞翔的飞行载体（如空天飞机等）对地面国家发射核武器将使对核武器的防御无能为力，置被攻击的国家于任人宰割的境地。率先拥有天空核武化实力的核大国无疑将拥有针对其他国家的巨大的实力盈余。然而，在以传导性和全球性为行为特征的核时代，这种技术很难被一个核国家垄断或者采取独享。可以预见这种致命的核实力差一旦出现将会被尽快弥补。届时，天空核武化只能将主要的核大国都置于无法设防的处境之下。这无疑将加速人的类的毁灭的到来。

（二）核武器的毁灭力的性质

无论是第一代还是第二代核武器，它们的毁灭力主要表现为三种，即高压、高光高热和放射性污染。核武器在爆炸时能够瞬间产生高压，高压形成冲击波对周围的物体和人体进行猛烈的冲击，从而摧毁这些物体和人体；核武器在爆炸时同样会释放出高光和高热，使周围的温度即时达到几万度，同时还形成强大的光辐射；核武器在爆炸时会释放出大量的放射性物质，在核武器爆炸过后的很长时间里通过各种放射性射线对人体造成杀伤和损害。

核武器的直接毁灭来自高压和高光高热，而间接毁灭则来自放射性物质所造成的核污染。

### （三）核武器的两种毁灭机理

核武器毁灭人的类的存在是通过两种机理进行的。这两种机理也代表了不同的方式，即对存在体的物理性毁灭和对存在体的生存环境的剥夺。

按照致死的打击方式和时效性，第一种机理亦即物理性的直接毁灭，是指核武器的爆炸即时或者在爆炸之后很短时间内所造成的存在体的毁灭。直接毁灭主要是通过核武器爆炸之后瞬间产生的高压、高光和高热实现的，强烈的放射性污染也会在瞬间造成杀伤。虽然物理性的直接毁灭会造成快速的杀伤和毁灭效果，其毁灭的范围较常规炸弹的范围要大得多，但是其毁灭的范围仍然是有限的。

第二种机理是指通过核武器的爆炸对人类赖以生存的生态系统进行系统性的破坏，剥夺人类赖以存在的物质条件和环境基础并由此而带来的人类毁灭。这种通过对人类的生态系统的破坏来毁灭人类的方式是间接毁灭。间接毁灭虽然见效较直接毁灭方式要慢，但是毁灭的效果更全面和彻底，远远超出了核武器爆炸的范围之外。因此，从长远看，核武器更大的毁灭力来自间接毁灭。

### 二　核战争的直接毁灭

核武器直接毁灭的力度和强度来自其爆炸当量的大小。核武器的爆炸当量越大，其所造成的直接毁灭越大，即核武器的爆炸当量与其直接毁灭力成正比例的关系。

1945年8月，美国投到广岛和长崎的两颗原子弹的爆炸当量分别相当于1.5万吨和2万吨TNT炸药，而这种级别的爆炸当量属于第一代原子弹。第一代原子弹具有之前的任何炸弹所不具备的爆炸当量，它们虽然可以直接杀死数以万计的人，但是不足以直接毁灭人类，甚至无法直接毁灭一个幅员辽阔和人口最多的国家。但是，核武器在进入核时代的短时期内便获得了巨大的提高，原子弹进入了第二代。

第二代核武器在多个方面获得了质的改变和提高。核武器的投放方式不再依靠轰炸机在目标上空直投，而是可以通过路基、海基和空基上的远程导弹放射，实现了"三位一体"的核打击能力；第二代核武器的数量呈几何级数增长，不再是几枚地生产，而是可以生产和保存上千枚甚至上万枚的核弹头；原子弹的爆炸当量在20世纪60年代已经提高到了相对于广岛原子弹当量的数千倍，其中氢弹的爆炸威力更比原子弹有了几何级的提高。因此，从20世纪60年代初期开始，在美国和苏联/俄罗斯这两个最大的核大国之间爆发的一次核大战不仅足以直接毁灭人类，而且在理论上可以直接毁灭人类数百次。从理论上看，在21世纪要彻底毁灭日本这样面积的国家，一枚或者两枚大爆炸当量的核武器或者氢弹就够了。

### 三　核战争的间接毁灭

核武器间接毁灭的力度和强度同样来自其爆炸当量的大小。核武器的爆炸当量越大，其所造成的间接毁灭越大，对人类的生态环境所造成的破坏就越大和越持久。也就是说，同直接毁灭一样，核武器的爆炸当量与其间接毁灭力也成正比例的关系。

我们希望核大国之间爆发的全面的核大战是一种极端的情况。然而，在现实的国际政治中核国家之间爆发的"有限"核战争则是世界挥之不去的阴影。核武器爆炸之后会释放大量的放射性物质，那些直接受到大量放射性物质冲击的人类会直接死亡。核爆炸同时还会产生核污染。核污染并不会当即造成人的直接死亡，但可以通过相对少量的放射性颗粒对人类造成间接但致命的损害。核武器爆炸的当量越大，受到冲击的地区越广，爆炸的频率越高，核污染也越严重、快速和广泛，对人类存在的持续性的威胁也越严重和持久。

各种科学实验已经充分证明，核污染可以渗透于地球的各个层面，对大气、水源和土地造成持续性的和不可逆的影响。核污染对地球和自然生态环境不仅具有广泛的、无孔不入的弥漫性[1]，更具有可持续数千年

---

[1] 放射性物质的弥漫性是没有界限的，可以到达全世界的任何一个角落。这是通过放射性微粒回降来实现的。核爆炸所产生的放射性物质会高高地升入大气层，可以从爆炸原点被吹到数千公里以外，雨和雾会把这些物质收捕起来，再把它们送回大地。通过这种方式，放射性微粒在数星期之内便可以环绕地球一周。氢弹爆炸所产生的放射性微粒可以升得更高，从而进入同温层。这些物质可以在同温层停留数年，在此期间会像一条毛毡般地覆盖整个大气层。氢弹所释放的放射性物质在世界范围内进行回降的时间可在一年到十年之内完成。参见 [美] Teller, Edward, *The Legacy of Hiroshima*, Doubleday & Company, Inc., 1963 等。

甚至上亿年的持久性①，遭受核污染的地方在长达数千年的时间内都无法消除放射物质的负面影响。由于空气、水源、植被和土壤受到不可逆转的放射性的毒化，遮天蔽日的黑云让月光无法进入大气层，在缺少阳光和健康的水源的大地上农业生产的生态环境将不复存在，整个动物界也将丧失赖以生存的自然环境。这些情况对于人类意味着失去农业和畜牧业，人类失去了食物的来源；失去了农业，工业也将失去价值、可能性和意义，曾经孕育出万物之灵的人类的地球上的生态环境将变成充满凶险和敌意的反存在体。也就是说，作为"高科技"的核武器将抹杀人类从原始社会以来的所有科技，剥夺人类赖以存在的所有获取生活资料的手段和工具。这种情况类似于"核冬天"所描述的景象，却是核战争之后地球和人类将面临的现实的外部环境，或者说是最后即将灭绝的人类的一员所将面对的情境。

### 四 核毁灭意味着什么

我们说核战争会带来人的类的毁灭。那么核战争所带来的对人类的毁灭即核毁灭究竟意味着什么？

事实上，人的类的毁灭是核毁灭的一个最终的结果，是人类的一种最极端的结局（the worst case scenario）。这个最终和最极端的结局在核大战全面爆发的情况下就是人类的结局。

而在达到这个最终的结局之前，人类将处于崩溃状态，还将在迈向灭亡的过程中走过一段痛苦的旅途。在这个最极端的结局之外，崩溃状态也意味着人类将面对一种悲惨的境遇，处于一种充满了绝望的存在状态之中。

具体来说，人类在遭到核战争的打击之后在向类的毁灭的结果迈进的过程中，这些过渡性的过程和境遇包括以下方面。

首先，人类的存在性急速下降到最低值。

人类被剥夺在原始社会和文明社会所取得的绝大部分行为工具和行

---

① 放射性物质停留在地面或者人体之内的时间取决于其放射衰变率。由于核爆炸可以释放许多种放射性物质进入自然界，而各种放射性物质的衰变期是不同的，因此不同的放射性物质对自然界和人体的危害是不同的。有些衰变期在极短的时间内便可完成，有些则要等到上千万年和上亿年之后。

为杠杆，退化到茹毛饮血的原始社会初期。

其次，逆力悖反达到了极致。

在核逆力悖反之下，人类行为的自反性被推向了极致。人类既是存在体也是自身能够毁灭人类成百上千次的反存在体，人类群体之间不再有存在体与反存在体之分；人类的力也不再有存在力与反存在力之间的分野。战争的毁灭力已经如此之大以至于人类整体在核战争中都将被毁灭，也就是说在核战争中将不再有胜利者和失败者，而只有被毁灭者，核战争中只有反存在力而不再有存在力。

最后，人类的内在本质遭到篡改。

除了人类的外在物质生存手段被剥夺，更为重要的是，作为存在体本质的内在的生理结构也将受到破坏和篡改。核武器发出的放射性物质可以严重改变人的基因是个科学事实，已经被广岛、长崎的原子弹受害者以及切尔诺贝利核事故的被辐射者所反复证实。放射性物质可使人类的基因受到破坏，不仅受害者自己而且下一代都要百病缠身[①]，更有可能因为基因突变而变成各种奇形怪状的"怪物"，也就是说，核武器发出的放射性物质可以将作为存在体的人变成非人类的存在体，变成各种"异物"。从这个意义上看，核武器可以从人的内部和根源上根本地篡改和毁灭人类。

### 五　核毁灭是具有双重性的

美国对核武器的垄断只持续了 4 年时间。在具有核垄断情境下，美国利用核讹诈将原子弹作为遏制和威慑以苏联为首的社会主义阵营的独门绝技是能够起到一定作用的。只是仅仅在美国拥有核武器几年之后的 1949 年 9 月苏联便拥有了自己的原子弹，成为第二个核国家，并迅速成为实力与美国相当的核大国。而后来连续有其他国家尤其是中国也成为核国家，这无疑剥夺了核武器作为美国独家绝技的特殊地位，也在很大

---

[①] 例如，可以对人体有直接威胁的放射性物质包括锶 90 和铯 137，它们都有三十年左右的半衰期，即它们的一半发生蜕变并进行能量扩散需要三十年时间。锶 90 可以造成骨癌和白血病，铯 137 可对人的生殖系统造成损害。因此，即使人体受到了少量放射性物质的污染，它们对人体的影响也是不可逆的和致命的。

程度上对冲掉了核武器作为美国的军事、战略和政治工具的效力和功能，因为美国在拥有通过核武器毁灭其他国家的同时，自己也有可能成为核打击的受害者。核武器强大的毁灭力彻底抹去了攻击者和受害者之间的界限。在此情境下，核大国如果仍然把玩核讹诈的把戏则是违背核道德的，是一种害人害己的自杀战略。

但是，这种战略家却始终存在，一直在影响着核大国的战略和政策制定和决策。在人类刚刚进入核时代的初期，人们对于核武器的毁灭力出现了巨大的恐惧。但当时有些"有识之士"认为，核武器虽然是有史以来最具毁灭力的武器，但核武器无法毁灭人类，因此核国家，特指美国，是可以将核武器作为威力强大的军事武器、战略武器和政治武器在现实中加以使用和利用的。[①]

如何评价这种"睿智的"观点？存在辩证法认为，核武器对人的类的存在是否构成全面毁灭的现实性威胁要回到事实性的层面，要根据事实来做出判断，也就是说，要根据唯实主义的方法和原则来加以解析。进入核时代以来，人类的科学技术在许多领域都获得了突破性的进展，借助新的科学理论、方法和工具，人类建立了新的学科，发现了关于自然界和人类本身的新的事实，这些新的事实发现从环境科学、医学和基因科学等多个新的视角进一步看清了核武器对于人类的各种影响。核时代的这些事实证明，这种貌似"睿智的"观点是与事实完全相悖的，是根本站不住脚的，无论如何"论证"和狡辩都是无法蒙混过关的。它们只是看到了核武器的直接毁灭，而完全忽略了核战争的间接毁灭机理，没有看到核战争对人类的毁灭具有双重性。

核武器对人类的毁灭是双重的，即直接毁灭和间接毁灭是相继进行的。即使核战争的直接毁灭无法完全消灭人类，那么核战争的间接毁灭则足够。对此，对核毁灭的任何的侥幸和幻想都是违反核道德的反人类思想。

因此，如果说通过核武器爆炸而造成人的类的直接毁灭是快速自杀的话，那么通过核武器爆炸而引发的人类存在性的全面危机和持续性的恶化并由此所造成的间接毁灭则是人的类的存在的确定的慢性自杀。

---

[①] 参见 [美] Teller, Edward, *The Legacy of Hiroshima*, Doubleday & Company, Inc., 1963。

# 主要参考书目

## 一　中文经典原著及译著

［德］恩格斯:《自然辩证法》,人民出版社2015年版。

［德］恩格斯:《家庭、私有制和国家的起源》,人民出版社2018年版。

毛泽东:《毛泽东的五篇哲学著作》,人民出版社2008年版。

［古罗马］奥古斯丁:《忏悔录》,周士良译,商务印书馆1981年版。

北京大学哲学系外国哲学史教研室编译:《古希腊罗马哲学》,商务印书馆1982年版。

［古希腊］柏拉图:《巴门尼德斯篇》,陈康译注,商务印书馆1982年版。

［古希腊］柏拉图:《智者》,詹文杰译,商务印书馆2014年版。

［法］亨利·柏格森:《创造进化论》,肖聿译,凤凰出版集团/译林出版社2011年版。

［法］亨利·柏格森:《时间与自由意志》,吴士栋译,商务印书馆2007年版。

［意］布鲁诺:《论原因、本原与太一》,汤侠声译,商务印书馆1984年版。

［英］卡尔·波普尔:《开放社会及其敌人》(共两卷),陆衡等译,中国社会科学出版社1999年版。

［英］卡尔·波普尔:《历史主义贫困论》,何林、赵平等译,中国社会科学出版社1998年版。

(宋)程颢、程颐:《二程集》(上下),中华书局1981年版。

(西汉)董仲舒:《春秋繁露校释(校补本)》(上下),钟肇鹏主编,河北人民出版社2005年版。

[德] 费尔巴哈:《费尔巴哈哲学著作选集》(上下卷),荣震华、李金山译,商务印书馆1984年版。

[德] 费尔巴哈:《黑格尔哲学批判》,王太庆、万颐安译,生活·读书·新知三联书店1955年版。

[德] 费尔巴哈:《基督教的本质》,荣震华译,商务印书馆1984年版。

[德] 费希特:《论学者的使命、人的使命》,梁志学、沈真译,商务印书馆1984年版。

[德] 费希特:《全部知识学的基础》,王玖兴译,商务印书馆2007年版。

[德] 黑格尔:《精神现象学》(上下卷),贺麟、王玖兴译,商务印书馆1979年版。

[德] 黑格尔:《逻辑学》(上下卷),杨一之译,商务印书馆1981年版。

[德] 黑格尔:《小逻辑》,贺麟译,商务印书馆1980年版。

[德] 黑格尔:《哲学史讲演录》(共四卷),贺麟、王太庆等译,商务印书馆2013年版。

[德] 康德:《逻辑学讲义》,徐景行译,商务印书馆2010年版。

[德] 康德:《实用人类学》,邓晓芒译,上海人民出版社2002年版。

[英] 柯林武德:《历史的观念》,何兆武、张文杰等译,商务印书馆2004年版。

[德] 莱布尼茨:《人类理智新论》(上下册),陈修斋译,商务印书馆1982年版。

[德] 莱布尼茨:《新系统及其说明》,商务印书馆2013年版。

[法] 列维-布留尔:《原始思维》,丁由译,商务印书馆2004年版。

(宋) 黎靖德编:《朱子语类》(共八册),中华书局1986年版。

[古罗马] 卢克莱修:《物性论》,方书春译,商务印书馆1982年版。

[奥] 恩斯特·马赫:《力学及其发展的批判历史概论》,李醒民译,商务印书馆2019年版。

[英] 牛顿:《自然哲学的数学原理》,曾琼瑶等译,凤凰出版传媒集团/江苏人民出版社2011年版。

[德] 尼采:《快乐的科学》,余鸿荣译,中国和平出版社1986年版。

[英] 培根:《新工具》,许宝骙译,商务印书馆1997年版。

[英] 培根:《学术的进展》,刘运同译,上海人民出版社2015年版。

（宋）邵雍：《皇极经世书》，中州古籍出版社 2007 年版。

（宋）邵雍：《邵雍集》，中华书局 2010 年版。

［德］石里克：《伦理学问题》，张国珍、赵又春译，商务印书馆 1997 年版。

［德］卡尔·施米特：《政治的概念》，刘宗坤等译，世纪出版集团/上海人民出版社 2004 年版。

［德］卡尔·施米特：《政治的剩余价值》，上海人民出版社 2002 年版。

［德］叔本华：《爱与生的苦恼》，金玲译，中国和平出版社 1986 年版。

［德］叔本华：《作为意志和表象的世界》，石冲白译，商务印书馆 1982 年版。

［法］乔治·索雷尔：《进步的幻象》，吕文江译，上海人民出版社 2003 年版。

［德］文德尔班：《哲学史教程》（上下卷），商务印书馆 2013 年版。

［德］谢林：《对人类自由的本质及其相关对象的哲学研究》，邓安庆译，商务印书馆 2008 年版。

［德］谢林：《先验唯心论体系》，梁志学、石泉译，商务印书馆 2016 年版。

［古希腊］亚里士多德：《范畴篇 解释篇》，方书春译，商务印书馆 2005 年版。

［古希腊］亚里士多德：《工具论》，张留华、冯艳等译，上海世纪出版集团 2015 年版。

［古希腊］亚里士多德：《形而上学》，吴寿彭译，商务印书馆 1959 年版。

［德］卡尔·雅斯贝尔斯：《生存哲学》，王玖兴译，上海译文出版社 2013 年版。

（春秋）孙武：《孙子兵法》，外语教学与研究出版社 1998 年版。

（宋）张载：《张载集》，中华书局 1978 年版。

（宋）周敦颐：《周子通书》，上海古籍出版社 2000 年版。

（魏）王弼：《老子道德经注校释》，楼宇烈校释，中华书局 2008 年版。

金三何主编：《武经七书》，哈尔滨出版社 2006 年版。

金永译解：《周易》，重庆出版集团/重庆出版社 2006 年版。

魏国忠、朱国忱、郝庆云：《渤海国史》，中国社会科学出版社 2006 年版。

巫白慧:《吠陀经和奥义书》,中国社会科学出版社 2015 年版。

禹谦译注:《三十六计》,中华书局 2010 年版。

## 二 英文经典原著

Aristotle, *The Metaphysics*, Penguin Books 1998.

Bury, J. B., *The Idea of Progress: An Inquiry into Its Origin and Growth*, The Echo Library, 2006.

Cottingham, John, *The Cambridge Companion to Descartes*, Cambridge University Press, 1992.

Descartes, *Key Philosophical Writings*, Wordsworth Editions Limited 1997.

Engels, F, *Ludwig Feuerbach and the End of Classical German Philosophy*, Foreign Languages Publishing House Moscow 1950.

Gardner, Sebastian, *Kant and the Critique of Pure Reason*, Routledge, 1999.

Guyer, Paul, Edit, *The Cambridge Companion to Kant*, Cambridge University Press, 1992.

Hayek, Friedrich A., *The Counter-Revolution of Science: Studies on the Abuse of Reason*, Free Press, 1955.

Hegel, G. W. F., *The Logic of Hegel*, trans. William Wallace, 中国社会科学出版社 2007 年版。

Hegel, G. W. F., *The Phenomenology of Spirit*, trans. A. V. Miller, Oxford University Press, 1977.

Hegel, G. W. F., *The Philosophy of History*, trans. J. Sibree, Prometheus Books, 1991.

Hegel, G. W. F., *The Philosophy of Right*, Trans. S. W. Dyke, Dover Publications, INC 2005.

Hegel, G. W. F., *The Science of Logic*, trans. A. V. Miller, Humanity Books, 1969.

Heidegger, Martin, Being and Time, translated into English by John Macquarrie and Edward Robinson, Harper San Francisco, 1962.

Heraclitus, *Heraclitus Fragments, A Text and Translation with A Commentary by T. M. Robinson*, University of Toronto Press, 1987.

Kant, Immanuel, *Fundamental Principles of the Metaphysics of Morals*, Dover Publications, Inc. 2005.

Kant, Immanuel, *Critique of Judgement*, translated into English by James C. Meredith, Oxford University Press, 2007.

Kant, Immanuel, *Critique of Practical Reason*, translated into English by Werner S. Pluhar, Hackett Publishing Company, 2002.

Kant, Immanuel, *Critique of Pure Reason*, translated into English by Werner S. Pluhar, Hackett Publishing Company, 1996.

Mill, John Stuart, *Utilitarianism*, Fontana Press, 1962.

Parmenides of Elea, *Fragments: A Text and Translation with An Introduction by David Gallop*, University of Toronto Press, 1984.

Plato: *Plato*, *Volume 1 – 6*, Guangxi Normal University Press, 2008。

Plato: *The Republic*, Penguin Classics 2003.

Politis, Vasilis, *Aristotle and The Metaphysics*, Routledge 2004.

Russell, Bertrand, *The History of Western Philosophy*, Simon & Schuster, 1972.

Schlick, Moritz, *The Problems of Ethics*, Dover Publications, Inc., New York, 1962.

Singer, D. W., *G. Bruno: His Life and Thought*, Henry Schuman 1950.

Spencer, Herbert, *Justice*, William and Norgate, 1891.

Spinoza, Benedict, *Ethics*, Wordsworth Editions Limited 2001.

Thucydides, *History of The Peloponnesian War*, Penguin Books 1954.

Sainsbury, R. M., *Paradoxes*, *Third Edition*, Cambridge University Press, 2009.

Bury, J. B., *A History of Freedom of Thought*, Oxford University Press, 1948.

### 三 法文原著

Badiou, Alain, *Abrégé de Métapolitique*, Éditions du Seuil, 1998.

Levi-Strauss, Claude, *La Pensee Sauvage*, Librairie Plon Paris, 1962.

Kojeve, Alexandre, *L'Introduction a La Lecture de Hegel*, Gallimard, 1947.

Sartre, Jean-Paul, *L'etre et le Neant*, Editions Gallimard, 1943.

Sartre, Jean-Paul, *La Critique de la Raison Dialetique*, Gallimard, 1982.

Camus, Albert, *L'homme revolte*, Gallimard, 1951.

## 四 中文学术著作（含外文译中文著作）

北京大学哲学系编：《古希腊罗马哲学》，商务印书馆1982年版。
蔡尚思主编：《十家论易》，上海人民出版社2006年版。
曾欢：《西方科学主义思潮的历史轨迹》，世界知识出版社2009年版。
陈波：《悖论研究》（第二版），北京大学出版社2014年版。
陈波：《逻辑哲学》，北京大学出版社2005年版。
邓晓芒：《思辨的张力：黑格尔辩证法新探》，商务印书馆2008年版。
段德智：《西方死亡哲学》，北京大学出版社2006年版。
高怀民：《两汉易学史》，广西师范大学出版社2007年版。
高怀民：《先秦易学史》，广西师范大学出版社2007年版。
龚杰：《张载评传》，南京大学出版社1996年版。
胡道静主编：《十家论老》，上海人民出版社2006年版。
胡阳、李长铎：《莱布尼茨二进制与伏羲八卦图考》，上海人民出版社2006年版。
华东师范大学哲学系逻辑学教研室编：《形式逻辑》，华东师范大学出版社2009年版。
黄涛编：《博弈论教程——理论·应用》，首都经济贸易大学出版社2004年版。
金岳霖主编：《形式逻辑》（重版），人民出版社2006年版。
李彬：《军备控制理论与分析》，国防工业出版社2006年版。
李达主编：《唯物辩证法大纲》，武汉大学出版社2007年版。
李德顺：《价值论》（第2版），中国人民大学出版社2007年版。
李欣、钟锦：《康德辩证法新释》，同济大学出版社2009年版。
李学勤、朱伯崑等：《周易二十讲》，廖名春选编，华夏出版社2008年版。
李学勤：《周易溯源》，四川出版集团/巴蜀书社2006年版。
李艳辉：《康德的上帝观》，北京师范大学出版社2010年版。
梁绍辉：《周敦颐评传》，南京大学出版社2011年版。
廖名春：《〈周易〉经传与易学史新论》，齐鲁书社2001年版。
卢连章：《程颢 程颐评传》，南京大学出版社2001年版。

陆梅林、程代熙编选：《异化问题》（上下），文化艺术出版社1986年版。
吕绍纲：《〈周易〉的哲学精神》，上海古籍出版社2005年版。
马德林：《老子形上思想研究》，学林出版社2003年版。
钮先钟：《西方战略思想史》，广西师范大学出版社2003年版。
钱穆：《朱子学提纲》，生活·读书·新知三联书店2002年版。
汤侠生：《布鲁诺及其哲学》，上海人民出版社1985年版。
唐明邦：《邵雍评传》，南京大学出版社1998年版。
汪子嵩等：《希腊哲学史》第一、二卷，人民出版社1988年版。
王仲春：《核武器 核国家 核战略》，时事出版社2007年版。
吴大辉：《防范与合作：苏联解体后的俄美安全关系（1991—2005）》，人民出版社2005年版。
吴前衡：《〈传〉前易学》，湖北长江出版集团/湖北人民出版社2008年版。
吴仁平、彭隆辉主编：《欧洲哲学史简明教程》，中央编译出版社2012年版。
徐向东：《理解自由意志》，北京大学出版社2008年版。
杨成寅：《太极哲学》，学林出版社2003年版。
叶秀山：《启蒙与自由》，江苏人民出版社2013年版。
叶秀山：《哲学要义》，北京联合出版公司2015年版。
张珂：《董学与孔学的正本清源》（上下册），人民出版社2021年版。
张珂：《唯实主义》，人民出版社2020年版。
张立文：《朱熹评传》，南京大学出版社1998年版。
张涛：《秦汉易学思想研究》，中华书局2005年版。
张严：《"异化"着的"异化"》，山东人民出版社2013年版。
赵恒：《核不扩散机制：历史与理论》，世界知识出版社2009年版。
周桂钿：《董学探微》，北京师范大学出版社2008年版。
［德］京特·安德斯：《过时的人：论第三次工业革命时期生活的毁灭》（共两卷），上海译文出版社2010年版。
［德］弗朗茨·布伦塔诺：《根据亚里士多德论"是者"的多重含义》，溥林译，商务印书馆2015年版。
［美］雅·布伦诺斯基：《科学进化史》，李斯译，海南出版社2006年版。

[美] 伯纳德·布罗迪：《绝对武器——原子武力与世界秩序》，解放军出版社 2005 年版。

[德] 爱德华·策勒尔：《古希腊哲学史纲》，翁绍军译，上海世纪出版集团 2007 年版。

[法] 雅克·董特：《黑格尔传》，李成季、邓刚译，上海人民出版社 2015 年版。

[法] 路易-樊尚·托马：《死亡》，潘慧芳译，商务印书馆 2001 年版。

[美] 曼弗雷德·库恩：《康德传》，黄添盛译，上海世纪出版集团/上海人民出版社 2008 年版。

[美] 诺兰·麦卡蒂、亚当·梅罗威茨：《政治博弈论》，孙经纬、高晓晖译，格致出版社/上海三联书店/上海人民出版社 2009 年版。

## 五　英文学术著作

Ameriks, Karl (edit): *The Cambridge Companion to German Idealism*, Cambridge University Press.

Barnes, Jonathan, *Early Greek Philosophy*, Penguin Books, 1987.

Choron, Jacques, *Death and Western Thought*, Macmillan Publishing Co., Inc, 1963.

Critchley, Simon, *The Book of Dead Philosophers*, Granta Publications 2008.

Long, A. A., *The Cambridge Companion to Early Greek Philosophy*, Cambridge University Press, 1999.

Ollman, Bertell: *Alienation: Marx's Conception of Man in Capitalist Society*, second Edition, Cambridge University Press, 1996.

Parkinson, G. H. R., ed., *The Renaissance and the Seventeenth-century Rationalism*, Routledge 1993.

Popkin, Richard H., *The Pimlico History of Western Philosophy*, Columbia University Press, 1998.

R. R. Palmer, Joel Colton, Lloyd Kramer, *A History of the Modern World* (Volume I & II), Mcgraw-Hill Companies, Inc. 2008.

Yinger, J. M., *Countercultures: The Promise and The Peril of a World Turned Upside-down*, The Free Press, 1982.

Bronowski, Jacob, *The Ascent of Man*, East Communications, 1986.

Arendt, Hannah, *On Revolution*, Penguin Books, 1977.

Skocpol, Theda, *States and Social Revolution: A Comparative Analysis of France, Russia and China*, Cambridge University Press, 1979.

Teller, Edward, *The Legacy of Hiroshima*, Doubleday & Company, Inc., 1963.

Mahan, A. T., *The Influence of Sea Power upon History: 1660 – 1783*, Sampson Low, Marston, Searle, & Rivington (Limited), 1890.

Burton, John, *Global Conflict: The Domestic Sources of International Crisis*, Chicago University Press, 1984.

Russel, Bertrand, *Common Sense and Nuclear Warfare*, Routledge Classics, 2010.

Ellsberg, Daniel, *The Doomsday Machine: A Chronicle of Madness*, Bloomsbury Publishing Plc., 2016.

The Harvard Nuclear Study Group, *Living With Nuclear Weapons*, Bantam Books, 1983.

Wallis, Jim, Edited, *Waging Peace: A Handbook for the Struggle to Abolish Nuclear Weapons*, Harper & Row, Publishers, 1982.